Zwischen Mediation und Lebenslang

Entre médiation et perpétuité

Reihe Kriminologie – Band 20
Collection Criminologie – Volume 20

Schweizerische Arbeitsgruppe für Kriminologie
Groupe Suisse de Travail de Criminologie

Herausgeber / Editeurs:
Volker Dittmann / André Kuhn / Renie Maag / Hans Wiprächtiger

Zwischen Mediation und Lebenslang

Neue Wege in der Kriminalitätsbekämpfung

Entre médiation et perpétuité

Nouvelles voies dans la lutte contre la criminalité

Koffi Kumelio F. Afande
Stefan Blättler
Christoph Bürgin
Daniel Fink
Marianne Heer
Marianne Heimoz
Martin Killias
Julien Knoepfler
Philippe Lamon
Frédéric Ocqueteau
Christian-Nils Robert
Vera Schumann
Margrit Sprecher
Günter Stratenwerth
Michael Tonry
Frank Urbaniok
Dorle Vallender
André Vallotton
Torsten Verrel

Verlag Rüegger

Die Deutsche Bibliothek – CIP-Einheitsaufnahme

Zwischen Mediation und Lebenslang : neue Wege in der Kriminalitätsbekämpfung = Entre médiation et perpétuité / Schweizerische Arbeitsgruppe für Kriminologie. Hrsg.: Volker Dittmann … Koffi Kumelio F. Afande … - Chur ; Zürich : Rüegger, 2002
(Reihe Kriminologie ; Bd. 20)
ISBN 3-7253-0724-5

www.rueggerverlag.ch
info@rueggerverlag.ch
ISBN 3 7253 0724 5
Satz: Verlag Rüegger, Zürich
Foto Umschlag: Image Bank
Druck: Südostschweiz Print AG, Chur

Inhaltsverzeichnis
Table des matières

Lebenslanger Freiheitsentzug
La privation de liberté à vie

Verschiedene Systeme strafrechtlicher Sanktionen
Divers systèmes de sanctions

Alternative Strafen, Alternativen zu Strafen und Zukunftsperspektiven
Peines alternatives, alternatives à la peine et perspectives d'avenir

Vorwort

Vor 15 Jahren hat Professor Hans Schultz mit seinem Vorentwurf zur Revision des Allgemeinen Teils des Schweizerischen Strafgesetzbuchs (Bericht und Vorentwurf zur Revision des Allgemeinen Teils und des Dritten Buches «Einführung und Anwendung des Gesetzes» des Schweizerischen Strafgesetzbuches, Bern: Stämpfli, 1987) einen Umbruch des Sanktionensystems eingeleitet. In den letzten Jahren haben sich ferner die gemeinnützige Arbeit und die elektronische Überwachung als Sonderformen des Strafvollzugs herausgebildet. Darüber hinaus sieht der Entwurf zu einem neuen Allgemeinen Teils des Strafgesetzbuches zahlreiche Änderungen unseres derzeitigen Sanktionensystems vor (vgl. Botschaft vom 21. September 1998, BBl 1999 III 1979), wie die Einführung von Geldstrafen im Tagessatzsystem, die gemeinnützige Arbeit als strafrechtliche Sanktion, die Abschaffung kurzer Freiheitsstrafen, die Einführung des teilbedingten Vollzugs sowie die Neugestaltung der Verwahrung.

Welche Zwecke stehen aber bei diesen verschiedenen Sanktionen im Vordergrund? Vorbeugen? Vergelten? Verwahren? Resozialisieren? Wiedergutmachen? Versöhnen?

Mit diesen Fragen hat sich der *Kongress 2002 der Schweizerischen Arbeitsgruppe für Kriminologie* während des ersten Halbtags befasst. Dabei wurden die Schwerpunkte auf die Erwartungen der Bevölkerung an das Sanktionensystem, die objektiven Risiken der Viktimisierung und das Gefühl der Unsicherheit gesetzt.

Der zweite Halbtag wurde den langen Freiheitsstrafen sowie der Verwahrung und dem dabei bestehenden Spannungsverhältnis zwischen den Rechten des Täters einerseits und den Schutzinteressen des Opfers anderseits gewidmet.

Am dritten Halbtag richtete sich der Blick der Kongressteilnehmer über die Landesgrenzen hinaus auf das amerikanische Sanktionensystem, das als Strafzweck die finanzielle Wiedergutmachung und das Unschädlichmachen der Delinquenten in den Vordergrund stellt. Einen Schwerpunkt bildete das afrikanische Sanktionensystem, welches sehr unter dem Zeichen der Versöhnung zwischen Opfer und Täter steht.

Der vierte und letzte Halbtag galt den neuesten Entwicklungen in den Bereichen der Prävention (z.B. Aufträge mehr an Private), der Konfliktbewältigung (z.B. Mediation), der Sanktionen (z.B. Hausarrest unter elektronischer Überwachung) und der Frage nach den Fortschritten des revidierten Sanktionensystems für die Kriminalpolitik.

Der vorliegende Band enthält sämtliche am diesjährigen Kongress gehaltenen Referate. Wir hoffen, er möge die Diskussion über den Sinn der Sanktionen neu beleben und eine Hilfe sein auf der Suche nach einem besseren Umgang der Gesellschaft mit dem Phänomen der Kriminalität.

Im Namen der Schweizerischen Arbeitsgruppe für Kriminologie möchten wir dem Kanton Bern und der Schweizerischen Akademie der Geistes- und Sozialwissenschaften für die finanzielle Unterstützung der Organisation des Kongresses in Interlaken danken. Auch dieses Jahr haben sich die Herausgeber bemüht, die gehaltenen Vorträge in kurzer Zeit zu publizieren. Wir danken den Referentinnen und Referenten, die uns die Manuskripte rechtzeitig zur Verfügung gestellt haben.

Volker Dittmann, André Kuhn, Renie Maag, Hans Wiprächtiger

Avant-propos

Depuis quelque quinze ans, date de parution de l'Avant-projet de révision de la partie générale du code pénal suisse rédigé par Hans Schultz *(Bericht und Vorentwurf zur Revision des Allgemeinen Teils und des Dritten Buches «Einführung und Anwendung des Gesetzes» des Schweizerischen Strafgesetzbuches, Berne: Staempfli, 1987)*, le droit des sanctions est en voie de mutation dans notre pays.

Aujourd'hui, notre droit criminel ne connaît, à côté des mesures de sûreté prévues aux articles 42 à 44 CPS et de quelques peines accessoires prévues aux articles 51 à 56 CPS, que des peines d'amende et de privation de liberté prononcée avec ou sans sursis. Ces dernières années, le travail d'intérêt général et la surveillance électronique ont pourtant fait leur apparition dans notre ordre juridique en tant que mode d'exécution de certaines peines privatives de liberté. De plus, le projet de nouvelle partie générale du code pénal suisse (FF 1999 III 1787) propose de nombreux aménagements de notre système de sanctions: introduction des jours-amende et du travail d'intérêt général en tant que peines pénales, abolition des courtes peines privatives de liberté, introduction du sursis partiel, facilitation des mesures d'internement, etc.

Mais à quoi cela sert-il? Punir, éliminer, neutraliser les criminels dangereux, prévenir la criminalité, éviter la récidive, resocialiser les délinquants, réparer le préjudice causé, réconcilier l'auteur et la victime sont autant de buts que l'on attribue pêle-mêle à la sanction pénale.

Lors de la première demi-journée du *congrès 2002 du Groupe Suisse de Travail de Criminologie,* les intervenants ont tenté de mettre un peu d'ordre dans toutes ces notions, en mettant plus particulièrement l'accent sur les attentes de la population en matière de sanctions pénales, ainsi que sur les risques objectifs de victimisation qu'elle court et le sentiment d'insécurité qu'elle ressent.

La seconde demi-journée a été consacrée à la privation de liberté à vie et aux longues peines privatives de liberté, ainsi qu'au dilemme du législateur en matière d'internement, entre les droits des auteurs et les intérêts des victimes.

Dans le but d'aller au-delà de la simple étude du système de sanctions national, une demi-journée a ensuite été consacrée au système américain, où la rétribution et la neutralisation prédominent, et au système africain, essentiellement marqué par l'empreinte de la réconciliation entre victimes et auteurs.

La quatrième et dernière demi-journée a été l'occasion de se pencher sur les évolutions récentes en matière de prévention (tel que le marché de la protection privée), de modes de résolution des conflits (telle la médiation) et de sanctions (telle l'assignation à domicile sous contrôle électronique), avant que ne se pose la question finale de savoir si le système de sanctions préconisé par le législateur suisse pour les quelques décennies à venir constitue véritablement un progrès en matière de politique criminelle.

L'ensemble des contributions présentées à l'occasion de ce congrès est aujourd'hui regroupé dans le présent volume, dont nous espérons qu'il engendrera une réflexion générale quant au sens de la sanction pénale, ceci dans le but de progresser dans la direction des voies les plus prometteuses en matière de réaction sociale au crime.

Au nom du Groupe suisse de travail de criminologie, nous aimerions encore adresser ici nos plus vifs remerciements au canton de Berne et à l'Académie Suisse des Sciences Humaines et Sociales pour leur soutien financier à notre congrès. Nos remerciements vont également aux auteurs qui nous ont transmis les textes de leurs interventions dans les délais qui leur avaient été fixés, nous permettant ainsi de les publier rapidement.

Volker Dittmann, André Kuhn, Renie Maag, Hans Wiprächtiger

Kriminalität, subjektive Beunruhigung und Antwort der Gesellschaft

Crime, sentiment d'insécurité et réaction sociale

Christian-Nils Robert

Pourquoi punir?

Résumé
Si les politiques pénales tendent à accroître la répression par la multiplication des incriminations de toutes sortes, ces mêmes politiques pénales sont obligées d'enrichir concurremment la panoplie des sanctions pénales, en offrant au juge une étonnante variété de peines et à l'administration pénitentiaire une grande flexibilité dans l'application des peines.
Cette situation, contemporaine, pourrait caractériser la peine post-moderne, soit une peine qui se serait enrichie de toutes sortes de fonctions hétéroclites. Ce qui n'est pas sans justifier la pertinence de la question «Pourquoi punir?». Des peines disparates, protéiformes, deviennent illisibles quant à leur finalité. Mais est-ce vraiment une question nouvelle? Certes non, tant la pénitence de l'Occident moderne, puis la peine de notre justice étatique ont, dès leur émergence, été légitimées par de multiples finalités, telles que l'expiation, la rétribution, la neutralisation, et même la restitution.
Il est donc assez logique de retrouver aujourd'hui dans les représentations sociales de la peine, un multifonctionnalisme prédominant, sans pour autant que soit perçue par le public la quasi – impossibilité de poursuivre concurremment, dans le choix, puis dans l'exécution d'une peine, tant de finalités diverses et souvent contradictoires.

Zusammenfassung
In der Strafpolitik wird die Repression durch immer mehr Straftatbestände jeglicher Art laufend verschärft. Dadurch ist die Strafpolitik gezwungen, die Palette möglicher Strafen gleichzeitig auszuweiten, indem sie den Gerichten eine erstaunliche Auswahl an Strafen zur Verfügung stellt und den Behörden beim Vollzug grosse Flexibilität einräumt.
Diese heutige Situation ist möglicherweise typisch für die postmoderne Strafe – eine Strafe, welche durch allerlei zusätzliche Funktionen ergänzt wird. Die Frage «Bestrafung – wozu?» drängt sich folglich auf. Bei Strafen nach dem Patchwork- oder Proteus-Prinzip ist kein sinnvoller Zweck mehr erkennbar. Doch ist dies wirklich ein neues Phänomen? Wohl kaum, denn sowohl die Busse im modernen Westen, wie später die Strafe im rechtsstaatlichen System verfolgten seit ihrer Erfindung verschiedene Ziele, z.B. die Verbüssung der Strafe, die Vergeltung, die Neutralisierung, oder die Wiedergutmachung.
Es überrascht deshalb kaum, dass bei den heutigen gesellschaftlichen Formen der Strafe ein Multifunktionalismus vorherrscht, denn der Öffentlichkeit ist nicht bewusst, dass es praktisch unmöglich ist, bei der Festsetzung der Strafe sowie bei ihrer Umsetzung so viele verschiedene und oft widersprüchliche Ziele abzudecken.

«On n'a jamais autant demandé à la justice ni autant aspiré à l'évitement de ses procédures. Cette tension s'inscrit au plus intime d'une culture démocratique partagée entre une exigence d'égalité devant la peine, un individualisme revendiqué, mais vulnérable et demandeur de sécurité, et une propension marquée à l'attendrissement compassionnel».[1]

1 Une ambiguïté à tout le moins conjoncturelle?

A première vue, l'on pourrait être tenté de rejoindre les nombreux criminologues qui analysent notre époque comme particulièrement ambiguë, pour commencer par une dénomination euphémique, face à la sanction pénale. M. FOUCAULT avait rappelé NIETZSCHE: «nos sociétés ne savent plus ce que c'est que punir». Et la littérature critique anglo-saxonne abonde en références évoquant «l'inconsistance pénologique» actuelle, l'évanescence et la volatilité des sanctions pénales[2], leur ambivalence[3]; la peine moderne serait à l'image de Janus[4], regardant le passé et scrutant l'avenir.

Il serait alors préférable d'évoquer la post-modernité de la peine actuelle, donc son éclectisme, mais aussi son éclatement. Peut-être résultat d'une longue évolution qu'il conviendrait de situer entre ce que N. ELIAS nomme «la civilisation des moeurs»,[5] et les universaux de nos comportements vengeurs, ces instincts brutaux qui résistent aux mutations superficielles de nos relations sociales, et qui se dis-

1 TH. PECH: Equivalence pénale et diplomatie sociale, in F. RAYNAL: Prisons: quelles alternatives? *Panoramiques*, n° 45, Paris, 2000, p. 169.

2 P. O'MALLEY: Volatile and Contradictory Punishment, *Theoretical Criminology*, III, n° 2, 1999, p. 175–196.

3 D. GARLAND: *Punishment and Modern Society: A Study in Social Theory*, Oxford, 1991.

4 B. VAUGHAN: The Civilizing Process and the Janus-Face of Modern Punishment, *Theoretical Criminology*, IV, n° 1, 2000, p. 71–91.

5 M. ELIAS: *The Civilizing Process*, Oxford, 1994. L'oeuvre originale «Über den Prozess der Zivilisation» a paru en 1939.

simulent dans des formules juridiques promotionnelles de droits subjectifs (resocialisation, rééducation, réhabilitation, reclassement, réintégration). Un bref aperçu de la littérature française actuelle est aussi convaincant. M. CUSSON, dès l'introduction de son ouvrage intitulé «Pourquoi punir?» reconnaît que «punir reste une activité énigmatique»,[6] tandis que M. BOISOT prend soin de définir le terme «ambiguïté» comme porteur de significations multiples, a priori équivalentes, mais dont on ne peut logiquement dire si elles sont vraies ou fausses, ce terme s'appliquant, selon cet auteur, parfaitement à l'ensemble du système de justice pénale, y compris à son aboutissement, la sanction pénale. «On conçoit que l'ambiguïté qui entoure l'acte à juger (...) aboutisse à une ambiguïté finale qui fait du jugement une instance marquée par l'aléatoire».[7]

Prudente, P. PONCELA évoque notre contemporanéité comme marquée d'un «mouvement général de politique pénale de diversification des formes de peine».[8] C'est le moins que l'on puisse dire. Et si l'on diversifie tant les sanctions pénales et leurs modalités d'exécution, c'est donc bien que l'on sait à peu près comment sanctionner, mais que l'on ne sait plus très bien pourquoi sanctionner. Preuve en est le discours politique sécuritaire qui oscille, où que ce soit, entre l'élimination et le rétablissement du lien social. Elimitaion pour qui, pourquoi? Rétablissement de quels liens sociaux? Pourquoi?

Si des mouvements politiques se mobilisent en Allemagne[9] pour la suppression des peines perpétuelles, et qu'en France certains voudraient remettre en service la guillotine[10], la bonne question à poser est bien: «Pourquoi punir?».

---

6 M. CUSSON: *Pourquoi punir?* Paris, 1987, p. 1.

7 M. BOISOT: Approche systémique de l'ambiguïté de la sanction, in (coll): *Sanction et Culpabilité,* Institut de Criminologie de Paris, Paris, 2000, p. 53–64.

8 P. PONCELA: *Droit de la peine,* 2ème ed., Paris, 2001, p. 35.

9 Fraktion Bündnis 90/Grüne: *Lebendig begraben, lebenslange Freiheitsstrafe und Resozialisierung: Ein Dauerwiderspruch,* Bonn, 1999. Pour la littérature sur ce thème on pourra utilement consulter H.-M. WEBER ET S. SCHEERER (eds): *Leben ohne Lebenslänglich. Gegen die Freiheitsstrafe,* Bielefeld, AJZ, 1998.

10 J.-L. SAUX: «C. Pasqua propose un référendum pour rétablir la peine de mort», *Le Monde,* 14 février, 2002, p. 9.

La sanction pénale aujourd'hui s'épanouit ou s'évanouit dans un clair-obscur paradoxal. Il y a l'évidente nécessité d'affirmer clairement le contenu des normes pénales, à tout le moins à propos de certaines affaires habilement sélectionnées, et aux dépens de condamnés tout aussi habilement triés. Mais cette clarté est obscurcie par les conditions du fonctionnement du système de justice pénale, caractérisée par l'aléatoire[11] et l'opacité des conditions dans lesquelles sont prises les décisions sanctionnelles successives, au fond et à la forme. Clair-obscur donc de la raison des peines que nous ancrons dans la rétribution, la rédemption, l'expiation, la réparation et aujourd'hui dans la restauration[12]. Sont-ce des raisons de sanctionner, des justifications aux peines prononcées ou simplement «une multitude de dévoiements des sanctions punitives»[13] parce que nous avons perdu de vue les limites de l'action répressive?

Sans évoquer des extrêmes, c'est entre la critique de la surveillance électronique (à domicile) et le militantisme favorable à la médiation que se niche aujourd'hui l'ambiguïté de la sanction pénale. Ce pourrait être la pauvreté symbolique de ces deux sanctions[14] qui nous renverrait alors à une rationalité fortement ancrée dans un imaginaire sacré[15].

Aujourd'hui plus que par le passé, mais peut-être faut-il souligner qu'il est heureux qu'il en soit ainsi, les sanctions pénales sont deve-

11 M. Marcus: Prévention contre répression, in *op. cit.* note. 1, p. 162–166 (p. 164) «La plupart des statistiques criminelles en Europe révèlent qu'en moyenne, sur cent infractions, trente seront connues de la police, la moitié de ces trente feront l'objet d'un traitement (15%) et 5% du solde (0,7%) feront l'objet d'une condamnation».

12 L. Walgrave: La justice restaurative: à la recherche d'une théorie et d'un programme, *Criminologie,* XXXII, n° 1, p. 6–29, 1999.

13 R. Merle: *La pénitence et la peine,* Paris, 1985, p. 139.

14 En ce qui concerne la médiation. cf. T. Pech, *op. cite* note 1, p. 171. Contre le bracelet électronique, les déclarations récentes de certains magistrats qui restent convaincus que notre système répressif doit reposer sur une dissuasion musclée. «Rester à la maison à regarder la télévision n'est pas une sanction pénale» (C. Focas. *Tribune de Genève,* 19 juin 2000, rapportant les propos du Procureur général du canton de Genève).

15 C.-N. Robert: *L'impératif sacrificiel,* Lausanne, 1993 et autrement dit, cf. A. Freiberg: Affective versus Effective *Justice, Punishment and Society,* III, 2001, n° 2, p. 265–278.

nues illisibles par le fait des multiples caractères utilisés pour les nommer et par la diversité des syntaxes de nos politiques pénales.

La peine reste talonnée par le temps ou l'argent, qui sont l'un et l'autre des critères faussement objectifs, se perd, ou se noie à la poursuite de tout et de rien, du consommateur de drogues interdites aux crimes contre l'humanité[16]. Pourquoi punir si l'on ne sait que confusément ce que l'on fait? Ces deux exemples démontrent bien l'actualité de la question.

2 Une ambiguïté d'abord structurelle

Il convient de rappeler ici les travaux historiques décisifs de J. DELUMEAU portant notamment sur la «culpabilisation en Occident», caractéristique profonde de notre civilisation, et éclairant vigoureusement le péché, la peine, et l'Ordre du monde qui, selon lui, se met en place dès le XIIIe siècle environ: c'est l'histoire d'une «lourde surculpabilisation» de l'homme pécheur ayant évidemment pour conséquence le renforcement de l'autorité cléricale, dont est issue, faut-il le rappeler, l'autorité de l'Etat[17]. «Un sentiment normal de culpabilité apparaît comme un appel non à la suppression mais à la transformation et à la sublimation des pulsions qui sont en désaccord avec l'idéal du moi et le rapport à Dieu»[18]. Tel sera le programme infini de la pénitence. Dieu de justice et Dieu de miséricorde, puis Justice vengeresse, punitive et Justice compassionnelle.

Et c'est donc à juste titre que R. MERLE rappelle que la justice pénale traditionnelle, et par là il faut entendre la justice anhistorique de

16 Dont les condamnations prononcées vont contribuer à la démonétarisation des peines. Cf. C.-N. ROBERT: *L'abolition,* in «Collectif Octobre 2001»: Comment sanctionner le crime? Paris, 2002, p. 35–50. Le développement de l'internationalisation du droit pénal se fait aussi dans le doute. J.-P. S.: La Belgique s'interroge sur le rôle de «juge du monde», *Le Monde,* 17–18 février 2002, page 2, signale la perplexité des juges dans l'application du principe de l'universalité, «sans certitude ni sur l'aboutissement des instructions, ni sur le sens des peines qui pourraient être pronocées». (C'est nous qui soulignons).

17 J. DELUMEAU: *Le péché et la peur,* Paris, 1983, p. 9ss.

18 IDEM *op. cit.* note 17, p. 331.

l'histoire moderne, constante, reste fondamentalement une affaire de théologie, «une entreprise au-dessus des forces humaines»[19].

Inutile d'être savant étymologiste pour savoir la filiation formelle, mais aussi substantielle qui lie la pénitence à la peine. Trésor certes, mais énigmatique trésor: «repentez-vous ...», mais faites-le vous-même exhorte MATTHIEU (IV, 17): c'est à la fois rétributif, salvateur et préventif, notamment de vengeance, perfectionnement de soi, expiation. En revanche, la réparation ne fait pas partie de cette peine[20]. C'est cette complexité spirituelle de la pénitence que l'on va retrouver dans la peine. Il y eut succession d'état de l'Eglise à l'Etat. Il faut bien admettre aussi une succession d'état de la pénitence à la peine et le droit canonique distingue les peines médicinales, expiatoires et pénitentielles, tout en rappelant leur subsidiarité. La pénitence multifonctionnelle substantiellement et servant principalement le rapprochement de l'homme et du sacré se double très tôt des ambiguïtés formelles qu'introduisent les Pénitentiels, ces codes de péchés accompagnés de tarifs de pénitence et toujours assortis de commutations possibles ou de substitution de peine, en qualité et en quantité. Confusions donc structurelles à l'aube de la pénalité[21] mais que l'on peut aussi comprendre comme un principe trop oublié dans l'histoire de la peine, le principe d'équivalence[22].

La laïcisation de la peine ne va pas œuvrer à son édification. Au contraire. Ses aspects vindicatoires et intimidants vont prendre le dessus, faisant planer sur la peine des violences qui ne sont plus de l'ordre de l'au-delà, mais du désespoir présent: la prison naît, dans le chaos de révolutions sociales, économiques, politiques et institutionnelles qui ne vont guère faciliter la compréhension de ses œuvres. Et les philosophes si souvent cités (KANT et HEGEL) n'ont qu'obscurci les dé-

19 R. MERLE: *La pénitence et la peine*, Paris 1985, p. 11.

20 J. DELUMEAU, *op. cit.* note 17, p. 217.

21 J. GAUDEMET: Sanctions répressives et pénitences religieuses dans le droit canonique de l'Eglise ancienne, in (coll): Sanction et culpabilité, *op. cit.* note 7. p. 15–26 (p. 24).

22 Qui s'est imposé à cause de l'inapplicabilité des tarifs pénitentiels, trop sévères. Cf. J. DELUMEAU *op. cit.* note 17, p. 219.

bats, tant le couple philosophie et droit peut apparaître comme désastreux, infernal au premier sens de ce terme, dans un domaine où par définition leurs écrits ne sont que philosophiques, fictions, qui ne résistent pas à l'épreuve des faits, savants déguisements[23]. La maison de pénitence de BENTHAM n'a rien d'innovateur; c'est un «réformatoire» par le travail, la tempérance, l'instruction morale et religieuse[24], la correction et l'amélioration de l'homme.

Et pour reprendre les mots de NIETZSCHE, cités par M. FOUCAULT, il est bien exact de dire qu'aujourd'hui «nous donnons (à la punition) comme par sédimentation un certain nombre de significations comme la loi du talion, la rétribution, la vengeance, la thérapeutique, la purification et quelques autres qui sont effectivement présentes dans les pratiques même de la punition»[25].

C'est à cette sédimentation, bouleversée selon les périodes, qu'il faut maintenant s'intéresser; elle va confirmer que la peine se présente comme un kaléidoscope, offrant d'infinies combinaisons de fonctions, de finalités.

1. Pour mémoire, il faut d'abord mentionner la *vengeance*[26]. Et si elle est présentée pour mémoire, c'est que précisément on a fortement tendance à l'oublier. «L'humanité a eu – et a même encore aujourd'hui – tendance à confondre justice et vengeance, une inertie profonde la poussant à demeurer au stade des EUMÉNIDES D'ESCHYLE»[27].

---

23 L. SALA-MOLINS avoue être très rapidement passé de «la contemplation toute platonicienne du juste et de l'injuste», croisant philosophie et droit, à la mesure du «scandale» de ce couple aux méfaits fameux. Cf. le *Manuel des Inquisiteurs* de N. EYMERICH, introduit, traduit et annoté par L. SALA-MOLINS, 2ème éd., Paris, 2001.

24 R. MERLE, *op. cit.* note 13., p. 88.

25 M. FOUCAULT: *Dits et Ecrits,* IV, Paris, p. 691.

26 R. GIRARD: *La violence et le sacré,* Paris, 1972, p. 32, mais aussi P. BOURDIEU: *Esquisse d'une théorie de la pratique, précédé de Trois essais d'ethnologie kabyle,* Genève, 1977, où la vengeance est très minutieusement décrite et analysée; enfin M. CUSSON: *op. cit.* note 6, p. 30.

27 J. DELUMEAU, *op. cit.* note 17, p. 336.

2. La *punition,* qui à la suite des sophistes grecs de la peine (ARISTOTE et PLATON) «apparaît comme un devoir dont la validité va de soi. C'est que l'homme ne peut exister que dans la société dont la forme achevée est la cité qui ne peut elle-même fonctionner sans la justice (...). La justice est la condition sine qua non de la société politique et de sa capacité d'accomplir sa mission qui est d'assurer à chaque être humain le vivre et le bien-vivre (... Punir est) un devoir ingrat et souvent très pénible»[28]. J'ai dit sophisme.

3. La *discipline,* le travail, l'autorité hiérarchique ont singulièrement marqué la pénalité moderne. C'est en respectant ces fonctions que la peine peut et doit prévenir la réitération du crime. Les travaux de M. FOUCAULT, évoquant le dressage des corps et des esprits, sont à ce propos éloquents. Le comportementalisme de la peine actuelle, ciblée sur «les délinquants sexuels», «les délinquants dangereux», «les toxicomanes», les étrangers «non assimilés», sont d'illustres exemples de la mode «béhavioriste» dans la pénologie actuelle.

4. La *rétribution* est la juste conséquence d'un acte. La peine est méritée, mais exclusivement «tournée vers le passé et proportionnée à la gravité de l'infraction»[29]. Ce pourrait être que cela, non par vertu, mais par nécessité, soit par l'absence totale de moyens destinés à assurer d'autres finalités que cette rétribution, relevant d'une froide justice distributive.

5. C'est volontairement que je regroupe ici des termes analogiques, sinon identiques. La réhabilitation, le *reclassement,* la rééducation, la resocialisation, la réintégration postulent tous que le crime est symptôme de désaffiliation sociale et que la peine, par une individualisation arithmétiquement modulée, sera «un instrument

---

28 C.I. DESPOTOPOULOS: Sur la peine, d'après Platon et Aristote, in *op. cit.* note 7, p. 9–13. (p.12).
29 P. PONCELA, *op. cit.* note 8, p. 70.

de reclassement social»[30], «de relèvement individuel, soit de préservation sociale»[31]. Un bien pour un mal. Discours juridique vaniteux, inlassablement répété, respecté ou délaissé au gré des générosités ou des disettes budgétaires publiques.

6. Nouveau truisme de la peine, la *neutralisation* occupe une place de choix dans la pénologie anglo-saxonne et néo-libérale, et s'explique par la centralité de la peine privative de liberté dans tous les systèmes pénitentiaires du monde. Ces vertus supposées ont séduit différents mouvements de «Law and Order» et elle tend à se perpétuer pour confiner à l'incarcération définitive de certaines catégories de délinquants. Son fondement est purement actuariel, le risque que peut faire courir un condamné devenant la variable déterminante de cette finalité[32]. L'allongement des peines privatives de liberté qui caractérise le sentencing dans de nombreux pays participe de cette politique, de même que la sévérité accrue dans l'octroi des libérations conditionnelles, des congés, des mesures non institutionnelles qui caractérisaient les dernières étapes de l'agonisante individualisation de la peine.

7. La *honte* ne saurait être passée sous silence. La peine ou à tout le moins son prononcé garde ou retrouve la dimension d'un blâme public et solennel à l'égard d'un coupable, qui peut se prolonger aujourd'hui comme hier dans des expositions, démonstrations, publications en tous genres dont la finalité ne peut être que l'espérance nauséabonde d'une indignité individuelle et d'une indignation collective ciblée. Elle mériterait amplement que l'on s'y

30 R. Saleilles: *L'individualisation de la peine,* Paris, 1898, p. 136. Ce texte, classique, a été heureusement réédité: (sous la direction de) R. Ottenhof: *L'individualisation de la peine de Saleilles à aujourd'hui,* Paris, 2001.

31 Idem, *op. cit.* note 30, p. 11.

32 M. Vacheret , J. Dazois, G. Lemire: Le système correctionnel canadien et la nouvelle pénologie: la notion de risque, *Déviance et Société,* XXII, n° 1, 2000, p. 37–50.

intéresse davantage du point de vue de la psychologie sociale[33]. Le regain d'intérêt pour une politique pénale fondée sur la honte pourrait s'expliquer par une volonté plus ou moins consciente d'écarter autant que possible l'Etat de nouvelles pratiques punitives.

8. La *restitution* consacre le triomphe d'un acteur jusque là inconnu sur la scène classique du théâtre pénal: la victime. Et c'est indéniablement son irruption dans le droit pénal formel qui a imposé une nouvelle fonction à la sanction pénale. Evolution définitive, mode ou mutation camouflée de la résolution des conflits provoqués par le crime, cette orientation de politique pénale jouit d'une forte popularité et s'avère, faut-il le dire, politiquement payante. Reste à savoir si la société civile actuelle permet de remettre en marche des modes de résolution des conflits, criminalisés par le droit pénal, qui lui étaient antérieurs (composition) ou propres à d'autres juridictions (droit civil)[34]. Il demeure que des peines novatrices sur le continent, tel le travail d'intérêt général, relèvent directement d'une symbolique de la restitution, de la réparation matérielle et concrète de la victime, à la réparation (à déterminer) du trouble causé à la société.

9. Enfin la *justice restaurative*[35], aux antipodes de la justice pénale, présente l'intérêt de bouleverser radicalement le système de résolution des conflits dans notre société jusqu'à proposer la média-

33 K. Scherer exprime des réserves à ces propos et pour l'avenir: «Non seulement cette technique de socialisation mais aussi le phénomène de la honte elle-même semble en voie de disparition». K. Scherer: Le futur des émotions, *Le Monde*, 23 novembre 2001, p. 16. La politique pénale de certains Etats américains dément cette analyse ou s'égare dangereusement ... Cf. pour ces orientations pénitentiaires: J. Pratt: Emotive and Ostentatious Punishment, *Punishment and Society*, II, n° 4, 2000, p. 417–440.

34 Il existe une abondante littérature sur la montée en puissance de la victime dans le procès pénal mais hélas assez peu de critiques sur la greffe que représente par rapport au système de justice pénale l'entrée en jeu de ce tiers qu'elle est précisément devenue par la construction progressive du système de justice pénale continental.

35 L. Walgrave, *op. cit.* note 12. K. Daly: Restorative Justice, *Punishment and Society*, IV, n°. 1, 2002, p. 55–79, suivi d'une abondante bibliographie.

tion[36], «sanction» pris au sens de simple conséquence des infractions pénales de petite et moyenne gravité. C'est alors le lien social qu'il faut établir, rétablir, entretenir pour négocier le conflit entre auteur et victime, le laisser aux mains de ses partenaires. La sanction imposée verticalement s'efface au profit d'une sanction discutée horizontalement.

Compte tenu de l'état des lieux, tel qu'exposé liminairement, il n'est guère téméraire de poser l'hypothèse d'un ancrage éclectique, pour ne pas dire indécis des finalités de la pénalité post-moderne dans les représentations sociales.

3 Les Romands et les objectifs d'une condamnation pénale

Nous ne nous arrêterons pas aux différentes phases et méthodes de la recherche, qui fait l'objet d'un rapport détaillé adressé au FNRS[37]. Mais il nous semble utile de préciser que deux mille personnes environ domiciliées en Suisse romande, âgées de 18 à 75 ans ont répondu en automne 2000 à un questionnaire postal comportant notamment la question suivante:

«Selon vous, en cas de crimes ou de délits, quels devraient être les objectifs poursuivis par la condamnation et la peine?».

36 J. Faget: *La médiation, Essai de politique pénale,* Ramonville Saint-Agne, 1997. Y. Bauer: *Täter-Opfer-Ausgleich in der Kritik. Im historischen Kontext von Strafensystemen eine humane Alternative,* Oldenburg, 1997.
J.-P. Bonaffé-Schmitt: *La médiation pénale en France et aux Etats-Unis,* Paris, 1998. Conseil de l'Europe: *Médiation en matière pénale* – Recommandation n° R (99) 19 avec exposé des motifs (2000), Strasbourg, 36 pages. Ceci sans oublier les aspects historiques de la médiation. Sur cette question cf. (sous la direction de) B. Garnot: *L'infra-judiciaire du Moyen-Age à l'époque contemporaine,* Dijon, 1996.

37 C.-N. Robert, J. Kellerhals (et alii): *Les représentations sociales de la sanction pénale,* rapport au FNRS, requête n° 1114-055893.89, CETEL, Université de Genève, 2001, dactyl., 264 pages. C'est le lieu d'exprimer ma reconnaissance à l'équipe de recherche qui a mené à bien ce chantier, soit Noëlle Languin, Eric Widmer, Pierrette Poncela, Yann Boggio, Luca Pattaroni, Caroline Coumanne. Les résultats relatés ci-après sont dus à leur parfaite collaboration. Julien Dubouchet doit également être remercié pour sa contribution à cette présentation.

Cette sollicitation visait explicitement à interroger notre échantillon représentatif sur la désirabilité et non sur l'effectivité attribuée à une condamnation pénale. Quinze réponses étaient suggérées avec quatre degrés d'adhésion ou de rejet à ces propositions. Le multifonctionalisme apparaît évident: choix difficile, pragmatisme prudent, l'illusion que tout est possible concurremment.

Il demeure que onze des quinze fonctions sont considérées comme un «objectif essentiel» par la majorité des répondants parmi lesquels en priorité la dissuasion de la récidive, la réinsertion, la réflexion aux fins d'amendement personnel. Ces réponses indiquent une tendance forte en faveur de la prévention spéciale. L'évitement de la récidive recueille le plus fort taux d'adhésion.

En revanche, les connotations vindicatives et sans projet pour l'avenir du délinquant, recueillent des pourcentages inférieurs à 10% (neutralisation, honte, expiation, vengeance).

Finalités de la peine:

Total (N) = environ 1850	***Objectif essentiel***	***Objectif secondaire***	***Ne devrait pas être un objectif***
Dissuader le délinquant de recommencer	88	9	3
Préparer le retour du délinquant dans la société	84	13	3
Faire réfléchir le délinquant pour qu'il s'améliore	82	15	3
Réparer le dommage causé à la victime	74	22	4
Rappeler à tous que les règles de la société doivent être respectées	70	24	6
Empêcher le délinquant de nuire à la société	68	23	9
Soigner le délinquant	67	25	8
Faire payer le délinquant pour ce qu'il a fait	58	32	10
Dissuader la population de violer la loi	55	28	17
Apprendre la discipline au délinquant	53	34	13
Réparer le trouble causé à la société	53	38	9
Mettre le délinquant à l'écart de la société	9	18	73
Faire honte au délinquant	6	16	78
Faire souffrir le délinquant pour qu'il expie	5	9	86
Venger la victime	4	10	86

En résumé, la majorité de nos répondants veut tout à la fois dissuader, soumettre le condamné à un examen de conscience le conduisant à la rédemption, imposer la réparation du dommage subi par la victime, soigner le condamné, lui faire expier sa faute, le discipliner.

S'il n'est pas cause de tant d'illusions et d'utopie, le droit pénal en est pour le moins le reflet (travail pénitentiaire obligatoire, action éducative, préparation au retour à la vie libre, loi fédérale sur l'aide aux victimes d'infractions, du 4 octobre 1991, RS 312.5).

Je crois qu'il faut se réjouir de ces résultats qui démentent fortement ces incessants battages politico-médiatiques relatifs à la criminalité et à son traitement judiciaire et pénitentiaire, considéré comme trop laxiste: la demande sociale n'est pas celle que s'approprient bruyamment certains mouvements politiques complaisamment relayés par une presse à sensation.

Reste cette attestation empirique d'un désir multifonctionnaliste qui, s'agissant de la sanction pénale, est particulièrement problématique, et qui peut être compris comme la résultante d'une stratification sans cesse bouleversée (dans le temps et dans l'espace) des finalités de la peine. On pourrait aussi comprendre ce multifonctionnalisme comme un état confusionnel, méconnaissant les réalités pénitentiaires, les limites institutionnelles du système, ignorant ses dysfonctionnements et plus encore ses effets, qui sont loin de n'être que collatéraux. Cela pourtant ne s'avère pas confirmé par les réponses données à la question:

«Que pensez-vous des effets de la prison telle qu'elle existe actuellement en Suisse?»

Car 50% de nos répondants considèrent que la prison ne permet de s'améliorer que dans une minorité de cas, que 43% considèrent que la prison rend difficile le retour dans la société et 42% répondent qu'elle ne décourage la récidive que dans une minorité de cas. Vision somme toute assez négative de la prison.

Il y a entre les aspirations relatives aux finalités de la peine et la représentation des effets de la prison une sorte de schizophrénie permettant à chacun d'émettre un discours optimiste sur les finalités de la peine tout en sachant relativement bien ce qu'est la réalité pénitentiaire et post-pénitentiaire. Aspirations rassurantes sur ce qui devrait être et connaissances dévoilées sur ce qui est s'affrontent ici clairement sans que nous puissions émettre d'hypothèses sur cette discrépance. Espérer sans trop y croire serait aussi fréquemment l'attitude du législateur face aux sanctions pénales.

Nous avons ensuite voulu dégager des tendances à combiner certaines finalités pour établir une typologie relativement simple de nos répondants. Remarquons d'abord que, dans l'ensemble, les réponses à valeur forte (objectif essentiel) se retrouvent dans une zone centrale et regroupées de telle sorte qu'elles reflètent une tendance consensuelle quant à la façon dont l'opinion publique suisse romande perçoit les finalités de la peine.

Cinq types de combinaisons ont été identifiés de la façon suivante:

1. Le *multifonctionnalisme positif* pour lequel les finalités de la peine et les raisons de punir doivent bénéficier au *condamné* (prévention de la récidive, le faire réfléchir, le soigner, préparer son retour dans la société), à la *victime* (par la réparation du dommage subi) et à la *société* (par une réparation au trouble causé à la collectivité). Finalités qu'il faut donc considérer comme à la fois multiples et positives. C'est le type le plus fréquent (41% des répondants).

2. L'*individualisation* de réinsertion où la dissuasion et la réflexion individuelle priment, avec les soins au condamné et la préparation à son retour dans la société (28%).

3. Le *restitutivisme* accorde une importance prépondérante à l'acte accompli auquel correspond une peine dépourvue d'avenir. La transformation du condamné n'est pas envisagée (16%).

4. Le *rétributivisme* considère que le condamné doit payer pour sa faute, mais dans la souffrance et la honte. La finalité de la peine attendue est ici franchement négative (12%).

5. Reste un groupe totalement minoritaire de *multifonctionalistes négatifs* pour lesquels l'expiation, la mise à l'écart de la société, la honte et la souffrance sont les finalités essentielles de la peine (3%).

4 Les Romands et les réformes pénales

L'importance numérique du type «multifonctionnaliste positif» a des conséquences que nous considérons comme favorables aux récentes perspectives de la politique pénale suisse.

Parsemées dans trois questions, nous avons proposé des réponses diverses, dont certaines contenaient des réformes actuellement discutées en Suisse, et vers lesquelles nous semblons nous diriger (au niveau fédéral ou cantonal législatif, jurisprudentiel et expérimental).

- La motivation de la peine, donc l'explication de la peine juste, est plébiscitée par 94% de nos répondants[38]. Il y a là manifestement un appel à la transparence, à l'information relative à la peine, et à ses finalités. Le juge doit s'expliquer.

- La médiation pénale, pourtant à ses balbutiements en Suisse romande, obtient 84% d'avis favorables. Cela constitue indéniable-

38 M. Liniger: *Le contrôle de la fixation de la peine dans la jurisprudence récente du TF*, SJ 1996, p. 565–593.

ment un encouragement aux efforts entrepris par plusieurs mouvements associatifs et professionnels[39].

- L'appel, formulé contre le prononcé de la peine, pourtant peu évoqué dans les cercles spécialisés suisses[40], est admis par 53% de nos répondants comme pouvant contribuer à rendre les peines plus justes.

- En matière d'exécution des peines, 54% des répondants sont favorables à une individualisation en cours de peine, et répondent que les modifications sont acceptables pour tenir compte de l'évolution des condamnés (libération conditionnelle, semi-liberté, congés et autres allègements de peine trouvent ici leur légitimité).

- Le travail d'intérêt général s'avère connu des Romands. Ils y sont favorables à 86% en remplacement des peines de moins de six mois d'emprisonnement, et approuvent donc cette pratique que consacre le projet de CPS[41].

- Le système pourtant complexe des jours-amende[42], permettant une meilleure adéquation de l'amende aux ressources du condamné, est accepté par 70% de nos répondants.

- Enfin, la surveillance électronique, en phase expérimentale dans six cantons[43], est acceptée pour l'exécution des peines de moins de six mois par 45% de nos répondants.

---

39 On citera surtout le Groupement Pro Médiation, initié à Genève mais qui s'est étendu dans plusieurs cantons romands, notamment à Neuchâtel (MédiaNe). Genève a introduit la médiation pénale le 15 août 2001 dans son CPPGE aux art.. 156 et ss.
Des formes de médiation dites de quartiers, scolaire ou centrée sur les conflits interculturels sont en développements croissants.

40 Office fédéral de la Justice: *Rapport explicatif relatif à l'avant-projet d'un Code de procédure pénale suisse,* Berne, 2001, p. 269 ss à propos de l'art. 467.1, qui prévoit l'appel.

41 Cf. art. 37 pCPS 1998 in Message du Conseil fédéral concernant la modification du Code pénal suisse, FF 1998, p. 1787–2221.

42 Cf. art. 34 pCPS 1998 in *op. cit.* note 41.

43 Office fédéral de la Justice: *Informations sur l'exécution des peines et mesures,* 2001, n° 2/3 et 3 contient deux rapports sur ce thème (p. 3–14).

Reste posée ironiquement la question de J. Pratt à propos de sondages et d'enquêtes de ce type. Doit-on se réjouir des scores obtenus pour des propositions ou des réformes qui nous paraissent souhaitables, ou nous inquiéter des résistances qui leurs sont encore opposées?[44]

5 Conclusion

La question «Pourquoi punir?» n'appelle manifestement pas de réponse univoque, monolithique, simple, évidente. Du rétributivisme le plus sauvage à l'utilitarisme le plus compassionnel, tout a été argumenté, analysé, développé, appliqué. La peine a, somme toute, un très riche fonds de commerce, un stock inépuisable de finalités, derrière lesquelles se cachent peut-être nos faiblesses ou nos peurs face à des évolutions radicales. A l'inverse de M. Cusson, je serais tenté de proposer une démarche qui commencerait par l'étude sérieuse portant sur «Comment punir?».

Deux étapes seraient inévitables. Celle qui d'abord nous obligerait à «insuffler aux alternatives à l'incarcération la dimension symbolique qui leur manque encore et qui leur permettrait de constituer une réponse sociale suffisamment crédible»[45]. Ce serait contraindre la justice pénale à se distancer de sa violence originelle, née «à l'ombre de la vengeance»[46] et qui ne garde de convictions qu'en des mesures coercitives.

Puis il faudrait écouter ces paroles de prisonnier: «Etant pour l'abolition de la prison (...), j'ai la faiblesse de croire que nous avons les moyens de ne pas punir. L'être humain a la capacité de s'organiser et

---

44 J. Pratt: Beyond «Gulags Western Style?», *Theoretical Criminology,* V, n° 3, 2001, p. 283–314 (p. 308).

45 J.-L. Bouvier: Pourquoi les juges ne recourent-ils pas davantage aux peines alternatives? in *op. cit.* note 1, p. 94–98 (p. 97).

46 M. Cusson: *op. cit.* note 6, p. 177.

de vivre de façon telle que tout comportement portant atteinte aux intérêts d'autrui peut être proscrit»[47].

C'est pourquoi le mouvement abolitionniste international[48], qui ne voit aucun fondement rationnel au système pénal, ne pose plus la question: «Pourquoi punir?». D'ailleurs la tendance actuelle à tout punir, en affirmant poursuivre des finalités, dont certaines sont manifestement contradictoires et irréalistes, lui donne chaque jour davantage raison. «Que punir?» serait aussi une question à reposer.

Pour reprendre cette merveilleuse remarque de J. CARBONNIER, rappelant que la peine a tendance à «s'éprendre narcissiquement d'elle-même»[49], on pourrait terminer en se demandant pourquoi continuer à se poser la question du pourquoi de la peine?

47 G. MOUESCA (propos recueillis par S Dindo): L'être de droit, *op. cit.* note 1, p. 184–188 (p.188).

48 Sur les objectifs de ce mouvement et les références qu'il convient de citer, cf. C.-N. ROBERT: *L'abolition, op. cit.* note 16.

49 J. CARBONNIER: *La peine décrochée du délit,* in Mélanges R. Legros, Paris, 1985, p. 23, cité in R. MERLE, *op. cit.* note 13, page 138. Ce dont prennent conscience enfin, semble-t-il, certains juges pénaux. Sur ce point, L. GREILSAMER, D. SCHNEIDERMANN: *Où vont les juges?* Paris, 2002.

Torsten Verrel

Subjektive Beunruhigung und objektive Bedrohung

Zusammenfassung
Gemessen an der Zahl der amtlichen Registrierungen hat die kriminelle Bedrohung sowohl insgesamt als auch in den Bereichen der Gewalt- und Jugendkriminalität, nicht aber bei der Tötungs- und Sexualkriminalität zugenommen. Nach wie vor machen aber Eigentums- und Vermögensdelikte den ganz überwiegenden Teil der Hellfeldkriminalität aus. Demgegenüber wird das Bedrohtheitsgefühl der Bevölkerung weniger durch vermehrte eigene Kriminalitätserfahrungen, sondern vor allem durch Medienberichte über besonders spektakuläre Gewalttaten geprägt. Am Beispiel zweier aufsehenerregender Sexualstraftaten gegen Kinder in Deutschland kann gezeigt werden, wie sehr die mediale Kriminalitätsdarstellung zu einer verzerrten Verbrechenswahrnehmung und zu kriminalpolitischem Handlungsdruck führen kann, der in fragwürdige Strafrechtsverschärfungen mündet. Eine solche Gefahr wird jedoch auch durch Verharmlosungen beispielsweise der Jugendkriminalität und durch einen gänzlichen Rückzug des Strafrechts aus der Bekämpfung weniger schwerwiegender, aber öffentlich wahrgenommener Kriminalität heraufbeschworen. Es ist die Aufgabe der Medienkriminologie, die Lücke zu füllen, welche die Theorie der Generalprävention im Hinblick auf das «Funktionieren» der Transformation strafrechtlicher Sozialkontrolle in die Gesellschaft hinterlässt.

Résumé
Si on se réfère au nombre de cas officiellement enregistrés, la menace criminelle a augmenté, tant globalement que dans les domaines de la criminalité avec violence et de la délinquance juvénile, à l'exception des infractions contre la vie et l'intégrité sexuelle. Les délits contre le patrimoine et la propriété continuent à représenter une part (largement) prépondérante de la criminalité recensée. Par contre, le sentiment d'insécurité de la population est moins influencé par un accroissement des expériences personnelles face à la criminalité que par les reportages des médias au sujet de crimes violents particulièrement spectaculaires. A l'exemple de deux crimes sexuels contre des enfants qui ont fait sensation en Allemagne, on peut montrer à quel point la présentation de la criminalité par les médias est susceptible d'entraîner une distorsion de la perception de la criminalité et de faire pression pour agir sur le plan de la politique criminelle, ce qui conduit, de façon douteuse, à introduire des normes pénales plus sévères. Mais ce même danger résulte également, par exemple, de la minimisation de la délinquance juvénile et du retrait complet affiché par le droit pénal en matière de lutte contre les délits moins graves, mais plus perçus par le public.

Il incombe à la criminologie des médias de combler la lacune laissée par la théorie de la prévention générale en rapport à la transformation du contrôle social.

1 Einleitung

Die Annäherung an das tatsächliche Ausmass der Kriminalität stellt seit jeher eine Herausforderung an die Kriminologie dar und würde ebenso ein eigenes Tagungsthema abgeben wie die erst seit relativ kurzer Zeit interessierende[1] individuelle Wahrnehmung von Straftaten, die mit dem Stichwort Kriminalitäts- oder Verbrechensfurcht verbunden ist. Die mir aufgegebene Gegenüberstellung von subjektiver Beunruhigung und objektiver Bedrohung verlangt daher eine Beschränkung auf solche Forschungsbefunde, die für das mit dieser Tagung bezweckte Nachdenken über künftige Wege der Verbrechensbekämpfung besonders bedeutsam erscheinen.

Aus kriminalpolitischer Sicht sind 3 der insgesamt 4 denkbaren Kombinationen von Beunruhigung und Bedrohung relevant. Kein Handlungsbedarf besteht bei einer objektiv und subjektiv übereinstimmenden Ungefährlichkeitsbeurteilung. Umgekehrt erfordert eine auch als solche empfundene Verbrechensgefährdung zweifellos eine kriminalpolitische und ggf. strafrechtliche Reaktion. Von den beiden Divergenzkonstellationen erscheint mir die Überschätzung des Kriminalitätsausmasses unter den heutigen Bedingungen einer Mediengesellschaft insofern die brisantere als die Unterschätzung zu sein, als sie zu kontraproduktivem kriminalpolitischem Aktionismus führen kann. Wir können einstweilen festhalten, dass ein begründetes Bedrohtheitsgefühl durch eine effektivere Verbrechensbekämpfung reduziert werden sollte, während eine unbegründete bzw. überzogene Furcht wie es SCHWIND[2] vorsichtig ausdrückt, «den tatsächlichen Verhältnissen anzunähern» ist.

1 Vgl. WALTER, *DVJJ-Journal* 1999, 348.
2 SCHWIND, *Kriminologie,* 11. Aufl. 2001, § 20, Rn. 15.

Um im Folgenden das Verhältnis von Beunruhigung und Bedrohung aufzuhellen, wird in umgekehrter Reihenfolge zunächst ein Blick auf das Kriminalitätsbild geworfen, das die polizeiliche Kriminalstatistik zeichnet (2) und danach über Erkenntnisse der Verbrechensfurchtforschung (3) berichtet. Der sich dabei herauskristallisierenden Rolle der Medien (4) soll anschliessend weiter nachgegangen werden. Am Ende wird der Versuch unternommen, Schlussfolgerungen (5) zu formulieren.

2 Objektive Bedrohung: Kriminalität im Spiegel der Polizeilichen Kriminalstatistik (PKS)

Der Ansatz, das Ausmass der objektiven Bedrohung mit Hilfe der polizeilichen Kriminalstatistik zu messen, ist den allseits bekannten Einwendungen[3] ausgesetzt. Ich möchte gleichwohl daran festhalten, nicht nur, weil mir die rein konstruktivistische Perspektive, nach der die Polizeiliche Kriminalstatistik ausschliesslich ein Abbild der polizeilichen Registrierungstätigkeit ist, ohnehin überzogen scheint, sondern vor allem deswegen, weil die Kriminalstatistik in der Öffentlichkeit und Politik nun einmal als – freilich häufig falsch interpretierter – Gradmesser für die kriminelle Belastung der Gesellschaft angesehen wird. Insoweit darf der Beitrag, den die Kriminalstatistik zur Versachlichung des Diskurses leistet, nicht verkannt werden: Wer mit ihr argumentiert, muss sich auch mit anderen aus ihr ersichtlichen Entwicklungstendenzen und den Entstehungsbedingungen amtlicher Registrierungen auseinandersetzen. Es ist bezeichnend, dass auch Vertreter der kritischen Kriminologie amtliche Statistiken heranziehen, um beispielsweise die Überzeichnung massenmedialer Kriminalitätsdarstellung zu belegen.[4] Im Hinblick auf den Beitrag

---

3 Vgl. nur SCHWIND (o. Fn. 2), § 2, Rn. 4 ff. sowie FREHSEE, Kriminalität in den Medien – eine kriminelle Wirklichkeit eigener Art. In: BUNDESMINISTERIUM DER JUSTIZ (Hrsg.), *Kriminalität in den Medien* 2000, 23 f. und WALTER, Entwicklung der Jugendkriminalität in Deutschland. In: DÖLLING (Hrsg.), *Das Jugendstrafrecht an der Wende zum 21. Jahrhundert,* 52 ff.

4 FREHSEE (o. Fn. 3), 27, der darin allerdings keinen Widerspruch sieht.

von KILLIAS/LAMON (in diesem Band) werde ich mich im Folgenden auf die Datenlage in Deutschland beschränken.

a) Beginnen möchte ich mit einem Blick auf die Entwicklung der *Gesamtzahl* der registrierten Straftaten. In *Abbildung 1* ist die absolute Zahl der Straftaten von 1965 bis 1995 in 5 Jahresschritten und bis 2000 für jedes Jahr dargestellt. Es zeigt sich der auch aus anderen Industrienationen bekannte, in Deutschland zu Beginn der 90er Jahre sogar sprunghafte Anstieg der registrierten Kriminalität. Betrug die Zahl der Straftaten 1965 noch knapp 1,7 Millionen hat sie sich bis heute fast vervierfacht. Der bisherige Höhepunkt wurde 1995 mit fast 6,7 Millionen erreicht, seitdem sind die Zahlen erfreulicherweise wieder rückläufig, bewegen sich aber immer noch auf einem hohen Niveau von deutlich über 6 Millionen Fällen. Die Analyse der aussagekräftigeren, weil Bevölkerungsschwankungen ausgleichenden Häufigkeitszahlen relativiert zwar den dramatischen, v.a. durch die Wiedervereinigung und die Öffnung Osteuropas bedingten Anstieg zwischen 1990 und 1995. An der Gesamttendenz der bis 1995 stetig zunehmenden und seither auf einem hohen Stand befindlichen registrierten Kriminalität und an einer insoweit durchaus begründeten Verbrechensfurcht ändert die Umstellung auf Häufigkeitszahlen jedoch nichts.

Abbildung 1 Entwicklung der Gesamtkriminalität

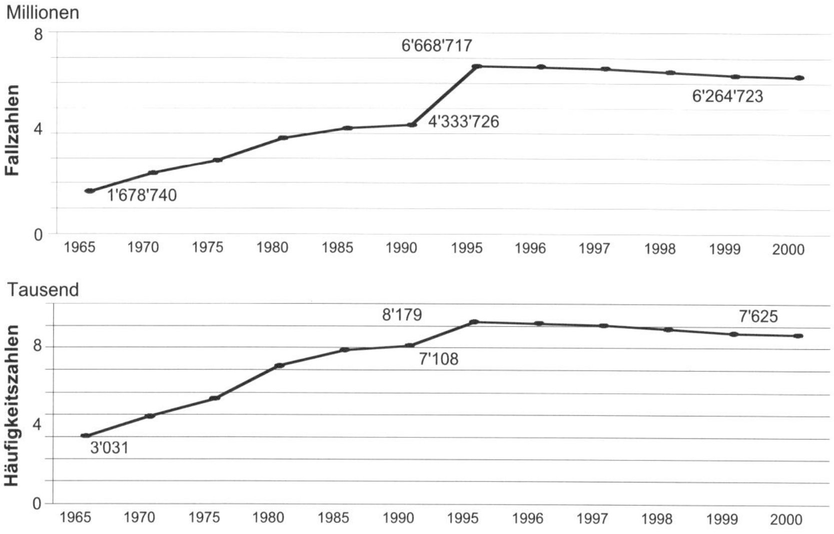

Quelle: POLIZEILICHE KRIMINALSTATISTIK 2000, 26, Tab. 2.

b) Ein differenzierteres Bild ergibt sich bei einer Betrachtung der Deliktsstruktur. Beruhigen sollte zunächst die Erkenntnis, dass nach wie vor etwa die Hälfte aller amtlich bekannt gewordenen Straftaten Diebstahlsdelikte sind. Eigentums- und Vermögensdelikte insgesamt kommen auf einen Anteil von fast ⅔, während die Gewaltdelikte, je nachdem ob man zu ihnen auch die einfache Körperverletzung rechnet, lediglich 3 bzw. gut 7% ausmachen.[5]

Hervorhebung verdient vor allem die Tatsache, dass die besonders öffentlichkeitswirksamen schweren Gewaltdelikte, nämlich die vorsätzliche Tötungsdelinquenz, Vergewaltigungen und Fälle von Kindesmissbrauch zusammen weniger als 4‰ der Gesamtkrimi-

5 PKS 2000, 27.

nalität[6] ausmachen und im Gegensatz zur allgemeinen Entwicklung deutlich abgenommen haben bzw. in den letzten Jahren auf niedrigem Niveau konstant geblieben sind *(Abbildung 2)*. Der leichte Wiederanstieg der Vergewaltigungszahlen im Jahr 1998 ist vermutlich allein auf eine Gesetzesänderung durch das 6. StrRG und eine dadurch notwendig gewordene Veränderung des Erfassungsschlüssels zurückzuführen.[7]

Abbildung 2 Häufigkeitszahlen für Tötungs- und Sexualdelikte

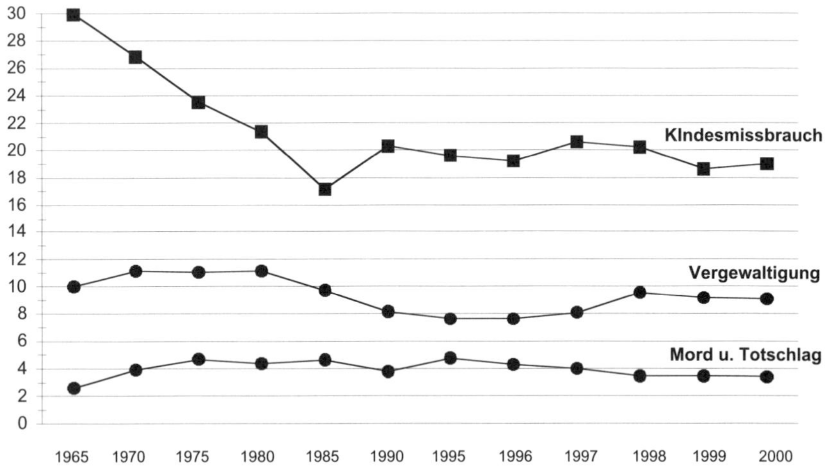

Quelle: PKS der jeweiligen Jahrgänge

6 0,38%. berechnet nach PKS 2000, 28, Tab. 3.
7 Seit 1998 werden in der PKS Fälle der Vergewaltigung (§ 177 II StGB n.F.) und erschwerte Fälle der sexuellen Nötigung (§§ 177, III, IV, 178 n.F.) zusammengefasst. 1997 wurden 6'636 Vergewaltigungen gem. § 177 StGB a.F. und 5'343 Fälle sexueller Nötigungen gem. 178 a.F., also insgesamt 11'979 Fälle registriert. Die Zahl der im Jahr 2000 (vgl. PKS 1999, 22 zu der in 1998 und 1999 noch nicht vollständig durchgeführten statistischen Umsetzung des 6. StrRG) registrierten Vergewaltigungen (§ 177 II n.F.) *und* besonders schweren Fälle sexueller Nötigungen (§§ 177 III u. IV, 178 n.F.) betrug 7.499, addiert man zu Vergleichszwecken die in der Statistik getrennt ausgewiesenen 5'399 Fälle sonstiger sexueller Nötigungen (§ 177 I u. V n.F.) hinzu, ergibt sich eine Summe von 12'898 und damit ein Anstieg von nur 7,6%, während der Unterschied zwischen § 177 a.F. und §§ 177 III, IV, 178 n.F. 13,0% beträgt.

Weniger erfreulich ist dagegen die Entwicklung bei den sonstigen, quantitativ bedeutsameren Gewaltdelikten. Deren Zunahme ist dafür verantwortlich, dass sich die Gewaltdelinquenz insgesamt *(Abbildung 3)* zwischen 1970 und 1990 beinahe verdoppelt hat und bis 1997 noch einmal um 30% angestiegen ist. Es ist wenig tröstlich, dass der Raub seine beängstigende Schrittmacherfunktion in der ersten Hälfte der 90er Jahre[8] eingebüsst und an die schweren Körperverletzungsdelikte abgetreten hat. Berücksichtigt man den besonders steilen Anstieg der einfachen Körperverletzungen, die von der PKS nicht zu der Kategorie der Gewaltdelikte gerechnet werden, deutet sich ein Trend an weg von der Bereicherungsgewalt hin zu einer rein personenbezogenen Gewaltdelinquenz.

Abbildung 3 Häufigkeitszahlen für Gewaltdelikte

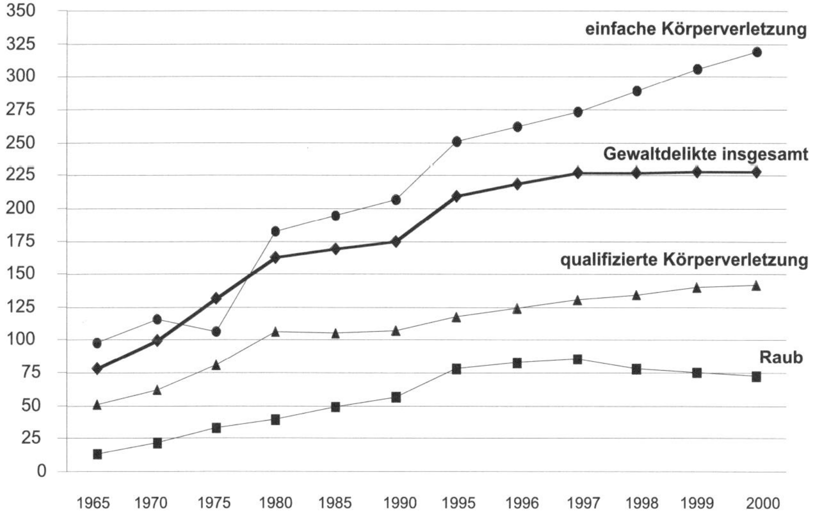

Quelle: PKS der jeweiligen Jahrgänge

8 Vgl. dazu SCHÖCH, Wie gross ist die kriminelle Bedrohung? – Entwicklung der Kriminalität und ihre Ursachen. In: BAYRISCHE LANDESZENTRALE FÜR POLITISCHE BILDUNGSARBEIT (Hrsg.): *Brennpunkt Kriminalität.* München1996, 58.

Für die abnehmende Bedeutung konsumorientierter Kriminalität und Gewalt sprechen auch die drastischen Rückgänge bei der Strassenkriminalität und dem schweren Diebstahl sowie die abnehmende Tendenz bei den als besonders bedrohlich empfundenen Wohnungseinbrüchen. Demgegenüber nimmt die Häufigkeit von Sachbeschädigungen nach wie vor zu und verzeichnen die Delikte gegen die persönliche Freiheit, also vorwiegend Nötigungen und Freiheitsberaubungen Zuwachsraten.[9]

c) Die Charakterisierung der kriminellen Bedrohung erfordert noch einen Blick auf die *Altersverteilung* der Tatverdächtigen, die sich am anschaulichsten an den Tatverdächtigenbelastungszahlen *(Abbildung 4)* ablesen lässt. Sie zeigen seit 1990 eine sehr starke Zunahme der kriminellen Belastung der jüngeren Jahrgänge. Im Jahr 2000 erreichten die Werte für Heranwachsende und Jungerwachsene ihren bisherigen Höhepunkt. Zwar waren die Jugendlichen, Heranwachsenden und Jungerwachsenen auch schon in den Jahren vor 1990 kriminalitätsaktiver als die Erwachsenen. Doch während der Abstand der Belastungszahlen in dieser Zeit einigermassen konstant war, sich bei den Jugendlichen und Heranwachsen sogar Ende der 80er Jahre eine rückläufige Tendenz zeigt, geht die Schere zwischen den Erwachsenen und den restlichen Jahrgängen seit dem immer deutlicher auseinander. Besonders bemerkenswert ist der Befund, dass die Tatverdächtigenbelastung der Kinder seit 1996 über der der Erwachsenen liegt und erst in den letzten beiden Jahren wieder leicht abgesunken ist.

9 S. dazu PKS 2000, 145, 171, 216, 244.

Abbildung 4 Tatverdächtigenbelastungszahlen (Deutsche)

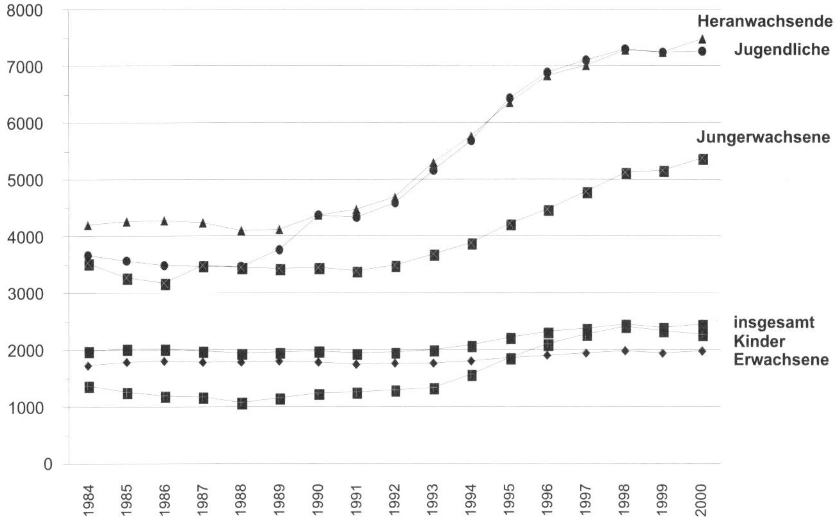

Quelle: PKS 2000, 100

Wenngleich diese Zahlen wegen der ganz überwiegenden Episodenhaftigkeit der Kinder- und Jugendkriminalität,[10] die sich auch an der weitgehenden Konstanz der Zahlen für die Erwachsenen zeigt, nicht überbewertet werden dürfen und der viel beachtete Anstieg der Kinderdelinquenz mit einem veränderten Anzeigeverhalten zu tun haben könnte,[11] sollte das Anwachsen der registrierten Jugendkriminalität, das sich nunmehr auch in der Verurteilenstatistik zeigt,[12] ernst genommen werden.[13] Eine deliktsspezifische Analyse zeigt nämlich eine Höherbelastung insbesondere der Jugendlichen auch, ja gerade bei gravierenderen Delikten, insbesondere bei der Gewaltkriminalität.[14] Zwar darf auch hier

10 KAISER, *Kriminologie,* 3. Aufl. 1996, 581 ff. m.w.N.
11 Vgl. SCHWIND (o. Fn. 2), § 3, Rn. 10.
12 WALTER (o. Fn. 3), 50 m.w.N.
13 Ebenso SCHAFFSTEIN/BEULKE, *Jugendstrafrecht* 13. Aufl. 1998, 17.
14 Vgl. zur Zunahme der Jugendkriminalität auch in diesem Bereich WALTER (o. Fn. 3), 41 f.

nicht verkannt werden, dass eine gefährliche Körperverletzung schon bei gemeinschaftlicher Ausführung vorliegt, die besonders jugendtypisch ist und Raubtaten Jugendlicher oft nur geringwertige Sachen betreffen.[15] Doch es besteht kein Grund zur allgemeinen Bagatellisierung oder Hinnahme von Jugendgewalt, deren Bedrohlichkeit sich für die ebenfalls zumeist jugendlichen Opfer nicht nach Wertgrenzen oder der Jugendtypizität solcher Taten richtet. Wie verhalten sich nun im Vergleich dazu die Erkenntnisse über Art und Ausmass der Verbrechensfurcht?

3 Subjektive Beunruhigung: Erkenntnisse über die Verbrechensfurcht

a) Um den vielschichtigen Begriff der Verbrechensfurcht zu operationalisieren, wird zumeist zwischen drei Komponenten unterschieden.[16] Mit der affektiven wird das allgemeine Sicherheitsgefühl und die Besorgnis abgefragt wird, selbst Opfer zu werden. Die kognitive Komponente betrifft demgegenüber die verstandesmässige Einschätzung der allgemeinen Kriminalitätslage und der Wahrscheinlichkeit eigener Viktimisierung. Dass affektive Viktimisierungsfurcht und kognitive Viktimisierungserwartung nicht dasselbe sind, zeigt das Beispiel eines am Wochenende Randale suchenden Fussballfans oder Rechtsradikalen, der mit einer Opferwerdung rechnet, aber keine Angst davor hat.[17] Mit der dritten, sog. konativen Komponente werden konkrete Verhaltensreaktionen einer Person auf ihre Viktimisierungsfurcht und -erwartung erfasst. Die verhaltensbezogene Komponente ist daher strenggenommen kein eigenständiger Gesichtspunkt der Verbrechensfurcht,[18] sondern ein Indikator dafür. Sie ist aber deswegen so bedeutsam, weil sich auf dieser Ebene die negativen sozialen

---

15 Darauf weist FREHSEE (o. Fn. 3), 28 hin.
16 SCHWIND (o. Fn. 2), § 20, Rn. 18 f.
17 Vgl. SCHWIND (o. Fn. 2), § 20, Rn. 25.
18 HEFENDEHL, KJ 2000, 175.

Auswirkungen[19] der Verbrechensfurcht manifestieren, wenn es nämlich zu einem freiheitseinschränkenden Vermeideverhalten wie etwa dem Verzicht auf abendliche Spaziergänge oder zu kostenintensiven Abwehrmassnahmen wie dem Einbau einer Alarmanlage kommt.

Bei der nun folgenden Darstellung der wichtigsten Forschungsergebnisse zur Verbrechensfurcht werde ich mich vor allem auf die neueste deutsche Untersuchung beziehen, nämlich eine 1998 in Bochum von SCHWIND und Mitarbeitern durchgeführte Befragung,[20] die eine Wiederholung vergleichbarer Studien aus den Jahren 1975 und 1989 darstellt und daher einen Langzeitvergleich ermöglicht. Die dabei gewonnenen Erkenntnisse stimmen aber im wesentlichen mit anderen Untersuchungen überein, der Forschungsertrag zur Verbrechensfurcht ist also im Grossen und Ganzen homogen.[21]

b) Das Unsicherheitsgefühl, also die *affektive Komponente,* ist bis Mitte der 70er Jahre leicht anstiegen, hat bis Anfang der 80er Jahre wieder leicht abgenommen, um sich in den 90er Jahren auf einem höheren Niveau zu stabilisieren.[22] Die Stagnation des Unsicherheitsgefühls in den 90er Jahren ist insofern erwartungswidrig und bemerkenswert, als die soeben vorgestellte Entwicklung der registrierten Kriminalität in dieser Zeit durch einen besonders starken Anstieg sowohl der Gesamt- als auch der Gewaltkriminalität gekennzeichnet ist. Weitere Hinweise darauf, dass das Sicherheitsempfinden der Bevölkerung durch andere Faktoren als die reale Kriminalitätsentwicklung beeinflusst wird, liefern der Ost-West-Vergleich und soziodemographische Differenzierungen. So war das Bedrohtheitsgefühl in den neuen Bundes-

---

19 KAISER (o. Fn. 10), § 33, Rn. 22.

20 SCHWIND, FECHTENHAUER, AHLBORN, WEISS, *Kriminalitätsphänomene im Langzeitvergleich am Beispiel einer deutschen Grossstadt,* Neuwied 2001.

21 Eine Zusammenfassung des Forschungsstandes geben SCHWIND u.a. (o. Fn. 20), 227 ff.

22 REUBAND, Veränderungen in der Kriminalitätsfurcht der Bundesbürger 1965–1993. In: KAISER, JEHLE (Hrsg.): *Kriminologische Opferforschung.* Teilband II, 43; SCHWIND u.a. (o. Fn. 20), 220, 249 m.w.N.

ländern Anfang der 90er Jahre besonders ausgeprägt,[23] was für den Einfluss *allgemeiner* Existenz- und Zukunftsängste spricht, die zweifellos durch den Zusammenbruch der DDR mit ihrer sozialen Rundumversorgung und die Konfrontation mit der westlichen wettbewerbsorientierten Gesellschafts und Wirtschaftsordnung ausgelöst wurden.[24] Gesichertes Ergebnis der Verbrechensfurchtforschung ist ein bei Frauen und älteren Menschen am stärksten ausgeprägtes Bedrohtheitsgefühl. Wegen des tatsächlich vergleichsweise geringeren Verletzungsrisikos dieser Bevölkerungsgruppen spricht man von einem Kriminalitätsfurcht-Paradox.[25] Zwar hat sich dieses Paradox insoweit relativiert, als neuerdings auch junge Menschen erhöhte, ihrem grösserem Viktimisierungsrisiko entsprechende Furchtwerte zeigen.[26] Es ergibt sich somit kein J-förmiger Verlauf der altersbezogenen Angstwerte, sondern eine U-Kurve. Sie ändert aber nichts an der mit der tatsächlichen Bedrohungslage nicht übereinstimmenden besonders starken Verbrechensfurcht alter Menschen und von Frauen. Für diese Angst gibt es natürlich sehr plausible Erklärungen[27] wie etwa die besondere Vulnerabilität von Frauen durch Sexualdelinquenz oder eine Angst begünstigende Sozialisation oder Lebenssituation. Es bleibt jedoch festzuhalten, dass die Ausprägung des Unsicherheitsgefühls kein zuverlässiger Indikator für die tatsächliche kriminelle Bedrohung ist.

c) Dies gilt auch für die *kognitive Einschätzung* der Kriminalität und der Wahrscheinlichkeit, selbst Straftatopfer zu werden. Zwar geht die Bevölkerung durchaus zutreffend von einem allgemeinen Kriminalitätsanstieg aus, es zeigt sich dabei jedoch das bemerkenswerte Verbrechen-auf-Distanz-Phänomen. Die Befragten

---

23 KURY, OBERGFELL-FUCHS, Kriminalistik 1998, 26 f.

24 Vgl. KURY, Bedeutung von Kriminalitätsentwicklung und Viktimisierung. In: KAISER, JEHLE (Hrsg.): Kriminologische Opferforschung. Teilband II, 131.

25 SCHWIND (o. Fn. 2), § 20, Rn. 22.

26 KURY, OBERGFELL-FUCHS, Kriminalistik 1998, 29 f.

27 Näher dazu SCHWIND u.a. (o. Fn. 20), 232 f.

vermuten einen Kriminalitätszuwachs eher für das Bundesgebiet als für die eigene Wohngegend *(Abbildung 5)*.

Abbildung 5 Einschätzung der Kriminalitätszunahme (SCHWIND u.a. 2001, 252)

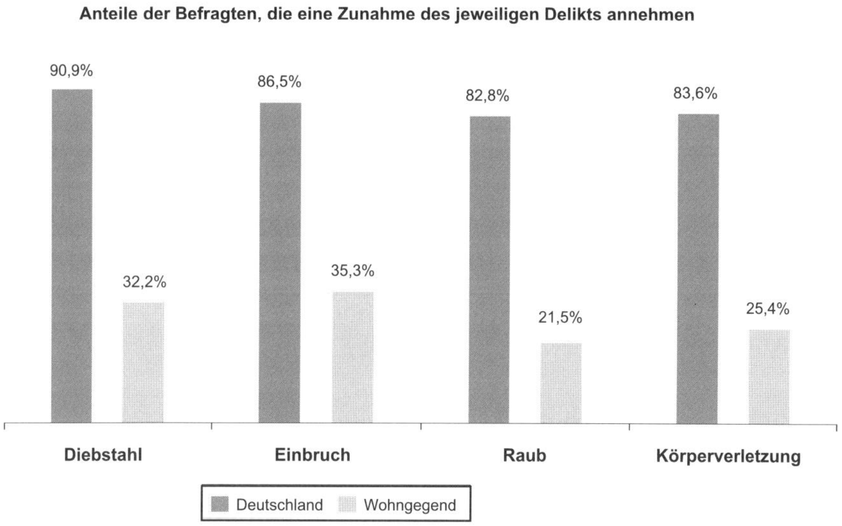

Die Annahme eines Kriminalitätsanstieg beruht folglich weniger auf eigenen Wahrnehmungen und Erfahrungen als vielmehr – so darf vermutet werden – auf dem Einfluss massenmedialer Kriminalitätsdarstellung.[28] Es handelt sich hierbei um eine im Kontext der Verbrechensfurcht und ihrer kriminalpolitischen Bedeutung ganz entscheidende Grösse, auf die im letzten Teil noch näher einzugehen ist.

Nun wäre gegen ein durch die Medien vermitteltes Bild der Kriminalitätszunahme insofern nichts einzuwenden, als diese ja tatsächlich, jedenfalls aber auf der Ebene der amtlichen Registrierun-

28 So u.a. auch HEFENDEHL KJ 2000, 181, FREHSEE (o. Fn. 3), 27.

gen stattgefunden hat. Die Problematik der allgegenwärtigen Kriminalitätsdarstellung in den Schrift-, Ton- und Bildmedien liegt jedoch darin, dass sie offenbar zu einer erheblichen Überschätzung der Qualität der kriminellen Bedrohung führt. In Bochum wurde beispielsweise eine 250fache Überschätzung der Vorkommenshäufigkeit von Mord und Totschlag ermittelt.[29] Die Tendenz zur Überschätzung besteht auch, wenn nach der eigenen Viktimisierungserwartung gefragt wird und betrifft hier auch weniger gravierende Delikte wie Diebstahl und Einbruch.[30] Es hat sich weiterhin ein Zusammenhang zwischen affektiver und kognitiver Verbrechensfurcht herausgestellt, denn es sind diejenigen besonders furchtsam, die die Vorkommenshäufigkeit der Straftaten, insbesondere der schweren überschätzen.[31] Dagegen zeigt sich in den meisten Studien, dass eigene Opfererfahrungen grundsätzlich kein gesteigertes Unsicherheitsempfinden,[32] wohl aber eine höhere Viktimisierungserwartung nach sich ziehen.

d) Fragt man nun nach der *kriminalpolitischen Relevanz* der Befunde zur Verbrechensfurchtforschung, findet sich zumeist diese Auflistung[33] fünf möglicher negativer Auswirkungen:
- Einschränkung von Lebensqualität durch Vermeideverhalten
- Selbstjustiz
- weniger Mitarbeit bei Verbrechensbekämpfung
- Indikator für Sicherheitslagen
- Auslöser für repressive kriminalpolitische Forderungen

Mir scheint, dass manche Punkte auf dieser Liste in ihrer Bedeutung überschätzt werden, wie etwa die Gefahr von Selbstjustiz[34] oder das Nachlassen der Anzeigebereitschaft.[35] Zumindest frag-

29 SCHWIND u.a. (o. Fn. 20), 254; zuvor schon KILLIAS, MschrKrim 65 (1982), 20.
30 SCHWIND u.a. 2001, 255 f.
31 SCHWIND u.a. 2001, 261 ff.
32 Anders insoweit KURY/OBERGFELL-FUCHS, Kriminalistik 1998, 32
33 SCHWIND (o. Fn. 2), § 20, Rn. 14.
34 Zu Ausschreitungen gegen (vermeintliche) Kinderschänder im Ausland KAISER in KAISER/SCHÖCH: Kriminologie, Jugendstrafrecht, Strafvollzug, 5. Aufl. 2001, Fall 3, Rn. 4.
35 Zu den (gewichtigeren) Gründen für Anzeigen/Nichtanzeigen s. SCHWIND (o. Fn. 2), § 20, Rn. 3 ff.

würdig dürfte die Indikatorfunktion der Verbrechensfurcht[36] sein. Dagegen wurde bisher das Potential deutlich unterschätzt, das die Verbrechensfurcht als Auslöser für schädlichen strafrechtlichen Aktionismus haben kann. Kam KAISER 1996 in der 3. Aufl. seines Lehrbuches noch zu dem Ergebnis,[37] «eine politische Bedeutung in dem Sinne, dass Kriminalitätsfurcht zu einem Ruf nach repressiven Strafverfolgungs- und Strafvollzugsmassnahmen» führt, lasse sich empirisch nicht nachweisen, wurde kurz darauf nur allzu deutlich, welchen kriminalpolitischen Handlungsdruck Verbrechensfurcht erzeugen kann, wenn sie von den Medien aufgegriffen und, bewusst oder unbewusst, angefacht wird.

4 Die Rolle der Medien

a) Nachdem in Deutschland im September 1996 und kurz darauf im Januar 1997 ein 7 und ein 10 Jahre altes Mädchen von *rückfälligen Sexualstraftätern* umgebracht wurden, beherrschten diese Vorfälle die Medien und veranlassten den Gesetzgeber schon im Jahr 1998 zum eiligen Erlass des Gesetzes zur Bekämpfung von Sexualdelikten und anderen gefährlichen Straftaten. Gegen den Rat der Experten[38] werden darin die Voraussetzungen für die Entlassung aus dem Straf- und Massregelvollzug verschärft, der Umfang der obligatorischen Begutachtung erweitert und der Anwendungsbereich der Sicherungsverwahrung ausgedehnt. Das Pendel der Kriminalpolitik schlug also, um das Tagungsthema aufzugreifen, in Richtung lebenslang aus. Dieser Vorgang ist geradezu ein Musterbeispiel für die Wirkungsmechanismen und die Wirkungsmacht massenmedialer Kriminalitätsberichterstattung.

---

36 Für KAISER (o. Fn. 34), Rn. 32 bleibt die Verbrechensfurcht dagegen «gleichwohl» ein wichtiger Kriminalitätsindikator.

37 KAISER (o. Fn. 10), § 33, Rn. 22.

38 Statt vieler MÜLLER-ISBERNER u.a., *MschrKrim* 81 (1998), 47; SCHÖCH, NJW 1998, 1257.

Die zufällig dichte Aufeinanderfolge dieser beiden schrecklichen Straftaten und deren monatelange Medienpräsenz, die Ausdruck des «agenda setting», also der Macht der Medien zur Themenvorgabe[39] ist, aber auch die frische Erinnerung an die Kinderschänderfälle aus Belgien, also eine Art Globalisierungseffekt, hatten den Eindruck einer zunehmenden Gefährdung von Kindern durch Sexualstraftäter vermittelt. Tatsächlich sind Sexualmorde an Kindern in den letzten Jahrzehnten insgesamt gesehen ein eher selteneres Ereignis geworden *(Abbildung 6)* und fallen insbesondere die Jahre 1996 und 1997 nicht durch eine ungewöhnliche Häufigkeit auf. Doch können schon 2 Taten ausreichen, um daraus eine vermeintliche Kriminalitätswelle zu konstruieren; man muss nur die zweite Tat mit einem plakativen «schon wieder» oder «nicht schon wieder» ankündigen und pausenlos davon und von anderen mehr oder weniger vergleichbaren Vorfällen aus aller Welt berichten, wobei dem Fernsehen zusätzlich verschiedenste Sendungstypen vom Krimi über Talkshows, Reality-TV, Nachrichtensendungen und Serien wie «Aktenzeichen XY» als Multiplikatoren zur Verfügung stehen.[40] Wie sehr die öffentliche Wahrnehmung durch die Häufigkeit der Berichterstattung und nicht durch die tatsächliche Frequenz der Ereignisse[41] beeinflusst wird, zeigt sich auch dann, wenn die Aufruhr auslösenden Fälle wieder aus den Schlagzeilen verschwinden, gleichwohl aber weiter vorkommen.

39 WALTER, *DVJJ-Journal* 1999, 350; FEHSEE (o. Fn. 3), 27, 37.

40 Näher zum Redundanzeffekt FREHSEE (o. Fn. 3), 30, vgl. ferner WALTER, *DVJJ-Journal* 1999, 348; KAISER (o. Fn. 10), § 33, Rn. 24.

41 Zur Diskrepanz von Thematisierung und Vorkommenshäufigkeit s. die Presseauswertung von RÜTHER, *MschrKrim* 81 (1998), 247.

Abbildung 6 Häufigkeitsentwicklung von Sexualmorden an Kindern

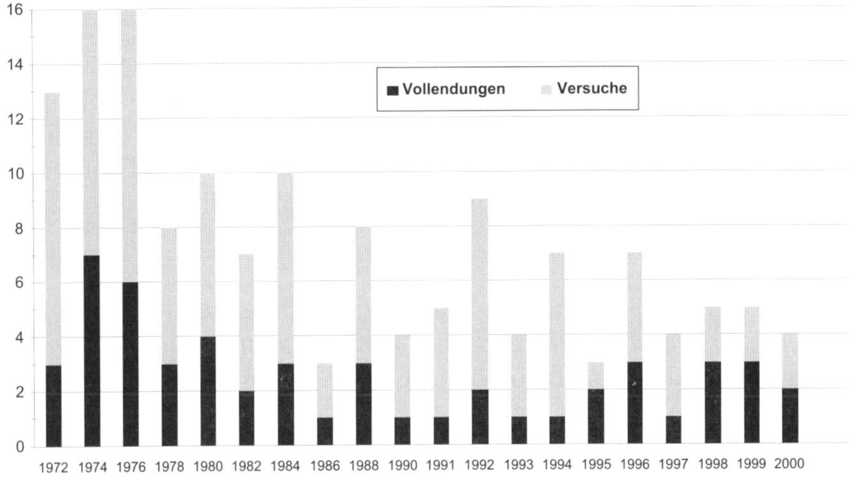

Quelle: PKS der jeweiligen Jahrgänge

b) Die Problematik der Kriminalitätsdarstellung in den Medien liegt also zum einen in ihrer *Selektivität.* Die Medienforschung hat eindrucksvoll belegt, dass die Gewaltkriminalität in den Print-, Ton- und Bildmedien stark überrepräsentiert ist.[42] Das gilt übrigens gleichermassen für seriöse Zeitungen, Rundfunk- und Fernsehsender, die sich bei der Behandlung von Kriminalität auch sonst gar nicht so sehr von Boulevard-Erzeugnissen unterscheiden.[43]

---

42 Aus neuerer Zeit u.a. KEPPLINGER, Die Entwicklung der Kriminalitätsberichterstattung. In: BUNDESMINISTERIUM DER JUSTIZ (Hrsg.): *Kriminalität in den Medien* 2000, 63; Baumann, Das Verbrechensopfer in Kriminalitätsdarstellungen der Presse, Freiburg 2000, 108 f.; SCHARF, MÜHLENFELD, STOCKMANN, *Kriminalistik* 1999, 90.

43 WALTER, DVJJ-Journal 1999, 348; FREHSEE (o. Fn. 3), 26, 30, 34; s. auch die Beispiele von SESSAR, Vermittlung kriminologischen Wissens durch die Medien? In: BUNDESMINISTERIUM DER JUSTIZ (Hrsg.): *Kriminalität in den Medien* 2000, 46 f.

Die wettbewerbsbedingte Sensationsorientierung[44] hat ausserdem zur Folge, dass vornehmlich über Negatives, möglichst Dramatisches wie etwa einen Anstieg der registrierten Kriminalität oder den Rückfall während einer Vollzugslockerung berichtet wird. Mit erfreulichen Kriminalitätsentwicklungen oder mit der ganz überwiegenden Zahl problemlos verlaufender Vollzugslockerungen aber auch mit dem Normalfall leichter Alltagskriminalität lassen sich dagegen keine Schlagzeilen machen. Es interessiert nur der spektakuläre Ausnahmefall, nicht die farblose statistische Regel.

c) Zu kritisieren ist ferner der Objektivität erheischende, jedoch *unreflektierte und irreführende Umgang mit statistischen Daten.* So war z.B. in der Diskussion über die Behandlung von Sexualstraftätern zu hören, dass diese zu über 50% vorbelastet seien. Diese als solche zutreffende Information wurde jedoch mit der Rückfallhäufigkeit bei dieser Tätergruppe gleichgesetzt und als Beleg für deren generelle Gefährlichkeit angeführt. Ähnlich irreführend wäre die an sich richtige Feststellung, dass die Sexualmorde an Kindern 1998 im Vergleich zum Vorjahr um 200% gestiegen sind, nämlich von einem auf drei Fälle. Ein besonders eindrucksvolles Beispiel für eine furchterregende Zahlenpräsentation sind die sog. Kriminalitätsuhren[47] *(Abbildung 7).* Die darin enthaltene Berechnung von durchschnittlichen Begehungsintervallen erweckt den Eindruck einer allgegenwärtigen kriminellen Bedrohung, ist aber als Gradmesser für das individuelle Opferrisiko völlig ungeeignet. Zudem finden sich unzulässige Vereinfachungen wie etwa die fehlende Differenzierung zwischen Vollendungen und Versuchen beim Mord oder zwischen unterschiedlich

---

44 WALTER, *DVJJ-Journal* 1999, 350; RABL bekennt in seinem Beitrag Kriminalberichterstattung aus journalistischer Sicht, in: DÖLLING, GÖSSEL, WALTOS (Hrsg.), *Kriminalberichterstattung in der Tagespresse* 1998, 216 offen: «Die Hauptaufgabe von Medienunternehmen ist nicht Menschen zu informieren oder zu unterhalten. Vielmehr ist es die Hauptaufgabe von Medienunternehmen, Gewinne zu erzielen.»

45 Vgl. WALTER, *DVJJ-Journal* 1999, 351 f.; FREHSEE (o. Fn. 3), 25.

46 Vgl. FREHSEE (o. Fn. 3), 25.

47 Näher dazu und zum Folgenden FREHSEE (o. Fn. 3), 34; KUNZ, *Kriminologie*. 3. Aufl. 2001, § 24, Rn. 42 f.

schweren Sexualdelikten oder allgemein die Gleichsetzung von Verbrechensanzeige und tatsächlicher Straftatbegehung, die etwa beim Autodiebstahl besonders problematisch ist.

Abbildung 7 Die Kriminalitätsuhr

Quelle: FREHSEE (Fn. 3), 34.

d) In den weniger seriösen Berichterstattungen kommt zur einseitigen Themenauswahl noch das *Bedienen verbreiteter oder* jedenfalls von den Medienproduzenten *vermuteter Vorurteile* über den Verbrecher und den Umgang der Justiz mit ihm hinzu.[48] Der Täter wird ganz im Sinne einschlägiger Hollywoodproduktionen als «Sexmonster» oder «Bestie» dargestellt,[49] der seine Opfer mit

48 WALTER, *DVJJ-Journal* 1999, 350; SCHWIND (o. Fn. 2), § 14, Rn. 4 f.

49 Vgl. WALTER, *DVJJ-Journal* 1999, 350, 352; SESSAR (o. Fn. 43), 51; KAISER (o. Fn. 34), Rn. 36; FREHSEE (o. Fn. 3), 26.

eiskalter Präzision missbraucht und tötet und der auch bei der Urteilsverkündung nicht die geringsten Anzeichen von Reue zeigt und der selbstverständlich untherapierbar und damit lebenslang gefährlich ist. Eine rationale Auseinandersetzung mit dem Straftäter wird so verhindert.[50] Der Justiz wird unangebrachte Milde und Nachsicht im Umgang mit Schwerkriminellen unterstellt,[51] Sachverständige, die es bei wagen, für solch schreckliche Täter eine Verminderung der Schuldfähigkeit in Betracht zu ziehen werden ebenso angefeindet[52] wie um Entlastung bemühte Verteidiger. Kommt es dann aber zur Verhängung der Maximalstrafe oder zur Anordnung einer unbefristeten Unterbringung, wird diese Meldung mit einem kurzen, aber vielsagenden «endlich!» präsentiert. Freilich ist der Strafvollzug heute auch nicht mehr das, was er einmal war, sondern ein Ort, an dem sich die Strafe komfortabel mit Fernseher und Alkoholgenuss auf einer Backe absitzen lässt.[53]

All dem liegt die demoskopisch[54] nachgewiesene Vorstellung zugrunde, dass sich mehr Sicherheit durch schärferes Strafen erzielen lässt und folglich umgekehrt kürzere Straf- bzw. Vollzugszeiten eine Gefahr für die Allgemeinheit sind. Hier zeigt sich, dass die Verbrechensbekämpfung ein Gebiet ist, auf dem sich leider jeder bis hin zum Bundeskanzler für kompetent hält. Die Nation besteht nicht nur aus 40 Millionen Fussballbundestrainern, sondern aus mindestens ebenso vielen Kriminalpolitikern. In einer immer komplexer werdenden Welt ist das Verbrechen und seine Bekämpfung als eine der letzten Inseln verblieben,[55] auf der es klare Trennlinien gibt, auf der Patentrezepte und einfache Lösungen weiterhelfen.

---

50 KAISER (o. Fn. 34), Rn. 37; WALTER, *DVJJ-Journal* 1999, 348.

51 WALTER, *DVJJ-Journal* 1999, 352.

52 S. NEDOPIL, R&P 1999, 120.

53 Vgl. WALTER, *DVJJ-Journal* 1999, 352.

54 S. dazu die Befunde von NOELLE-NEUMANN, KÖCHER, ALLENSBACHER *Jahrbuch der Demoskopie* 1993–1997, ALLENSBACH 1997, 758 f., 765.

55 Vgl. WALTER, *DVJJ-Journal* 1999, 350 f.

Manche Kriminologen weisen demgegenüber auf die verbreitete Akzeptanz nicht repressiver wiedergutmachender Sanktionsformen hin und meinen daher, dass eine «law and order»- Politik nicht der Stimmungslage der Bevölkerung entspreche.[56] Ich hege Zweifel an dieser Einschätzung. Abgesehen davon, dass Massnahmen des Täter-Opfer-Ausgleichs vielfach nur als Ergänzung einer Bestrafung Zustimmung finden, ist, um noch einmal KAISER zu Wort kommen zu lassen, die «Bereitschaft der Bevölkerung, eine humane, rationale und liberale Kriminalpolitik mitzutragen, sehr ambivalent und labil».[57] Dies mag bei der Eigentums- und Vermögenskriminalität anders sein. Aber jedenfalls dort, wo die öffentliche Berichterstattung besonders folgenreich ist, nämlich im Bereich der Kapital- und Sexualdelinquenz, zumal dann, wenn sie kindliche Opfer hat, kann der Ruf nach Härte bis hin zur Wiedereinführung der Todesstrafe durchaus mit Zustimmung rechnen[58] (vgl. *Tabelle 1*).

Tabelle 1 Einstellung zur Todesstrafe

Sind Sie für oder gegen die Todesstrafe?

	grundsätzlich	bei Sexualmorden an Kindern	bei Mord nach Entführung
dafür	37%	60%	50%
dagegen	42%	22%	31%
unentschieden	21%	18%	19%
Total	**100%**	**100%**	**100%**

(Umfrage: November 1996)

Quelle: NOELLE-NEUMANN/KÖCHER 1997, 767

56 BOERS, Kriminalitätseinstellungen und Opfererfahrungen. In: KAISER, JEHLE (Hrsg.): *Kriminologische Opferforschung.* Teilband II, 32; im selben Band SESSAR, Zum Sinn künftiger Opferbefragungen, 161; zurückhaltender REUBAND (o.Fn. 22), 51.

57 KAISER (o. Fn. 10), § 33, Rn. 27.

58 Vgl. FÖRSTER, SCHENK, *MschrKrim* 67 (1984), 90 ff.

e) Das hat auch *kriminalpolitische Folgen.* Da es sich heute keine Partei leisten kann, das Thema der inneren Sicherheit unbesetzt zu lassen und auf diesem Feld die laienpsychologische Evidenzargumentation einerseits so erfolgversprechend ist und andererseits Verschärfungen des Strafrechts so kostengünstig und öffentlichkeitswirksam sind,[59] lässt sich mit der Verbrechensfurcht so gut Politik machen.[60] Die Folge ist im günstigsten Fall ein symbolisches Strafrecht, so etwa, wenn die Umformulierung der Prognoseklausel in den Vorschriften über die bedingte Entlassung mit unzutreffenden Vorstellungen in der Öffentlichkeit über den Entscheidungsmassstab begründet und gleichzeitig gegenüber der Fachwelt betont wird, dass sich inhaltlich – angeblich – nichts geändert habe.[61]

Im ungünstigeren Fall kommt es zu Verschärfungen mit dem Ziel längerer Verbüssungs- oder Unterbringungszeiten, die nicht mehr auf die Auslöserfälle beschränkt sind.[62] Erinnern wir uns: Die beiden erwähnten Sexualmorde an Kindern, begangen von einschlägig vorbelasteten Sexualstraftätern, von denen einer während der Strafrestaussetzung rückfällig wurde, waren der Anlass für eine Gesetzesänderung, die weit über diese Delikte und diesen Personenkreis hinaus reichte. Insoweit sei nur auf die auch den Massregelvollzug und jeden Massregelpatienten treffende Verschärfung der Entlassungsprognose[63] und die Absenkung der formellen Voraussetzungen der Sicherungsverwahrung nicht nur bei Sexualstraftaten, sondern auch für alle Verbrechen und sogar bestimmte Vergehenstatbeständen der Körperverletzung[64] hingewiesen. Ein ähnlicher Mechanismus ist bei der momentan erwogenen Einführung einer nachträglichen oder vorbehaltenen Sicherungsverwah-

59 Vgl. FREHSEE (o. Fn. 3), 35, 37 f.; WALTER, *DVJJ-Journal* 1999, 351.

60 WALTER (o. Fn. 3), 59; FREHSEE (o. Fn. 3), 37 f..

61 BT-Drucks. 13/9062, 5, 9.

62 Vgl. WALTER, *DVJJ-Journal* 1999, 352.

63 Zur der Diskrepanz von Anlasstaten und Gesetzesverschärfungen im Fall des Gesetzes zur Bekämpfung von Sexualstraftaten NEDOPIL, *MschrKrim* 81 (1998), 46.

64 Kritisch insoweit SCHÖCH, NJW 1998, 1261 f.

rung zu befürchten, mit der man die bisher kaum mit konkreten Beispielen illustrierte Kleinstgruppe der sich erst im Vollzug als gefährlich erweisenden Strafgefangenen erreichen will.

5 Schlussfolgerungen

Aus den bisherigen Ausführungen liessen sich eine Fülle von Schlussfolgerungen ableiten. Ich möchte mich abschliessend auf *fünf Punkte* beschränken.

1) Nimmt man die amtlich registrierte Kriminalität als Massstab für die objektive Bedrohung, hat diese sowohl insgesamt, als auch in den Bereichen der Gewalt- und Jugendkriminalität zugenommen, wobei die Gewalt zu Bereicherungszwecken nunmehr abzunehmen scheint. Die für die öffentliche Kriminalitätswahrnehmung besonders wichtigen Fälle schwerster Kriminalität wie Tötungsdelikte, Vergewaltigungen und sexueller Missbrauch von Kindern sind dagegen von diesem Anstieg nicht betroffen, langfristig gesehen sogar rückläufig.

2) Die Forschungsbefunde zur subjektiven Bedrohung stimmen mit dieser Entwicklung nur teilweise überein und lassen ein erhebliches Ausmass an unbegründeter Verbrechensfurcht erkennen, die vor allem auf eine Überschätzung der schweren Gewaltkriminalität zurückzuführen ist.

3) Der Einfluss der Medien auf diese Überschätzung und ihre jüngst unter Beweis gestellte kriminalpolitische Wirkungsmacht, belegen die Notwendigkeit einer Medienkriminologie.[65] Hier hat die Kriminologie wieder einmal die Aufgabe, auf die Kluft zwischen Sollen und Sein, nämlich zwischen dem theoretischen Anspruch

---

65 Zutreffend WALTER *DVJJ-Journal* 1999, 348 f.

generalpräventiver Straftheorien und der Wirklichkeit medialer Informationsvermittlung hinzuweisen.

4) Eine solche Medienkriminologie sollte sich kritisch mit der Auffassung auseinandersetzen, der Staat müsse auch auf eine unbegründete Verbrechensfurcht reagieren. Die Aussage, es gehöre zu den staatlichen Aufgaben dafür zu sorgen, dass die Bürger nicht nur tatsächlich sicher auf der Strasse gehen können,[66] sondern auch glauben, dass sie es können, kann nämlich nicht nur als Aufforderung zu verstärkter Polizeipräsenz, besserer Strassenbeleuchtung oder zu Massnahmen gegen die öffentliche Verwahrlosung verstanden werden, sondern auch zu öffentlichkeitswirksamen ad hoc Verschärfungen des Strafrechts führen.

5) Zu warnen ist allerdings auch vor einer Verharmlosung statistischer Kriminalitätszunahmen und vor dem Ruf nach strafrechtlicher Abstinenz. Selbst wenn man nicht der Auffassung ist, dass Strafrecht auch im Bereich der Jugendkriminalität die legitime und präventiv wirksame Funktion einer Grenzmarkierung hat, droht bei Diversionsraten von 90%[67] ein Glaubwürdigkeitsverlust der strafrechtlichen Verbrechensbekämpfung und eine Verbrechensangst, bei der man darüber streiten kann, ob sie noch unberechtigt ist. Der Ausgang der Hamburger Wahlen ist ein Lehrstück über die Wirkungen allzu nachgiebiger Verbrechensbekämpfung.

---

66 KERNER, Verbrechensfurcht und Viktimisierung. In: HAESLER, W.T. (Hrsg.): *Viktimologie,* Diessenhofen 1986, 155, zustimmend SCHWIND (o. Fn. 2), § 20, Rn. 14.

67 Kritisch dazu SCHÖCH, Wie soll die Justiz auf Jugendkriminalität reagieren. In: DÖLLING (Hrsg.), *Das Jugendstrafrecht an der Wende zum 21. Jahrhundert,* 129 f.

Daniel Fink

Sanctions et exécution des peines au regard des statistiques officielles

Résumé
La révision de la partie générale du code pénal est bien avancée dans les chambres fédérales. L'objectif de la révision du droit des sanctions étant de réduire le nombre des courtes peines privatives de liberté jusqu'à 6 mois et d'introduire des mesures de sécurité plus sévères, il se pose de manière de plus en plus urgente la question de l'importance de cette révision pour les établissements de privation de liberté et la planification pénitentiaire. Les facteurs de baisse du nombre de personnes en exécution des peines et des mesures tels le travail d'intérêt général, introduit en 1991, et l'exécution des peines sous surveillance électronique, introduite en 1999, ainsi que le traitement avec prescription d'héroïne aux personnes toxicodépendantes n'ont pas été contrebalancés par des facteurs à la hausse. Les données les plus récentes sur les effectifs en exécution des peines montrent une croissante décharge de certaines catégories d'établissements. Ces facteurs à la baisse pourraient continuer à modifier les conditions d'occupation des établissements, notamment dans ceux au niveau de sécurité faible, avant même que la révision entre en vigueur. L'objectif de réduire le nombre des peines privatives de liberté doit cependant être considéré dans une perspective historique plus longue: si au début du 20ème siècle les condamnations comprenaient dans 85% des cas une peine privative de liberté sans sursis, on n'en comptait, à la fin du siècle, avec un nombre de condamnations six fois plus élevé, plus que 15%. Le nombre de condamnations comprenant une peine privative de liberté sans sursis est resté avec quelques 10'000 cas relativement stable. Cependant, en 1999, on ne comptait plus que 7000 incarcérations pour 3000 engagements dans des formes d'exécution alternatives. Ces dernières annoncent, avec les nouvelles sanctions, le passage vers un régime de sanctions communicationnel.

Zusammenfassung
Die Revision des Allgemeinen Teils des Strafgesetzbuches ist in den Eidgenössischen Räten weit fortgeschritten. Zunehmend stellt sich die Frage nach der Bedeutung dieser Revision für die Anstalten des Straf- und Massnahmenvollzugs und deren Planung, zielt diese Revision im Bereich des Sanktionenrechts zuerst darauf ab, die kurze Freiheitsstrafe bis 6 Monate zurückzudrängen und eine verschärfte sichernde Massnahme einzuführen. Die für den Straf- und Massnahmenvollzug entlastend wirkenden Faktoren wie die Einführung der gemeinnützigen Arbeit seit 1991 und des elektronisch überwachten Strafvollzugs seit 1999 sowie die heroingestützte Behandlung von Drogenabhängigen sind bisher durch belastende Faktoren nicht

aufgehoben wurden; neueste Belegungszahlen bezeugen eine zunehmende Entlastung bestimmter Anstaltskategorien. Diese entlastenden Faktoren dürften die Bedingungen der Anstaltsbelegung – insbesondere im niederschwelligen Sicherheitsbereich – weiter verändern, noch bevor die Revision in Kraft tritt. Die angestrebte Zurückdrängung der Freiheitsstrafe muss dabei in einem längeren historischen Perspektive interpretiert werden: Wurden anfangs des 20. Jahrhunderts in 85% aller Urteile eine unbedingte Freiheitsstrafe ausgesprochen, waren es, bei sechsfach gestiegener Urteilszahl Ende des Jahrhunderts, noch 15%. Die Anzahl der Urteile mit unbedingten Freiheitsstrafen blieb über das Jahrhundert hinweg mit rund 10'000 sehr stabil; im Jahr 1999 wurden jedoch nur noch 7000 Einweisungen gezählt, in den alternativen Vollzugsformen dafür 3000 Vollzüge. Letztere kündigen, zusammen mit den einzuführenden alternativen Sanktionen, den Übergang ins kommunikative Sanktionenregime an.

Le débat sur la révision de la partie générale du code pénal est bien avancé aux Chambres fédérales. De ce fait, se pose de manière de plus en plus urgente la question de l'importance du nouveau droit des sanctions pour la planification pénitentiaire, le but de la réforme étant de réduire considérablement le nombre de peines privatives de liberté de courte durée.

Cependant, avant même de pouvoir étudier l'effet de la révision du code pénal qui devrait entrer en vigueur en 2005, on doit prendre en compte les évolutions actuelles du niveau des sanctions prononcées et leur importance pour les effectifs des établissements de privation de liberté. En même temps, nous voudrions insérer nos remarques sur les questions quantitatives dans une longue durée et avancer une interprétation générale quant au changement de la fonction du droit des sanctions en Suisse.

Nous tenterons de répondre à plusieurs questions: dans quelle direction évoluent les sanctions et la population carcérale depuis le milieu des années 80? Quels sont les facteurs qui influenceront le plus fortement – vers le haut, voire vers le bas – les effectifs des détenus dans les prisons suisses dans les années à venir? Quelle sera l'importance numérique de ces évolutions?

Préalablement, on doit se demander comment procéder à l'évaluation des évolutions possibles; il nous faudrait un modèle des interactions entre pratiques judiciaires et exécution des peines qui inclue les facteurs externes tels l'évolution démographique, les changements socio-économiques et la situation politique internationale. On commencera par cette question de méthode.

1 Modèle d'analyse et données statistiques disponibles

Un modèle fiable permettant de décrire les évolutions passées des pratiques judiciaires et pénitentiaires et les changements à venir n'existe pas en Suisse. La raison en est certainement la répartition des tâches entre Confédération et cantons liée au fédéralisme, la responsabilité de la planification pénitentiaire incombant entièrement aux cantons.

Mais on constate également à l'étranger un manque de modèles permettant l'évaluation de ces évolutions. Une des seules exceptions est le Home Office à Londres qui établit des pronostics pour l'Angleterre et le Pays de Galles depuis les années 90 – avec des résultats quelque peu ambivalents.[1] Ceci dit, ce modèle n'est pas directement transposable à la Suisse, étant donné les différences des systèmes pénaux et pénitentiaires, la limitation du modèle anglais à l'exécution des peines et l'absence d'une population étrangère pénitentiaire très importante. On constate enfin qu'en littérature criminologique ce sujet n'est pas encore traité.[2]

Le premier travail a consisté à construire une esquisse de modèle permettant une mise en forme des facteurs exerçant une influence sur la population carcérale. Il s'est ensuite agi d'évaluer le poids des

1 Grove, Peter G. et alii., Report on the study into forecasting the prison and probation populations – Consultation Draft 1, August 2001. Sur Internet sous: www.homeoffice.gov.uk/rds, avec référence à d'autres études moins élaborées aux Etats-Unis et en Australie.

2 Voir à ce sujet p.ex. les manuels standards de Kaiser G., Killias M., Maguire M.

divers facteurs et leur effet vers le bas ou le haut sur la population pénitentiaire. Si l'on en reste actuellement au niveau de la description qui permet de mieux asseoir la réflexion prospective, la réalisation d'une modélisation mathématique est à l'étude.

Dans le graphique représentant un modèle simplifié de l'étude sur les évolutions possibles de la population carcérale en Suisse[3] *(graphique p. 61)* on perçoit deux grands blocs représentant la population en exécution des peines et celle détenue pour d'autres raisons. On constate d'abord que la pratique judiciaire exerce, par le nombre de personnes condamnées et les durées de peines, une influence très forte sur l'effectif global de détenus. C'est ensuite l'application de la détention préventive et les mesures de contrainte qui influencent l'effectif des détenus. Finalement, il faut tenir compte des différents types de sanctions et de mesures afin de mieux cerner les besoins en matière de types d'établissement pénitentiaire.

Les données proviennent de diverses sources. Celles sur les condamnations sont extraites de la statistique des condamnations pénales réalisée par l'Office fédéral de la statistique, résultats d'une reprise des informations inscrites au casier judiciaire tenu aujourd'hui par l'Office fédéral de la justice. Etant donné qu'il s'agit de jugements entrés en force, cette statistique connaît toujours près de deux années de retard. Les informations sur l'exécution des peines comprennent tant les données de la statistique pénitentiaire et du travail d'intérêt général que celles de l'enquête annuelle sur la population pénitentiaire un jour de référence. Pour les mesures de sûreté, on s'est servi d'un relevé spécial conduit le 1er mars 2001. Pour les séries de données sur la longue durée on a utilisé toutes les publications produites par l'OFS depuis le début du siècle.

3 L'étude sur les évolutions possibles de la population carcérale en Suisse jusqu'en 2005 a été entreprise par l'auteur sur demande de la section de l'exécution des peines et des mesures de l'Office fédéral de la justice en 2001. Les premiers résultats – développés ici sous forme fortement résumée – ont été présentés à divers groupes de décision. En fonction de la faisabilité d'une mathématisation du modèle construit il est prévu d'actualiser le matériel statistique et de produire des scénarios possibles d'évolution de cette population.

OFS BFS UST

Modèle des facteurs intervenant sur les effectifs de la population pénitentiaire

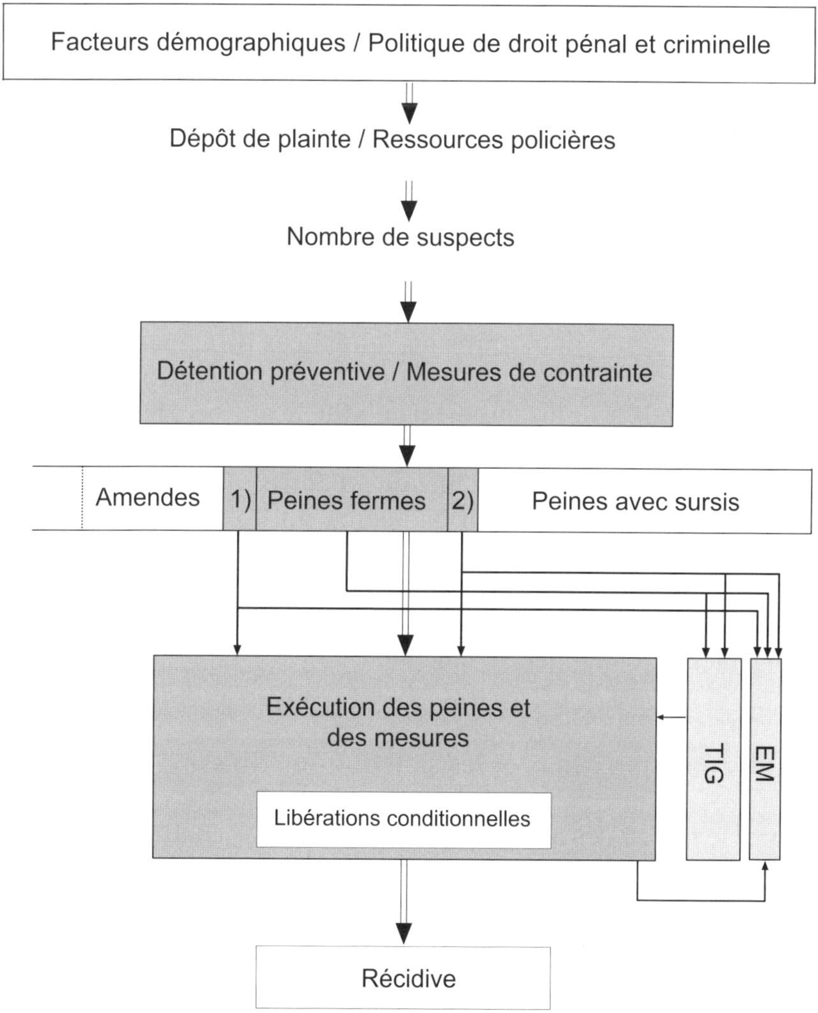

1) Conversion d'amendes

2) Révocation de sursis

La pratique judiciaire est déterminée en amont par les dépôts de plaintes et les affaires élucidées, elles-mêmes fortement dépendantes des ressources policières et de la fixation de priorités de l'action policière. Mais le nombre de détenus est en dernière analyse également influencé par le facteur démographique, à savoir le nombre de personnes appartenant au groupe d'âge qui présente le plus fort risque d'être poursuivi. Ce chiffre est aussi, notamment en ce qui concerne les étrangers, dépendant de la situation économique internationale et des crises politiques, ainsi que des migrations qu'elles produisent. Sur la base de cette analyse nous avons identifié une trentaine de facteurs exerçant une influence sur le nombre des condamnations, le prononcé des sanctions et l'exécution des peines. A l'aide de toutes les données statistiques disponibles pour les années courant de 1982 à 2000 on présentera ci-après les tendances principales de la pratique judiciaire et de l'effectif carcéral. La brève interrogation sur les facteurs actuels les plus importants influençant vers le haut ou vers le bas les évolutions futures de la population carcérale en Suisse jusqu'en 2005, à savoir avant même que n'entre en vigueur le code pénal révisé, sera prolongée par un aperçu sur les évolutions des sanctions prononcées par les tribunaux depuis le début du vingtième siècle. La conclusion apportera une interprétation des plus récentes évolutions en matière de droit des sanctions en les insérant dans le changement des régimes de sanction.

2 Les condamnations et les sanctions en Suisse

Depuis le milieu des années 1990 le nombre des condamnations s'est stabilisé autour de 70'000. Analysé en fonction des lois qui ont été enfreintes *(graphique 2)*, on constate peu de changements, à savoir une légère baisse des condamnations sur la base de la loi sur les stupéfiants, une légère hausse des condamnations sur la base de la loi sur la circulation routière. Les violations du code pénal restent très stables. Les fortes baisses du nombre de condamnations observées

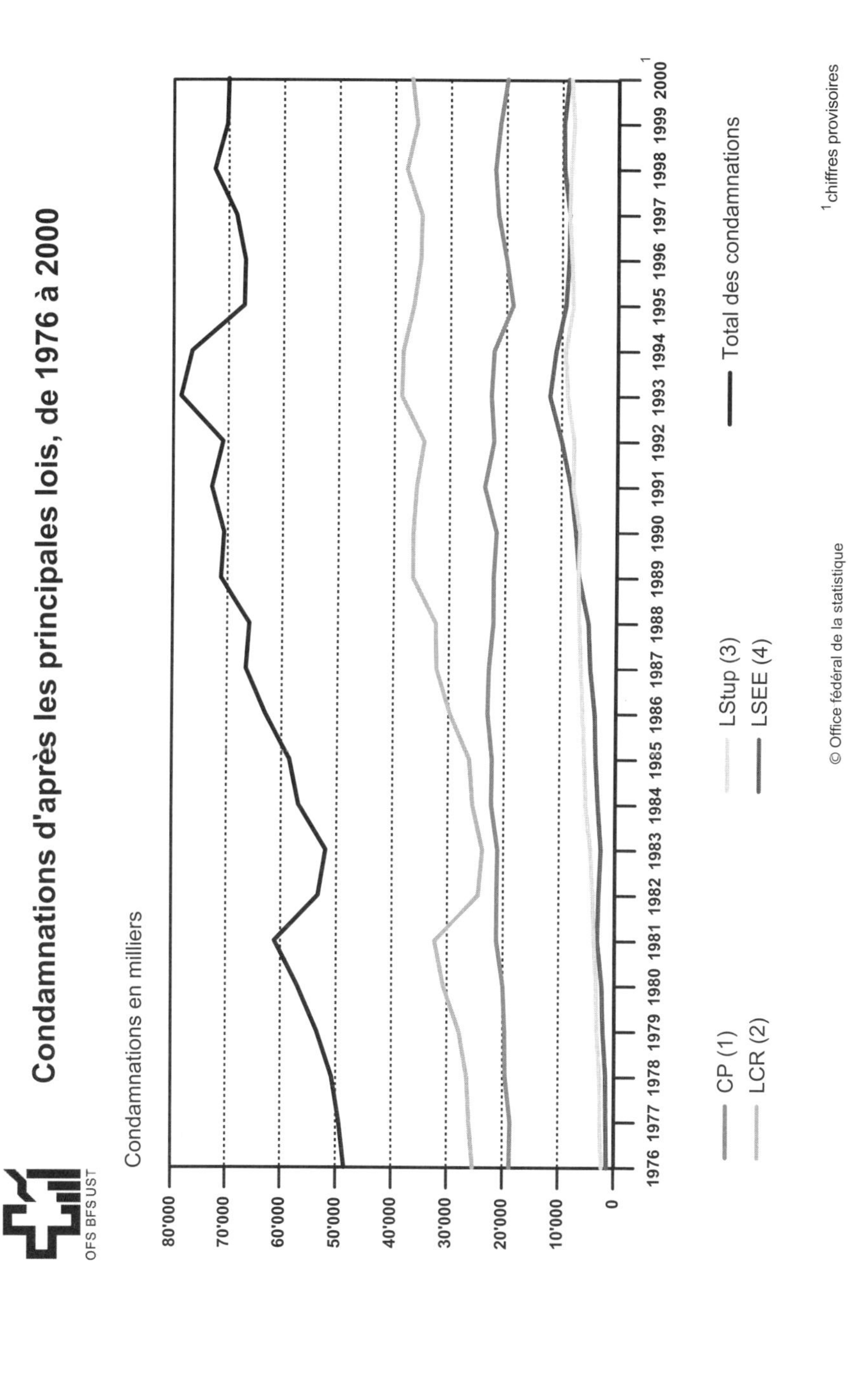
OFS BFS UST
Condamnations d'après les principales lois, de 1976 à 2000
Condamnations en milliers
80'000
70'000
60'000
50'000
40'000
30'000
20'000
10'000
0
1976 1977 1978 1979 1980 1981 1982 1983 1984 1985 1986 1987 1988 1989 1990 1991 1992 1993 1994 1995 1996 1997 1998 1999 2000 1
CP (1)
LCR (2)
LStup (3)
LSEE (4)
Total des condamnations
© Office fédéral de la statistique
1 chiffres provisoires

pour 1981 et 1994 sont dues au changement des limites d'inscription des contraventions au casier judiciaire.[4]

Les sanctions sont, dans leur grande majorité, des peines n'ayant pas un effet de privation de liberté immédiat, à savoir dans 23'000 cas des amendes (33%) et dans 36'000 cas des peines avec sursis (51%) *(grap. p. 65)*. Retenons que les amendes se montent en moyenne à 900 francs et que la durée moyenne des peines privatives de liberté avec sursis est de 47 jours. La durée médiane[5] des peines avec sursis est de 15 jours, stable depuis 1984.

Au début des années 90 on comptait environ 13'000 peines privatives de liberté; 10 ans plus tard un peu plus de 10'000, à savoir 15% de toutes les sanctions. 85% de ces peines ont une durée inférieure ou égale à six mois. Par an, il y a tout juste 300 peines de plus de 3 ans; quant aux peines de plus de 5 ans, nous en connaissons en Suisse une centaine par an *(grap. p. 66)*. En raison de l'abandon des peines fermes pour un certain nombre de délits et d'une légère augmentation des peines longues liées aux condamnations de trafiquants de stupéfiants, la durée moyenne des peines s'est élevée de 140 jours en 1984 à 170 en 1999; la durée médiane est restée stable à 30 jours.

Quant aux mesures prévues par le code pénal, les juges y ont très peu recours, à savoir dans un peu plus d'un pour cent des condamnations *(graph. p. 67)*. Le maximum de mesures prononcées a été atteint en 1994 avec près de 1200 mesures; en 1999, il n'y en avait plus que 900. L'évolution est plutôt contrastée; les mesures ambulatoires pour les alcooliques augmentent depuis 1992; pour les toxicodépendants on observe une diminution des mesures ambulatoires et stationnaires depuis l'introduction des traitements avec prescription d'héroïne au milieu des années 90.

---

4 Pour une interprétation de ces tendances, voir Annuaire statistique de la Suisse, 2001, OFS, Neuchâtel, pp. 814.

5 La médiane partage l'ensemble des cas ordonnés en fonction de leur valeur en deux parties égales: 50% des cas connaissent une durée maximale de 15 jours.

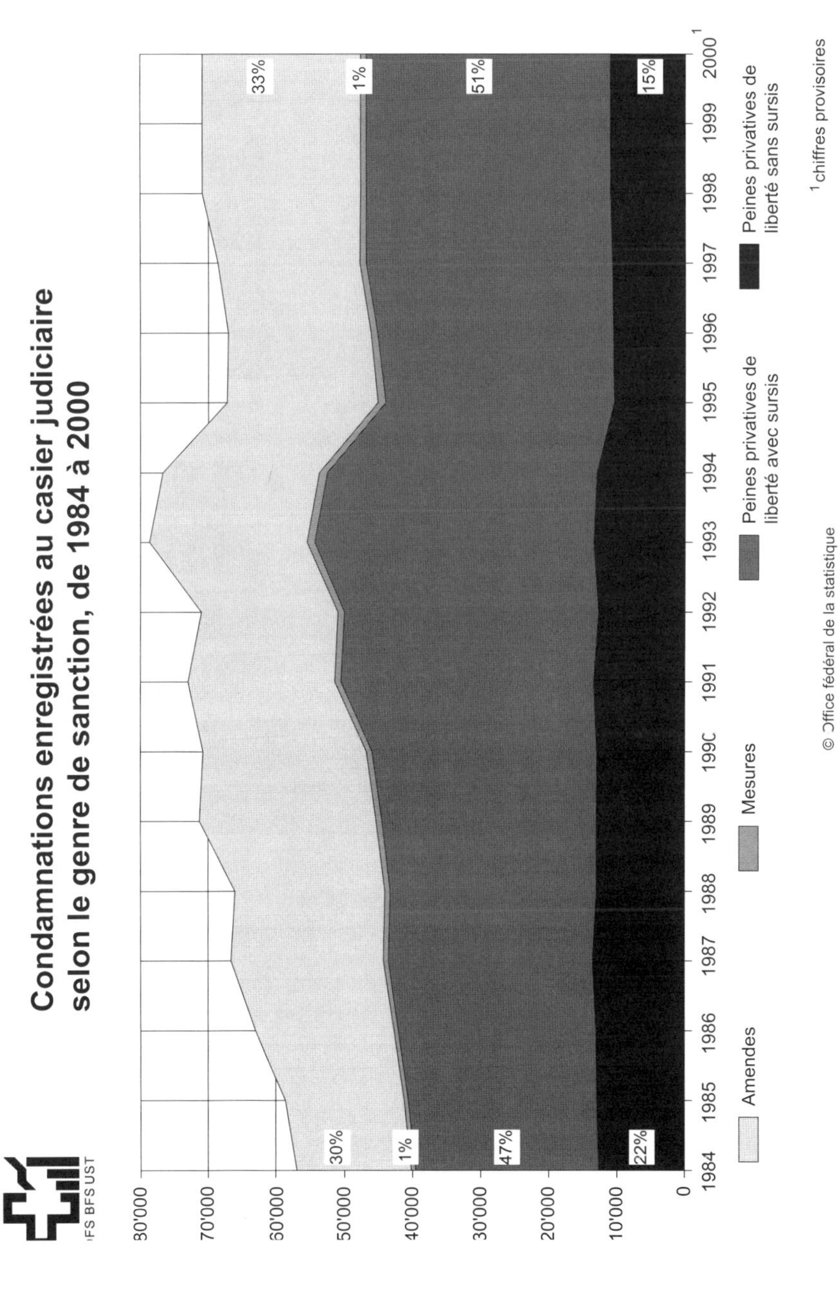
Condamnations enregistrées au casier judiciaire
selon le genre de sanction, de 1984 à 2000
BFS UST
80'000
70'000
60'000
50'000
40'000
30'000
20'000
10'000
0
1984
1985
1986
1987
1988
1989
1990
1991
1992
1993
1994
1995
1996
1997
1998
1999
2000[1]
30%
1%
47%
22%
33%
1%
51%
15%
Amendes
Mesures
Peines privatives de liberté avec sursis
Peines privatives de liberté sans sursis
[1] chiffres provisoires
© Office fédéral de la statistique

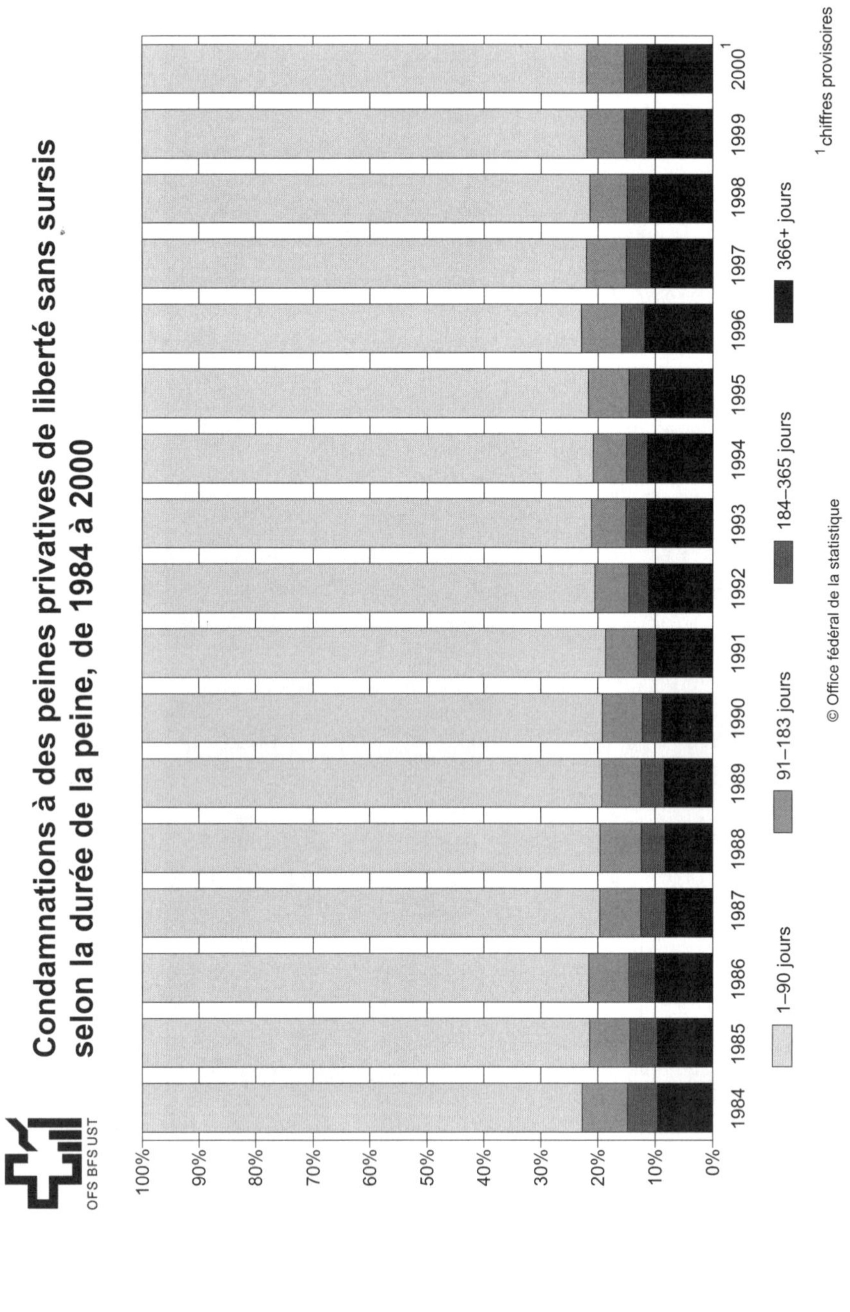

Condamnations à des peines privatives de liberté sans sursis selon la durée de la peine, de 1984 à 2000
OFS BFS UST
100%
90%
80%
70%
60%
50%
40%
30%
20%
10%
0%
1984
1985
1986
1987
1988
1989
1990
1991
1992
1993
1994
1995
1996
1997
1998
1999
2000[1]
1–90 jours
91–183 jours
184–365 jours
366+ jours
© Office fédéral de la statistique
[1]chiffres provisoires

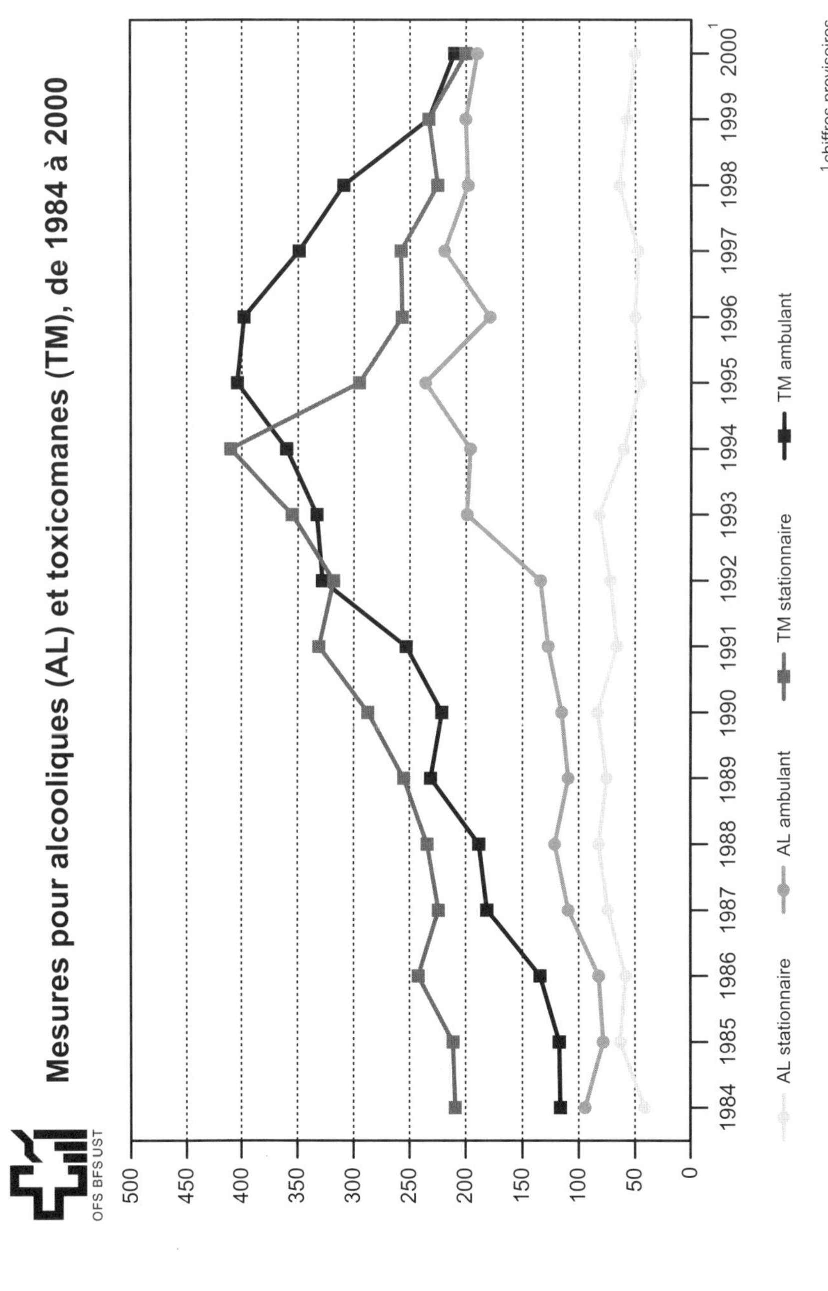
OFS BFS UST
Mesures pour alcooliques (AL) et toxicomanes (TM), de 1984 à 2000
500
450
400
350
300
250
200
150
100
50
0
1984
1985
1986
1987
1988
1989
1990
1991
1992
1993
1994
1995
1996
1997
1998
1999
2000[1]
AL stationnaire
AL ambulant
TM stationnaire
TM ambulant
© Office fédéral de la statistique
[1]chiffres provisoires

D'une importance numérique bien moindre, mais d'une signification politique bien plus actuelle sont les mesures d'internement ou de sécurité selon les articles 42 et 43 du code pénal *(graph. p. 69)*. Les internements des délinquants d'habitude selon l'article 42 du code pénal ne sont quasiment plus prononcés. Il en va autrement pour les internements des délinquants malades psychiques selon l'article 43 chiffre 1 alinéa 2 du code pénal. Mais contrairement à des prises de position diverses, leur nombre n'a pas augmenté jusqu'en 2000. Même si l'on observe de grandes variations annuelles, on ne compte néanmoins pas plus de 12 cas par année en moyenne. Plus importante quantitativement est la mise en œuvre de l'article 43.1.1 du code pénal, l'envoi d'une personne condamnée en hôpital ou clinique psychiatrique: il y a en moyenne quelques 28 cas par an. Le niveau d'application de la mesure est plus élevé que dans le cas de la mesure précédente, l'évolution est cependant restée stable.

La condamnation à la réclusion à vie, y compris celle transformée en internement, est un événement extrêmement rare. Sur 19 ans, elle est prononcée en moyenne 2 fois par année, les cumuls annuels plus élevés étant probablement fortement déterminés par des questions de procédure et de capacité de travail des tribunaux *(graph. p. 70)*.

La condamnation des étrangers revêt pour l'occupation des établissements une importance grandissante, dans la mesure où il leur revient une part croissante de condamnations à des peines fermes et que ces dernières ont des durées plus longues que celles des Suisses. Pour la période de 1984 à 1999, la part des condamnations des citoyens suisses à une peine privative de liberté sans sursis est tombée de 80% à 50%; la part de ces peines a augmenté continuellement pour les étrangers et atteint à la fin des années 90 près de 50%. Alors que le nombre de condamnés suisses avec des peines de plus de 3 mois a baissé à 800, celui des étrangers a augmenté à 1600. Ainsi les étrangers sont deux fois plus nombreux à avoir des peines fermes longues. En même temps, les étrangers ne sont quasiment jamais condamnés à une mesure *(graph. p. 71)*.

OFS BFS UST

Condamnations à des mesures de sécurité selon l'année de condamnation, de 1984 à 2001

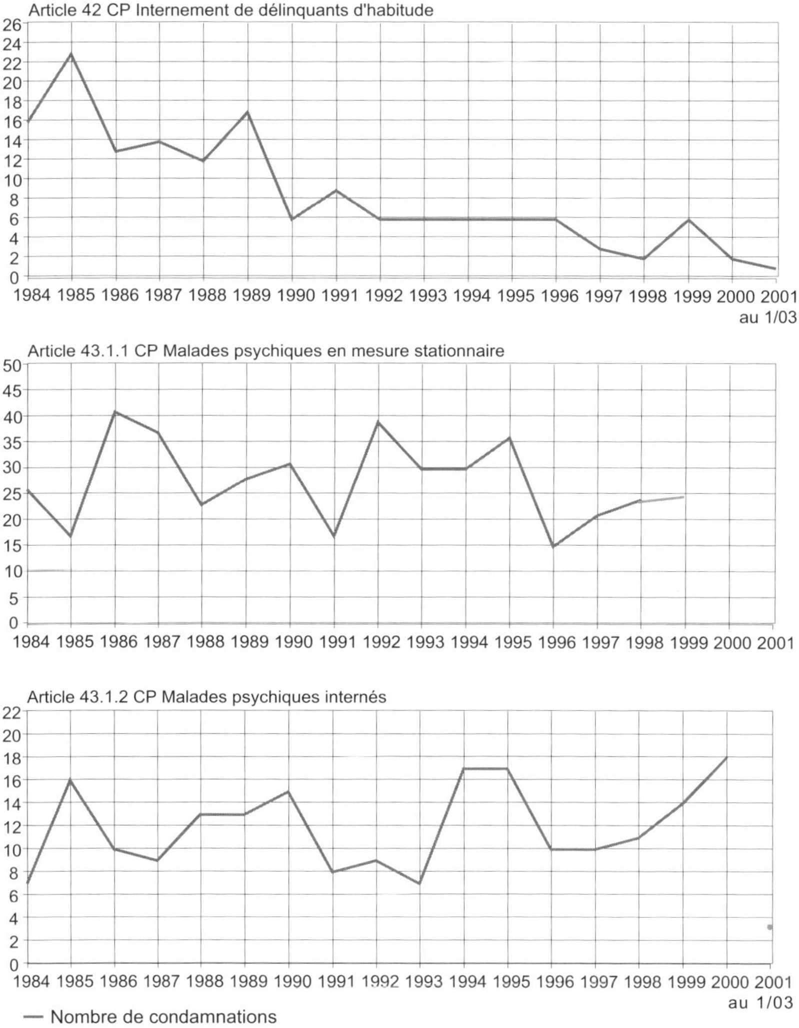

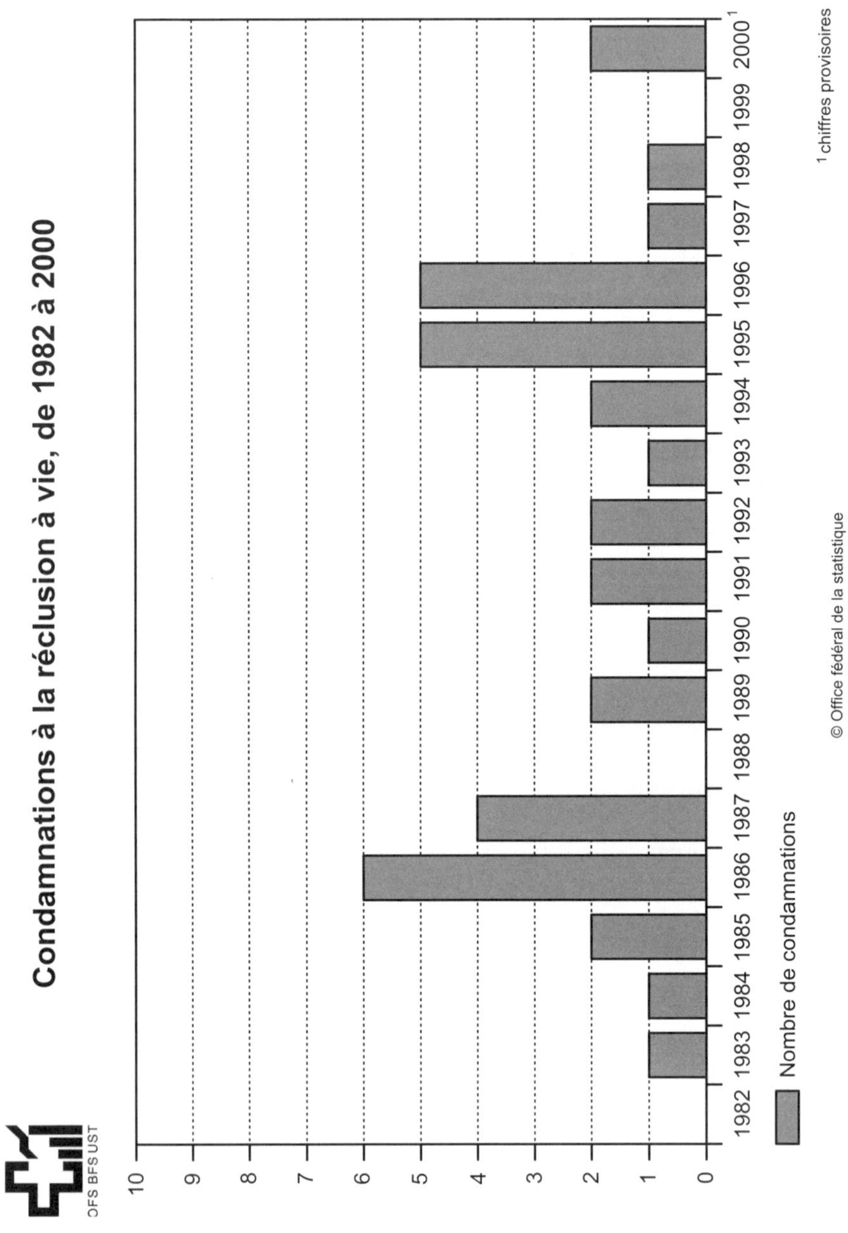
Condamnations à la réclusion à vie, de 1982 à 2000
OFS BFS UST
0
1
2
3
4
5
6
7
8
9
10
1982
1983
1984
1985
1986
1987
1988
1989
1990
1991
1992
1993
1994
1995
1996
1997
1998
1999
2000[1]
Nombre de condamnations
© Office fédéral de la statistique
[1] chiffres provisoires

OFS BFS UST

Condamnations de Suisses et d'étrangers selon la durée de la peine, de 1984 à 2000

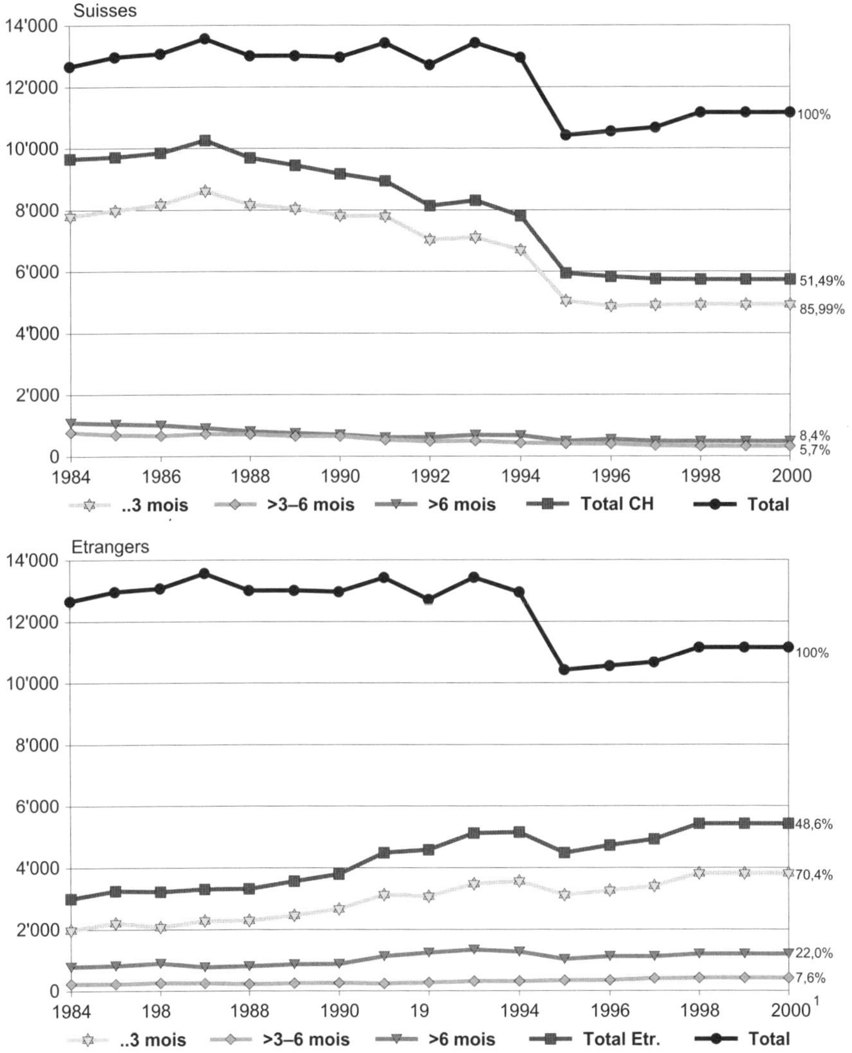

[1] chiffres provisoires

Ces chiffres donnent l'arrière-plan pour le changement structurel de la population pénitentiaire en Suisse. Quand on prend de plus en compte le fait que les étrangers ont des taux de détention préventive bien plus élevés que les Suisses, on désigne là les deux facteurs principaux qui expliquent le nombre croissant des étrangers dans les prisons. Selon l'application du droit des sanctions, ces tendances seront plus ou moins fortement renforcées à l'avenir.

Globalement on peut tirer le bilan que, pour les années de 1980 à 2000, on connaît une très forte stabilité des condamnations, des sanctions prononcées et des durées des peines – stabilité qui ne se retrouve plus complètement dans le taux d'occupation des établissements de privation de liberté. En effet, l'introduction des formes alternatives d'exécution d'une peine privative de liberté sans sursis, tels le travail d'intérêt général et les arrêts domiciliaires sous surveillance électronique, produisent leurs effets sur les effectifs de la population pénitentiaire. De plus, on peut penser que l'orientation plus libérale de la politique en matière de stupéfiants devrait continuer à faire baisser le nombre des condamnations de cette catégorie de clients des établissements. En revanche l'actuel renforcement des peines pour les conducteurs commettant des infractions selon la loi sur la circulation routière pourrait entraîner une augmentation du nombre de condamnés, mais pas forcément des personnes détenues. Même si l'on observe une mobilisation policière sans précédent en matière de délinquance économique et de crime organisé, il est peu probable que le nombre de condamnations puisse avoir un effet sur la population carcérale au vu du nombre d'affaires traitées.

3 La privation de liberté et la population pénitentiaire en Suisse

Avant de traiter la question des besoins en places de détention, il y a lieu de donner une indication sur l'évolution de l'offre de places. Sur la base du catalogue des établissements,[6] on sait qu'au milieu des années 80 on disposait de quelques 5300 places de détention; au début des années 90 il y en avait 6000, à la fin des années 90: 6800, soit une augmentation de près de 1500 places (ou 30%) en 15 ans. Au regard des données sur les condamnations et des taux d'occupation des établissements, ce taux de croissance doit rétroactivement être considéré comme élevé, notamment quand on pense à la flexibilité que connaît le système pénitentiaire suisse avec la grande multitude d'établissements. Le système des mesures s'étant différencié, le nombre des institutions habilitées à exécuter des mesures ambulatoires et stationnaires ne dépendant pas des départements sanitaires a crû, augmentant la capacité du système, les patients/détenus de ce dernier type d'institutions n'entrant cependant pas dans la statistique pénitentiaire.[7]

En vue de mieux saisir l'cffct du changement de formes d'exécution des peines et du nouveau droit des sanctions, on ne peut établir le taux d'occupation à partir des seules durées des peines, car un grand nombre de facteurs doit être pris en compte. Nous ne pourrons ici que les énumérer. Il y a d'abord la détention préventive et l'exécution anticipée d'une peine; il y ensuite la révocation de peines antérieures prononcées avec un sursis ou la révocation de libérations conditionnelles; on rencontre des conversions d'amendes qui s'ajoutent à une peine ferme. Il y a la règle des libérations conditionnelles

6 Catalogue des établissements, OFJ, Berne, 1982; édition complètement revue, OFS, Berne, 1995; nouvelle édition, OFS, Berne, 1998. Depuis 1999 il n'existe plus que sur internet en circuit fermé; à partir d'août 2002 il sera consultable en clair sur les pages du domaine du droit et de la justice.

7 La statistique pénitentiaire comprend l'ensemble des établissements relevant des départements de justice et police, mais non les institutions habilitées à accueillir des personnes en traitement ambulatoires ou stationnaires gérées par d'autres départements. Ainsi, on dispose de l'ensemble des informations sur les condamnations à une mesure, mais non de l'ensemble des données sur l'exécution des mesures quand ces dernières se passent hors du système carcéral.

pour les peines de plus de 3 mois. Le calcul devient plus complexe encore lorsqu'on veut prendre en compte les mesures. Il y a les passages de détenus d'institutions du type pénitentiaire vers des institutions relevant du secteur sanitaire et sur lesquelles nous ne disposons pas de données. L'ensemble des facteurs disponibles a été pris en compte pour calculer les taux d'occupation des établissements à la fin des années 90.

Pour l'exécution des peines jusqu'à six mois on utilise à la fin des années 90 environ 1000 places de détention *(graph. p. 75)*. Pour les peines allant de un à cinq ans, on a besoin de 1500 places, pour celles de plus de 5 ans 400, soit un total de 2900 places. Avec les diverses mesures exécutées en établissement pénitentiaire, il en résulte un besoin de quelques 3300 places. Pour les autres formes de privation de liberté – détention préventive, détention policière, administrative ou de sûreté, mesures de contrainte, détention en vue d'expulsion ou d'extradition – il y a un besoin de quelques 2500 places, dont environ 1500 pour détention préventive qui sera ultérieurement prise en compte dans les condamnations.

On peut ici ouvrir une parenthèse pour les personnes sous mesures de sûreté ou d'internement. Il y a lieu cette fois de s'interroger sur le nombre de condamnés toujours présents dans les établissements pénitentiaires. L'enquête spéciale conduite avec jour de référence au 1er mars 2001 permet d'informer sur leur nombre. A cette date, il y avait dans les établissements pénitentiaires un effectif de 22 personnes internées sur la base de l'article 42 du code pénal *(graph. p. 76)*. Quant aux internés sur la base de l'article 43, il y en avait 109 le jour de référence, dont les jugements ont pu être rendus au début des années 1980 déjà. Etant donné que depuis 1994, de moins en moins de ces personnes internées ont été libérées, on a connu un doublement de l'effectif par rapport au début des années 90. Le nombre de personnes condamnées à une mesure en milieu psychiatrique (art. 43.1.1 CPS) est peu nombreux dans le milieu pénitentiaire, un seul établissement étant habilité à recevoir ce type de détenus/patients.

OFS BFS UST

Besoin en places pour toutes les formes de privation de liberté, fin 1990

Exécution des peines et mesures et des

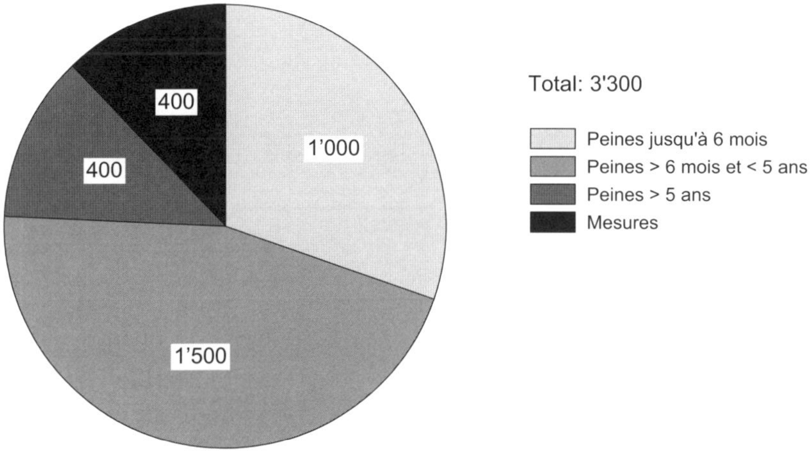

autres formes de privation de liberté

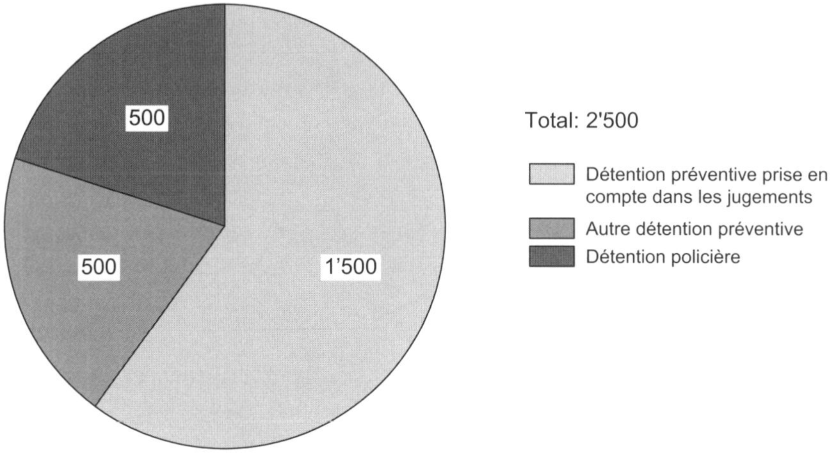

OFS BFS UST

Condamnations à des mesures de sécurité et effectifs de condamnés en établissement le 1/3/2001 selon l'année de condamnation, de 1984 au 1/3/2001

Article 42 CP Internement délinquants d'habitude

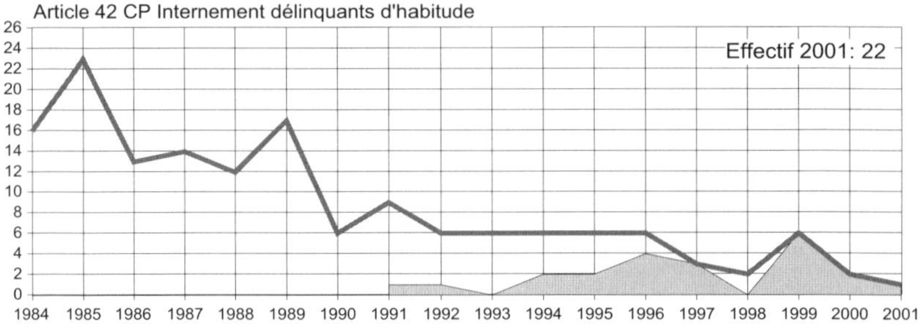

Article 43.1.1 CP Malades psychiques en mesure stationnaire

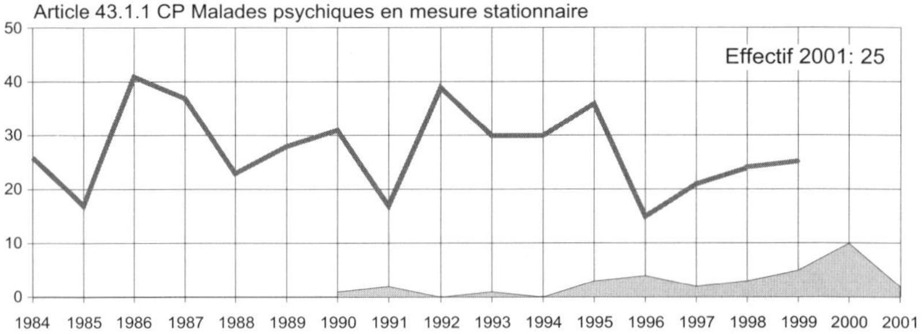

Article 43.1.2 CP Malades psychiques internés

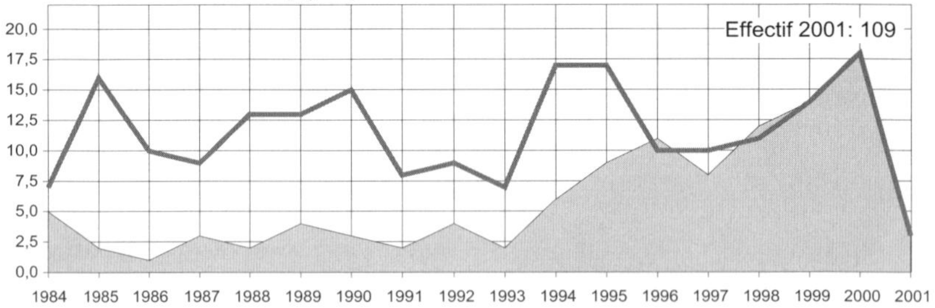

Nombre de condamnations **Effectif**

Importantes pour le milieu pénitentiaire lui-même, chargé de gérer ce groupe de détenus aux caractéristiques particulières, ces mesures le sont moins d'un point de vue quantitatif. Même dans l'hypothèse où ces personnes seraient moins souvent libérées, les effectifs resteront très bas comparativement à la population carcérale totale, étant donné que le nombre de ce type de sanction est faible.

Quant à l'évolution des incarcérations, elle nous mène directement à la question de l'impact des nouvelles formes d'exécution des peines qui préfigurent un nouveau type de sanction. Si le nombre de condamnations à des peines fermes a passé d'une moyenne annuelle de 13'000 à une moyenne de 10'500 depuis 1995, on constate que depuis 1995 le nombre des incarcérations ne cesse de baisser: les près de 11'000 incarcérations sont tombées en 2000 à quelques 7000 *(graph. p. 78)*. Cependant, cette baisse des incarcérations est entièrement compensée par la forte croissance des travaux d'intérêt général qui sont passés d'un petit millier de TIG en 1994, 1995 et 1996 à 3000 et plus depuis 1999.

Les nouveaux établissements pénitentiaires ouverts durant les années 90 (Lonay, Pöschwies, Kloten, prisons préventives de Bâle-Ville, Sion, Lucerne) ont élargi la capacité d'accueil du système pénitentiaire suisse. Contrairement à des projections empiriques[8] faites sous l'impression d'une certaine saturation des établissements durant les années 80,[9] la population carcérale totale s'est stabilisée autour de 5600 détenus, leur nombre un jour de référence variant entre 5400 et 5800 détenus *(graph. p. 79)*. Cela n'exclut pas que l'on connaisse dans un établissement, dans un canton ou même dans un concordat des périodes de forte occupation, voire de suroccupation. Alors que l'effectif de détenus en exécution des peines évolue fortement en complémentarité au nombre de détenus en détention préventive, on constate pour la première fois pour 2001 une baisse glo-

8 Voir Rapport GADIENT, *Crise dans l'exécution des peines et mesures,* Berne, 1995 (Po. GADIENT, 92.3060).

9 Voir à ce sujet la note d'information de l'OFS de 1985: Prisons suisses: on affiche «complet»!

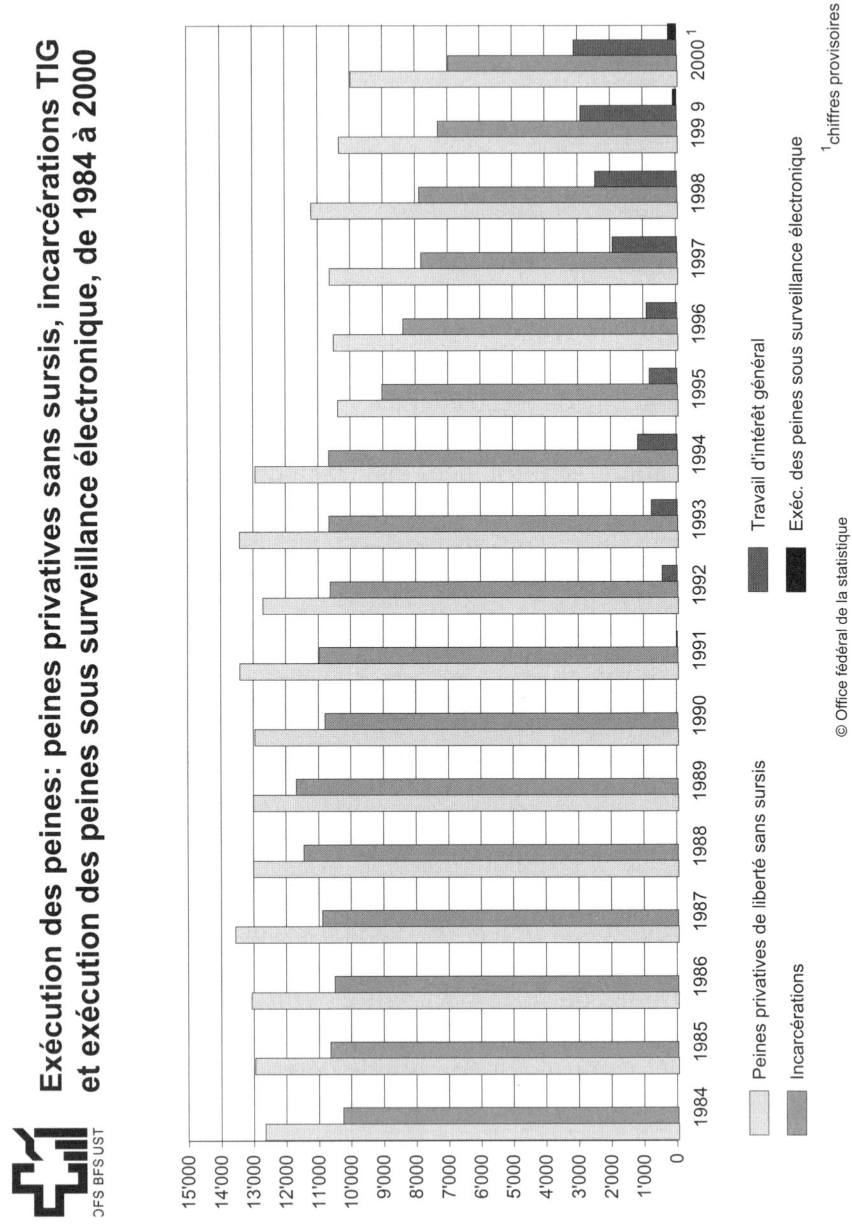
OFS BFS UST
Exécution des peines: peines privatives sans sursis, incarcérations TIG
et exécution des peines sous surveillance électronique, de 1984 à 2000
15'000
14'000
13'000
12'000
11'000
10'000
9'000
8'000
7'000
6'000
5'000
4'000
3'000
2'000
1'000
0
1984
1985
1986
1987
1988
1989
1990
1991
1992
1993
1994
1995
1996
1997
1998
199 9
2000 1
Peines privatives de liberté sans sursis
Incarcérations
Travail d'intérêt général
Exéc. des peines sous surveillance électronique
1chiffres provisoires
© Office fédéral de la statistique

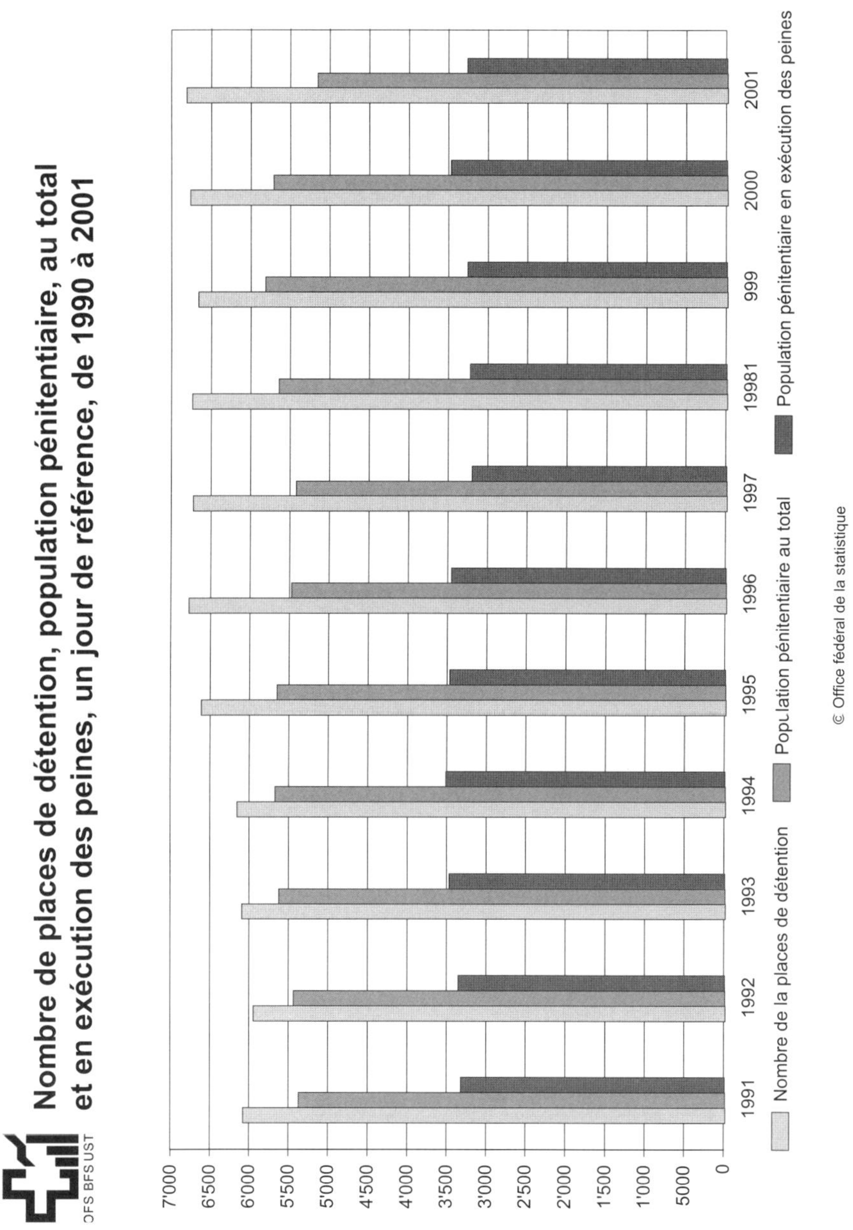

Nombre de places de détention, population pénitentiaire, au total et en exécution des peines, un jour de référence, de 1990 à 2001

bale de l'effectif, la population pénitentiaire tombant à moins de 5400. D'un taux d'occupation global moyen de 85% dans les années 90, on est passé à 75% en 2001.

Suite à cette présentation très brève de l'évolution des condamnations et sanctions, des incarcérations et de l'occupation des établissements pénitentiaires, on résume ci-après les facteurs influençant à l'avenir les effectifs de détenus en Suisse. Dans le modèle, on a identifié une trentaine de facteurs exerçant une influence sur la population pénitentiaire.

4 Les possibles évolutions de la population pénitentiaire

Sur la base des développements ci-dessus, et encore avant de prendre en compte la révision du droit des sanctions, on peut envisager les trois évolutions suivantes:

Les facteurs de baisse sont plus importants que les facteurs de hausse
En prolongeant les tendances actuelles on postule une prépondérance des facteurs contribuant à baisser davantage encore la population pénitentiaire, toutes les autres conditions étant stables. Il s'agit notamment de l'importance croissante des formes substitutives des peines fermes et de l'impact de la politique en matière de drogue sur le taux d'incarcération des toxicodépendants. Ce ne sont pas tellement les pénitenciers qui devraient en être touchés, mais plutôt les établissements offrant le niveau de sécurité le plus bas, à savoir les maisons d'arrêts, les prisons de district, les établissements ouverts ou semi-ouverts. Il s'ensuit qu'un nombre certain de places de détention pourraient se révéler superflues dans un avenir proche.

Les facteurs de hausse et de baisse s'équilibrent
Les facteurs de hausse seraient dus à une poursuite plus active des actes de violence et des délits sexuels ou à un succès croissant des autorités judiciaires dans la poursuite de la criminalité économique

et du crime organisé. Elle serait encore le fait d'une augmentation de la délinquance des mineurs productrice de carrières criminelles; enfin, un nombre croissant de mesures de sûreté viendrait grossir l'effectif dans les prisons. Les facteurs de baisse identifiés ci-dessus induiraient non pas une diminution de la population carcérale, mais tout au plus sa stabilisation. Quant au besoin en places de détention, on se trouverait dans un statu quo, leur caractéristique étant plutôt de sécurité renforcée. On s'orienterait alors vers un réaménagement du parc des places, moins vers une augmentation de l'offre de places.

La troisième variante part de l'idée que tous les *facteurs de hausse surpassent les facteurs de baisse:* c'est le pronostic d'un besoin d'augmentation des places de détention et d'une croissance de la population pénitentiaire.

Sans pouvoir entrer dans l'explication des diverses évaluations, nous considérons la première variante comme la plus probable: les facteurs de baisse surpassent en importance les facteurs de hausse. C'est notamment en raison de l'expansion possible du travail d'intérêt général comme forme d'exécution des peines privatives de liberté et l'impact de la politique plus libérale en matière de drogues, notamment du programme de traitement avec prescription d'héroïne, que nous voyons les conditions remplies pour une baisse plus importante encore des incarcérations. L'introduction du travail d'intérêt général comme peine à part entière et de la nouvelle place attribuée à la peine pécuniaire dans la révision du code pénal devraient à moyen terme consolider la politique de réduction des peines fermes. Sur les 1000 places de détention utilisées pour l'exécution des peines jusqu'à 6 mois, on peut au début 2001 se demander si l'on ne pourra pas faire l'économie de la moitié de ces places au milieu de la décennie.

5 Changement historique dans l'application des peines et évolution du régime des peines

A ce point, on ne souhaite pas aller plus avant dans la problématique d'évaluation des possibles évolutions de la population pénitentiaire, mais situer le résultat sur la longue durée du changement de l'application des peines en Suisse. Cette perspective historique constitue un rappel salutaire à l'attention de toutes les personnes qui continuent à douter de la continuité de l'évolution des formes de sanction dans le long terme.

Depuis le début du siècle dernier, la population résidante de la Suisse a plus que doublé, passant de 3,3 millions à 7,2 millions de personnes; entre 1906 et 1999, le nombre des condamnations est passé de 12'000 à plus de 70'000, soit près de 6 fois plus *(graph. p. 83)*.

Lorsqu'on observe l'évolution des sanctions, on constate le renversement des ordres de grandeur: alors qu'en 1900 75% des sanctions étaient des peines privatives de liberté sans sursis, il n'y en a aujourd'hui plus que 15%. De ces 15%, seulement 70% sont exécutées dans un établissement de privation de liberté, les autres sont effectuées sous la forme d'un travail d'intérêt général ou d'arrêts domiciliaires.

En faisant un raccourci, on peut affirmer que l'histoire de la peine privative de liberté est l'histoire de son refoulement: au milieu du 19e siècle, on a introduit la libération conditionnelle; depuis le début du 20e siècle, on recourt de manière croissante au sursis à l'exécution d'une peine privative de liberté – dès le milieu du siècle dernier, cette forme de sanction surpasse en nombre la peine ferme. Lors des révisions partielles de la partie générale du code pénal dans les années 70 enfin, on aménage très fortement la conception initiale de la privation de liberté en introduisant la semi-détention, la semi-liberté et la détention par journées séparées. Avec les mesures ambulatoires et la suspension des peines, on prend de plus en plus en compte les

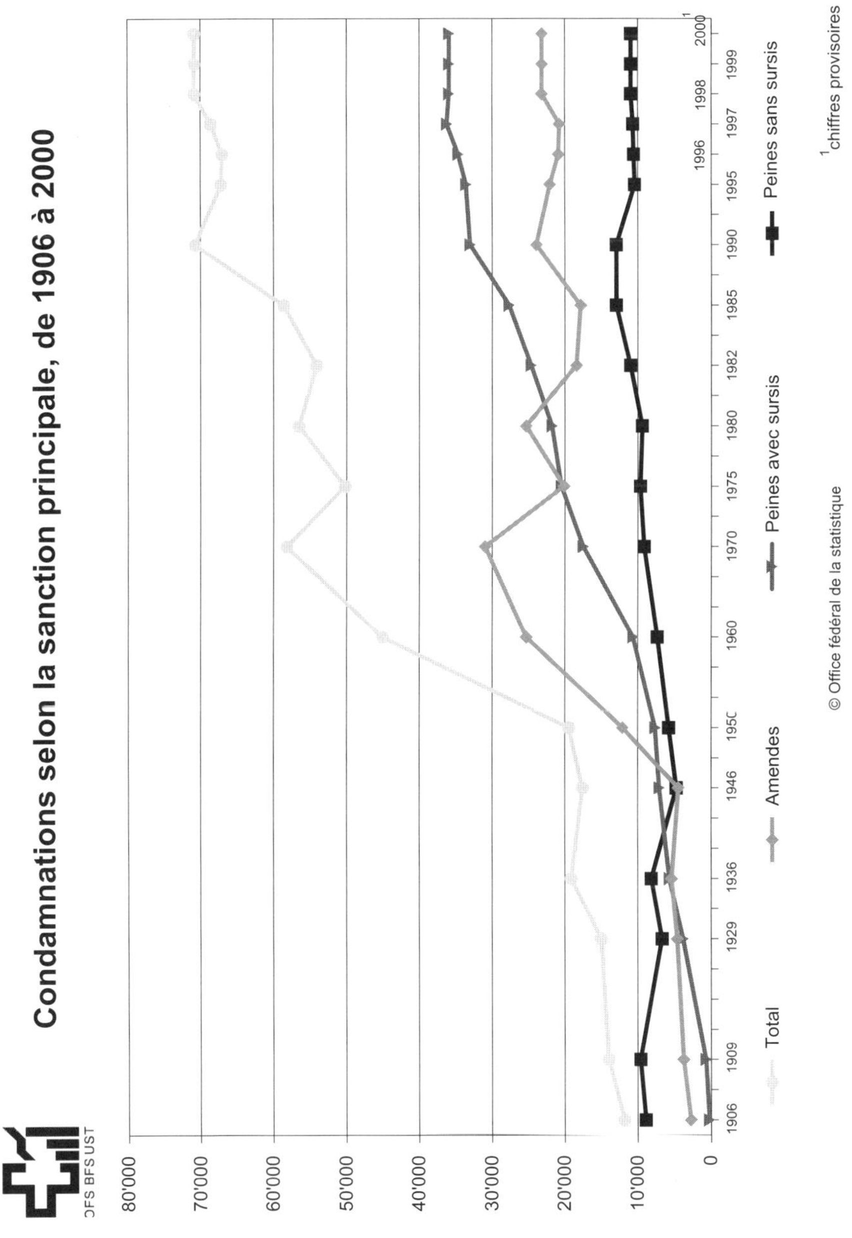
Condamnations selon la sanction principale, de 1906 à 2000
OFS BFS UST
80'000
70'000
60'000
50'000
40'000
30'000
20'000
10'000
0
1906
1909
1929
1936
1946
1950
1960
1970
1975
1980
1982
1985
1990
1995
1996
1997
1998
1999
2000[1]
Total
Amendes
Peines avec sursis
Peines sans sursis
© Office fédéral de la statistique
[1]chiffres provisoires

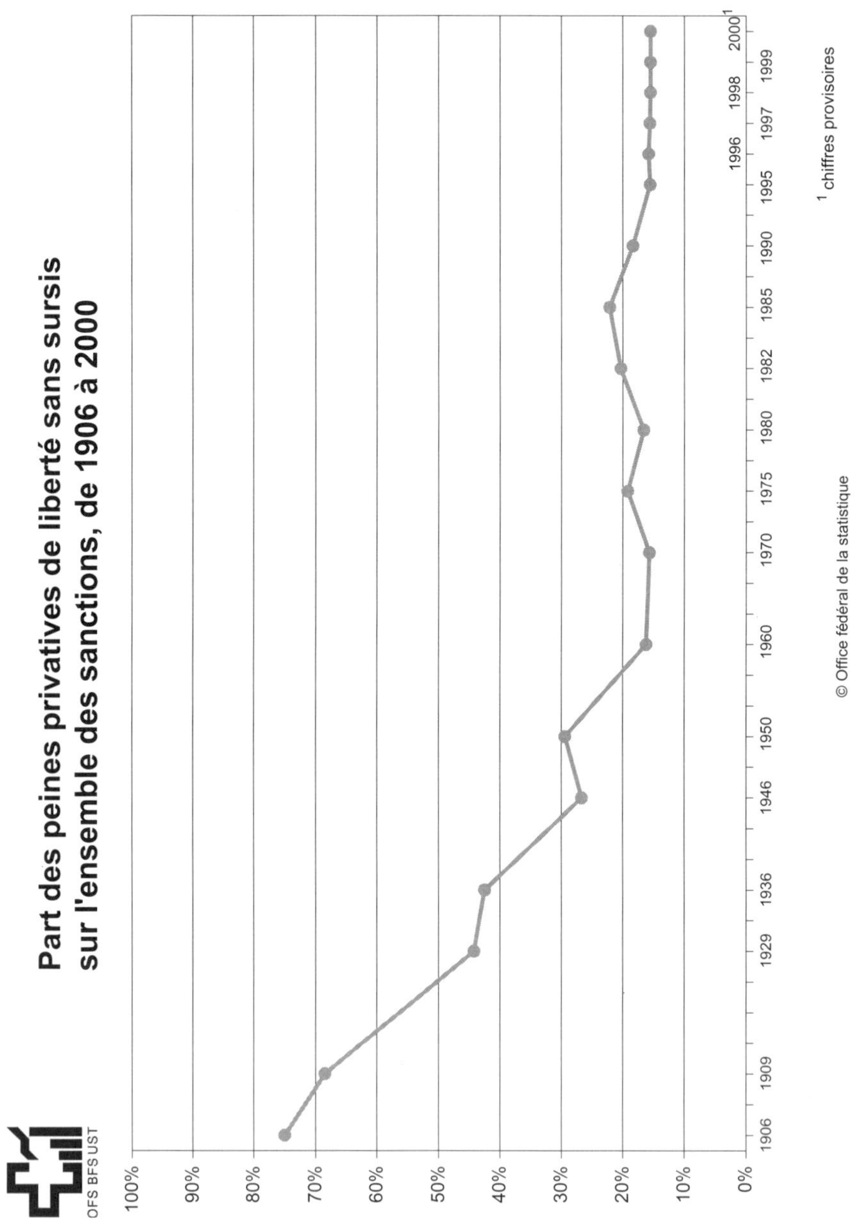
OFS BFS UST
Part des peines privatives de liberté sans sursis
sur l'ensemble des sanctions, de 1906 à 2000
100%
90%
80%
70%
60%
50%
40%
30%
20%
10%
0%
1906
1909
1929
1936
1946
1950
1960
1970
1975
1980
1982
1985
1990
1995
1996
1997
1998
1999
2000[1]
[1] chiffres provisoires
© Office fédéral de la statistique

aspects médicaux ayant conduit à une condamnation et on réoriente une nouvelle fois le sens de la privation de liberté. De ce fait, le nombre de personnes en exécution de peine est resté très stable: il était en 1900 de l'ordre de 3300, on vient de recenser le même nombre en date du 21 mars 2001.

Pour conclure ce survol statistique des pratiques judiciaires et pénitentiaires il y a lieu de situer cette évolution dans un cadre temporel plus large encore. On souhaite avancer ici la thèse d'un changement dans la longue durée des régimes de sanction en ayant recours à un schéma en trois stades qui n'implique pas l'idée d'un progrès.

Le changement du régime de sanction dans lequel domine la punition corporelle vers un régime où la privation de liberté prend le dessus a été abondamment décrit par les historiens. Le premier se situe au Moyen Age et dans la première partie des temps modernes: à l'activité agricole, à l'engagement corporel quotidien, à une justice pénale arbitraire correspondent des punitions corporelles comme mode de sanction dominant. Dans le deuxième régime, l'industrie triomphante se reflète dans la construction pénitentiaire; on y introduit une justice codifiée qui donnera une place prépondérante à la privation de liberté. Le troisième régime de sanction enfin correspond à l'âge de la communication et commence dans certains pays dans les années 1970. Ce sont désormais les diverses formes de peines non privatives de liberté au sens fort du terme qui dominent, à savoir les peines pécuniaires, la probation, les mesures ambulatoires avec suspension de peine, le travail d'intérêt général, les arrêts domiciliaires. Ces peines fonctionnent de plus en plus sur l'autodiscipline, contrôlée soit par le moyen de la communication verbale, soit par l'électronique. L'imposition de la force extérieure des murs des prisons cède de plus en plus souvent la place à la responsabilité individuelle et aux compétences sociales des personnes jugées.

Les interprétations fournies sur la base des données des années 90 sur les changements à venir dans l'exécution des peines, la tendance à la réduction du recours à la peine privative de liberté, enfin le passage dans une ère du droit des sanctions communicationnelles: tout indique que nous entrons dans une période de turbulences quant à la privation de liberté et au monde carcéral.

Martin Killias et Philippe Lamon

La certitude et la sévérité de la peine ont-elles un impact sur la criminalité? Eléments de réponse à partir de l'évolution en Suisse de 1985 à 1999

Résumé
La punitivité objective, à savoir la sévérité des peines que la société inflige aux condamnés, joue-t-elle un rôle important sur l'évolution de la délinquance? L'étude de Langan et Farrington (1998) semble avoir apporté des réponses nouvelles à la question de l'impact du coût de la criminalité sur la tendance de cette dernière. Sur la base de deux pays, l'Angleterre et les Etats-Unis, leurs données semblent soutenir le point de vue que la certitude et la sévérité des peines ont une forte influence sur la criminalité. En effet, de 1981 à 1996, la certitude et la sévérité des peines ont diminué en Angleterre pour un certain nombre de délits (cambriolages, brigandages, lésions corporelles, homicides, viols et vols de véhicule à moteur) qui ont augmenté, alors que l'inverse a été constaté aux Etats-Unis. Cette étude ayant eu un impact considérable notamment dans les pays anglo-saxons, les auteurs ont décidé d'approfondir leurs recherches à l'aide d'un nombre plus important de pays. Seuls 8 pays possèdent les données adéquates pour une telle recherche. Ici sont présentés les résultats pour la Suisse. Sur la base des tendances des différentes infractions, de leurs taux de condamnation, d'incarcération, de la longueur moyenne de leur peine ainsi que du temps passé en prison, la Suisse n'a pas pu tirer de conclusions claires quant à la question de savoir si les réponses du système pénal affectent les taux de criminalité. Ce travail fournit encore des explications alternatives de la tendance de la criminalité. Cette dernière est vraisemblablement plus influencée par l'évolution du marché noir et par la «routine activity».

Zusammenfassung
Inwiefern wird die Kriminalität durch die «Kosten» von Verbrechen beeinflusst, also von der Höhe der ausgefällten Strafen und der Wahrscheinlichkeit ihrer Verhängung? Zu dieser alten Frage haben Langan und Farrington (1998) anhand von englischen und amerikanischen Daten ein provokatives Papier publiziert, das vor allem die Diskussion in den angelsächsischen Ländern nachhaltig beeinflusst hat. Ihren Daten zufolge hat der «Preis», den Kriminelle zu bezahlen haben, also die Schwere der verhängten Strafen und die Wahrscheinlichkeit einer Verurteilung, in England zwischen 1981 und 1996 ständig abgenommen, und parallel dazu nahmen Einbrüche, Raub, Körperververletzung, Tötungsdelikte, Vergewaltigung und Motorfahrzeugdiebstähle zu. In den Vereinigten Staaten war die Entwicklung gerade ge-

genläufig, d.h. die Härte der Strafen und die Wahrscheinlichkeit ihrer Verhängung nahmen zu und die Kriminalität ging zurück. Da es nicht anginge, anhand von bloss zwei Ländern weitragende Schlüsse zu ziehen, haben LANGAN und FARRINGTON ihre Analyse auf weitere westlichen Länder ausgeweitet, die über die nötigen Daten verfügen – d.h. insbesondere Längsschnittdaten anhand von regelmässig wiederholten Opferbefragungen. Nur gerade acht Länder sind derzeit dazu in der Lage, darunter die Schweiz. Im folgenden werden die Ergebnisse anhand der schweizerischen Entwicklung dargestellt. Dargestellt werden die Trends der erwähnten Delikte sowie die Entwicklung der Wahrscheinlichkeit einer Verurteilung und der durchschnittlichen Strafmasse. Die Ausgangsfrage, ob und inwieweit die «Kosten» von Kriminalität deren Entwicklung beeinflussen, lässt sich nicht eindeutig beantworten. Eher überzeugen alternative Erklärungen, die bei den Mechanismen von Schwarzmärkten und Alltagsgewohnheiten («routine activities») ansetzen.

1 Introduction

Depuis BECCARIA ET BENTHAM, la question sur la relation entre les «coûts» du crime pour l'auteur et l'évolution de la criminalité est restée ouverte. Au niveau global, elle reste difficile à étudier, entre autres du fait que la criminalité n'a cessé d'augmenter depuis 1945. Or, l'étude de LANGAN ET FARRINGTON (1998) semble avoir apporté des réponses nouvelles à la question de l'impact du coût de la criminalité sur la tendance de cette dernière. La punitivité objective, à savoir la sévérité des peines que la société inflige aux condamnés, joue-t-elle un rôle important sur l'évolution de la délinquance? Sur la base des données des Etats-Unis et de l'Angleterre, ils constatèrent que:

- la certitude et la sévérité des peines avaient diminué en Angleterre entre 1981 et 1996 pour les cambriolages, les brigandages, les lésions corporelles, les homicides, les viols et les vols de véhicule à moteur alors que ces infractions y avaient fortement augmenté durant la même période;
- la certitude et la sévérité des peines avaient augmenté aux Etats-Unis durant la même période et pour les mêmes infractions, alors que ces dernières ont fortement diminué pendant les années en question.

Leurs données semblaient donc soutenir le point de vue que la certitude et la sévérité des peines avaient une forte influence sur la criminalité. Cette étude a ainsi eu un impact considérable notamment dans les pays anglo-saxons. Ce constat frappant se basant sur deux pays uniquement, les auteurs ont décidé d'approfondir leurs recherches à l'aide d'un nombre plus important de pays. Ainsi ils ont invité des spécialistes de nombreux pays à deux colloques qui se sont déroulés à l'Université de Cambridge pour étudier la faisabilité d'une recherche internationale plus étendue. Une telle étude exige, pour chaque pays participant, des données provenant des sources officielles telles que les statistiques policières, mais aussi des données indépendantes de l'activité policière tels les sondages de victimisation. De telles données peuvent renseigner aussi sur les tendances de la criminalité à condition que les sondages aient été entrepris avec une certaine régularité et en maintenant une parfaite comparabilité au niveau de la méthode. Si de nombreux pays connaissent ces sondages, une faible minorité en ont réalisé des enquêtes à des intervalles réguliers permettant de suivre l'évolution de la criminalité sur une vingtaine d'années. Ainsi, seuls 8 pays ont pu fournir toutes les données nécessaires, à savoir: les Etats-Unis, le Canada, l'Australie, l'Angleterre, l'Ecosse, la Suède, les Pays-Bas et la Suisse. Les résultats pour la Suisse seront présentés ici, alors que les résultats pour tous les pays seront disponibles dans LANGAN ET FARRINGTON (à paraître). Du point de vue suisse, il est regrettable que les pays voisins, dont notamment la France et l'Allemagne, n'ont pas pu être pris en compte dans cette comparaison internationale, au vu de leurs lacunes dans la recherche criminologique.

2 Les données

Les données sur la criminalité sont disponibles en Suisse non seulement à l'aide des statistiques policières, mais aussi grâce aux sondages nationaux de victimisation. C'est un élément très important au vu du fait que les statistiques policières suisses sont loin d'être satisfaisantes. En effet, bien que ces statistiques soient disponibles au niveau national depuis 1981, elles restent limitées par le fait qu'il s'agit d'une compilation de données fournies par les différentes polices cantonales (KILLIAS, 2001, n° 217–223). De plus, il n'existe pas de procédure de collecte de données ou de règles écrites sur l'enregistrement et le comptage des délits. Les sondages de victimisation permettent d'apporter une autre vision de la criminalité. Ils sont disponibles en Suisse depuis 1985.[1] Cinq sondages permettent de couvrir la période de 1985 à 2000 (KILLIAS ET AL. 2000). Sans l'aide de ces deux sources de données sur la criminalité, la Suisse n'aurait pas eu suffisamment d'informations pour participer à l'étude de LANGAN ET FARRINGTON.

Depuis 1984, il existe en Suisse une base de données contenant des informations sur chaque personne qui entrent dans le système pénitentiaire. Cette base de données fournit des informations sur la longueur de la peine, ainsi que sur le temps effectif passé en prison en fonction de différents délits particuliers (RÔNEZ, 1997). Pour cela, elle est considérée comme l'une des bases les plus sophistiquées de l'Europe continental, à ce jour.

La présente recherche se focalise sur 6 délits différents, ceux-ci devant être comparables dans les différents pays. Leurs définitions suivent celles fournies par le *Recueil européen de statistiques relatives à la criminalité et à la justice pénale* (1999). Il s'agit des cambriolages d'habitation, des vols de véhicule à moteur, des brigandages, des agressions physiques, des viols ainsi que des homicides.

Pour les détails techniques sur le calcul des données utilisées pour cette étude, le lecteur est prié de se référer à LANGAN ET FARRINGTON (à paraître). Seuls les résultats ainsi que la discussion qui s'en suit seront présentés dans ce papier.

1 Le premier sondage de victimisation a eu lieu en 1984 dans la partie romande du pays et en 1987 dans la partie allemande et tessinoise.

3 Les résultats

Seront présentés ici l'évolution de la criminalité ainsi que des condamnations et du temps passé en prison, pour la période allant de 1985 à 1999. Au vu du nombre trop important de figures se référant à cette étude, seules celles concernant les cambriolages d'habitation seront inclues dans le texte, les autres se trouvant *en annexe.*

Les taux de criminalité

La *figure 1* montre l'évolution de la criminalité selon les statistiques policières suisse ainsi que selon les cinq sondages de victimisation. Pour les viols et les homicides, les sondages ne fournissent pas de données ou des données peu valides, donc seules les données policières permettent une étude de l'évolution de ces délits. Dans la *figure 1,* l'échelle de gauche fait référence aux données des sondages alors que celle de droite concerne les taux selon les statistiques policières suisses. Les taux selon ces statistiques sont plus faibles que ceux obtenus à l'aide des sondages. Différentes raisons permettent d'expliquer cette différence, dont les principales sont, des dénominateurs différents, des taux de reportabilité à la police variant 25% à 90% selon le type de délit, ainsi que des taux de délits dénoncés et effectivement enregistrés qui varient aussi selon le délit (KILLIAS ET AL. 2000). Mais l'intérêt ici n'est pas à cette différence de taux, mais bel et bien à l'évolution de la criminalité.

En se basant sur les sondages de victimisation, les taux de cambriolage d'habitation baissent de 1985 à 1988 (de 9 à 7 pour 1000 ménages), puis doublent de 1988 à 1997 avant de diminuer à nouveau d'environ 25%. De même, en s'intéressant aux données policières, les cambriolages d'habitation ont presque doublé de 1985 à 1999.

Figure 1 Cambriolage: taux selon les sondages de victimisation et les statistiques policières

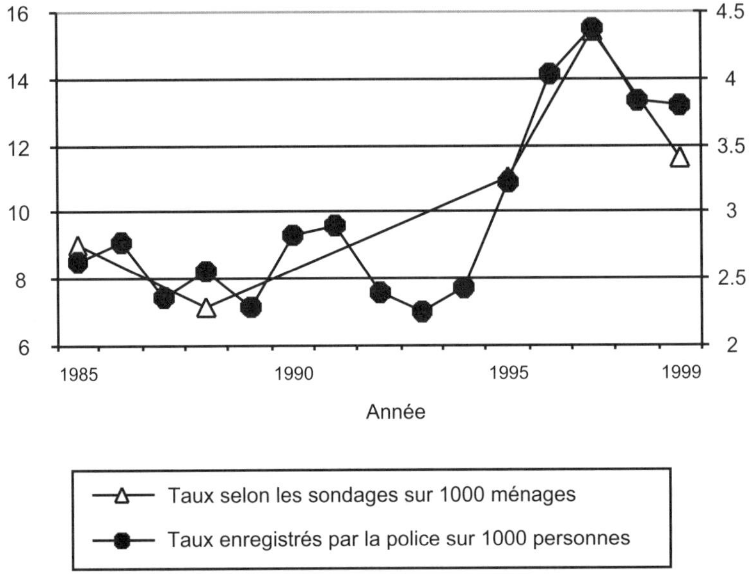

Les taux de vol de véhicule à moteur ont fortement diminué entre 1985 et 1999 de 198 à 16 pour 1000 ménages selon les sondages de victimisation, et de 16.2 à 11.0 pour 1000 personnes selon les données policières *(figure 1a)*.

Selon les sondages de victimisation, les taux de brigandage *(figure 1b)* ont connu une évolution identique à celle des agressions *(figure 1c)*, à savoir une forte augmentation entre 1985 et 1995, suivie d'une diminution entre 1995 et 1997 avant d'augmenter à nouveau en 1999. Selon les données policières, le constat est identique pour les brigandages, avec toutefois la baisse se situant deux ans plus tôt, alors que pour les agressions, ces données montrent une constante augmentation durant toute la période considérée.

Une étude sur l'absence de dénonciation des agressions à caractère sexuel (Enescu, 1999) a permis de constater que 46% des viols sont dénoncés, selon les victimes des sondages de victimisation combinés de 7 pays occidentaux ayant participé aux enquêtes des années 1989 et 1996. Afin d'obtenir des données plus proches de la réalité, nous avons pondéré les données policières concernant ce délit. L'évolution des viols est finalement une diminution de 43% entre 1985 et 1994, suivie d'une augmentation de 26% jusqu'en 1999 *(figure 1d)*. Bien que les sondages de victimisation s'intéressent aux victimisations sexuelles des femmes, le nombre de viols recensés par sondage étant trop restreint, ces données ne sont pas suffisamment valides pour une étude longitudinale.

Enfin, les taux d'homicide ont connu une légère augmentation de 1986 à 1990 suivie d'une diminution jusqu'en 1999. Les statistiques sanitaires sont fortement corrélées avec les données de police *(figure 1e)*.

Les taux de condamnation et d'incarcération

Les taux de condamnation peuvent être étudiés à l'aide de différents dénominateurs. En général, il s'agit de la population du pays. Ici, afin d'être plus proche de la réalité, nous avons estimé la population âgée de 10 ans ou plus comme premier dénominateur. Comme second dénominateur, nous avons utilisé le nombre d'auteurs selon le type de délit particulier. Ce nombre a été estimé à partir du nombre de victimes selon le sondage de victimisation, multiplié par le nombre d'auteurs par victime. Pour les viols et les homicides, les sondages n'étant pas utilisés, nous avons pris les auteurs enregistrés par la police.

Les taux de condamnation pour cambriolage ne sont pas connus spécifiquement en Suisse, le cambriolage n'étant pas une infraction connue du CPS. Mais une personne ayant commis un acte de cambriolage est souvent condamnée selon l'art. 139 ch. 2 ou 3 CPS, à savoir pour un vol aggravé. Nous avons donc pris les condamnations pour ce type d'infraction en place et lieu des condamnations pour cambriolage.[2] Ces condamnations sont donc surestimées par rapport aux condamnations réelles pour cambriolage d'habitation. Le nombre de condamnation a ensuite été mis en rapport avec (1) la population âgée de 10 ans au moins, ainsi qu'avec (2) le nombre d'auteurs estimé à partir des sondages (en estimant qu'il y ait eu 1.0 auteur en moyenne par cambriolage).Comme le montre la *figure 2,* ces deux taux de condamnation ont diminué entre 1985 et 1999 pour 1000 personnes de 10 ans ou plus,[3] alors qu'ils ont augmenté entre 1985 et 1988 avant de diminuer en 1999 pour 1000 auteurs.

Les taux de condamnation pour brigandage semblent suivre une même tendance selon les deux dénominateurs, à savoir une baisse entre 1985 et 1999 *(figure 2b).* Une diminution a aussi été constatée pour les condamnations pour vol de véhicule si l'on s'intéresse aux condamnations sur 1000 personnes âgées de 10 ans ou plus, alors que l'on constate une augmentation des condamnations sur 1000 auteurs *(figure 2a).* Pour les agressions, c'est exactement l'inverse qui est constaté *(figure 2c).* Pour les condamnations pour viol, si les condamnations sur 1000 hommes âgés de 10 ans ou plus semblent fluctuer, les taux sur 1000 auteurs semblent montrer une augmentation de 1985 à 1995 puis une baisse *(figure 2d).* Enfin, pour les homicides, les deux dénominateurs montrent une forte augmentation des condamnations, après la légère baisse de 1985 à 1988 *(figure 2e).*

---

2 Certains de ces choix peuvent paraître discutables. Le caractère international de cette recherche a souvent exigé des compromis sur l'autel de l'uniformité et de la comparabilité. Le lecteur ne devrait cependant pas trop s'y attarder étant donné que l'accent est mis ici sur l'évolution dans le temps. Cette dernière peut être saisie même si une définition peut paraître discutable.

3 Les données sur les mineurs ont été estimées à partir des données de 1999, 1er année où elles sont disponibles.

Figure 2 Cambriolage: taux de condamnation sur 1000 personnes âgées de 10 ans ou plus/sur 1000 auteurs

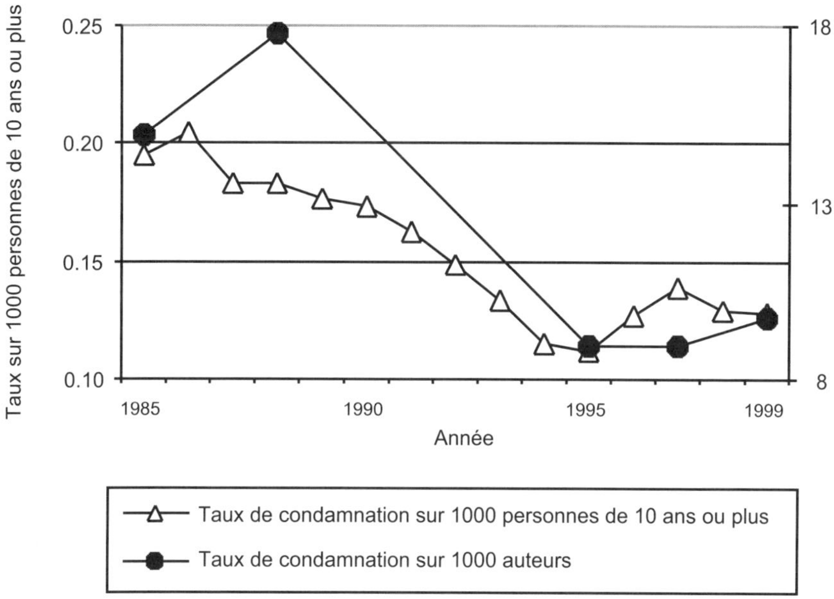

A l'aide des mêmes deux dénominateurs, il est possible de connaître l'évolution des taux d'incarcération en Suisse. Comme le montre la *figure 3* pour les cambriolages, l'évolution est presque identique à celle des condamnations. C'est aussi le cas pour tous les autres délits *(figure 3a–3e)*. Les dénominateurs sont identiques, mais pas les numérateurs, ce qui est confirmé au vu des échelles différentes. Nous ne pouvons donc que constater une évolution parallèle des condamnations et des incarcérations, sans doute due à une constance de la jurisprudence concernant le choix de la peine.

Figure 3 Cambriolage: taux d'incarcération sur 1000 personnes de 10 ans ou plus/sur 1000 auteurs

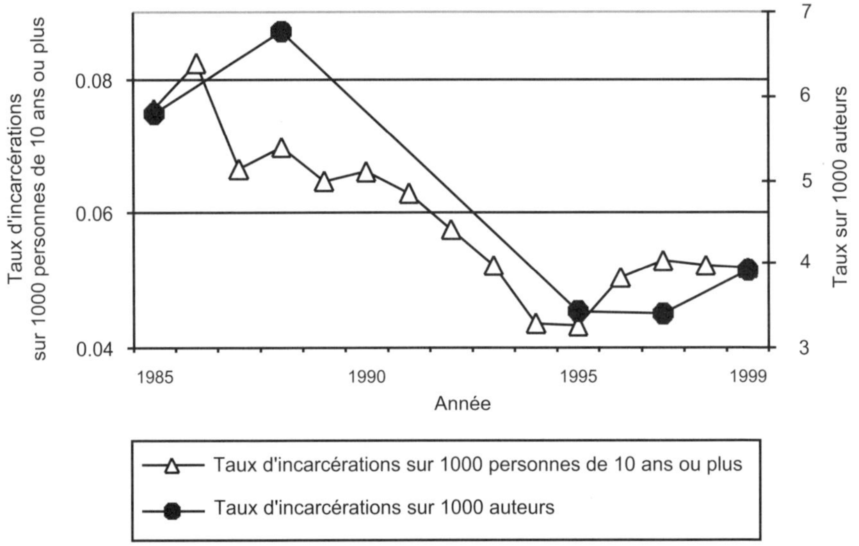

Afin de s'intéresser en détail au «coût» réel d'un délit pour un auteur, il est encore intéressant de connaître l'évolution des longueurs moyennes des peines. Et comme la longueur de la peine infligée à un délinquant ne signifie pas qu'il l'ait accomplie entièrement en prison, il est aussi pertinent de voir le temps moyen passé dans un établissement pénitencier. L'Office fédéral de la Statistique possède en effet les informations adéquates pour nous permettre une étude à ce sujet.

La longueur moyenne de la peine et le temps passé en prison

La *figure 4* montre une variation de la longueur de la peine pour les cambriolages (vols aggravés, soit art. 139 ch. 2 et 3 CP), alors que le temps moyen passé en prison semble augmenter. C'est aussi le cas pour les homicides *(figure 4e).*

Figure 4 Cambriolage: durée moyenne de la peine et temps moyen passé en prison

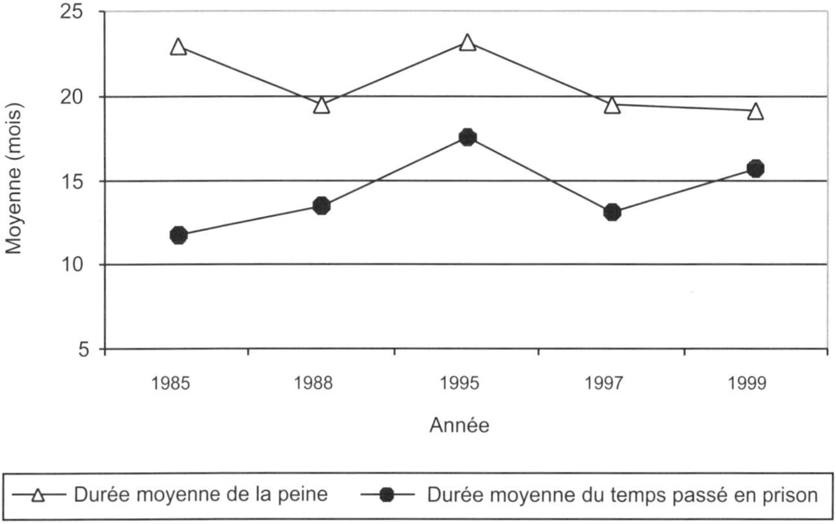

Pour les vols de véhicule, les peines semblent devenir moins longues, alors que le temps de prison semble augmenter. Les brigandages voient une longueur des peines diminuer jusqu'en 1997 où elle semble augmenter. Pour les agressions, elle semble fluctuer alors que pour les viols, elle augmente. Enfin, pour tous les délits, on constate une augmentation du temps moyen passé en prison *(figure 4a–4e)*.

Le temps passé en prison peut encore être étudié à l'aide de deux autres dénominateurs, à savoir selon le nombre de condamnations, et selon le nombre d'auteurs. Pour la moitié des délits, l'évolution est fort différente en comparant les résultats obtenus à l'aide de ces deux dénominateurs différents. Ainsi, pour les cambriolages, le nombre de jours passés en prison par condamnation fluctue sensiblement, tout comme le nombre de jours passés en prison par cambrioleur, bien que cette dernière tendance semble aller vers une baisse. Pour les vols de véhicule, le nombre de jours passés en prison fluctue par condamnation, mais augmente régulièrement par voleur. Pour les brigandages, le nombre de jours moyen passé en prison fluctue par condamnation, alors qu'il diminue irrégulièrement par auteur. Enfin, pour les trois autres délits, les résultats par condamnation suivent la même évolution que par auteur. Pour les agressions, il y a une augmentation irrégulière du nombre moyen de jours passés en prison, que ce soit par condamnation ou par agresseur. Enfin, pour les viols et les homicides, le nombre de jours passés en prison augmente régulièrement et fortement de 1985 à 1999, que ce soit par condamnation ou par auteur.

Mise à part pour les viols où l'on voit une augmentation et de la longueur de la peine, et du temps passé en prison, il est assez difficile d'établir une tendance générale. Ainsi, par exemple, comment peut-on expliquer le fait que pour les brigandages, la longueur de la peine diminue alors que le temps passé en prison augmente? Il semblerait que pour l'ensemble du pays, il y ait une certaine stabilité parmi les juges à infliger une peine de prison. Par contre, il serait fort intéressant de savoir pour quelles raisons les délinquants restent plus longtemps en prison? Sont-ils moins coopératifs ou les commissions de libération conditionnelle sont-elles devenues plus restrictives? Ce que nos données nous disent encore, c'est que le pourcentage des condamnations qui mènent à la prison ont plus ou moins augmenté de 1985 à 1999 pour nos six types de délits.

Cette nombreuse information, dont un certain nombre a été étudié à l'aide de différents dénominateurs, a permis d'obtenir une vue d'ensemble sur l'évolution de la criminalité ainsi que du «coût» du crime. La discussion qui suit va servir à expliciter les différentes tendances observées afin d'en découvrir les explications possibles.

4 Discussion

Questions méthodologiques

Dans l'ensemble, les cambriolages ainsi que tous les délits contre la personne ont augmenté entre la fin des années 1980 et 1995. Avec des ajustements appropriés, les statistiques policières suivent les mêmes tendances que celles des sondages de victimisation. Cependant, de 1995 à 1997, tous les délits contre la personne ont subitement chuté, puis à nouveau augmenté en 1999 pour revenir au même niveau qu'en 1995. Ce changement donné par les sondages n'est pas perçu dans les données policières. La première question qui vient dès lors à l'esprit est de savoir si ce changement est du à un problème méthodologique dans les sondages.

La réponse est que cela est fort improbable. Premièrement, les méthodes des sondages n'ont pas changé entre 1995 et 1999. Les filtres des questions étaient identiques, mis à part quelques détails sans intérêt ici. Tous les sondages ont été faits à l'aide de CATI, et les taux de réponses étaient similaires. Il est vrai que les sondages de 1989 et 1996 ont été faits par un institut de sondages différent par rapport aux sondages de 1998 et 2000, mais cela n'explique en rien les changements obtenus entre 1995 et 1999. Les questionnaires en 1998 et 2000 étaient identiques pour toutes les questions concernant les mesures du crime. Il est à remarquer que les mesures des cambriolages et vols de véhicule selon les sondages suivent des tendances différentes de celles des délits contre la personne. Alors que les vols de véhicule à moteur continuent à diminuer, les cambriolages augmentent en 1997 puis baissent en 1999. Les vols de vélo suivent une tendance similaire à celles observées pour les délits contre la personne. En conclusion, il ne semble pas raisonnable d'attribuer les changements entre les sondages de 1998 et 2000 à des problèmes méthodologiques.

Divergences entre les sondages de victimisation et les mesures officielles de la criminalité

Les statistiques policières suisses donnent un taux de cambriolage plus élevé que celui des sondages de victimisation. Cela est du au fait qu'elles incluent non seulement les cambriolages de commerces, mais aussi les vols dans les cabines téléphoniques, les parcomètres etc. La statistique policière de Zurich a été utilisée pour pondérer la statistique fédérale afin d'obtenir une proportion des cambriolages d'habitation adéquate. Le résultat est un taux plus faible que celui déclaré par les victimes à la police (comme on pouvait s'y attendre), et suit fortement la tendance des sondages.

Le taux de vol de véhicule (tels que les voitures, motos, vélomoteurs) sont donnés sur 1000 ménages propriétaires de tels véhicules. Comme les sondages fournissent suffisamment d'information sur le nombre de propriétaires de véhicules, il a été possible d'extrapoler, en utilisant ces informations et les statistiques des ménages, le nombre de ménages possédant un véhicule, ceci pour chaque année. La chute impressionnante du vol de véhicule depuis la fin des années 80 a probablement été influencée par un changement de loi, à savoir le port obligatoire d'un casque pour les vélomoteurs. Les statistiques policières montrent une tendance similaire, bien que moins prononcée, probablement due à de nombreux petits incidents de vol d'usage non enregistrés à l'époque où de tels incidents étaient trop courants.

La définition des brigandages dans les sondages est différente de celle des statistiques policières. Afin d'ajuster ces dernières, les vols à l'arraché ont été inclus, alors que les brigandages envers des commerces ont été exclus, ceci à l'aide d'extrapolation à partir des statistiques policières de Zurich. Cependant, les données des sondages se réfèrent uniquement aux incidents subis par des personnes de 16 ans ou plus, alors que les données de police se réfèrent à toute la population.

Pour les agressions, les sondages incluent les menaces. Afin d'optimiser la consistance entre les données des sondages et les statistiques policières, diverses catégories ont été incluses dans les données policières (lésions corporelles, menaces, extorsions ...). Mais malgré l'inclusion de nombreuses catégories de délits semblables, la différence des taux entre les sondages et les données policières reste importante. Cela est sans nul doute du au fait que les lésions corporelles par négligences et les voies de fait ne sont poursuivies que sur plainte. En pratique, cela peut amener la police à n'enregistrer un délit que si le suspect est connu ou si la victime insiste fortement à porter plainte. La Suisse est en effet un des pays où, dans le cas des agressions, le nombre de suspects est très proche du nombre de délits enregistrés (CONSEIL DE L'EUROPE, 1999), alors que dans les pays où l'enregistrement d'un délit a lieu à un stade moins avancé, le nombre de délits est fortement plus important que le nombre de suspects. Une recherche en Angleterre a constaté que la police enregistre moins de 40% des délits contre la personne reportés à la police (BURROWS ET AL. 2000). Alors que les ressources limitées de la police ne permettent pas une augmentation fulgurante des délits reportés dans une courte période, il n'est pas surprenant que les changements dans les tendances selon les sondages entre 1995 et 1999 n'apparaissent pas dans les données policières.

Les données pour le viol ne sont fournies ici que par les statistiques policières, alors que pour les homicides, les données sanitaires sont disponibles. Ces dernières montrent une tendance fortement similaire aux données policières. Il faut noter cependant, plutôt que d'être un instrument du crime, l'homicide est, en Suisse tout comme dans d'autres parties du continent européen, la plupart du temps utilisé lors de conflits personnels et souvent l'auteur commet un suicide après l'acte (MASSONNET, WAGNER ET KUHN, 1990).

Effets de la sévérité/certitude des peines?

Si Langan et Farrington (1998) semblent avoir apporté des réponses nouvelles à la question de l'impact du coût de la criminalité sur la tendance de cette dernière, à l'aide de l'Angleterre et des Etats-Unis, l'exemple de la Suisse reste plus mitigé.

Les tendances des condamnations semblent diminuer pour les cambriolages, les vols de véhicule, et les brigandages, alors qu'elles semblent augmenter pour les agressions, les viols et les homicides. Aucun lien ne semble exister entre ces tendances et l'évolution de la criminalité.

La probabilité d'incarcération après une condamnation a diminué faiblement dans le cas des brigandages, des agressions et des viols, reflétant peut-être une attitude plus critique venant des juges envers l'emprisonnement (Killias et al. 1999). La tendance est plus stable, voir légèrement à la hausse pour les autres délits.

La durée moyenne de la peine, le temps moyen passé en prison et le pourcentage de la sentence passée en incarcération ne peuvent pas être clairement relaté aux taux de criminalité selon les sondages ou les données policières.

Quand les tendances des condamnations et le temps passé en prison par auteur sont comparés aux taux de criminalité, aucune image claire n'apparaît. Il est vrai que les brigandages et les agressions atteignent un sommet en 1995 alors que les «coûts» de tels délits atteignent un minimum. Il n'est pas évident d'expliquer en quoi cette chute a été suivie d'une chute des brigandages et agressions en 1997, alors que l'on aurait pu s'attendre à une augmentation de ces délits. En 1999, les «coûts», pour les brigandages chutent à nouveau, mais pas pour les agressions; malgré cela, ces deux délits ont augmenté en 1999. Les «coûts» pour les homicides ont apparemment fortement augmenté, alors que ce n'est pas le cas pour les délits eux-mêmes. Pour les viols, malgré quelques fluctuations erratiques, ils ne semblent pas avoir augmenté alors que les «coûts» oui. Il devient dès lors difficile de tirer quelques conclusions que ce soit des ces différentes tendances.

Enfin, un problème méthodologique important doit être signalé, dès lors que les tendances du «risque de punition» (risque de condamnation/longueur de la peine) dépendent du dénominateur. Dans cette étude, et afin d'être conforme au modèle commun à tous les pays inclus dans cette recherche, le nombre d'auteur a été estimé à l'aide des sondages de victimisation. Ce dénominateur a le désavantage de produire des taux plus faibles chaque fois que les mesures des délits selon les sondages augmentent, et inversement. Le dénominateur peut donc amener à des conclusions circulaires. Mais si le nombre de condamnations est divisé par le nombre d'auteurs connus de la police, certaines fortes variations des «coûts» d'un délit tendent à disparaître. La *figure 5* illustre bien ce problème de manière plus détaillée pour les agressions.

Naturellement, il est difficile de choisir si le risque d'être condamné doit être relaté aux auteurs connus de la police, ou s'il doit être relaté aux auteurs selon les sondages. Les estimations des auteurs selon les sondages pourraient mieux refléter le risque d'un comportement criminel dans une société, alors que les auteurs connus de la police donnent une meilleure image de la manière dont le système pénal réagit contre le crime. Comme la *figure 5* le montre, la manière dont la justice pénale agit vis-à-vis des criminels semble avoir connu moins de variations dans le temps que ne laissent le supposer les analyses précédentes.

Figure 5 Taux d'agression selon les sondages sur 1000 personnes âgées de 16 ans ou plus, et risque d'être condamné pour agression, selon 2 dénominateurs différents: (1) nombre de condamnés pour 1000 auteurs (nombre estimé à partir des sondages) et, (2) pourcentage de suspects connus de la police qui sont condamnés

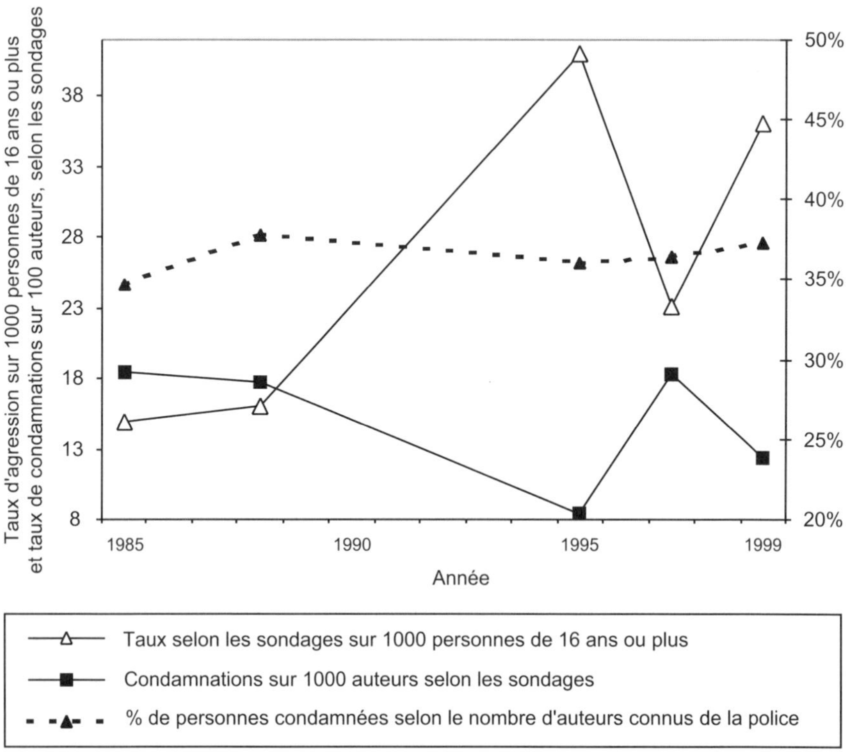

En conclusion, même en observant des données ne dépendant pas d'un dénominateur, comme par exemple la longueur de la peine ou le temps passé en prison, les tendances obtenues ne permettent pas de tirer de conclusions claires quant au «coût» du crime pour un délinquant. Si les «coûts» du crime pour un délinquant ne permettent pas d'expliquer l'évolution de la criminalité, il serait toutefois pertinent de trouver des explications alternatives à cette hypothèse.

Explications alternatives au «coût» du crime de l'évolution de la criminalité

Délits contre les biens

Pour les cambriolages d'habitation, selon les sondages ainsi que les données policières ajustées, l'évolution est une augmentation jusqu'en 1997, suivi d'une légère baisse. Pour les vols de véhicule, les deux types de données montrent une baisse marquée jusqu'en 1999.

Les cambriolages, les vols de véhicule et les délits contre la personne n'ont pas seulement des tendances différentes, mais ils diffèrent aussi dans leur situation respective. Les cambriolages d'habitation fournissent l'accès à de petites sommes d'argent, à des bijoux ainsi que toutes sortes d'équipement qu'une maison peut fournir. Traditionnellement, les équipements électriques tels que les télévisions, chaînes hi-fi étaient fréquemment dérobés. Mais ces derniers ont perdu de leur valeur au fil des années 1990 et sont plus difficilcs à revendre dans les marchés de seconde main (Felson 2000, 1997). Cependant, la chute du mur de Berlin a rapproché les deux parties du continent, dont l'une est avide de biens de consommation et l'autre les possédant en grande quantité. Ceci a permis un échange immédiat de biens entre les deux parties, ce qui créa de nouveaux marchés (drogues, prostitution, biens illégaux ...). Les télévisions et autres objets qui avaient perdu de leur attractivité ont pu être exportés vers les pays de l'Est. La police a d'ailleurs constaté une augmentation des cambriolages dans les industries où les auteurs ont vidé les stocks pour toute une saison. Tout ceci montre que le cambriolage a changé dans les années 90, se déplacent d'une activité occasionnelle d'auteurs locaux vers une industrie d'exportation de marchandiscs volées. Dans cette lignée, la proportion des suspects suisses a chuté de 70% depuis 1983 selon les statistiques policières zurichoises, alors que les suspects avec une nationalité étrangère ont augmenté de 200% depuis 1990 (KILLIAS ET AL. 2000). Alors que les cambriolages ont diminué aux Etats-Unis et en Angleterre durant les années 90, la Suisse, ainsi que d'autres pays européens (KILLIAS ET AEBI, 2000), a continué à connaître une montée des cambriolages avec l'expansion des crimes transfrontaliers compensant la chute des cambriolages locaux. La récente baisse en 1999 pourrait être le produit, aussi bien d'une saturation des marchés de seconde main à l'Est, que des effets des mesures policières prises à l'encontre des délits transfrontaliers dans plusieurs pays de l'Europe de l'Est désireux de rejoindre l'Union européenne. La légère baisse de la proportion d'étrangers parmi les suspects (OFFICE FÉDÉRAL DE LA POLICE, 2001, annexe F) semble confirmer la baisse de la criminalité transfrontalière.

Cette explication basée sur la tendance des marchés est aussi valable pour les vols de véhicule, mais des explications supplémentaires peuvent être fournies par la «routine activity approach». Les systèmes de sécurité accrus mises en place dans les véhicules ont permis de rendre moins attractives les occasions d'emprunt d'un véhicule. Pour les motos et les vélomoteurs, le port d'un casque, rendu obligatoire en 1987, a rendu plus difficile le vol de ce type de véhicule (DELL' AMBROGIO, 1992). Des tendances similaires ont été observées par MAYHEW, CLARKE ET ELLIOTT (1989) en Allemagne et en Angleterre. Il est possible qu'un déplacement ait eu lieu vers les vols de vélo, plus précisément les mountain bike, dont l'attraction est devenue plus importante chez les jeunes, et dont le vol est facilité par des systèmes de sécurité moins performants. Après une forte augmentation entre 1988 et 1995, les vols de vélo ont diminué en 1997, tout comme les délits contre la personne, pour augmenter à nouveau en 1999 (KILLIAS ET AL., 2000).

Délits contre la personne

Les sondages de victimisation ont montré une augmentation des brigandages et des agressions jusqu'en 1995, suivi d'une baisse en 1997 puis d'une nouvelle augmentation en 1999. Les données policières donnent une tendance similaire pour les brigandages, et une augmentation plus régulière pour les agressions.

En excluant les cas de violence domestique (qui sont dures à mesurer à l'aide de sondages de victimisation), les brigandages, les agressions, les délits sexuels et les vols de vélo ont lieu dans les lieux publics, dans la rue. Il devient dès lors raisonnable de chercher des explications de leurs tendances parfaitement parallèles en s'intéressant à ce qui se passe dans la rue. Dans les régions urbaines avec une forte concentration d'activités illégales telles que la drogue et la prostitution, les délinquants sont attirés car ils savent qu'ils y trouveront de nombreuses victimes potentielles et autres occasions. En 1999, un sondage local à Zurich a découvert que le taux de victimisation dans les quartiers «à problème» était dix fois plus élevés que dans les quartiers privilégiés (KILLIAS, 2001, n°349). Ainsi, la taille et la détérioration de certaines parties d'une ville jouent un rôle primordial dans l'explication du niveau de la criminalité.

De plus, l'existence de scènes ouvertes de la drogue est certainement l'un des facteurs principaux de l'augmentation des délits dans la rue entre 1989 et 1995 (EISNER, 1997). Ces lieux ont souvent permis l'extension d'assistance médicale aux toxicomanes dans certaines grandes villes suisses. Cela a amené une concentration de toxicomanes ainsi que de dealers dans ces différents lieux. Selon des données non publiées des données policières de Zurich (reprises dans KILLIAS ET UCHTENHAGEN, 1996), 73% des vols avec agressions et 35% des cambriolages élucidés ont été commis par des toxicomanes en 1995.

En 1994, avec l'aide du Gouvernement fédéral, un programme de prescription d'héroïne pour un petit nombre de toxicomane a commencé. Quelques semaines plus tard, les scènes ouvertes de la drogues à Zurich ainsi que dans d'autres villes ont été fermées. En 1995 et 1996, le programme de prescription d'héroïne a été disponible pour 800 toxicomanes. En même temps, le programme de prescription de méthadone a été étendu à 15'000 toxicomanes, alors que leur nombre en Suisse est estimé à 25'000. Ces programmes ont eu deux conséquences: (1) une forte chute de la délinquance parmi les personnes suivant le programme avec l'héroïne, et dans une moindre mesure, parmi celles suivant le programme de méthadone (KILLIAS ET AL. 1999; KILLIAS ET RABASA, 1998); (2) et une subite réduction de la concentration des toxicomanes dans les centres urbains. Ces deux conséquences ont pu contribuer à réduire la criminalité. D'un côté, la réduction de la délinquance parmi les toxicomanes (soit sur un plan microsociologique) a permis de réduire le nombre d'auteurs motivés, fait qui est confirmé par les sondages de victimisation de 1998 et 2000 avec, selon les victimes de brigandage une baisse d'auteurs toxicomanes (23% en 1993–1997 à 10% en 1995–1999). D'un autre côté, la réduction de la concentration des toxicomanes a pu diminuer l'attrait d'auteurs motivés par la recherche d'occasion dans les centres urbains; ce qui peut être responsable de la baisse, non seulement des brigandages, mais aussi des agressions et des agressions sexuelles, soit deux délits où les toxicomanes ne sont pas particulièrement impliqués (KILLIAS ET RABASA, 1998). Il est probable que ces deux effets ont eu un impact sur le plan macrosociologique entre 1996 et 1997.

La récente augmentation en 1999 est difficile à expliquer. Comme la proportion des toxicomanes auteurs de délits a diminué en 1999 par rapport à 1997, selon les victimes des sondages de victimisation, un retour à une explication basée sur les toxicomanes n'est plus possible. Une autre explication pourrait être les récentes migrations qui ont modifié la configuration des centres urbains en 1999. Parmi l'Europe de l'Ouest, la Suisse a accueilli de loin le plus grand nombre de réfugiés des Balkans, particulièrement durant l'hiver et le printemps 1999. Comme les taux de condamnation sont relativement élevés parmi les réfugiés en général pour les dernières années (EISNER ET AL., 1998; OFFICE FÉDÉRAL DE LA STATISTIQUE, 2000), il est possible de faire une telle hypothèse. La proportion des auteurs que les victimes de délits contre la personne ont perçus comme ayant une origine étrangère a augmenté entre 1987 et 1999 de 33 à 67%

dans les cas de brigandage, de 40 à 52% dans les cas d'agression sexuelle, et de 19 à 55% dans les cas d'agression (KILLIAS ET AL., 2000). Ces proportions concordent plus ou moins avec les données policières. Il n'est, dès lors, pas impossible que ces récents changements démographiques soient à l'origine d'une nouvelle détérioration dans les centres urbains, et indirectement, d'une nouvelle augmentation de la criminalité dans plusieurs villes, qui se reflète au niveau national, en 1999. Une explication complémentaire pourrait être le fait que la violence parmi les jeunes ait aussi augmenté durant ces dernières années. Des analyses détaillées des tendances de victimisation montrent en effet que la violence contre les jeunes garçons a fortement augmenté.

5 Conclusion

LANGAN ET FARRINGTON (1988) se sont intéressés à voir si les réponses du système pénal affectaient les taux de criminalité. CUSSON (1993) avait présenté une idée similaire quelques années plus tôt. Malgré la plausibilité de l'hypothèse du «coût du crime», le lecteur pourrait conclure que l'expérience suisse infirme cette hypothèse. Mais plusieurs problèmes viennent atténuer une conclusion si rapide. Comme il a été montré, les mesures du risque d'être puni sont sensibles au choix du dénominateur, et deviennent plus ou moins stables si, par exemple, les condamnations sont divisées par le nombre d'auteurs connus de la police au lieu d'utiliser le nombre d'auteurs estimés selon les sondages de victimisation. Derrière ces problèmes méthodologiques, d'autres explications peuvent être abordées concernant les changements des tendances de la criminalité. L'évolution du marché noir, ainsi que la «routine activity» offrent en effet des explications fort plausibles.

Annexe: Figures

1a Vol de véhicule: taux selon les sondages et selon les données de police

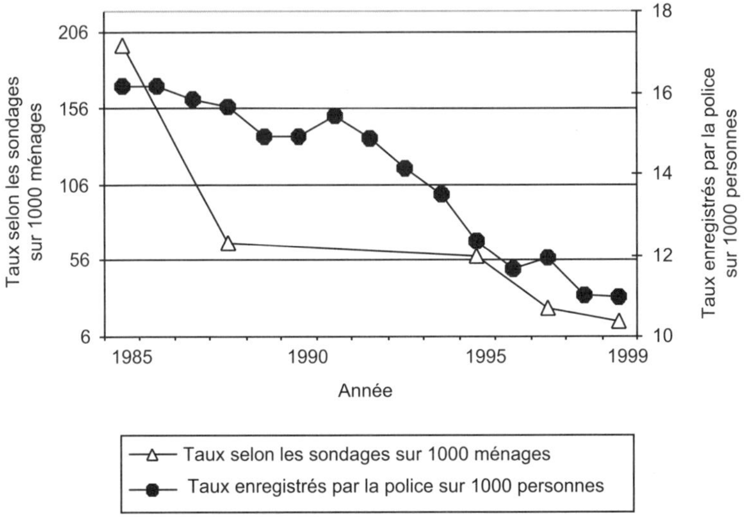

1b Brigandage: taux selon les sondages et selon les données de police

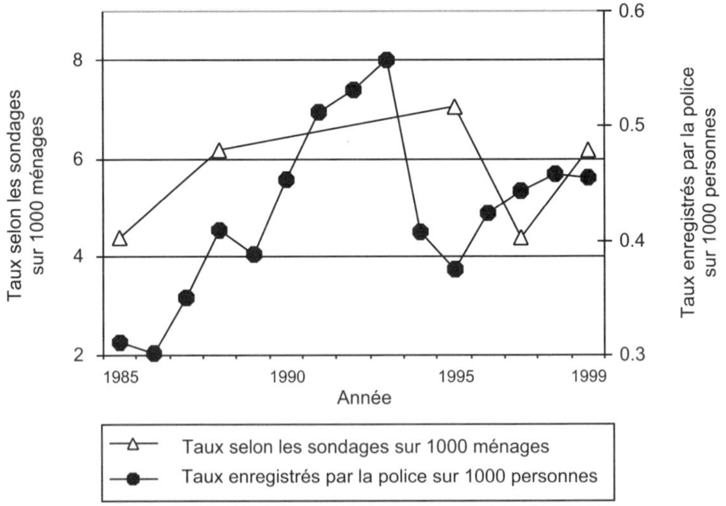

1c Agression: taux selon les sondages et selon les données de police

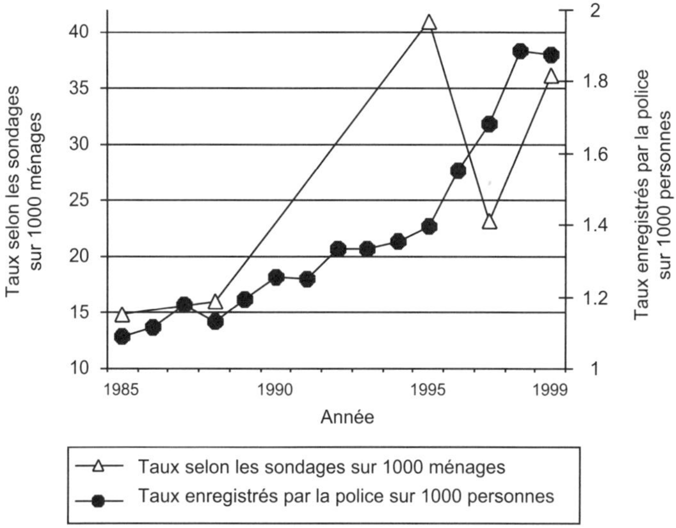

1d Viol: taux selon les données de police (pondérées selon le taux d'affaires dénoncées de 46%)

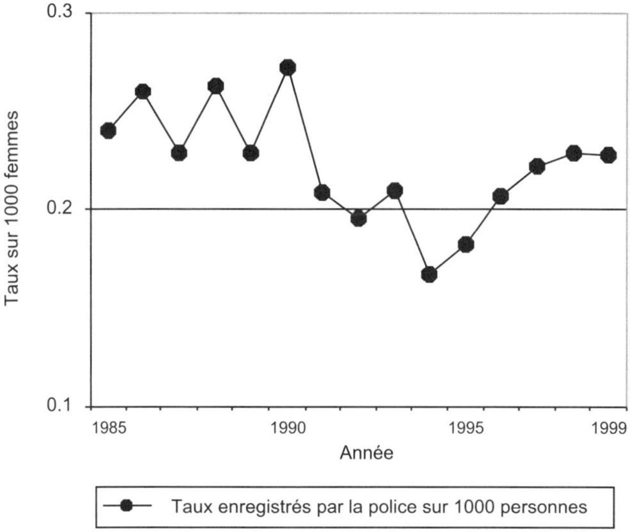

1e Homicide taux selon les données de police et les données sanitaires

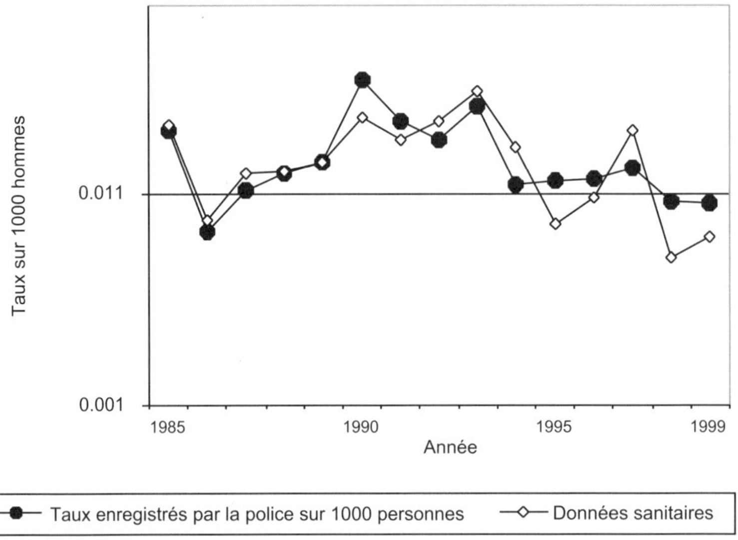

2a Vol de véhicule: Taux de condamnations sur 1000 personnes de 10 ans ou plus/1000 auteurs

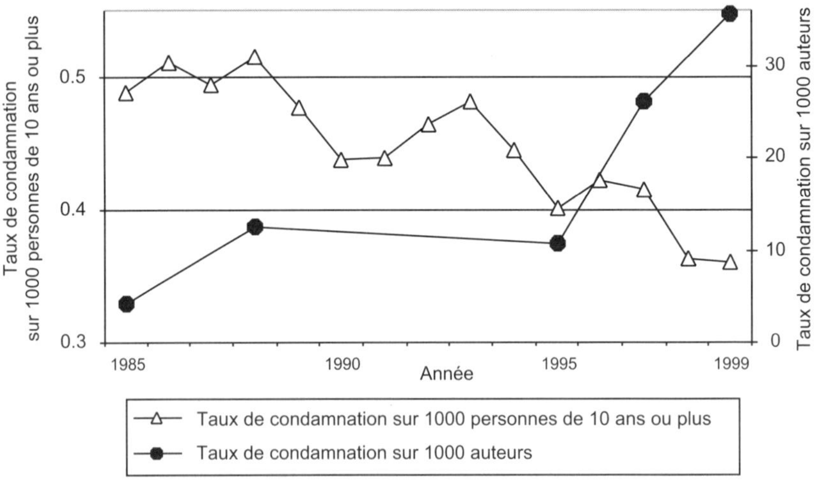

2b Brigandage: Taux de condamnations sur 1000 personnes de 10 ans ou plus/1000 auteurs

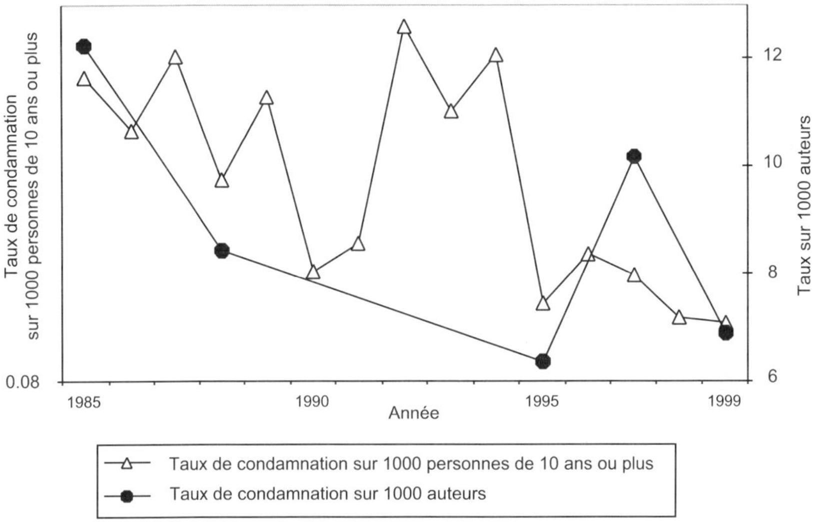

2c Agression: Taux de condamnations sur 1000 personnes de 10 ans ou plus/1000 auteurs

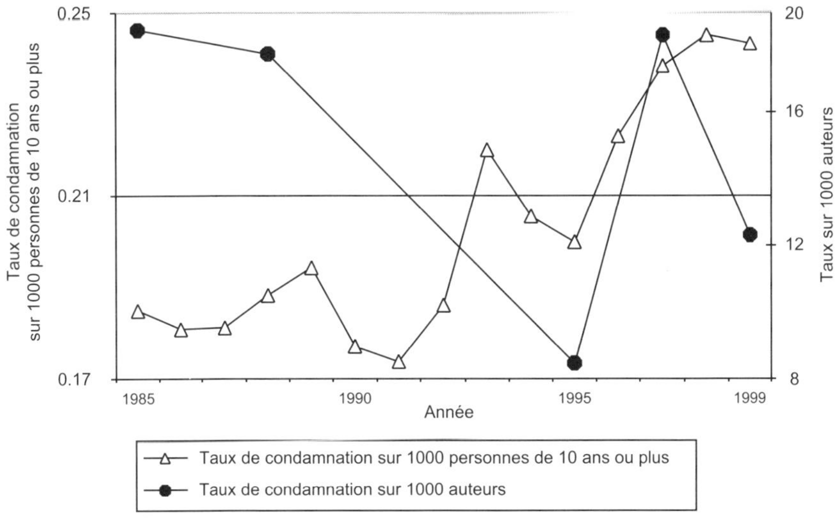

2d Viol: Taux de condamnations sur 1000 personnes de 10 ans ou plus/1000 auteurs

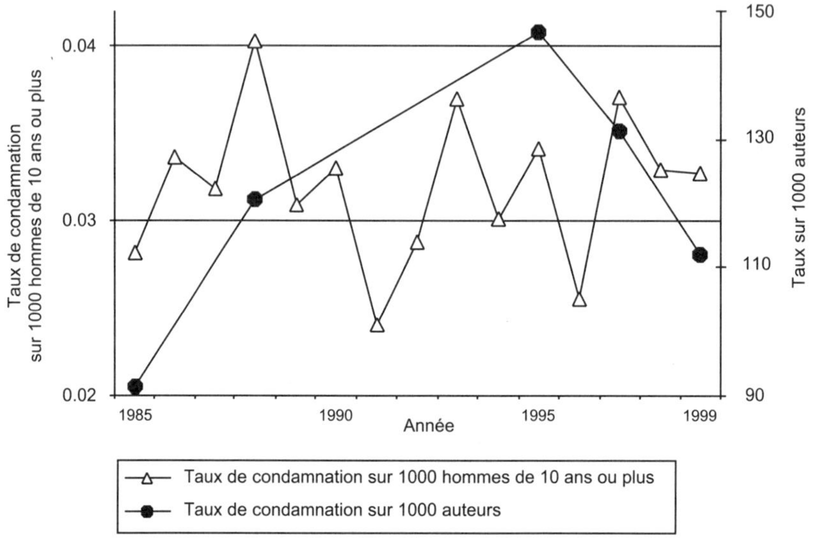

2e Homicide: Taux de condamnations sur 1000 personnes de 10 ans ou plus/1000 auteurs

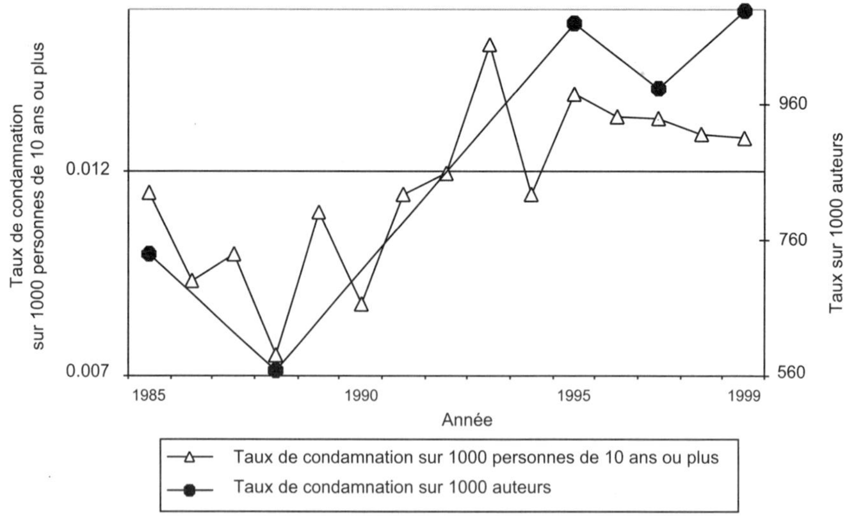

3a Vol de véhicule: Taux d'incarcérations sur 1000 personnes de 10 ans ou plus/1000 auteurs

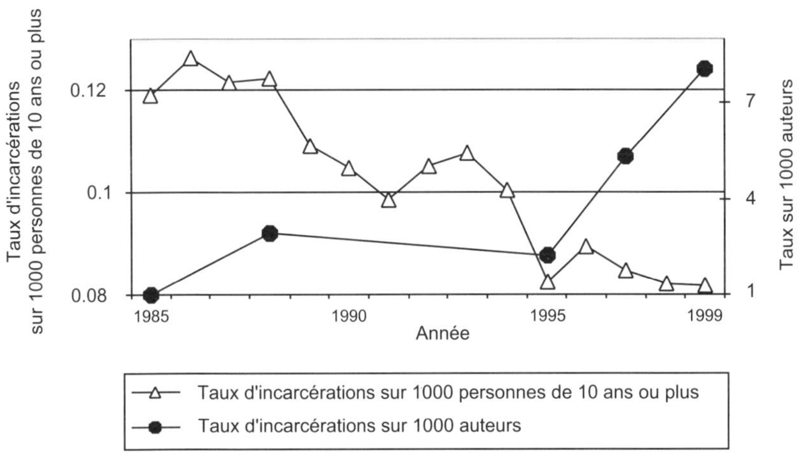

3b Brigandage: Taux d'incarcérations sur 1000 personnes de 10 ans ou plus/1000 auteurs

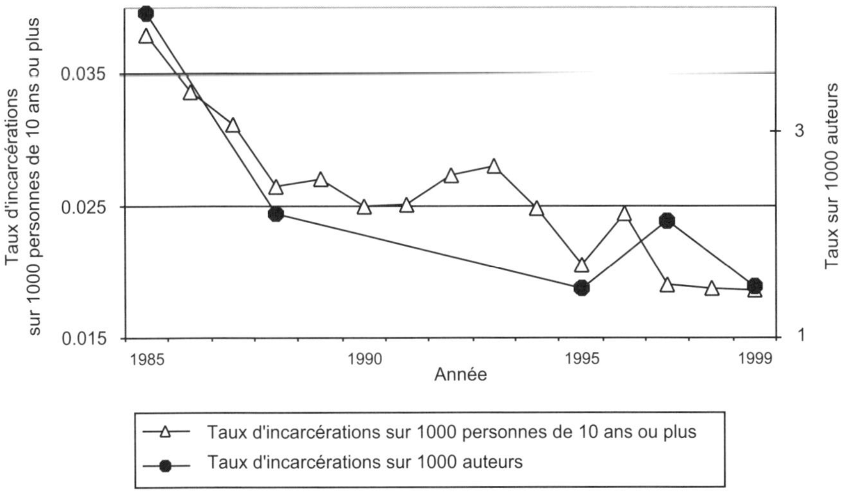

3c Agression: Taux d'incarcérations sur 1000 personnes de 10 ans ou plus/1000 auteurs

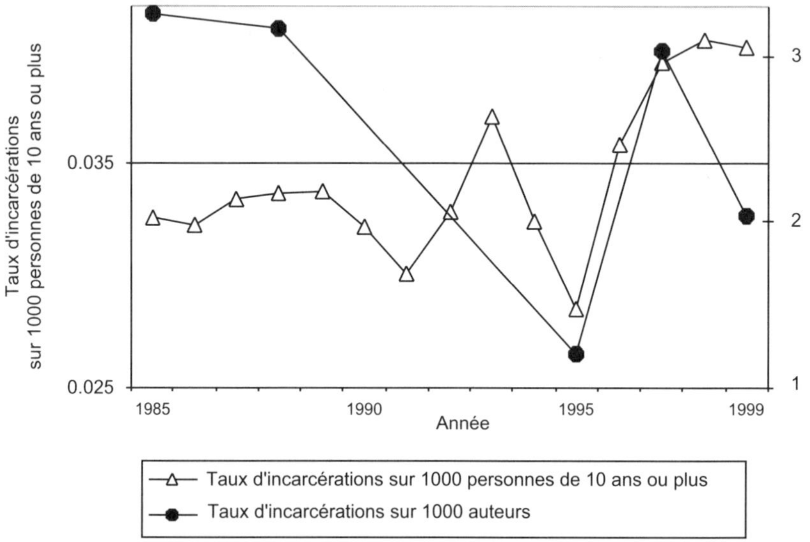

3d Viol: Taux d'incarcérations sur 1000 personnes de 10 ans ou plus/1000 auteurs

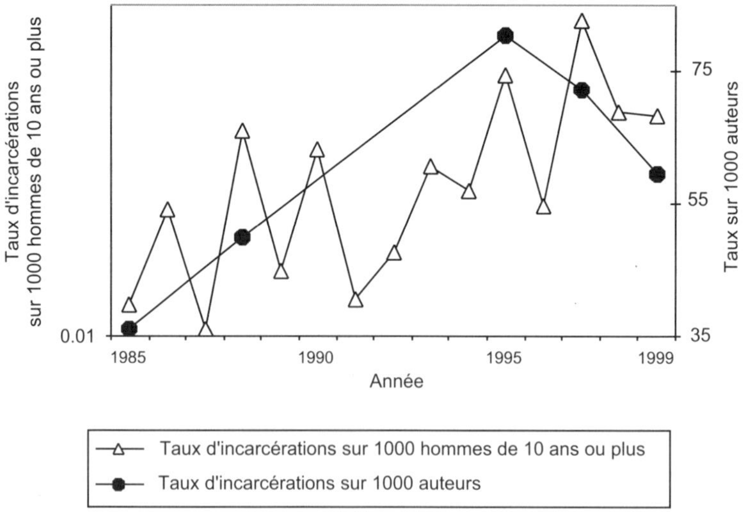

3e Homicide: Taux d'incarcérations sur 1000 personnes de 10 ans ou plus/1000 auteurs

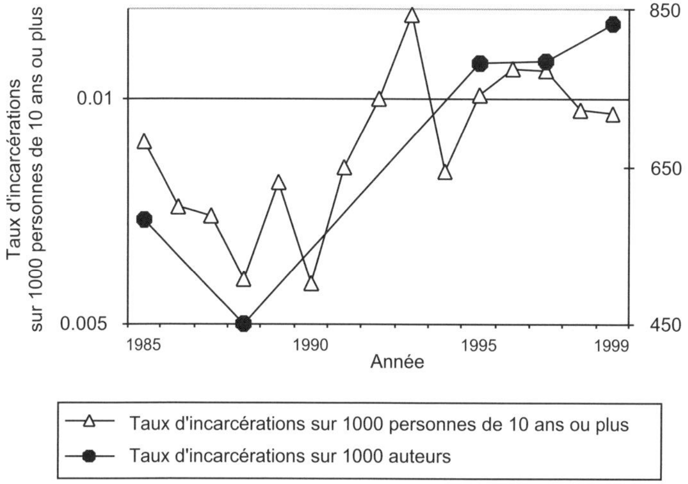

4a Vol de véhicule: durée moyenne de la peine et temps moyen passé en prison

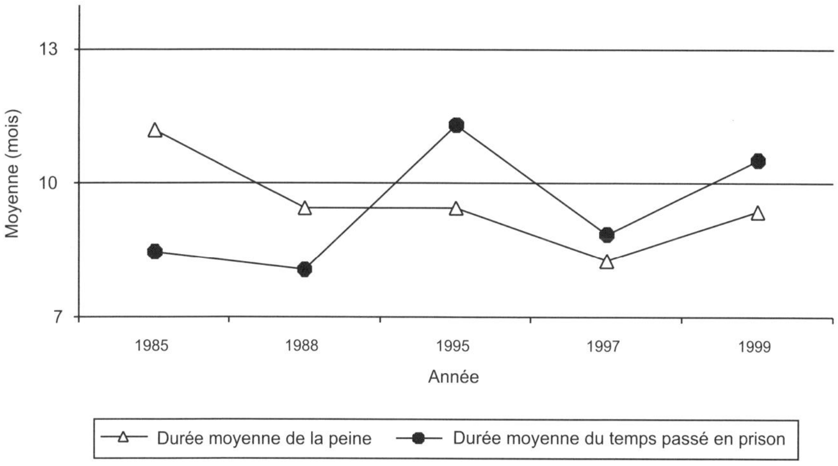

4b Brigandage: durée moyenne de la peine et temps moyen passé en prison

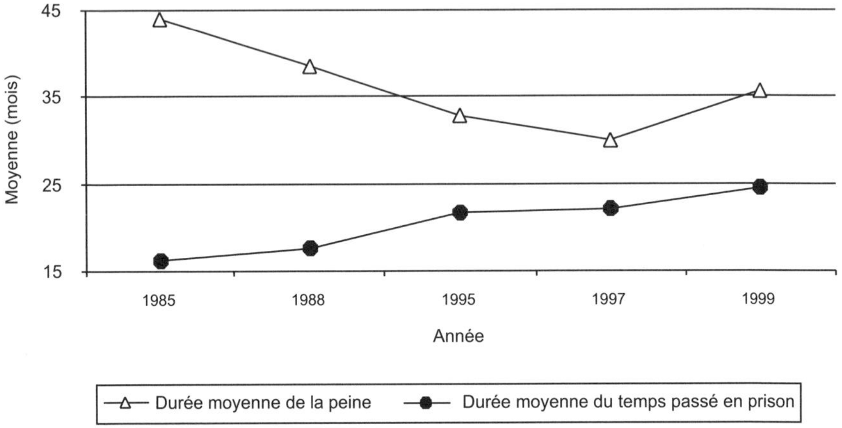

4c Agression: durée moyenne de la peine et temps moyen passé en prison

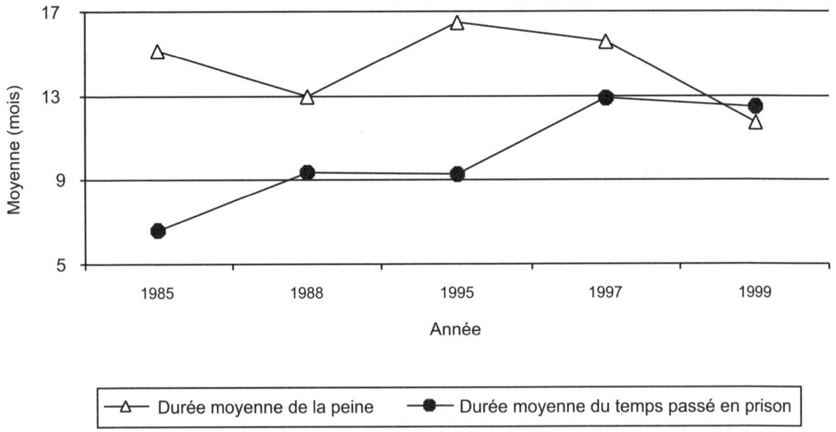

4d Viol: durée moyenne de la peine et temps moyen passé en prison

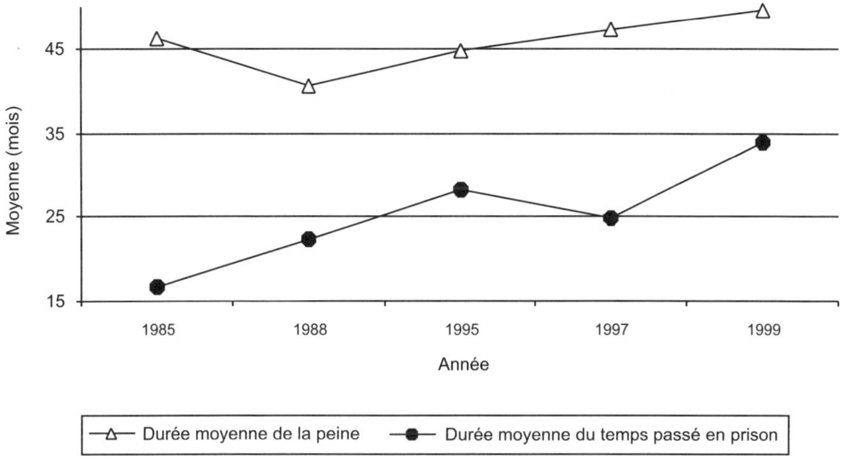

4e Homicide: durée moyenne de la peine et temps moyen passé en prison

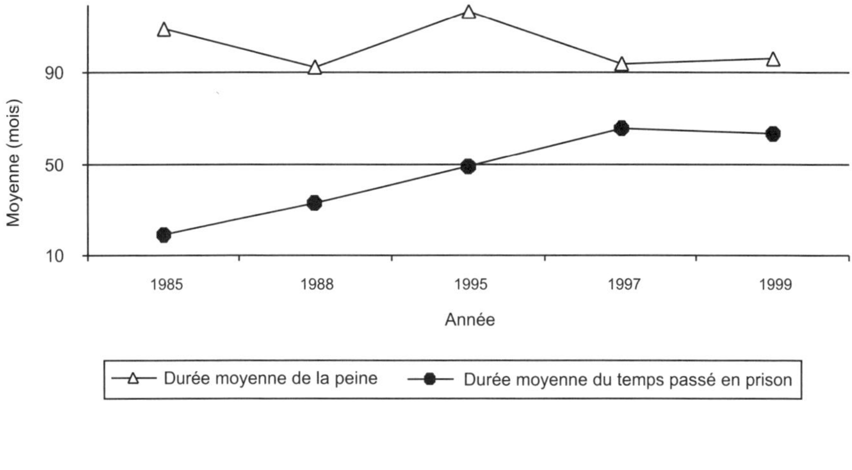

Réferences

BURROWS J., TARLING R., MACKIE A., LEWIS R.& TAYLOR G. (2000), *Review of police forces' crime recording practices,* London: Home Office.

CONSEIL DE L'EUROPE (1999), *Recueil européen de statistiques relatives à la criminalité et à la justice pénale,* Strasbourg: Conseil de l'Europe.

CUSSON M., (1993), «L'effet structurant du contrôle social», *Criminologie,* XXVI, 2, 37–62.

DELL'AMBROGIO P. (1992), *Législation sur le port du casque et vol de motocycles,* Lausanne: IPSC-UNIL (mémoire de diplôme).

EISNER M. (1997), *Das Ende der zivilisierten Stadt: Die Auswirkungen von Individualisierung und urbaner Krise auf Gewaltdelinquenz,* Frankfurt/M.: Campus Verlag.

EISNER M., MANZONI P. & NIGGLI M. (1998), *Kriminalität unter Asylsuchenden,* Zurich: Schweiz Flüchtlingshilfe.

ENESCU R. (1999), «L'absence de dénonciation des agressions à caractère sexuel», *Bulletin de criminologie,* 25/2, 41–54.

Felson M. (1997), «A ‹Routine-Activity› Analysis of Recent Crime Reductions», *The Criminologist* 22/6, 1–3.

FELSON M. (2000), «Tend e cicli del tasso di criminalità: i cambiamenti nella società moderna», in M. BARGABLI (éd.), *Perché è diminuita la criminalità negli Stati Uniti?,* Bologna: il Mulino, 89–107.

KILLIAS M. (2001), *Précis de criminologie,* 2ème édition, Berne: Stämpfli.

KILLIAS M.& AEBI M. F. (2000), «Crime trends in Europe from 1990 to 1996: how Europe illustrates the limits of the american experience», *European Journal on Criminal Policy and Research,* 8/4, 43–63.

KILLIAS M. & RABASA J. (1998), «Does Heroin Prescription Reduce Crime? Results from the Evaluation of the Swiss Heroin Prescription Projects», *Studies on Crime and Crime Prevention* 7/1, 127–133.

KILLIAS M. & UCHTENHAGEN A. (1996), «Does Medical Heroin Prescription Reduce Delinquency among Drug-Addicts?», *Studies on Crime and Crime Prevention,* 5/2, 245–256.

KILLIAS M., AEBI M. F., RIBAUD D. & RABASA J. (1999), *Rapport final sur les effets de la prescription de stupéfiants sur la délinquance des toxicomanes,* 2ème édition, Lausanne: IPSC-UNIL.

KILLIAS M., AEBI M. F., KUHN A. & RÔNEZ S. (1999), «Sentencing in Switzerland in 2000», *Overcrowded Times,* 10/6, 1, 15–20.

KILLIAS M., LAMON PH., CLERICI CH. & BERRUEX TH. (2000), *Tendances de la criminalité en Suisse de 1984 à 2000: risques objectifs et perceptions subjectives,* Lausanne: IPSC-UNIL.

LANGAN P. A. & FARRINGTON D. P. (1998), «Crime and Justice in the United States and in England and Wales, 1981–96», *Bureau of Justice Statistics,* U.S. Department of Justice.

LANGAN P. A. & FARRINGTON D. P. (à paraître), *Comparative Studies of Criminal Justice,* Washington D.C.: Bureau of Justice Statistics.

MASSONNET G., WAGNER R. & KUHN A. (1990), «Etude des homicides dans les cantons de Zurich et de Vaud, en considérant plus particulièrement la relation victime-agresseur», à paraître dans *Bulletin de criminologie,* 16/1–2, 75–103.

MAYHEW P., CLARKE R. V. & ELLIOTT D. (1989), «Motorcycle Theft, Helmet Legislation and Displacement», *The Howard Journal* 28/1, 1–8.

OFFICE FÉDÉRAL DE LA POLICE (2001), *Statistiques policières de la criminalité 2001,* Berne: OFP.

OFFICE FÉDÉRAL DE LA STATISTIQUE (2000), *Kriminalität von Asylsuchenden – Analyse einer kleinen Gruppe von Verurteilten,* Neuchâtel: OFS (miméo).

RÔNEZ S. (1997), *Statistique pénitentiaire suisse – 1996. Flux et effectifs de la population pénitentiaire,* Berne: Office fédéral de la statistique.

Christoph Bürgin

Sanktionen im Schweizerischen Jugendstrafrecht heute und morgen

Zusammenfassung
Im ersten Teil werden die Sanktionen (Strafen und Massnahmen) gemäss den geltenden Bestimmungen des Jugendstrafrechts dargestellt. Es wird zudem versucht, die in der Praxis oft offenen Fragen – wann ist eine Massnahme anzuordnen? und – wer entscheidet über die Gefährdung? näher zu beleuchten. In einem zweiten Teil wird auf die Sanktionspraxis der Kantone im Jugendstrafrecht näher eingegangen. Da seit 1999 die Urteilsdaten gesamtschweizerisch vom Bundesamt für Statistik neu erfasst werden, ist seither ein Quervergleich möglich. Neben vielen Gemeinsamkeiten gibt es bei einzelnen Sanktionen zwischen gewissen Kantonen grosse Unterschiede. Über deren Gründe können nur Hypothesen aufgestellt werden. In einem weiteren Kapitel wird über die praktischen Erfahrungen der Jugendanwaltschaft Basel-Stadt im Zusammenhang mit dem Täter-Opfer-Ausgleich (TOA) berichtet. Dabei wird festgehalten, dass der TOA eine wertvolle Ergänzung zur bisherigen Sanktionspraxis ist, die Erwartungen in diese Verfahrenserledigung jedoch nicht zu hoch gesetzt werden dürfen. Im letzten Teil setzt sich der Referent mit der generellen Bedeutung der Sanktionen im Jugendstrafverfahren auseinander und wirft einen Blick auf die Revision des Jugendstafrechts. Nach mehr als 20jähriger Arbeit ist die Revision auf der Zielgeraden. Die augenfälligste Änderung ist die Schaffung eines separaten Gesetzes, was die Eigenständigkeit des Jugendstrafrechts unterstreicht.

Résumé
Dans une première partie, les sanctions (peines et mesures) qui s'appliquent en vertu des dispositions du droit pénal des mineurs actuellement en vigueur sont présentées. Il est en outre tenté d'éclairer davantage certaines questions souvent laissées en suspens dans la pratique – quand convient-il d'ordonner une mesure? et – qui juge de la menace que représente le délinquant? Une deuxième partie aborde plus en détail la pratique des cantons relative aux sanctions en droit pénal des mineurs. Comme l'Office fédéral de la statistique saisit depuis 1999 les données concernant les jugements pour l'ensemble de la Suisse, la comparaison est désormais possible. A côté de nombreux points communs, il existe entre certains cantons d'importantes différences relativement à certaines sanctions. Seules des hypothèses peuvent être émises afin d'expliquer leur fondement. Dans le chapitre suivant, il est fait état des expériences pratiques faites par le «Jugendanwaltschaft» de Bâle-ville en ce qui concerne la conciliation entre auteurs et victimes (Täter-Opfer-Ausgleich, abrégé TOA). On constate à cet égard que la TOA constitue un précieux complément

à la pratique observée jusqu'alors en matière de sanctions, mais que les attentes placées dans ce mode de règlement de la procédure ne doivent pas être trop grandes. Dans la dernière partie, l'auteur traite de la signification générale des sanctions en procédure pénale des mineurs et lance un regard sur la révision du droit pénal des mineurs. Après plus de 20 ans de travaux, cette révision est entrée dans sa dernière ligne droite. Le Conseil national a délibéré du droit pénal des mineurs le 7 mars 2002 en tant que deuxième chambre, de sorte que la loi va pouvoir entrer en vigueur, après l'élimination des divergences avec le Conseil des Etats et à condition qu'aucun référendum ne soit déposé. La modification la plus remarquable est la création d'une loi distincte qui souligne l'autonomie du droit pénal des mineurs.

Vorbemerkungen

Meine Ausführungen haben die Optik des Jugendanwaltes Basel-Stadt und beleuchten das Thema daher aus dem Blickwinkel eines Stadtkantons, einer Grenzstadt und sind geprägt von Erfahrungen mit dem Jugendanwaltsmodell. Ich habe mich bemüht, auch einen gesamtschweizerischen Überblick zu verschaffen, weiss aber nicht, wieweit mir dies gelungen ist.

Ich gehe etwas ausführlich auf die Sanktionen im geltenden Jugendstrafrecht ein. Das könnte als kalter Kaffee gedeutet werden, da die Tage unseres aus dem Jahre 1937 stammenden und mit wenigen Revisionen versehenen Jugendstrafrechts gezählt sind. Wenn ich das Schwergewicht auf das neue Gesetz legen würde, so würden wir zwar einerseits keinen kalten Kaffee trinken, dafür an einigen Stellen Kaffeesatz lesen oder Ihnen die Botschaft zusammenfassen. Das wäre einerseits nicht sehr originell, andererseits wurden viele Bestimmungen des geltenden Gesetzes unter einer anderen Bezeichnung im neuen Gesetz übernommen, so dass vieles, das heute gültig ist, auch morgen noch gelten wird. Glücklicherweise, kann man sagen.

1 Die Sanktionen des geltenden Schweizerischen Jugendstrafrechts

Grundsatz

Die Sanktionen im Jugendstrafrecht weichen stark vom Erwachsenenstrafrecht ab. Im Letzteren ist die Normalsanktion Freiheitsstrafe (Haft, Gefängnis, Zuchthaus) oder Busse. Daneben kann bei psychisch Kranken, bei Süchtigen u.a. eine Massnahme im Sinne einer Therapie angeordnet und die Strafe vorerst aufgeschoben werden.

Bei den Jugendlichen stellt sich immer an erster Stelle die Frage nach der Behandlungsbedürftigkeit, nach der Massnahme. Wird diese Frage bejaht, so muss eine der drei im Gesetz genannten Massnahmen angeordnet werden. Wird sie verneint, tritt an ihre Stelle automatisch eine Strafe. Zunehmend kann festgestellt werden, dass, wenn sich zeigt, dass die Jugendlichen ev. sogar auch die Eltern unfähig sind, sich auf eine Massnahme einzulassen, auf eine Strafe erkannt werden muss.

Obwohl zahlenmässig klar in der Minderheit möchte ich zuerst einige Ausführungen über die Massnahmen machen.

Die jugendstrafrechtlichen Massnahmen

Die drei gesetzlich vorgesehenen Massnahmen sind in Art. 84 des Strafgesetzbuches (StGB) (Kinder vom 7.–15. Altersjahr) und Art. 91 StGB (Jugendliche vom 15.–18. Altersjahr) aufgezählt: Erziehungshilfe, Unterbringung in einer geeigneten Familie und Einweisung in ein Erziehungsheim. Die Voraussetzung für alle Massnahmen ist eine erhebliche Gefährdung in der Entwicklung.

Erziehungshilfe

Diese Massnahme berührt die persönliche Freiheit von Kind und Eltern am wenigsten. Das Kind bleibt bei seinen Eltern; diese werden jedoch in ihrer Erziehung von einem «Helfer oder Helferin» – meistens einem Sozialarbeiter oder einer Sozialarbeiterin unterstützt. Der Vollzug einer solchen Massnahme ist in den Kantonen unterschiedlich geregelt. In den meisten Fällen werden die Vollzüge durch die Jugendanwaltschaft oder Jugendgerichte durchgeführt. Laut Gesetz (Art. 84/91) StGB haben die Erziehungshilfen dafür zu sorgen, dass das Kind «angemessen gepflegt, erzogen und unterrichtet» sowie (beim Jugendlichen) zusätzlich «beruflich ausgebildet wird, regelmässig arbeitet und seine Freizeit sowie seinen Verdienst angemessen verwendet». Eine äusserst anspruchsvolle und umfassende Aufgabe also, die den Erziehungshelfer berechtigt, aufgrund der ausgesprochenen Massnahme, falls nötig auch gegen den Willen der Eltern, in deren Rechte einzugreifen und die Erziehung in die Hand zu nehmen. Aus zeitlichen Gründen ist oftmals eine intensive ambulante Betreuung nicht möglich. Ist diese aber erforderlich, ich spreche von mehreren Stunden pro Woche, spricht man von einer sozialpädagogischen Familienbegleitung. In Basel-Stadt wird eine solch intensive Begleitung an einen privaten Verein «help for families» weiter delegiert. Dies geschieht meines Wissens auch in anderen Kantonen. Trotz eines Eindringens einer fremden Person in eine Familie findet diese erweiterte Erziehungshilfe Akzeptanz, da dadurch der viel intensivere Eingriff, eine Wegplatzierung aus der Familie, vermieden werden kann.

Unterbringung in einer geeigneten Familie

Bei dieser Massnahme ist das elterliche Milieu als so gestört beurteilt worden, dass die Behebung der Gefährdung ohne räumliche Trennung nicht mehr möglich scheint: das Kind wird also den Eltern weggenommen. Die im Gesetz genannte «geeignete Familie» hat in der Praxis mannigfaltige Formen. Im Prinzip ist alles möglich, was nicht Erziehungsheim ist, die dritte Art von Massnahme. Ursprünglich vom Gesetzgeber vorgesehen war die traditionelle Pflegefamilie, die dem Kind einen dem Elternhaus möglichst ähnlichen Rahmen bieten sollte. Heute aber sind derartige Platzierungen die Ausnahme. «Fremdfamilienplatzierung» bedeutet heute meist Unterbringung in einer Institution wie einem Lehrlingsheim, einer therapeutischen Wohngemeinschaft, einer Grossfamilie oder ähnlichem; die «geeignete Familie» kann aber auch ein erlebnispädagogisches Projekt bedeuten (also z.B. der mehrmonatige Aufenthalt in der Wildnis Kanadas, die Teilnahme an einem Segelturn im Mittelmeer oder bei einer Familie in Südfrankreich), alles Projekte, die die Jugendlichen ausserhalb der traditionellen Jugendheime pädagogisch/therapeutisch anzugehen versuchen.

Einweisung in einer Erziehungsheim
Bei dieser Art von Massnahme handelt es sich um die eigentliche traditionelle «Heimeinweisung». Unter Heim ist hier lediglich das staatlich anerkannte Heim zu verstehen, das ein spezielles, pädagogisch orientiertes und vom Bund anerkanntes Konzept anbietet und deshalb auch Subventionen erhält. Auch innerhalb dieser eigentlichen «Erziehungsheime» gibt es verschiedenste Arten von Typen: Offenere oder geschlossenere Heime mit der Möglichkeit, intern oder extern eine Lehre zu absolvieren, ist in gewisser Weise die Standard-Form. Daneben existieren Heime, die nur extern Lehrstellen anbieten, reine Mädchenheime, reine Knabenheime, Schulheime, etc.

Für «besonders schwer erziehbare» Jugendliche ist zudem der Typ der «Anstalt für Nacherziehung» geschaffen worden, wo vom konsequent geschlossenen Rahmen aus versucht wird, eine Beziehungsebene mit dem Jugendlichen zu schaffen, auf welcher später eine Öffnung erfolgen kann.

Wann ist eine Massnahme anzuordnen?
Die genannten jugendstrafrechtlichen Massnahmen können vom Jugendrichter/Jugendgericht nicht einfach nach Gutdünken, sondern nur beim Vorliegen spezieller Voraussetzungen angeordnet werden.

Es muss sich anhand der strafrechtlichen Untersuchung herausstellen, dass das Kind oder der Jugendliche «einer besonderen erzieherischen Betreuung» bedarf. Verdeutlicht wird dieser doch relativ unbestimmte Begriff durch Attribute wie «Schwererziehbarkeit», «Verwahrlosung» und «erhebliche Gefährdung» (der weiteren Entwicklung) (Art. 84/91 StGB).

Dabei bleibt unerheblich, ob die Eltern an dem Erziehungsdefizit schuldig sind oder nicht. Im Gegensatz zum Erwachsenenrecht muss das begangene Delikt auch nicht mit der festgestellten Gefährdung in einem Zusammenhang stehen (obwohl dieser Zusammenhang meistens da ist und wegen des Delikts eingehende Persönlichkeitsabklärungen getätigt werden).

Umstritten ist, in welchem Grade zwischen Delikt und Massnahme die Verhältnismässigkeit beachtet werden muss. Darf ein Jugendlicher, der wegen einer Verkehrsübertretung (Mofa-Entwendung oder Mofafrisieren) in ein Jugendstrafverfahren geriet, am Schluss in einem Heim landen? Die Antwort des Gesetzes ist klar: Der Grundgedanke des Jugendstrafrechts, der die Straftat lediglich als Anknüpfungspunkt begreift, der mit erzieherischen Massnahmen gezielt spezialpräventiv wirken will und die Massnahme ganz auf das Persönlichkeitsprofil des Täters ausrichtet, lässt für Verhältnismässigkeitsüberlegungen nur wenig Platz.

Trotzdem müssen diese Überlegungen in der Praxis immer wieder gemacht werden: Eine Massnahme, auch wenn sie noch so gut gemeint ist, wird vom Jugendlichen und oft auch von Eltern mit Recht als immenser Eingriff in ihre persönlichen Verhältnisse gesehen und nicht akzeptiert, wenn sie wegen einer Bagatelle erfolgt (dass Massnahme und Delikt keinen unmittelbaren Zusammenhang zu haben brauchen, ist für sie unverständlich). Hinzu kommt stets auch die Abklärung, ob der betroffene Jugendliche mit einer allfälligen Massnahme auch positiv beeinflusst werden kann, oder ob die Fähigkeit einer erfolgreichen Absolvierung der Massnahme nicht von Anfang an verneint werden muss.

Wer entscheidet über die Gefährdung?
Gemäss der Bedeutung, die eine Massnahme für die Betroffenen normalerweise hat, wird eine Notwendigkeit der besonderen erzieherischen Betreuung resp. das Vorhandensein einer besonders erheblichen Gefährdung nicht leichtfertig angenommen.

In Basel-Stadt werden die ersten Weichen in einem frühen Verfahrensstadium bei der Jugendanwaltschaft gestellt. Sei es, dass der Kriminalist bei den Ermittlungen den Eindruck erhält, dass der Jugendliche gefährdet sein könnte; sei es, dass der Jugendanwalt oder die Jugendanwältin vertiefte Erhebungen zur Person anordnet und die Sozialarbeiterin beim Einholen der entsprechenden Berichte (Eltern, Lehrer, Jugendamt etc.) deutliche Zeichen einer Gefährdung feststellt. In solchen Fällen wird dann gemäss Art. 83 resp. 90 StGB ein Gutachten angeordnet, welches meistens von der Kinder- und Jugendpsychiatrischen Universitätspoliklinik Basel-Stadt verfasst wird und Auskunft über den Grad einer allfälligen Persönlichkeitsstörung gibt sowie Empfehlungen für die zu ergreifende Massnahme enthält.

Ist diese Begutachtung wegen der Verhältnisse (Verweigerung der Begutachtung, Nichteinhalten der Termine, akuter Gefährdung am Aufenthaltsort) ambulant nicht möglich, so kann der Jugendliche «zur Beobachtung» für einige Monate in eine spezielle Institution eingewiesen werden. Meistens handelt es sich dabei um eine besondere Abteilung eines Erziehungsheimes, wo neben der psychiatrischen auch psychologische, pädagogische und berufliche Abklärungen vorgenommen werden oder um eine spezialisierte Beobachtungsstation.

Liegt das Gutachten vor, so entscheidet je nach Verfahrensorganisation die Jugendanwältin oder das Jugendgericht, welche Massnahme ergriffen werden soll. Oft ist es so, dass der Jugendliche im Falle einer sich abzeichnenden Platzierung schon vor der Gerichtsverhandlung vorsorglich am vorgesehenen Ort platziert wird (mit Einverständnis der Eltern und der Jugendgerichtspräsidentin), was den Vorteil hat, dass an der Verhandlung selbst bereits zuverlässige Erfahrungswerte als Entscheidungsgrundlage dienen können.

Neben der Erziehungsmassnahme kann vom Gutachter zusätzlich oder auch als selbständige Massnahme eine «besondere Behandlung» nach Art. 85 resp. 92 StGB empfohlen werden. Dies wird dort der Fall sein, wo neben eigentlichen pädagogischen Massnahmen medizinische oder therapeutische Behandlungen notwendig sind (z.B. Drogentherapie).

Dauer der Massnahme
Die Massnahme dauert im Normalfall so lange, bis die Beseitigung der Gefährdung als erreicht erachtet wird (mindestens 1 Jahr, längstens bis zum 20. Altersjahr (Verurteilung als Kind), oder 22. Altersjahr (Verurteilung als Jugendlicher), in Ausnahmefällen bis zum 25. Altersjahr).

Eine Massnahme kann von der zuständigen Instanz geändert werden. Eine Erziehungshilfe z.B. kann also in eine Heimeinweisung umgewandelt werden (neue Delikte sind nicht nötig) oder umgekehrt kann von einer Heimeinweisung oder Fremdfamilienplatzierung auf eine Erziehungshilfe zurückgegangen werden, wenn sich beispielsweise die Verhältnisse zuhause entscheidend verbessert haben.

Ist der Zweck der Massnahme erreicht, hat also der Jugendliche das Stufenprogramm des Erziehungsheims durchlaufen, eine Lehre angefangen oder abgeschlossen usw., so wird er wiederum von der zuständigen Instanz zunächst bedingt und nach einer gewissen Zeit der Bewährung definitiv aus der strafrechtlichen Massnahme entlassen.

Die Strafen

Schliesst der Jugendanwalt nach durchgeführtem Strafverfahren eine Gefährdung des Kindes oder des Jugendlichen aus oder scheint sie ihm nicht «erheblich», hat er also den sogenannten «normalen straffälligen Jugendlichen» vor sich, so wird das Verfahren mit einer Strafe abgeschlossen. Ebenso wird dort das Verfahren mit einer Strafe abgeschlossen, wo einer Gefährdung nicht mit einer an sich angezeigten Massnahme begegnet werden kann. Zu denken ist namentlich an massivste Widerstände gegen jede Massnahme aufgrund kultureller Unterschiede oder an Kriminaltouristen. Bei der Strafzumessung treten Delikt und Verschulden neben der Person des Täters oder der Täterin in den Vordergrund und es wird versucht die Strafe als spezialpräventive Lösung einzusetzen. Das Gesetz sieht folgende Sanktionen vor:

Verweis
Er ist die mildeste Form der Bestrafung und findet vor allem bei Kindern und allgemein bei leichteren Delikten sowie erstmaligem Delinquieren Anwendung. Im Prinzip passiert dem Täter nichts, es wird ihm lediglich erklärt, dass und weshalb sein Verhalten gesetzeswidrig war, und er wird im Hinblick auf ein nächstes Mal verwarnt.

Busse
Kinder können nicht gebüsst werden. Jugendlichen kann – im Gegensatz zu den Erwachsenen – eine Busse auch bedingt erlassen werden d.h. das Bezahlen der Busse wird für die Dauer einer Probezeit von einem halben bis zu drei Jahren aufgeschoben. Bewährt sich der Jugendliche während dieser Zeit, so muss er die Busse nicht bezahlen. Oft wird der bedingte Vollzug mit einer Schutzaufsicht verbunden. In diesem Fall wird eine Sozialarbeiterin über den Verlauf der Probezeit wachen und nach ihrem Ablauf Antrag auf Vollzug oder Nichtvollzug der Strafe stellen.

Arbeitsleistung

Die Idee der Arbeitsleistung besteht darin, begangenes Unrecht durch eine aktive Leistung zu sühnen, was erzieherisch wertvoll und deshalb für das Jugendstrafrecht prädestiniert ist. Die Verpflichtung zur Arbeit wird auch als Sanktion fürs Erwachsenenstrafrecht diskutiert und probeweise in einigen Kantonen durchgeführt. Sie dürfte mit grosser Wahrscheinlichkeit mit der Revision des Allgemeinen Teils des Strafgesetzbuches eingeführt werden.

Arbeitsleistungen werden bspw. in Basel-Stadt bei verschiedenen Institutionen wie Stadtgärtnerei, Kinderspital, Sportamt, Altersheimen usw. vollzogen. In anderen Kantonen unterscheidet sich das Angebot nicht gross. Das Kind resp. der Jugendliche arbeitet einen oder mehrere halbe Tage unter Aufsicht eines oder einer Angestellten des Betriebes, welche diese Aufgabe mit Engagement übernimmt. Die Arbeitsleistung setzt bei den Bestraften eine minimale Motivation voraus, da sie als aktives Tun nur schwerlich durchgesetzt werden kann (wie z.B. eine Busse oder eine Freiheitsstrafe). Die minimale Arbeitsleistung beträgt ½ Tag. Nach oben ist die Skala offen. Mehr als 40 Arbeitsstunden sind aber schon viel und in Basel-Stadt eher selten.

Einschliessung

Als härteste Strafe sieht das Jugendstrafrecht Einschliessung bis zu maximal einem Jahr vor. Einschliessung bedeutet Freiheitsstrafe. Allerdings bricht auch hier wieder der Erziehungsgedanke durch: Dauert die Einschliessung mehr als ein Monat, so muss sie in einem Erziehungsheim vollzogen werden, damit auch während des eigentlichen Vollzugs eine pädagogische Beeinflussung besteht.

Wie die Busse wird auch die Einschliessung im Normalfall zuerst einmal bedingt ausgesprochen d.h. deren Vollzug während einer Probezeit von einem halben bis zu 3 Jahren aufgeschoben. Muss sie trotzdem einmal vollzogen werden, so besteht die Möglichkeit, die Strafe tageweise oder an Wochenenden evtl. auch während der

Ferien abzusitzen, damit keine Lehrstellen oder Schulabschlüsse gefährdet werden.

Oftmals ist ein Teil einer Einschliessungsstrafe durch Untersuchungshaft getilgt.

Aus Platzgründen verzichte ich hier auf Ausführungen über den Aufschub der Sanktion und das Absehen von einer Strafe oder Massnahme.

2 Sanktionspraxis in den Kantonen

Interessant ist die Frage, ob sich der Föderalismus, der auch die Anwendung des Jugendstrafrechts (noch) prägt, sich direkt auf die Sanktionspraxis auswirkt. Sind Anteile von Massnahmen und Strafen oder innerhalb der Strafen bspw. die Anteile von Arbeitsleistungen und Einschliessung in den Kantonen mehr oder weniger gleich oder völlig uneinheitlich? Spielen die unterschiedlichen Systeme (Systeme der Jugendanwaltschaften oder der Jugendgerichte), verschiedene Traditionen, Grösse der Kantone etc. bei der Sanktionspraxis eine Rolle oder lassen sich keine Gemeinsamkeiten feststellen? Bis vor kurzem tappte man im Dunkeln, wenn man über die Sanktionspraxis mehr Klarheit erhalten wollte. Dank dem grossen Engagement der Verantwortlichen des Bundesamtes für Statistik und der guten Zusammenarbeit des Bundesamtes mit der Schweizerischen Vereinigung der Jugendstrafrechtspflege und den Kantonen ist es seit 1999 möglich, Quervergleiche zu ziehen.

Im Jahre 2000 wurden insgesamt 11'314 Verurteilungen von Kindern und Jugendlichen erfasst. 75% betrafen Jugendliche, 81% männliche Personen. Die Disziplinarstrafen machen 88% der Verurteilungen aus, allein 61% fallen auf die Arbeitsleistung und Verweise. Bussen und Einschliessungen spielen bei nur einem Viertel der Verurteilungen eine Rolle. Erziehungsmassnahmen machten 5% der Verurteilungen aus. Im Vergleich der Kantone sind die Unterschiede bei den Anteilen der Erziehungsmassnahmen, Strafen, des Aufschubs des Entscheides und des Absehens von Strafen und Massnahmen von einzelnen Ausnahmen abgesehen relativ gering.

Die auffälligsten Unterschiede bestehen zwischen dem Kanton Genf und den übrigen Kantonen. In Genf wird weniger häufig eine Strafe verhängt (GE: 46%, übrige Kantone 90%) und bedeutend häufiger von einer Strafe oder Massnahme als in den anderen Kantonen abgesehen.

Innerhalb der Strafen bestehen in den Kantonen zum Teil erhebliche Unterschiede. Die nachfolgenden Ausführungen sind nicht wertend sondern nur feststellend. Während in Genf von 191 ausgesprochenen Strafen nur einmal ein Urteil mit einem Verweis gefällt wurde (0.5%), findet man im Kanton Tessin (TI) gerade das Gegenteil. Bei praktisch gleich vielen Urteilen (196) wurde in 155 Fällen (das Verfahren mit einem Verweis (79.1.%) abgeschlossen. Anders sieht es bei der Arbeitsleistung aus. Hier fällt der Kanton TI nur mit einer ausgesprochenen Arbeitsleistung auf (0.5%), während bei 12 Kantonen der Anteil der ausgesprochenen Arbeitsleistungen über 40% der Verurteilungen liegt. Bei den Bussen fällt auf, dass einige Kantone von der im Jugendstrafrecht gegeben Möglichkeit, eine bedingte Busse auszusprechen, kaum Gebrauch machen. So wurden im Kanton Bern von 431 Bussen nur 17 (4%), in Freiburg von 155 nur 14 (9%), im Aargau von 287 Bussen nur 6 bedingt (2%), in Solothurn alle 109 Bussen unbedingt ausgesprochen Es wäre zumindest zu diskutieren, wie sich diese Praxis mit den allgemeinen Strafzumessungsregeln des Art. 41 des Strafgesetzbuches (Ersttäter, gute Prognose) vereinbaren lässt.

Starke Unterschiede bestehen in der Praxis, Einschliessungsstrafen auszusprechen. Absoluter Spitzenreiter mit einem Anteil von 31% von allen ausgesprochenen Strafen ist der Kanton Genf. Die Gegenpole sind die Kantone Glarus und Basel-Landschaft mit keiner einzigen Verurteilung zu einer Einschliessungsstrafe. Auch hier kann über den Grund dieser Tatsache nur spekuliert werden. Liegt es an der persönlichen Einstellung der Jugendanwälte und Jugendanwältinnen zur Einschliessungsstrafe, gab es keine «einschliessungswürdigen» Fälle oder hindern gewisse gerichtsorganisatorische Vorschriften, dass vermehrt Einschliessungsstrafen ausgesprochen werden (bspw. Kompetenz zur Verurteilung zu Einschliessungsstrafen ist beim Jugendgericht und nicht bei der Jugendanwaltschaft).

Es wird interessant sein, die Zahlen des Bundesamtes für Statistik weiterzuverfolgen. Es ist zu hoffen, dass daraus mehr als ein Datenfriedhof entsteht, und dass diese Zahlen aktiv für die Erforschung der Jugendkriminalität und der Sanktionspraxis verwendet werden. Die Daten des Bundesamtes für Statistik und die Daten, welche in den Jugendanwaltschaften und Jugendgerichten vorhanden sind, bieten einen grossen Fundus und warten auf hungrige Doktoranden und Doktorandinnen oder andere wissenschaftlich Arbeitende.

3 Wie entscheidend sind eigentlich Sanktionen im Jugendstrafrecht? Sind Sanktionen im Jugendstrafrecht eigentlich wichtig?

Wir haben gesehen, dass in den Kantonen zum Teil unterschiedlich sanktioniert wird. Darauf ergibt sich automatisch die Frage: Spielt es für die Legalbewährung, für die Erfüllung des Sinns und Zwecks des Jugendstrafrechts (Erziehungsstrafrecht, Täterstrafrecht, Bedeutung der Spezialprävention) überhaupt eine Rolle, welche Sanktion verhängt wird? Diese Frage mag provokativ erscheinen. Sie lässt sich zumindest bejahen, wenn es um die Entscheidung Strafe oder Massnahme geht. Das Urteil zu einer Massnahme kann für einen Jugendlichen *die* entscheidende Wendung in seiner persönlichen Entwicklung sein. So kann er beispielsweise in einer pädagogisch geführten Institution seine Persönlichkeit fördern und eine Berufsausbildung an die Hand nehmen. Schwieriger ist die Frage bei den Strafen zu beantworten. Spielt es eine Rolle, ob ein Strafverfahren mit einem Verweis, einer Arbeitsleistung, einer Busse oder einer Einschliessung abgeschlossen wird? Ich kann diese Frage nicht beantworten, da entsprechende Untersuchungen fehlen. Aussagekräftige Untersuchungen mit signifikanten Ergebnissen wären auch sehr aufwändig, falls sie überhaupt mit Vergleichsgruppen zum Ziel führen würden.

Die Festlegung einer Strafe setzt sich aus verschiedenen Bausteinen zusammen. So beeinflusst der Eindruck, den man von einem Jugendlichen in einer Verhandlung erhält, seine bisherigen Vorgänge, die Art und die Zahl der Delikte, die Praxis der Jugendanwaltschaft oder des Jugendgerichts und die persönliche Erfahrung die Art und die Höhe der Strafe. Ein Urteil ist immer subjektiv gefärbt und eine Ermessenssache. In Basel-Stadt amtet bei den Schlussverhandlungen der Jugendanwälte immer eine Sozialarbeiterin als Gerichtsschreiberin. Nach der Befragung zur Sache und zur Person findet vor Eröffnung des Urteils eine gemeinsame Beratung zwischen dem Jugendanwalt oder der Jugendanwältin und der Sozialarbeiterin statt. Dieses Vorgehen gewährleistet eine umfassende Betrachtung und setzt gute Voraussetzungen für ein möglichst sachgerechtes Urteil.

Nach meiner Erfahrung ist das ganze Jugendstrafverfahren wichtiger als die Art und die Höhe der Strafe. Diese Aussage gilt für die vielen Ersttäter bzw. für die Jugendlichen mit geringfügigen Vorgängen. Bei diesen, welche die Mehrzahl der Klienten stellen, ist entscheidend, dass bei einer Verfehlung eine Intervention stattfindet. Diese kann im Elternhaus, in der Schule oder eben durch die Polizei oder die Jugendstrafverfolgungsbehörden erfolgen. Es braucht eine Konfrontation und eine Auseinandersetzung mit dem Fehlverhalten. Weshalb soll ein Jugendlicher aufhören zu stehlen, wenn er ohne Geld auszugeben, immer die neuesten Waren im Besitz hat? Wer hört freiwillig auf zu schlägern, wenn er dadurch die Alpha-Stellung im Pausenhof verliert? Weshalb mit Raubüberfällen aufhören, wenn man dann aus der Gruppe ausgeschlossen würde? Da das ganze Jugendstrafverfahren aus meiner Sicht präventiv sein muss, braucht es auf allen Stufen ein kompetentes und professionelles Vorgehen. Die Polizisten und Polizistinnen auf der Strasse, die einvernehmenden Beamtinnen und Beamten, die Jugendanwältinnen und Jugendanwälte, müssen mit den Jugendlichen einen anderen Umgang pflegen als sie dies mit Erwachsenen tun würden. Gerade der erste Kontakt ist wichtig. Dabei geht es nicht darum, die Jugendlichen speziell «weich» oder «milde» anzupacken. Was es braucht ist Konsequenz, Berechenbarkeit, Kompetenz und auch Verständnis. Wer die Jugendlichen nicht versteht, die Hintergründe ihrer Handlungen nicht zumindest teilweise nachvollziehen kann, erreicht in einem Strafverfahren das Gegenteil. Es wäre wünschbar und auch nötig, dass auf allen Stufen diejenigen Personen eine spezielle Aus- und Weiterbildung haben, welche mit Jugendlichen arbeiten. Im Idealfall könnte in einem Strafverfahren so viel erreicht werden, dass die Sanktion fast überflüssig würde. Das Wichtigste nach Verübung eines Delikts sollte das Verfahren an sich und die Konsequenzen, die sich daraus ergeben, und nicht die am Ende oft (zu) spät folgende Sanktion sein.

Um das Jugendstrafverfahren erfolgreich zu einem Abschluss bringen zu können, ist es zudem wichtig, dass ein Unrechtsbewusstsein besteht oder wieder entsteht, um strafbare Handlungen vermeiden zu können. Vielen Jugendlichen (und auch Erwachsenen) ist nicht mehr klar, dass Sprayen eine Sachbeschädigung, Konsum von Cannabis (noch immer) eine Übertretung des Betäubungsmittelgesetzes und das Überfahren einer Kreuzung, wenn die Ampel auf rot steht, nach wie vor verboten ist. Das Gleiche gilt für Tatbestände, welche nur das Stadium des Versuchs erreicht haben oder bei denen kein Blut geflossen ist. Es ist zum Teil recht schwierig, Jugendlichen und Eltern klar zu machen, dass auch eine versuchte Nötigung oder ein versuchter Diebstahl ein Straftatbestand ist. Als Antwort ist des öfteren zu hören, es ist ja nichts passiert.

Wenn schon kein Unrechtsbewusstsein besteht, wie soll ein Jugendstrafverfahren etwas bewirken? Hier braucht es das Verfahren zuerst einmal, um klar zu machen, dass die verübte Handlung nicht erlaubt ist.

4 Mediation in Form des Täter-Opfer-Ausgleichs (TOA) im Jugendstafrecht

Beim Titel «Zwischen Mediation und Lebenslang» ist es daher angebracht, auch beim Jugendstrafrecht Ausführungen über die Mediation oder den Täter-Opfer-Ausgleich machen.

Der aussergerichtliche Tatausgleich, wie der TOA auch genannt wird, wird seit einigen Jahren praktiziert. Namentlich in Deutschland und Österreich ist er bereits institutionalisiert. Beim eigentlichen TOA wird versucht Täter und Opfer zu einem Ausgleichsgespräch an einen Tisch zu bringen. Dort sollen sich die beiden Parteien aussprechen und die gegenseitigen Standpunkte ausgetauscht werden. Gemeinsam soll nach einer Lösung des Konflikts gesucht werden. Im Idealfall führt es beim Täter zu einer tieferen Einsicht in das Unrecht seines Deliktes und insofern zu einer spezialpräventiven Wirkung. Beim Opfer kann durch die Personifizierung des Täters ein Abbau von durch das Delikt heraufbeschworenen Ängsten erfolgen. Das Zusammentreffen erfolgt in Anwesenheit einer neutralen Drittperson. Abgeschlossen wird das Verfahren durch eine Ausgleichsleistung des Täters, worauf das Verfahren eingestellt oder mit einem Verzicht auf Strafe abgeschlossen wird.

Das geltende Jugendstrafrecht kennt den Begriff der Mediation nicht. Bei Offizialdelikten lassen sich aber dank den gesetzlichen Bestimmungen der Art. 88 Abs. 3 StGB (bei Kindern) und Art. 98 Abs. 3 StGB (bei Jugendlichen) – wenn das Kind/der Jugendliche aufrichtige Reue betätigt, insbesondere den Schaden durch eigene Leistung, soweit möglich, wiedergutgemacht hat, kann die urteilende Behörde von jeder Massnahme oder Strafe absehen – oder bei Antragsdelikten durch Einstellungen, bereits heute den Mediationen vergleichbare Verfahrensabschlüsse durchführen. Die Jugendanwaltschaft Basel-Stadt praktiziert in dieser Form den Täter-Opfer-Ausgleich seit geraumer Zeit. Die gemachten Erfahrungen sind grundsätzlich positiv. Allerdings zeigt die Praxis, dass zu grosse Erwartungen, welche mit dem TOA verbunden werden, enttäuscht werden könnten. Der TOA ist eine weitere, wertvolle Möglichkeit, ein Verfahren abzuschliessen. Bisher haben wir uns vor allem auf Delikte beschränkt, bei denen ein individuelles Opfer gegeben ist und die nicht zu gravierend sind. Über das TOA-Verfahren könnten aber auch Sachbeschädigungen oder Vermögensdelikte mit Firmen als Geschädigte (bspw. Transportunternehmen, Warenhaus) erledigt werden.

Schwere Körperverletzungen, Vergewaltigung, qualifizierter Raub, Brandstiftung haben wir ausgeklammert. Die zum Teil negativen Haltungen der Beteiligten bei den zumindest vom Strafrahmen leichteren Delikten wie einfacher Körperverletzung, Vermögensdelikten, Sachbeschädigung, Drohung und Nötigung lassen die Frage zu, wie realistisch ein TOA bei schwersten Delikten ist.

In der Praxis liegen sehr oft keine 1:1 Fälle, d.h. ein Täter und ein Geschädigter, vor. Wir haben mehrere Täter, mehrere Geschädigte (Individualpersonen und juristische Personen), Delikte ohne Geschädigte (Strassenverkehrsgesetz, Betäubungsmittelgesetz). Je mehr Parteien am Verfahren beteiligt sind, desto schwieriger wird es, zu einem Ausgleich zu kommen. Immer wieder wird auch vergessen, dass Unmündige Eltern haben, die einbezogen werden müssen. Bei Antragsdelikten können bekanntlich nur Erwachsene einen Strafantrag stellen und folglich auch zurückziehen. Es kommt deshalb immer wieder vor, dass sich die Jugendlichen zwar einigen könnten, die Eltern aber für eine Vergleichslösung nicht zu gewinnen sind.

Die Jugendanwaltschaft gibt seit zwei Jahren Fälle, die sich nach Ansicht der Verfahrensleiter für einen TOA eignen, nach «aussen», d.h. wir lagern diese Fälle aus. Wir sind in der glücklichen Lage, dass eine ehemalige Mitarbeiterin, die bei uns als Sozialarbeiterin gearbeitet hatte, gewonnen werden konnte, die TOA-Fälle im Auftragsverhältnis zu erledigen. Diese Lösung, die sehr schnell umgesetzt werden konnte und für beide Seiten die gewünschte Flexibilität mit sich bringt, hat den grossen Vorteil, dass die Verfahren von einer kompetenten Fachfrau, welche die Zusammenhänge der Jugendstrafrechtspflege kennt, betreut werden. In zwei Jahren wurden der TOA-Beauftragten 36 Fälle zugeteilt. 20 Fälle sind positiv verlaufen, d.h. dass demzufolge 16 nicht zu einem Erfolg führten. In den 36 Fällen mussten mit 51 Angeschuldigten und deren Eltern und 39 Geschädigten, bei Unmündigkeit der Geschädigten noch zusätzlich mit den Eltern, verhandelt werden. Schon an diesen Zahlen zeigt sich der zeitliche Aufwand, der benötigt wird, um solche Verfahren erledigen zu können.

Als erste Konsequenz lässt sich sagen, dass ein TOA-Verfahren meist aufwändiger ist als ein ordentlich abgeschlossenes Verfahren. Der durchschnittliche Arbeitsaufwand pro Fall beträgt für die TOA-Beauftragte 4½ Stunden (bestehend aus Aktenstudium, telefonischen Kontakten, TOA-Sitzung, Besprechung mit Verfahrensleitung, Korrespondenz, Aktennotizen und Verfassen eines Abschlussberichtes). Der Streubereich ist gross (zwischen einer halben Stunde, wenn gar kein Kontakt zustande kommt bis zu acht und mehr Stunden). Die Gründe des Scheiterns liegen bei allen involvierten Personen. In drei Fällen war das Opfer nicht zu einem Gespräch bereit, in sechs Fällen die Eltern (Elternteil) des Opfers. In fünf Fällen wollte der Täter/die Täterin kein Gespräch, in zwei Fällen lehnten die Eltern des Täters ein Gespräch ab. Ein Scheitern eines TOAs kam also zur Hälfte wegen der Jugendlichen und zur Hälfte wegen der Eltern bzw. eines Elternteils zustande. In den positiven Fällen (20 von 36 also in 55% der Fälle kam es in den meisten Fällen zu Gesprächen mit den Jugendlichen, zum Teil in Anwesenheit der Eltern, zur Zahlung der Entschädigungsforderung und/oder zur Abgabe eines Geschenkes (z'Nüni an der Schule, Schokolade und Rätselheft, Kinoeintritt, Fr. 100.– als Schmerzensgeld, obwohl das Opfer nur Fr. 50.– verlangte, CD, die Täter und Opfer zusammen kauften). Das

Geschenk ist oft symbolisch, aber trotzdem sehr wichtig. Bei einem positiven Verlauf ist auch der abschliessende Händedruck von Wichtigkeit.

Wann ist ein TOA abgeschlossen? Grundsätzlich liegt es im Ermessen der Parteien, ob ein Ausgleich erfolgreich abgeschlossen ist oder nicht. Bei Ungerechtigkeiten, bspw. wenn eine Partei übervorteilt wäre, muss die TOA-Beauftragte eingreifen.

Damit sich versprochene Rückzahlungen nicht allzu sehr in die Länge ziehen und die Geschädigten auf ihr Geld warten müssen, besteht bei der Jugendanwaltschaft ein sogenannter Opferfonds. Mittels eines zinslosen Darlehens, geregelt in einem Darlehensvertrag wird den Angeschuldigten Geld zur Verfügung gestellt, damit sie ihren Verpflichtungen gegenüber den Geschädigten nachkommen können.

In dieser oder vergleichbaren Form findet die Mediation/Täter-Opfer-Ausgleich auch bei anderen Jugendanwaltschaften oder Jugendgerichten statt.

In der Revision des materiellen Jugendstrafrechts haben die Räte gegen den Willen des Bundesrates als Neuerung die Mediation eingeführt: Gemäss Artikel 7bis des Entwurfes kann ein Verfahren unter bestimmten Voraussetzungen definitiv eingestellt werden, wenn auf dem Wege der Mediation eine Vereinbarung zwischen dem Geschädigten und dem Jugendlichen zustande gekommen ist. In Zukunft soll ein Verfahren auch bei Vorliegen eines Offizialdelikts eingestellt werden können und die Mediation bekommt *expressis verbis* eine gesetzliche Grundlage. Dies ist grundsätzlich zu begrüssen. Allerdings muss man sich bewusst sein, dass die TOA-Verfahren aufwändig sind und kaum zum Nulltarif (sprich: mit den gleichen Arbeitskapazitäten) zu haben sind. Werden für die TOA-Verfahren nicht zusätzliche Mittel zur Verfügung gestellt, steht die Mediation zwar im Gesetz, dürfte aber in der Praxis kaum gross zur Anwendung kommen.

5 Was bringt uns das neue Jugendstrafrecht?

In der Praxis gilt das bestehende Jugendstrafgesetz, formuliert in den Artikeln 82–99 des Strafgesetzbuches als gutes, sehr flexibel anwendbares Gesetz, das nicht zwingend hätte verändert werden müssen. Die Rechtslehre kritisiert u.a. den sehr weiten Ermessensspielraum des Jugendstrafrechts (vielleicht nicht so unbegründet, wenn man die Praxis der Kantone ansieht – nur ist es bei den Erwachsenen anders?) und beanstandet die Tatsache, dass zwischen den Sanktionen (insbesondere bei der Dauer der Freiheitsstrafen) für unter 18jährige und diejenige für über 18jährige Täter ein allzu grosser Unterschied besteht. Die Gesetzesänderung hat man vor bald 20 Jahren (1983) an die Hand genommen und steht unmittelbar vor dem Abschluss. Ausstehend ist noch das Differenzbereinigungsverfahren zwischen den beiden Räten. Nach einer Übergangsfrist könnte das Gesetz 2004 in Kraft gesetzt werden.

Der vorliegende Entwurf sieht viele sinnvolle Regelungen vor. Ganz wichtig ist die Grundmaxime wie sie Artikel 2 vorsieht: *Wegleitend für die Anwendung dieses Gesetzes sind der Schutz und die Erziehung der Jugendlichen. Den Lebens- und Familienverhältnissen des Jugendlichen sowie der Entwicklung seiner Persönlichkeit ist besondere Beachtung zu schenken.* Mit dieser Grundaussage bleibt auch im neuen Jugendstrafrecht der erzieherische Gedanken erhalten. Dies ist nicht ganz selbstverständlich. Aus verschiedenen Kreisen hört man immer wieder, das Jugendstrafrecht muss verschärft werden. Einerseits klammert sich ein Teil der Politik an diese Forderung, um seit langem bestehende Unterlassungen zu kaschieren (sehr typisch die Reaktion in Frankreich als Kommentar zu den immer grösseren Jugendproblemen in den Banlieus der Vorstädte) und um zu Wählerstimmen zu kommen, andererseits spricht daraus eine gewisse Hilflosigkeit und ein Gefühl der Resignation. In die zweite Kategorie fällt die Petition der 1000 aargauischen Lehrkräfte vom letzten Jahr. Darin werden in das Jugendstrafrecht Erwartungen gesetzt, die nicht erfüllt werden können und auch nicht erfüllt werden dürfen. Wenn die eigenen Hausaufgaben nicht oder unvollständig gemacht werden, wird nach einer Verschärfung des Jugendstrafrechts gerufen. Zum Glück hat sich der Gesetzgeber im neuen Jugendstrafrecht solchen Tendenzen nicht unterworfen.

Die Anhebung der Strafmündigkeit auf 10 Jahre ist sinnvoll, da unter 10jährige in strafrechtlich relevanter Weise nicht in Erscheinung treten. Zwar wurden die Kategorien Kinder und Jugendliche abgeschafft, gewisse Sanktionen können aber wie bis heute erst bei über 15jährigen (Busse, Freiheitsentzug) oder bei über 16jährigen (Freiheitsstrafe bis 4 Jahre bei sehr schweren Delikten) verhängt werden.

Bei den Schutzmassnahmen wird neu vom monistischen auf das dualistische System gewechselt, welches die gleichzeitige Einführung einer Strafe und einer Massnahme zulässt. Die Schutzmassnahmen – Aufsicht, persönlicher Betreuung, ambulante medizinische oder psychologische Behandlung, Unterbringung bei einer geeigneten Privatperson oder in einer Erziehungs- oder Behandlungseinrichtung – werden näher an das Zivilrecht herangeführt. Wie weit die Schnittstellen sauber gelöst werden können, muss abgewartet werden. Leider wurden vom Gesetzgeber aus der Sicht der Praxis ohne Not auch Verschlechterungen eingeführt. Art. 12 Abs.4 des Entwurfes sieht vor, dass die persönliche Betreuung (vergleichbar mit der heutigen Erziehungshilfe) nach Erreichen des Mündigkeitsalters nur mit Einverständnis des Betroffenen angeordnet werden kann (analog Zivilrecht). Es ist mir bis heute nicht klar, weshalb die bewährte heutige Regelung (keine Unterscheidung in den «Laufzeiten» der ambulanten und stationären Massnahmen) geändert werden musste. Sämtliche Anträge und Vorschläge der Fachleute landeten irgendwo – nur nicht in einer Umformulierung des Art. 12 Abs.4. des Entwurfes.

Bei der Art der Strafen bleibt das Meiste gleich. Allenfalls wird ein neuer Begriff verwendet (persönliche Leistung statt Arbeitsleistung, Freiheitsentzug statt Einschliessung oder ein Strafrahmen vorgegeben (Dauer der persönlichen Leistung, Höhe der Busse). Um eine Strafe verhängen zu können, verlangt Art. 10 des zukünftigen Gesetzes, dass der Jugendliche schuldhaft gehandelt hat. Die im Bereich der Sanktionen wesentlichste Änderung betrifft die Maximaldauer des jugendstrafrechtlichen Freiheitsentzuges auf 4 Jahre unter ganz speziellen Voraussetzungen. Art. 24 Abs. 2 des Entwurfes sieht vor, dass der Jugendliche, der zur Zeit der Tat das 16. Altersjahr vollendet hat, mit Freiheitsentzug bis zu 4 Jahren bestraft werden kann, wenn das Delikt bei den Erwachsenen mit einer Mindeststrafe von 3 Jahren bedroht ist (vorsätzliche Tötung, Mord, qualifizierter Raub (Art. 140 Ziff. 4), qualifizierte Geiselnahme, qualifizierte sexuelle Nötigung, qualifizierte Vergewaltigung, qualifizierte Brandstiftung, Angriffe auf die Unabhängigkeit der Eidgenossenschaft). Über den Wert dieses Artikels und die Bedeutung, die er einmal haben wird, bin ich mir nicht im Klaren. Einerseits dürfte er eine gewisse Konzession an die Rufer eines verschärften Jugendstrafrechts darstellen. Das diese Konzession nicht schärfer ausgefallen ist, ist gut. In der Praxis wird der Vollzug einer längeren Freiheitsstrafe wohl eher selten zur Anwendung kommen, da bei solch schweren Delikten primär eine Massnahme durchgeführt werden dürfte. Über die Probleme, die sich generell beim Vollzug langer Freiheitsstrafen ergeben werden (Stichwort: Institutionen) möchte ich gar nicht eingehen. Andererseits bleiben Delikte, welche durchaus auch von einer Strafschärfung hätten betroffen werden können, ausgeklammert. Ich denke beispielsweise an die qualifizierte Widerhandlungen gegen das Betäubungsmittelgesetz. Ein minderjähriger Drogenkurier fährt mit einem Strafmaximum von einem Jahr noch immer um ein Vielfaches besser als sein 18½jähriger Mittäter.

Wir dürfen gespannt sein, wie das revidierte Jugendstrafrecht in der Praxis umgesetzt wird. Ich bin zuversichtlich, dass es den Praktikern und Praktikerinnen bei straffälligen Jugendlichen auch weiterhin gelingt, nach sinnvollen und erfolgversprechenden Lösungen zu suchen und dass die Eigenständigkeit der Jugendstrafrechtspflege auch zukünftig erhalten bleiben wird.

Lebenslanger Freiheitsentzug

La privation de liberté à vie

Frank Urbaniok

Gibt es unbehandelbare Täter?

Zusammenfassung

Oft werden die Möglichkeiten, menschliches Verhalten zu prognostizieren, grundsätzlich bezweifelt. Neben Unkenntnis spielen ideologische Motivationen dabei eine Rolle. Die moderne Prognosewissenschaft hat in den vergangenen Jahren Fortschritte erzielt. Weiterentwicklungen können in der Zukunft nach Ansicht des Autors nicht durch statistische Methoden, sondern durch eine Verfeinerung klinischer Beurteilungsverfahren erzielt werden. Schon heute ist es für die wenigen Experten allerdings leicht, Höchstrisiko-Täter zu identifizieren und unbehandelbare hochgefährliche Täter zu erkennen.

Der Autor schlägt vor, dabei folgende Gruppen zu unterscheiden: 1. Unsichere Behandelbarkeit, 2. Aktuelle Unbehandelbarkeit, 3. Langfristige Unbehandelbarkeit und 4. Dauerhafte Unbehandelbarkeit.

Die zahlenmässig sehr kleine Gruppe der hochgefährlichen dauerhaft unbehandelbaren Straftäter muss lebenslang gesichert werden. Für alle anderen Täter müssen differenzierte deliktpräventive Therapieprogramme vor allem im Strafvollzug ausgebaut werden. Nicht übersehen werden darf dabei der Umstand, dass gegenwärtig einige der hochgefährlichen und unbehandelbaren Täter aufgrund von «Rechtslücken» zwingend entlassen werden müssen.

Es ist eine gesellschaftspolitische Güterabwägung, welches Risiko zu tolerieren ist. Im Bereich des Strafvollzugs gibt es genügend Risiken, mit denen die Gesellschaft zur Bewahrung von Liberalität und Rechtsstaatlichkeit zurecht konfrontiert wird. Das Risiko, das von den wenigen hochgefährlichen und unbehandelbaren Straftätern ausgeht, gehört nicht dazu.

Résumé

Souvent, les possibilités de prévoir le comportement humain sont par principe mises en doute. Outre l'ignorance, des motivations d'ordre idéologique jouent un rôle. La science des prévisions moderne a accompli des progrès durant ces dernières années. De l'avis de l'auteur, des avancées supplémentaires ne pourront pas être réalisées grâce à des méthodes statistiques, mais par un perfectionnement des méthodes d'évaluation cliniques. Toutefois, aujourd'hui déjà, il est aisé, pour les quelques experts en la matière, d'identifier les délinquants à très haut risque et de reconnaître les délinquants dangereux et incurables.

L'auteur propose de distinguer à cet égard entre les groupes suivants: 1. Curabilité incertaine, 2. Incurabilité actuelle, 3. Incurabilité à long terme et 4. Incurabilité durable.

Le groupe des criminels durablement incurables et extrêmement dangereux, dont le nombre est très restreint, doit être mis à l'abri sa vie durant. Pour tous les autres criminels, il convient d'aménager des programmes thérapeutiques différenciés destinés à prévenir la criminalité, surtout dans le cadre de l'exécution des peines. Ce faisant, il ne faut pas perdre de vue qu'actuellement, quelques criminels extrêmement dangereux et incurables doivent obligatoirement être libérés à cause de «lacunes juridiques».
C'est une pondération des intérêts relevant d'une politique sociale que de définir quel risque peut être toléré. Dans le domaine de l'exécution des peines, il existe suffisamment de risques auxquels la société est à juste titre confrontée en vue de préserver l'Etat de droit. Le risque que représente les rares criminels extrêmement dangereux et incurables n'en fait pas partie.

Einleitung

Es gibt Themen, da glaubt ein jeder, Experte zu sein. Neben Kindererziehung und Fussball gehört der Umgang mit Straftätern auch dazu. Darum sind Diskussionen über das Strafrecht durch Emotionalität und weltanschauliche Positionen gekennzeichnet. Man ist gegen die Restriktion, weil das der eigenen liberalen Weltanschauung entspricht. Man steht dem Strafsystem grundsätzlich kritisch gegenüber, weil es einer bürgerlichen Klassenjustiz entspringt, man glaubt, Straftäter müssten härter angefasst werden, weil man sich mit dieser Position am Stammtisch profilieren kann.

Wie immer gibt es aber bei komplexen Problemstellungen keine Patentrezepte. Die Praxis erfordert detaillierte und differenzierte Lösungen. Schwarz-Weiss funktioniert nicht.

Die entscheidende Frage, an der sich der Umgang mit Straftätern und an der sich das Strafrecht messen lassen muss, ist die Frage der Nützlichkeit:

Wie gut gelingt es dem Strafrecht, dem Schutz der öffentlichen Sicherheit ebenso Rechnung zu tragen wie dem Resozialisierungsgedanken und den Bedürfnissen von Opfern?

Ein funktionales Strafrecht vereinigt zu diesem Zweck «restriktive», «strafende» und «liberale» Elemente in einem sinnvollen Gesamtkonzept, je nach dem, was nützlich, funktional und sachlich angemessen ist.

Um für diese Diskussion eine sachliche Grundlage zu schaffen, ist es wichtig, verschiedene, immer wieder vorgebrachte Mythen ins Märchenland zu verweisen.

Vorhersagbarkeit menschlichen Verhaltens

Oft wird beispielsweise erklärt, wie schwierig es ist, menschliches Verhalten vorherzusagen. Bisweilen wird bezweifelt, ob dies überhaupt möglich sei.

Es wird darauf hingewiesen, dass menschliches Verhalten nicht linear kausal, sondern zirkulär organisiert ist, eine relative Offenheit gegenüber Handlungsalternativen (Kontingenzprinzip) bestehe oder es sich ohnehin um ein subjektives Geschehen handle (LUHMANN 1991, MITTERAUER 1992, STEINBÖCK 1997).

In solch akademischen Höhen der Argumentation wird leicht übersehen, dass die Prognose menschlichen Verhaltens eine alltägliche Selbstverständlichkeit ist, die zumeist mit hoher Zuverlässigkeit erfolgt.

Diejenigen unter Ihnen, die in einer Partnerschaft leben, werden mit erstaunlicher Zuverlässigkeit vorhersagen können, wie sich ihr Partner oder ihre Partnerin in einer bestimmten Situation verhält. Wahrscheinlich haben Sie sogar mittlerweile gelernt, Ihr eigenes Verhalten angesichts der Zuverlässigkeit Ihrer Prognose den zu erwartenden Reaktionen anzupassen.

Ich nehme ferner an, es gibt nur wenige unter Ihnen, die – sagen wir 1980 – einen grösseren Geldbetrag darauf gewettet hätten, dass die Schweizerische Fussball-Nationalmannschaft innerhalb der nächsten 20 Jahre Fussball-Weltmeister wird.

Ungeachtet der zirkulären Organisation, des Kontingenzprinzips, der subjektiven Verarbeitung von Ereignissen und vieler weiterer erkenntnistheoretischer Bedenken hätte die Mehrheit der Sportinteressierten diese negative Langzeitprognose eines durchaus komplexen menschlichen Verhaltens gestellt. Und sie hätte recht behalten.

Ich vermute, die fundamentale Skepsis gegenüber der Vorhersagbarkeit menschlichen Verhaltens ist eher das Ergebnis dreier psychologisch erklärbarer Motivationen:

1. Einer antropozentrischen *Grössenidee* entstammt folgende Überzeugung: Der Mensch ist so besonders und einzigartig, dass sein Verhalten nicht voraussehbar ist.

2. Fehlerhafte Prognosen und mangelnde eigene Kenntnisse in der Prognosewissenschaft werden durch die erkenntnistheoretische Prognoseskepsis relativiert. Ich spreche in diesem Zusammenhang von einer *Schutz- und Kompetenzmotivation.*

3. Eine *ideologische Motivation* kann Befürchtungen zugrunde liegen, Prognosen könnten zu ungerechtfertigter Repression oder Etikettierung führen (vgl. u.a. SACK 1978, CAMUS & ELTING 1982, FERCHOFF & PETERS 1981). Deutlicher wird dieser ideologische Aspekt durch Aussagen wie die Folgende: «Aufs Ganze gesehen liegt aber in den begrenzten Prognosemöglichkeiten ein Gewinn, weil exakt prognostizierbares Entscheidungsverhalten des Menschen notwendigerweise auch manipulierbar wäre.» (ZIPF 1992)

Ich möchte dem entgegenhalten, dass menschliches Verhalten prinzipiell durch eine spezielle «Mischung» von Einzelfaktoren zu einem bestimmten Zeitpunkt X bestimmt ist. Handlungsimpulse, Handlungspläne und Handlungsmotivationen entstehen direkt aus dem Zusammenspiel innerpsychischer (beispielsweise affektiver und kognitiver) Faktoren.

Es gilt das, was Sie alle bereits aus dem Alltag kennen. Um so genauer, vollständiger und in ihrer Bedeutung angemessener berücksichtigt relevante Faktoren in einem Einzelfall erfasst werden, desto zuverlässiger kann eine Prognose über das zukünftige Verhalten gestellt werden. Prognose ist eine Aussage über die Wahrscheinlichkeit oder Unwahrscheinlichkeit eines zukünftigen Verhaltens.

Es versteht sich von selbst, dass die Vorgeschichte früherer Handlungsweisen ein wichtiger Prädiktor für zukünftiges Verhalten ist, und das um so stärker, je deutlicher sich in der Vorgeschichte Chronifizierungszeichen bzw. stabile Persönlichkeitsdispositionen abbilden.

Frühere Prognosemethoden

Frühere Prognosemethoden können mit den Begriffen der *intuitiven,* der *statistischen* und der *klinischen Prognose* beschrieben werden.

Die *intuitive Prognose,* die sich «auf das Gefühl des Beurteilers» stützt, ist aufgrund ihrer mangelnden Transparenz und mangelnden Nachvollziehbarkeit obsolet. Dennoch ist darauf hinzuweisen, dass am Ende trotz aller moderner Vorgehensweisen die Intuition und Erfahrung des Beurteilers vielleicht die wesentlichste Fähigkeit darstellt.

Bei der *statistischen Prognose* werden Kollektive von rückfälligen und nicht-rückfälligen Straftätern verglichen. Die Merkmale, in denen sich die beiden Gruppen am deutlichsten unterscheiden, werden als Risikoprädiktoren angesehen.

Bei der *klinischen Methode* geht es nicht um den statistischen Vergleich von grossen Straftätergruppen. Es soll der Einzelfall so genau wie möglich erfasst werden. Der Vergleich zu anderen Gruppen von Straftätern spielt dabei theoretisch keine Rolle.

Die statistische Methode ist früher u.a. wegen ihrer mangelnden Zuverlässigkeit und der Gefahr der Stigmatisierung kritisiert worden (Bock 1992).

Überprüfungen der klinischen Methode brachten sehr schlechte Ergebnisse zu Tage (MeEhl 1954, Rice 1997, Grove et. al. 2000, Swets et. al. 2000). Psychiater hatten eine hohe Fehlerquote bei ihren Voraussagen.

Wer die Mehrzahl der nicht forensisch spezialisierten Psychiater kennt, der weiss, wie dieses schlechte Ergebnis zustande kommt. Viele Psychiater neigen dazu, sich auf die Persönlichkeit und die Lebensgeschichte des Täters zu konzentrieren. Akten werden gar nicht, unvollständig oder mit unzureichendem Sachverstand gelesen. Es liegt auf der Hand, dass klinische Prognosen, die unter solchen Bedingungen gestellt wurden, zu gravierenden Fehleinschätzungen führen. Insbesondere wurden Hochrisiko-Täter übersehen.

Actuarial Risk-Assessments

Das führte im angelsächsischen Raum zur Entwicklung des so genannten Actuarial Risk-Assessments (Quinesy et. al. 1998). Damit ist gemeint, dass Beurteilungsmerkmale vorwiegend aus Akten generiert werden können und in statistischen Vergleichen zwischen Kollektiven rückfälliger und nicht-rückfälliger Straftäter ihre Vorhersagekraft erwiesen haben.

Stellvertretend für das Prinzip sei hier der Violence Risk-Appraisal Guide (VRAG) genannt, bei dem das Psychopathiekonzept eine entscheidende Rolle spielt (HARRIS ET. AL. 1993, RICE & HARRIS 1995, WEBSTER ET. AL. 1996, QUINSEY ET. AL. 1998).

Im VRAG werden Straftäter in 9 Risikoklassen eingeteilt. Nach 10 Jahren waren in der Risikoklasse neun 100% der Straftäter rückfällig geworden in der Risikoklasse acht 82%.

Es zeigen sich in diesen Ergebnissen die Vor- und Nachteile solcher Verfahren. Sie sind zuverlässig bei Höchstrisiko-Gruppen. Diese Höchstrisiko-Gruppen machen allerdings nur einen kleinen Teil in der Gruppe aller rückfälligen Straftäter aus. In unserem Beispiel werden mit den Gruppen neun und acht lediglich 16% aller rückfälligen Straftäter erfasst. Aufgrund der statistischen Vorgehensweise wird zudem der Einzelfall nur durch wenige «Hauptmarker» abgebildet, was für diesen Einzelfall einen grossen Informationsverlust bedeutet.

Festzuhalten bleibt aber, dass Höchstrisiko-Gruppen zuverlässig erkannt werden können. Die Vorhersagegenauigkeit liegt bei Verfahren dieser Art für Höchstrisiko-Täter bei ca. 76%. Das entspricht in etwa der Zuverlässigkeit verschiedener medizinischer Diagnoseverfahren oder aber beispielsweise derjenigen kurzfristiger Wetterprognosen (RICE 1997).

Der Erfolg derartiger Verfahren im angelsächsischen Raum ist meiner Ansicht nach nicht auf eine methodische Überlegenheit des Ansatzes zurückzuführen. Die Höchstrisiko-Täter wären auch mit gesundem Menschenverstand zu erkennen. Der Vorteil der Verfahren des Actuarial Risk-Assessments besteht darin, dass die Fehlerquelle ungenügend kompetenter Psychiater, die zu systematischen Fehlbeurteilungen neigen, ausgeschaltet wird.

Ich will an dieser Stelle kurz darauf hinweisen, dass diesem systematischen «Psychiaterfehler» ein weit verbreitetes Missverständnis zugrunde liegt. Moderne forensische Psychiatrie ist ein eigenständiges, hochspezialisiertes Fachgebiet. Es hat zwar seine Wiege in der klassischen Psychiatrie. Im Bereich von spezialisierten Therapien oder Risikoanalysen überwiegen gegenüber den Berührungspunkten aber die Unterschiede. Ähnlich wie sich die Rechtsmedizin von der Pathologie als eigenständige Disziplin emanzipierte, steht eine moderne und qualitätsorientierte forensische Psychiatrie vor dem gleichen Prozess. Fehler in der Behandlung und in der Prognose sind auch heute noch auf ein orthodoxes Psychiatrieverständnis zurückzuführen. Moderne forensische Psychiatrie ist ein Fachgebiet, das interdisziplinär definiert ist und in vielen Bereichen eigenständige Konzepte entwickelt hat.

Kriterienkataloge

Betrachtet man das eben vorgestellte Prinzip des Actuarial Risk-Assessments genau, dann handelt es sich letztlich um einen statistischen Ansatz. Im europäischen Raum hingegen hat die kriteriengeleitete Beurteilung mehrerer Beurteilungsdimensionen eine weite Verbreitung gefunden und kann als Weiterentwicklung früherer Kriterienkataloge verstanden werden. Für die Legalprognose werden günstige und ungünstige Merkmale unterschieden und gegenüber gestellt. Mit ihrer Verwendung soll sichergestellt werden, dass der Entscheidungsbildungs-Prozess des Untersuchers in strukturierter Weise geleitet wird, damit die Entscheidungsbildung transparent und nachvollziehbar wird. Insbesondere für den unerfahrenen Untersucher verbindet sich damit der Vorteil, dass er keine als wichtig zu erachtende Beurteilungsebene «vergisst». Bekannt geworden und im deutschsprachigen Raum weit verbreitet ist der so genannte «Dittmann-Katalog» (DITTMANN 2000).

Darin wird beispielsweise bei der Beurteilungsdimension Anlassdelikt zwischen den *günstigen Kriterien*
- «Einzeldelikt ohne übermässige Gewalt,
- hochspezifische Täter-Opfer-Beziehung,
- Mittäterschaft unter Gruppendruck»

und den *ungünstigen Kriterien*
- «besonders grausam,
- overkill, Deliktserie,
- Opferwahl zufällig und
- hohe Basisrate»

unterschieden.

Ein Problem solcher Kriterienkataloge stellen Scheinrelevanzen dar. So ist beispielsweise zwischen folgenden zwei Fällen zu unterscheiden:

- Ein Frau wird 20 Jahre von ihrem Mann misshandelt. Während einem der vielen handgreiflichen Streits kommt es bei einer situativen Eskalation dazu, dass sie ein Messer ergreift und den Ehemann tötet.
- Ein anderer Ehemann weist eine sogenannte narzisstische Problematik auf. Er möchte bewundert werden, die Beziehung kontrollieren. Auf Kritik reagiert er sehr empfindlich, ist leicht kränkbar und kann dann sehr wütend werden. Im Rahmen einer Trennungssituation terrorisiert er seine Ex-Partnerin und bringt sie bei einem Streit um.

Während im ersten Fall situative Umstände bei der Tatdynamik die wesentliche Rolle spielen, ist die Tatproblematik im zweiten Fall wesentlich in einer problematischen Persönlichkeitsdisposition des Täters lokalisiert. Im ersten Fall ist von einer günstigen Legalprognose im Sinne des günstigen Kriteriums der hochspezifischen Täter-Opfer-Beziehung auszugehen, im zweiten Fall wird der Täter seine Problematik – sofern sie nicht behandelt und verändert wird – in eine nächste Beziehung tragen. Es besteht eine relevante Wahrscheinlichkeit, dass er in einer vergleichbaren Situation wieder ähnlich reagieren wird.

Mit diesem Beispiel soll gezeigt werden, dass es bei prognostischen Beurteilungen keine einfachen Rezepte geben kann. Es bedarf der kreativen und angemessenen Analyse des Einzelfalles, bei der prognostisch relevante Merkmale individuell durch den erfahrenen Untersucher gewichtet werden. Genau darauf weist im Übrigen auch der Autor des «Dittmann-Kataloges» immer wieder hin. Probleme tauchen vor allem dort auf, wo unerfahrene Beurteiler einfache Rechnungen aufmachen.

Zukunft der Prognosewissenschaft

Es ist interessant, dass sich die gängigen angelsächsischen Ansätze von dem europäischen Modell der Kriterienkataloge in den grundlegenden Annahmen unterscheiden, ohne dass diese Differenz bislang in methodischer Hinsicht diskutiert worden ist.

Ich bin davon überzeugt, dass ein qualitativer Fortschritt in der Prognostik nicht mehr über die «statistische Entwicklung» neuer Prognoseinstrumente führt. Ein weiterer qualitativer Fortschritt liegt in einer differenzierten, umfassenden und kriteriengeleiteten klinischen Herangehensweise, durch die ein Einzelfall in möglichst genauer Weise in seinen prognostisch relevanten Faktoren erfasst wird.

Die Idee: Um so genauer und umfassender die relevanten Kriterien in einem Einzelfall erfasst werden, desto zuverlässiger kann eine Prognose gestellt werden. Es sei hier nur kurz auf ein eigenes, neu entwickeltes Instrument verwiesen, bei dem u.a. Tatmusteranalysen eine wesentliche Informationsquelle darstellen (URBANIOK 2002). Dies folgt der einfachen Überlegung, dass die Struktur der Handlung Aufschlüsse darüber bietet, wie ein Täter denkt, fühlt und wahrnimmt bzw. einfach gesagt, «wie er funktioniert». Genau dieser Bereich wird von der klassischen Psychiatrie bislang unzureichend wahrgenommen. In der Logik dieses Ansatzes liegt es, dass es zu einer deutlichen Erweiterung der zu beurteilenden Merkmale mit derzeit über 800 gekommen ist.

Zur Frage der Unbehandelbarkeit

Halten wir fest:

1. Prognostische Aussagen sind grundsätzlich möglich.
2. Sie sind tendenziell bei Höchstrisiko-Tätern sogar einfacher und mit grosser Zuverlässigkeit durch entsprechend qualifizierte Experten zu treffen.

Als ich vor vielen Jahren noch in Deutschland feststellte, dass es unbehandelbare Straftäter gebe, sah ich mich zum Teil heftiger Kritik ausgesetzt. Heute ist diese Position unter den ernst zu nehmenden Fachleuten unbestritten.

Ich spreche auch vor dem Hintergrund eigener mehr als 10-jähriger Behandlungserfahrung gerade aus der Praxis intensiver spezialisierter Behandlungsansätze. Aus dieser Erfahrung heraus weiss ich, dass durch gezielte effektive und intensive Therapie sehr viel erreicht werden kann und erstaunliche Veränderungsprozesse in Gang gesetzt werden können. Ich weiss aber auch, welch hoher Aufwand dafür notwendig ist und vor allem weiss ich, dass es Grenzen gibt. Wer intensiv therapiert, wer diese Arbeit aus der Praxis kennt, der kennt auch die Grenzen der Veränderbarkeit. Es erstaunt daher nicht, dass in einer Untersuchung im deutschen Massregelvollzug gerade die Klinik mit dem besten therapeutischen Angebot den Anteil der Unbehandelbaren mit mehr als 30% angab (LEYGRAF 2002). Im Durchschnitt wurden nur 8,5% der untergebrachten Patienten als unbehandelbar klassifiziert.

Was ist mit Unbehandelbarkeit überhaupt gemeint?

Einige von Ihnen wissen vielleicht, dass wir in der Strafanstalt Pöschwies seit mittlerweile mehr als zwei Jahren ein wegweisendes Konzept zur Intensivbehandlung von Sexual- und Gewaltstraftätern praktizieren. In der hochintensiven Gruppe werden zur Zeit sechs verwahrte Sexualstraftäter mit 14 Therapiestunden pro Woche behandelt. Wir haben mittlerweile mehr als 1500 Therapiestunden absolviert. Die Gruppe ist wie ein Dampfkessel und ein vertrauensvoller, geschützter Experimentierraum zugleich. Verhaltensweisen und Persönlichkeitsmerkmale bilden sich in besonderer Deutlichkeit ab und können durch die intensive therapeutische Arbeit nachhaltig beeinflusst werden.

Wir arbeiten nach dem deliktorientierten Ansatz, in dem beispielsweise die Deliktrekonstruktion, die Stärkung von Risikomanagement-Fähigkeiten, die Förderung von Opferempathie und viele andere spezialisierte Therapieelemente im Vordergrund stehen (URBANIOK 2001). Es gibt sehr viele Dinge, die hier in sinnvoller Weise praktiziert werden können.

Wir erfahren in diesem Behandlungssetting über nicht angezeigte Straftaten im Rahmen der Aufdeckung der Dunkelziffer, ausgestaltete deliktrelevante Fantasien werden offengelegt und in vielen, vielen Stunden der Fantasiekontrollarbeit beeinflusst und vieles mehr.

Die Täter, die wir im Ambulanten Intensivprogramm in der Intensivgruppe behandeln, sind Hoch-Risikotäter. Wir wissen nicht, ob alle eine Entlassungsperspektive erhalten werden und wir wissen, dass wir mit unserer Arbeit Risiken lediglich vermindern, nicht aber auf Null reduzieren können. Die aufgenommenen Täter mit ihrer zum Teil stark ausgeprägten Risikodisposition unterscheiden sich aber deutlich von denen, die wir aufgrund vorliegender Unbehandelbarkeit klar vom Programm ausgeschlossen haben.

Wenn man die Prozesse erlebt, die sich in intensiver Behandlungsarbeit vollziehen, wenn man sieht, was dort zu Tage gefördert wird, dann wird auch klar, wo die Grenze des «möglicherweise noch Machbaren» eindeutig überschritten ist. Diese Grenze zu den klarerweise nicht mehr vertretbaren Extremrisiken ist nur dann verschwommen, wenn man die Problematik lediglich aus der theoretischen Schreibtischperspektive oder mangelhaften Wissens kennt.

Unbehandelbarkeit ist nicht gleich Unbehandelbarkeit

Wir haben die Feststellung der definitiven Unbehandelbarkeit nur auf eine sehr kleine Kerngruppe beschränkt und bei der Auswahl für das Programm verschiedene Untergruppen der Unbehandelbaren oder nur bedingt Behandelbaren unterschieden:

Unsichere Behandelbarkeit
Behandlung möglich, aber unsichere Erfolgsaussicht und Perspektive

Aktuelle Unbehandelbarkeit
Prinzipiell Behandlung möglich, aber aktuelles Hindernis, das Behandlung derzeit unmöglich macht. Unsicher, ob und wann das Hindernis zu beseitigen ist. Gründe können sein:

- Fehlende Motivation
- Fehlendes Schuldeingeständnis
- Psychisches Hindernis, z.B. schwerwiegende akute psychiatrische Symptomatik

Langfristige Unbehandelbarkeit
Unbehandelbar. Später eintretende Behandelbarkeit bei einschneidender Änderung nicht völlig ausschliessbar. Eine Behandlungs- und Vollzugslockerungsperspektive ist aber nicht vorhanden und absehbar.

Dauerhafte Unbehandelbarkeit
Dauerhaft unbehandelbar. Ausreichende Reduzierung der Gefährlichkeit ist ausser bei Invalidisierung nicht zu erreichen.

Diese Unterteilung mag auch zur Vorsicht mahnen. Auch bei den langfristig Unbehandelbaren sind Veränderungen zum Teil nach langen Zeiträumen nicht ausgeschlossen. So berichtet beispielsweise MARTENS über deutliche Verbesserungen von Patienten, die 5 oder 10 Jahre therapeutisch nicht erreichbar waren (MARTENS 1997, 2000).

Es darf vermutet werden, dass in der bereits erwähnten Studie von LEYGRAF sämtliche Untergruppen unter dem Begriff der Unbehandelbarkeit je nach Einrichtung unterschiedlich subsummiert wurden. Dadurch würde erklärt, dass bei 30% der so Eingeschätzten die Bewertung bereits zum Untersuchungszeitpunkt erfolgte und es sich bei 75% um erstmalig untergebrachte Patienten handelte. Eine Prozentzahl, die der üblichen Verteilung in deutschen Massregelvollzugskliniken entspricht (LEYGRAF 2002).

Die Kerngruppe der dauerhaft Unbehandelbaren ist gemeint, wenn im Folgenden von Unbehandelbarkeit gesprochen wird.

Es gibt kein Kochbuchrezept, mit der zwischen Behandelbarkeit und Unbehandelbarkeit in diesem Sinne unterschieden werden könnte. In jedem Einzelfall lässt sich diese Bewertung aber anhand der spezifischen Problematik des jeweiligen Täters nachvollziehbar darlegen. Um hier nur einige Kriterien zu nennen, die für die Einordnung der Behandelbarkeit eine Rolle spielen, seien folgende Beispiele angeführt:

- Psychopathische Persönlichkeitsdisposition
- Chronifizierungsgrad des Tatverhaltens
- Persönlichkeitsverwurzelung der Tatdisposition
- Ausgestaltung der Tat
- Differenzierungsgrad des Tatmusters
- Quantität, Qualität, Umfang und Differenzierung von tatbegünstigenden Fantasien
- Ausmass der einschlägigen Vorgeschichte
- Auseinandersetzungsfähigkeit mit der eigenen Person
- sadistische Tatelemente usw.

Es liessen sich vielerlei Merkmale finden, die auf den Einzelfall angewendet und bewertet werden müssen.

Um nur ein Beispiel zu nennen, ist es ein Unterschied, ob ein Täter eine Permanent-Tatdisposition aufweist, die durch die Analyse der bisherigen Tatmuster festgestellt werden kann oder ob ein Täter einen erkennbar, spezifischen progredienten Vorlauf zur Tat zeigt. Letzteres kann für die Therapie insofern günstig sein, als es die Möglichkeit zum Risikomanagement und zur frühzeitigen Erkennung deliktrelevanter Entwicklungen bietet.

In ähnlicher Weise müssen viele für die spezielle Tatdynamik kennzeichnende Merkmale untersucht werden, um einen möglichen Veränderungsspielraum auszuloten.

Was ist zu tun?

Als Ergebnis einer solchen differenzierten Einzelfallanalyse lässt sich feststellen, dass es Täter gibt, deren strukturelles Rückfallrisiko derart hoch ist, dass sie unabhängig von ihrer Motivation und sonstigen Faktoren als dauerhaft nicht behandelbar gelten müssen.

Handelt es sich um hochgefährliche Sexual- und Gewaltstraftäter, dann müssen diese lebenslang gesichert werden. Diese kleine Gruppe kann wie gesagt durch Merkmale ihrer Persönlichkeit, vor allem aber durch die Art und Ausprägung ihrer Taten (Tatmerkmale, Tatmuster) zuverlässig identifiziert werden.

Ich gehe bei dieser kleinen Gruppe von hochgefährlichen, unbehandelbaren Tätern von einer Zahl von ca. 30 Personen schweizweit aus. Die meisten von ihnen dürften bei uns in der Strafanstalt Pöschwies im Kanton Zürich einsitzen. Es ist wichtig, diese Täter zu identifizieren und dann sicherzustellen, dass sie lebenslang gesichert werden, wofür beispielsweise in den Niederlanden mit der Einrichtung von so genannten Long-Stay-Abteilungen schon seit Jahren auch konzeptionelle Voraussetzungen geschaffen wurden.

Gegner dieser Position führen ins Feld, dass derart abschliessende Urteile nicht mit vertretbarer Sicherheit zu fällen wären.

Dem ist entgegenzuhalten, dass die wenigen qualifizierten forensischen Experten keine Mühe hätten, sich in Kürze auf die Namen zu einigen, die in diese Kategorie fallen. Es ist auch gar nicht erforderlich, dass bei den Tätern, von denen hier die Rede ist, mit 100%iger Sicherheit gesagt werden müsste, dass sie auf jeden Fall rückfällig werden. Im Sinne des Opferschutzes muss der Ansatzpunkt umgekehrt definiert werden. Ein Täter beispielsweise, dessen Vorgeschichte eine Vielzahl von Vergewaltigungen und drei Sexualmorde aufweist, der sadistische Tatmerkmale zeigt, wird nie an einen Punkt kommen, an dem eine ausreichende Sicherheit für spätere Rückfallfreiheit erreicht werden könnte. Selbst wenn es gelänge, das Rückfallrisiko dieses Täters auf 70% zu reduzieren, dann wäre seine Entlassung dennoch unverantwortbar. Das bisweilen rechtstheoretisch vertretene Argument, es sei nicht zulässig, einen Menschen für etwas zu verwahren, das er noch gar nicht getan hat, ist aus praktischer Sicht im Hinblick auf mögliche Opfer unhaltbar.

Es ist mit Nachdruck darauf hinzuweisen, dass die lebenslange Sicherung nur für einen sehr kleinen, scharf zu definierenden Täterkreis in Frage kommt. Für die grosse Vielzahl aller anderen Täter müssen alle Anstrengungen unternommen werden, Prävention zu optimieren und da, wo möglich, Therapien durchzuführen und professionelle Begleitung anzubieten.

Ich möchte in diesem Zusammenhang einmal mehr auf ein ungelöstes praktisches Problem hinweisen. Wir treffen im Strafvollzug immer wieder auf Fälle, in denen ein Täter zu einer endlichen Freiheitsstrafe verurteilt wurde, den wir als hoch rückfallgefährdet und gefährlich erkennen. Wurde bei einem solchen Täter keine Massnahme nach Art. 43 angeordnet, dann besteht keine Möglichkeit, ihn auch nur einen Tag über das Ende seiner Freiheitsstrafe hinaus in der Strafanstalt festzuhalten. In solchen Fällen wurde die Gefährlichkeit des Täters durch das Gericht nicht erkannt. Häufig sehen wir auch fehlerhafte Gutachten, in denen die Gefährlichkeit falsch oder gar nicht eingeschätzt wurde.

Es wäre erforderlich, dass es in solchen Fällen möglich wäre, einen solchen Fehler nachträglich zu korrigieren. Sei es, dass auf der Grundlage neuer Erkenntnisse auch zu einem späteren Zeitpunkt eine Verwahrungsmassnahme angeordnet werden könnte oder, dass für solche Fälle eine erleichterte Revisionsmöglichkeit geschaffen würde.

In Deutschland wurde für das Problem durch den Gesetzesentwurf zur Einführung der vorbehaltenen Sicherungsverwahrung ein interessanter Lösungsweg aufgezeigt (Gesetzesentwurf der Bundesregierung 2002).

Wir gehen in Zürich von ca. ein bis zwei Fällen jährlich aus, bei denen die beschriebene Problematik besteht. Das heisst, es gibt derzeit hochgefährliche unbehandelbare Straftäter, die zwingend entlassen werden müssen.

Bei den sechs letzten dieser Fälle war einer an einem Tötungsdelikt beteiligt, einer verging sich an Kindern, einer beging innerhalb eines Jahres nach Entlassung mehrere Vergewaltigungen, ein anderer nach Entlassung eine Vergewaltigung, einer noch in Halbfreiheit 2 Monate vor Entlassung eine Vergewaltigung und ein anderer mittlerweile ausgeschaffter Täter versuchte aus dem Ausland Geld zu erpressen. Vier Täter sind unterdessen verwahrt, einer ist in der Haft nach seinem Rückfall verstorben und über den Verbleib des letzten ist derzeit nichts bekannt.

Das ist keine Negativselektion. Das sind die sechs Fälle, bei denen wir klar von Unbehandelbarkeit ausgingen, ohne dass eine Handhabe zu weiterer Sicherung bestand. Weitere, bei denen zum Teil Tötungsdelikte zu befürchten sind, werden in Zukunft entlassen werden müssen.

Wenn es bei einem solchen gefährlichen und hoch rückfallgefährdeten Täter zu einer Straftat kommt, dann ist Opfern und Angehörigen nicht mehr zu erklären, warum aus dem rechtlichen Sachzwang heraus eine Entlassung erfolgte, obwohl die Vollzugsverantwortlichen das hohe Risiko kannten.

Schluss

Ich möchte abschliessend festhalten, dass es selbstverständlich eine gesellschaftspolitische Güterabwägung ist, welches Risiko zu tolerieren ist. Man kann die Grenze an verschiedenen Stellen ziehen. Es darf aber nicht strittig sein, dass es Risiken von solcher Höhe und Tragweite gibt, dass die Mitglieder einer Gesellschaft dem nicht mehr ausgesetzt werden dürfen.

Wir können durch intensive und spezialisierte Therapien die Rückfallwahrscheinlichkeit der meisten Straftäter entscheidend senken. Deswegen trete ich vehement für den Ausbau zielgerichteter therapeutischer Programme vor allem im Strafvollzug ein. Es ist dabei wichtig zu betonen, dass auch therapierte Straftäter rückfällig werden. Auch wenn wir alles tun, dies zu verhindern, wird es bei uns in Zürich auch Täter aus dem Ambulanten Intensivprogramm geben, die rückfällig werden. Man würde eine falsche Sicherheit vorspiegeln, wenn dieser Umstand verschwiegen würde. Eine 100%ige Sicherheit kann es nicht geben. Das verbleibende Risiko muss auf der Basis eines gesellschaftlichen Konsens getragen werden.

Die kleine Gruppe der unbehandelbaren, hochgefährlichen Straftäter aber kann durch geeignete Fachleute mit hoher Zuverlässigkeit identifiziert werden. Abseits von ideologischen Scheuklappen geht es aus rein pragmatischer Überlegung darum, zukünftigen Opfern die schwersten Straftaten zu ersparen, die durch solche Täter begangen würden. Hier geht es nicht um weltanschauliche Positionen. Es geht allein darum, auf eine klar erkennbare, vermeidbare Gefahr vernünftig zu reagieren. Wenn ein LKW mit überhöhter Geschwindigkeit und voll beladen mit Sprengstoff auf den Gotthardtunnel zu rasen würde, dann würde vermutlich niemand ein Eingreifen mit dem Argument verhindern wollen, das Ganze könne ja vielleicht auch gut gehen.

Im Bereich des Strafvollzugs gibt es genügend Risiken, mit denen die Gesellschaft zur Bewahrung von Liberalität und Rechtsstaatlichkeit zurecht konfrontiert wird. Das Risiko, das von den wenigen hochgefährlichen und unbehandelbaren Straftätern ausgeht, gehört nicht dazu.

Literaturliste

BOCK, M. (1992): Gegenwärtiger Stand der kriminologischen Prognoseforschung. *Forensia-Jahrbuch,* Band 3, Springer Verlag Berlin Heidelberg.

CAMUS, J. & ELTING, A. (1982): *Grundlagen und Möglichkeiten integrationtstheoretischer Konzeptionen in der kriminologischen Forschung.* Bochum.

DITTMANN, V. (2000): *Beurteilung des Rückfallrisikos besonders gefährlicher Straftäter.* Rückfallrisikobeurteilung nach Dittmann («Dittmann-Katalog»). Psychiatrische Universitätsklinik Basel.

FERCHOFF, W. & PETERS, F. (1981): *Die Produktion abweichenden Verhaltens.* Bielefeld.

GESETZESENTWURF DER BUNDESREGIERUNG (2002): Entwurf eines Gesetzes zur Einführung der vorbehaltenen Sicherungsverwahrung. Deutscher Bundestag, Drucksache 14/9041.

GROVE, W., ZALD, D., LEBOW, B., SNITZ, B. & NELSON, C. (2000): Clinical versus mechanical prediction: A meta-analysis. *Psychological Assessment,* 12, 19–30.

HARRIS, G., RICE, M. & QUINSEY, V. (1993): Violent recidivism of mentally disordered offenders: The development of a statistical prediction instrument. *Criminal Justice and Human Behavior,* 15, 625–637.

LEYGRAF, N. (2002): Verschiedene Möglichkeiten, als nicht therapierbar zu gelten. *Recht & Psychiatrie,* 20. Jg., Heft 1, 3–7.

LUHMANN, N. (1991): *Soziale Systeme: Grundriß einer allgemeinen Theorie.* Frankfurt a. M.: Suhrkamp, 4. Auflage.

MARTENS, W. (2000): What shall we do with untreatable forensic patients? *Med Law,* 19: 389–395.

MARTENS, W. (1997): *Psychopathie en Narijping* (Psychopathy and Remission). Academisch Proefschrift Katholieke Universiteit Brabant (Tilburg University), Shaker Publishing, Maastricht, The Netherlands.

MEEHL, P. (1954): *Clinical versus statistical prediction: A theoretical analysis and a review of evidence.* Minneapolis: University of Minnesota.

MITTERAUER, B. (1992): Die Logik der Relevanz prognostischer Aussagen. *Forensia-Jahrbuch,* Band 3, Springer Verlag Berlin Heidelberg.

QUINSEY, V., HARRIS, G., RICE, M. & COURMIER, C. (1998): *Violent Offenders: Appraising and managing risk.* Washington, DC: American Psychological Association.

RICE, M. (1997): Violent offender research and implications for the criminal justice system. *American Psychologist,* April 1997, 414–423.

RICE, M. & HARRIS, G. (1995): Violent recidivism: Assessing predictive validity. *Journal of Consulting and Clinical Psychology,* 53, 737–748.

SACK, F. (1978): Probleme der Kriminalsoziologie. In: KÖNIG, R. (Hrsg.): *Handbuch der empirischen Sozialforschung,* Bd. 12, 2. Aufl., Enke Verlag, Stuttgart, 192–492.

STEINBÖCK, H. (1997): Das Problem schwerer Gewalttaten und deren Prognostizierbarkeit. *Recht & Psychiatrie,* 15. Jg, 67–77.

SWETS, J., DAWES, R. & MONOHAN, J. (2000): Psychological science can improve diagnostic decisions. *Psychological Science in the Public Interest,* 1, 1–26.

URBANIOK, F. (2001): Das Züricher PPD-Modell – Ein modernes Konzept der Zusammenarbeit von Justiz und Psychiatrie. *Zeitschrift für Forensische Psychiatrie und Psychotherapie,* 8. Jg., Heft 2, 37–67.

URBANIOK, F. (2002): Der Therapie-Risiko-Evaluations-Test (TRET) – Ansatzpunkte eines neuen Prognoseinstruments. *Zeitschrift für Forensische Psychiatrie und Psychotherapie,* 9. Jg., Heft 1, 101–136.

WEBSTER, CH. D., HARRIS, G. T., RICE, M. E., CORMIER, C. & QUINSEY, V. L. (1996): *The violence prediction scheme. Assesing dangerous in high risk men.* Toronto: Centre of crimiology, 3. Auflage

ZIPF, H. (1992): Die Bedeutung der Kriminalprognose im deutschen, österreichischen und schweizerischen Strafrecht. *Forensia-Jahrbuch,* Band 3, Springer Verlag Berlin Heidelberg

Marianne Heer

Lange Strafen und längere Verwahrungen
Ein Überblick über das geltende und das künftige Recht

Zusammenfassung
Seit den 90er Jahren lässt sich vermehrt ein Sicherheitsdenken feststellen, das an die Stelle des Resozialisierungsgedankens der 60er und 70er Jahre getreten ist. Dies hat die Strafjustiz stark beeinflusst, was sich besonders deutlich im Sanktionenrecht zeigt. Allerdings hat sich dies nicht so sehr im Zusammenhang mit zeitigen Freiheitsstrafen ausgewirkt. Die Praxis schöpft ihren Ermessensspielraum bei der Bemessung der Freiheitsstrafen nach wie vor nicht voll aus. Um so mehr aber prägt dieses Sicherheitsdenken die Praxis zur Anordnung und zum Vollzug von Massnahmen. Bei der Verwahrung nach Art. 43 Ziff. 1 Abs. 2 StGB hat sich die Situation zumindest im Zusammenhang mit den Anforderungen an diese Massnahme zwar nach anfänglichen Überreaktionen auf den Fall bei Zollikerberg im Jahre 1993 wieder etwas normalisiert. Solchen Internierten werden aber heute kaum mehr Vollzugslockerungen gewährt und Entlassungen aus einer Verwahrung sind kaum zu verzeichnen. So ist denn die Zahl der Verwahrten in der Schweiz massiv gestiegen. Dies ist angesichts der Unzulänglichkeit von Gefährlichkeitsprognose sehr problematisch. Trotz Verbesserung der Methoden in jüngster Zeit sind stets die Grenzen der Prognostizierbarkeit eines gefährlichen menschlichen Verhaltens zu beachten. Dafür lassen sich zahlreiche wissenschaftstheoretische Gründe anführen. Es ist darüber hinaus daran zu erinnern, dass eine zuverlässige Überprüfung der Methode der Risikokalkulation bisher nicht stattgefunden hat und jedenfalls für die Fälle einer ungerechtfertigten Verwahrung bei der derzeitigen Haltung der Vollzugsbehörden mangels Vollzugslockerungen auch nicht möglich sein wird. Unter diesen Umständen ist bei der Anordnung einer Verwahrung nach Art. 43 Ziff. 1 Abs. 2 StGB Zurückhaltung zu üben. Die neuere Praxis des Bundesgerichts, die letztlich eine Kapitulation vor der Vollzugssituation in der Schweiz beinhaltet, wird allerdings dieser Forderung in gewissen Fällen leider nicht gerecht.

Résumé
Depuis les années 90, on constate d'une manière générale (et de plus en plus) qu'une approche sécuritaire s'est substituée aux idées de resocialisation des années 60 et 70. Cette évolution a fortement influencé la justice pénale, ce qui se traduit de façon particulièrement nette en matière de droit des sanctions. Cela ne s'est pas tellement répercuté sur la durée des peines privatives de liberté. Comme par le passé, les magistrats n'utilisent pas complètement leur liberté d'appréciation quant à la fixation

de la durée des peines privatives de liberté. Mais cette approche sécuritaire marque bien plus la pratique en matière d'imposition et d'exécution des mesures. En ce qui concerne l'internement au sens de l'art. 43 ch. 1 al. 2 CP, la situation s'est à nouveau normalisée, du moins pour ce qui a trait aux exigences nécessaires pour imposer cette atteinte, après des réactions initiales excessives suite à l'affaire du Zollikerberg en 1993. Mais ce genre de personnes internées n'obtient aujourd'hui pratiquement plus d'allègement de l'exécution et les libérations sont quasi inexistantes. Dès lors, le nombre d'internés en Suisse a massivement augmenté. Ceci est très problématique eu égard à l'insuffisance des pronostics de dangerosité. Malgré une amélioration récente des méthodes, il convient toujours de respecter les limites de prévisibilité des comportements humains dangereux. De nombreuses théories scientifiques militent en ce sens. Il sied en outre de rappeler qu'à ce jour, il n'existe aucun contrôle fiable de la méthode de calcul des risques. De plus, même si un tel contrôle était possible, aucun assouplissement des conditions de détentions ne serait possible. Dans ces circonstances, il convient de faire preuve de retenue dans l'imposition d'un internement au sens de l'art. 43 ch. 1 al. 2 CP. La pratique récente du Tribunal fédéral, qui contient finalement une capitulation devant la situation pénitentiaire en Suisse, ne tient toutefois pas compte de cette exigence dans certains cas.

1 Resozialisierung versus Sicherheit

Wie sehr das Sanktionenrecht von einem Zeitgeist geprägt ist, zeigt mit aller Deutlichkeit die Entwicklung, mit der sich Strafverfolgungsbehörden und Gerichte in jüngster Zeit konfrontiert sehen. Während die 60er und 70er Jahre noch von einem idealistischen Resozialisierungsgedanken geprägt waren, wird der Glaube an eine Besserungsmöglichkeit von Straftätern heute zunehmend Sicherungsinteressen geopfert. Dies zeigt sich nirgends so klar wie im Massnahmenrecht. Anlass für dieses Umdenken soll der Fall bei Zollikerberg im Jahre 1993 gewesen sein. Ob dieses tragische Ereignis tatsächlich der effektive Grund dafür war, ist zu bezweifeln. Es fällt auf, dass beispielsweise in Deutschland oder auch in Frankreich ebenfalls zur exakt genau gleichen Zeit sexuell motivierte Tötungsdelikte besonderes Aufsehen erregten und gesetzgeberische Reaktionen im Bereich des Massnahmenrechts ungewöhnlich rasch und mit bemerkenswerter Konsequenz zu verzeichnen waren. Diese Tatsache lässt vermuten, dass die Forderung nach einer unnachgiebigeren Haltung im Strafrecht in der öffentlichen Diskussion nicht, oder zumindest nicht nur, auf einzelne gravierende Straffälle zurückzuführen ist.[1]

Ein Sicherheitsdenken prägt seit anfangs der 90er Jahre in verschiedensten Bereichen die politischen Diskussionen. Das Thema Sicherheit war und ist Gegenstand von Wahlprogrammen und Leitlinien politischer Parteien unterschiedlicher Couleur. Finanzielle Mittel, insbesondere solche für zusätzliches Personal auf der Stufe Polizei, werden wieder grosszügiger gesprochen. In diesen Kontext passt auch die Schaffung neuer Untersuchungsbehörden, die bemerkenswert leicht Gnade vor dem Rotstift haushälterischer Politiker fanden. Das Gespenst «organisierte Kriminalität» scheint heute geradezu ein «Joker» zu sein in diesem «Spiel». Sie ist in aller Mund. Es werden neue Bedrohungspotenziale erkannt, alte werden weiter aufrechterhalten. Damit lässt sich gut Politik machen. Es fällt auf, wie jede Generation ihre Feindbilder hat. Die Drogendelinquenten scheinen durch die Urheber organisierter Kriminalität und wohl auch sexuell motivierter Gewaltdelikte abgelöst worden zu sein. Insbesondere die beiden letztgenannten Typen von Straftätern belegen regelmässig, dass von einem sehr kleinen Teil von Personen bzw. aus einer sehr geringen Deliktswahrscheinlichkeit eine unverhältnismässig grosse Bedrohung abgeleitet wird. In einem solchen recht rauhen Klima haben nicht nur Strafverfolgungsbehörden und Richter zu arbeiten. In diesem Klima muss auch ein grosses Reformvorhaben, die Überarbeitung des Sanktionenrechts, durchgeführt werden.

---

1 So etwa auch P. AEBERSOLD, Von der Kastration zur Incapacitation, in: BAUHOFER/BOLLE/DITTMANN (Hrsg.) *«Gemeingefährliche» Straftäter,* Reihe Kriminologie Band 18, Chur/Zürich 2000, 171.

2 Sicherheit auf dem Weg langer Strafen

Sicherheit kann, das scheint vorweg die praktikabelste und erfolgreichste Lösung zu sein, auf dem Weg des Einsperrens erreicht werden. Der Aufenthalt in einer Strafanstalt hindert die Insassen in der Regel an der Ausübung von Straftaten. Die Versuchung liegt nahe, Deliktsprävention mittels langer Freiheitsstrafen zu erzielen. Dennoch ist bemerkenswert, dass die Praxis nicht in erster Linie diesen Weg beschreitet. Das Sicherheitsdenken der heutigen Zeit hat sich also nicht primär bei der Strafzumessung ausgewirkt. Sehr lange Strafen werden eher selten ausgesprochen. Von der Möglichkeit, lebenslängliche Strafen zu verhängen, wird kaum Gebrauch gemacht. Die durchschnittliche Strafdauer ist in den letzten Jahren erstaunlich konstant geblieben.[2] Vielleicht beachten Gerichte hier die Erkenntnis, dass die Effektivität des Strafvollzugs im Einzelfall – jedenfalls wenn man sich am Ziel der Resozialisierung orientiert – mit dessen zunehmender Dauer abnimmt. Dass härtere Strafen nichts zur Verminderung der Kriminalität beitragen, ist in der kriminologischen und auch strafrechtlichen Literatur anerkannt.[3] Vielleicht spricht mit Blick auf diese Erkenntnisse unter Umständen eine Kosten-Nutzen-Analyse gegen längere Strafen, werden doch auch in der Strafjustiz zunehmend finanzielle Aspekte in die Diskussion eingebracht. Jedenfalls steht fest, dass der vorübergehende Gewinn an Sicherheit zufolge eines längeren Strafvollzugs durch den negativen Einfluss dieses Vollzugs auf das spätere Legalverhalten des Betroffenen zumindest ausgeglichen wird.[4] So sah man im Rahmen der Revision des Sanktionenrechts im Bereich der Strafzumessung keinen eigentlichen Handlungsbedarf. Die vorgesehenen Änderungen, etwa die Einführung einer Einheitsstrafe oder die Pflicht zur Begründung der Strafzumessung (Art. 40 und 50 E 1998), sind keine spektakulären Neuerungen. Dem Ruf nach einer strengeren Praxis bei der Straf-

---

2 D. FINK, Sanctions et exécution des peines au regard des statistiques officielles, in diesem Band.
3 K.L. KUNZ, *Kriminologie,* Bern 1998, 339 und 345.
4 H. WIPRÄCHTIGER, N 48 zu Art. 63 StGB, in: H. WIPRÄCHTIGER/M. NIGGLI (Hrsg.), *Kommentar zum Strafgesetzbuch,* Basel 2002 (im Druck).

zumessung aus gewissen politischen Kreisen wurde keine Nachachtung verschafft. Weder wurde die Höchstgrenze für Freiheitsstrafen von zwanzig auf dreissig Jahre hinaufgesetzt, noch fanden parlamentarische Vorstösse, die auf eine so genannte «tatsächliche lebenslange Freiheitsstrafe» abzielten, Beachtung.[5] Immerhin sei angemerkt, dass die erwähnte Haltung der Gerichte zur Strafzumessung nicht durchwegs auf eigener Einsicht beruht. Das Bundesgericht musste hier korrigierend eingreifen. In einem wegweisenden Entscheid im Jahre 1996 hielt der Kassationshof fest, es könne nicht angehen, unter Missachtung von Schuldgesichtspunkten eine übermässig lange Freiheitsstrafe nur deshalb auszufällen, weil der Gefährlichkeit eines Täters durch einen längeren Freiheitsentzug Rechnung getragen werden sollte (konkret ging es hier um eine nicht ausreichende Beachtung einer schweren Verminderung der Zurechnungsfähigkeit).[6]

Es liegt nahe, dem Bedürfnis nach Sicherung vor gefährlichen Straftätern über eine Massnahme, insbesondere eine Verwahrung nach Art. 43 Ziff. 1 Abs. 2 StGB, Rechnung zu tragen. Sie ist zweifellos dasjenige Instrument des vorhandenen Sanktionenarsenals, mit dem man dem Sicherheitsinteresse der Allgemeinheit am ehesten gerecht werden kann. Die Anwendbarkeit von Art. 43 Ziff. 1 Abs. 2 StGB beurteilt sich ausschliesslich nach diesem Anliegen; die Garantie der Sicherheit Dritter stellt den hauptsächlichen Zweck dieser Massnahme dar.[7] Bei der Verwahrung nach Art. 43 StGB treten die Individualinteressen eines Straftäters gänzlich in den Hintergrund. Der Rehabilitationsgedanke spielt hier praktisch keine Rolle. Entsprechend ist die Frage nach der Notwendigkeit einer solchen Massnahme primär nach dem Kriterium der Gefährlichkeit eines Täters zu beantworten. Eine entsprechende Prognose steht im Zentrum der Beurteilung und stellt in der Praxis faktisch das einzige Abgrenzungskriterium gegenüber therapeutischen Massnahmen dar.[8]

---

5 Bericht des Bundesrates zur Botschaft vom 21. 9. 1998 zur Änderung des Schweizerischen Strafgesetzbuches (nachfolgend abgekürzt: Bericht des Bundesrates), 50 ff.

6 BGE 123 IV 1, 4 f.

7 BGer, Kassationshof, 3. 8. 2001, E. 4 b.

8 Zu den Schwierigkeiten im Zusammenhang mit solchen Prognosen vgl. unten Ziff. 6 dieses Beitrags.

Zwar weist das Bundesgericht immer wieder geradezu eindringlich darauf hin, es sei nach Möglichkeit auch Verwahrten ärztliche oder therapeutische Hilfe anzubieten. Es soll bei denjenigen Tätern, die einmal mit einer Entlassung in Freiheit rechnen können, neben dem Sicherungs- auch dem Heilungsaspekt Rechnung getragen werden.[9] Es ist denn auch nicht ausser Acht zu lassen, dass nach den Erfahrungen in der Psychiatrie selbst bei erheblichen Persönlichkeitsstörungen und kriminogenen sexuellen Störungen therapeutische Erfolge erreicht werden können, weshalb Behandlungsversuche immer angezeigt sind.[10] Auch bloss zur Sicherung Verwahrte dürfen somit zumindest von den sozialisierenden oder heilenden Angeboten der Verwahrungseinrichtungen nicht ausgeschlossen werden.[11] Aber vor allzu grossen Hoffnungen ist hier zu warnen. Das Bundesgericht schützt in konstanter Praxis den Vollzug von Verwahrungen in gewöhnlichen Strafanstalten.[12] Dort sind die vorhandenen Ressourcen beschränkt, andere Anstaltsinsassen müssen naturgemäss prioritär behandelt werden. Die Forderung des Bundesgerichts, die Behandlung von Verwahrten solle qualitativ höherwertig sein als im Rahmen von Art. 46 Ziff. 2 StGB,[13] dürfte wenig realistisch sein. Auf der anderen Seite ist zu beachten, dass ein Therapiebedürfnis bei einem Täter gemäss bundesgerichtlicher Praxis den Verzicht auf eine Verwahrung nicht zu rechtfertigen vermag.[14]

---

9 BGE 125 IV 118, 123; 123 IV 1, 8; 121 IV 297, 302; vgl. auch BGer, Kassationshof, 3. 8. 2001 E. 6 b; 2. 11. 2000 E. 4; 1. 9. 2000, E. 3 d am Schluss und 2. 1. 2000 E. 3 b.

10 P. Aebersold, 185 (Zitat bei FN 1); Ph. Maier/F. Urbaniok, *Die Anordnung und praktische Durchführung von Freiheitsstrafen und Massnahmen,* Zürich 1998, 156 ff.; N. Nedopil et al., *Forensische Psychiatrie,* Stuttgart, New York, 2000, 154 f., 206; vgl. auch BGer, Kassationshof, 1. 9. 2000, E. 3.

11 G. Kaiser, *Kriminologie,* Heidelberg 1996, 1021; BGE 125 IV 118, 123; 123 IV 1, 8; 121 IV 297, 302; 120 IV 1, 3 f.; 118 IV 108, 115; BGer, 3. 8. 2001, E. 6 b.

12 Vgl. statt vieler Bger, Kassationshof, 3. 8. 2001, E. 6b.

13 BGE 121 IV 297, 302.

14 BGE 121 IV 297, 301 f.

3 Abgrenzung der Verwahrung zur Strafe

Eine Sicherung der Allgemeinheit durch eine lange Freiheitsstrafe ist ein denkbarer Weg, eine Verwahrung entbehrlich erscheinen zu lassen. Lange Strafen als Sicherungsmittel genügen aber nicht zuletzt in wichtigen Fällen deshalb nicht, weil mit einer zeitlich befristeten, verschuldensabhängigen Strafe der ungewissen Entwicklung eines Täters weder zu dessen Gunsten noch im Interesse der öffentlichen Sicherheit angemessen Rechnung getragen werden kann.[15] Eine restriktive Praxis zur bedingten Entlassung vermag hier nur kurzfristig abzuhelfen. Spätestens nach Ablauf der Strafdauer muss ein Insasse entlassen werden. Darüber hinaus leiden gefährliche Straftäter wohl zumeist an einer seelischen Abnormität, was strafmildernd zu berücksichtigen ist. Ausreichend lange Freiheitsstrafen können daher oft gar nicht ausgefällt werden.[16] Sollte aber dennoch mit einer langen Strafe dem Sicherheitsinteresse Genüge getan werden können, lässt sich die bundesgerichtliche Praxis zum Verhältnis zwischen Strafe und Verwahrung wie folgt zusammenfassen: Eine Freiheitsstrafe ist immer dann anzuordnen, wenn eine schuldangemessene Strafe ausreicht, um die spezialpräventiven Bedürfnisse, insbesondere soweit es um die Sicherung der Allgemeinheit geht, im konkreten Fall abzudecken. Es ist eine vergleichende Wirkungsprognose vorzunehmen. Die Wirkungen der Massnahme sind mit derjenigen der Strafverbüssung – unter Berücksichtigung allfälliger zusätzlicher Behandlungen während des Strafvollzugs – gegeneinander abzuwägen.[17] Soweit ein Täter eindeutig kurz- oder mittelfristig behandelt und eine längere Freiheitsstrafe ausgefällt werden kann, verdient eine Strafe vor einer Massnahme, insbesondere vor einer Verwahrung, den Vorzug. Zum Urteilszeitpunkt stellt sich somit die entscheidende Frage, mit welcher Gewissheit ein positiver Therapieverlauf vorausgesagt werden kann.

15 J. REHBERG, *Strafrecht II*, Zürich 2001, 142.
16 BGE 123 IV 1,4; dazu oben Ziff. 2 dieses Beitrags.
17 BGer, Kassationshof, 2. 11. 1999, E. 5.

4 Zur Häufigkeit von Verwahrungen

Während vor 1993 von diesem Instrument kaum je Gebrauch gemacht wurde, werden Verwahrungen nach dem Fall bei Zollikerberg deutlich häufiger ausgesprochen. Die entsprechenden Zahlen haben sich nach ersten Überreaktionen stabilisiert, allerdings auf höherem Niveau. Darüber hinaus kann allgemein festgestellt werden, dass die Verwahrung im Strafverfahren merklich häufiger thematisiert wird, ob sie nun angeordnet wird oder nicht, und dass Gutachter häufiger als früher dazu Stellung nehmen. Das Bundesgericht wurde öfter mit entsprechenden Fragen befasst. Obwohl sich die Zahl der Anordnungen einer Verwahrung heute auf einem leicht erhöhten, aber relativ normalen Mass eingependelt hat, muss doch festgestellt werden, dass die Zahl der Verwahrten im Vergleich zu früheren Zeiten bemerkenswert hoch ist. Sie soll gesamtschweizerisch derzeit etwa 60 betragen.[18] Dies ist deshalb der Fall, weil solche Internierte nicht mehr entlassen werden. Darauf ist nachfolgend nochmals einzugehen.[19]

5 Anwendungsfälle für eine Verwahrung

5.1 Hoch gefährliche, behandlungsunfähige Straftäter

Soweit Delinquenten hoch gefährlich und *einer Behandlung schlechthin nicht zugänglich* sind, lässt sich eine Verwahrung ohne weiteres rechtfertigen. Dies steht ausser Frage. Eine andere Reaktionsmöglichkeit ist hier nicht verantwortbar. Das Sicherungsbedürfnis der Gesellschaft steht in solchen Fällen unzweifelhaft im Vordergrund. Die Gesellschaft befindet sich in einer «notwehrähnlichen Lage».[20] Der Kreis dieser Straftäter ist aber extrem klein und wird in der Schweiz je nach Quelle auf dreissig oder fünfzig Personen geschätzt. In diese Gruppe fallen insbesondere Täter mit Störungen wie per-

18 Vgl. dazu eingehender D. FINK (Zitat bei FN 2), in diesem Band.
19 Vgl. unten Ziff. 7 dieses Beitrags.
20 G. KAISER, *Kriminologie,* 1021 (Zitat bei FN 8).

verse Sexualität in Verbindung mit Aggression, chronischer Wahn, der sich auf eine konkrete Person oder eine bestimmte Personengruppe bezieht, schwere aggressive Impulskontrollstörungen, vor allem in Verbindung mit hirnorganischen Erkrankungen, einer Suchtproblematik oder einer schweren Persönlichkeitsstörung.[21] Die entsprechende Einordnung dieser Täter in diese Kategorie dürfte psychiatrische Sachverständige und juristische Entscheidungsträger regelmässig nicht mit allzu grossen Schwierigkeiten konfrontieren, so wird es uns jedenfalls von Fachleuten vermittelt. Mit der Anordnung einer Verwahrung wird man dem Wesen dieser Massnahme gerecht; für diese Straftäter ist diese von ihrem Konzept her geschaffen worden.

5. 2 Behandlungsbedürftige Straftäter mit Sicherheitsrisiko

Über diese erste Kategorie von relativ eindeutigen Fällen hinaus sieht sich die Praxis indessen mit einer weiteren Gruppe von gefährlichen Straftätern konfrontiert, deren Beurteilung bedeutend grössere Probleme mit sich bringt. Das Bundesgericht hat im Zusammenhang mit der Frage nach der Notwendigkeit einer Verwahrung zwei weitere Kategorien von Tätern herauskristallisiert. Zu nennen sind hier die *Täter, die längerfristig eine Heilungschance* haben. Bei ihnen bleibt trotz ärztlicher Behandlung oder Pflege ernstlich die Gefahr weiterer schwerer Straftaten und vor allem von Gewaltdelikten bestehen, sei es innerhalb oder bei entsprechender Fluchtgefahr ausserhalb der Anstalt. Bei diesen Tätern ist eine Behandlung zwar sinnvoll. Die Heilungschancen müssen aber kurz- oder mittelfristig als derart ungewiss bezeichnet werden, dass in diesem Zeitraum schwere Delikte zu befürchten wären.[22] Solche Täter mit einem grossen Aggressionsrisiko bedürfen einer intensiven und kostspieli-

21 V. DITTMANN, Beurteilung und Behandlung sog. gemeingefährlicher Straftäter, in: K.-L. KUNZ/R. MOSER (Hrsg.), *Innere Sicherheit und Lebensängste*, Bern usw. 1997 (in der Folge zit. DITTMANN, Beurteilung), 132.

22 BGE 123 IV 100; 121 IV 297, 301 f.; 118 IV 108, 113; vgl. auch BGer, Kassationshof, 29. 1. 2000, E. 1 c und 12. 12. 2001, E. 4a.

gen Therapie mit längeren Behandlungszeiten. Selbst bei ausgesprochen problematischen Patienten sind mittels einer intensiven Therapie innerhalb eines Zeitraums von fünf bis sieben Jahren die vorhandenen Defizite mindestens so weit ausgeglichen, als die Gefährlichkeit behoben ist.[23]

Bereits hier bei dieser zweiten Kategorie gefährlicher Straftäter wird der Charakterisierung einer Verwahrung als ultima ratio im Grunde nicht mehr die erforderliche Beachtung geschenkt. Das Bundesgericht betont zwar mit konstanter Regelmässigkeit, diese Sanktion dürfe einzig in Ermangelung anderer vertretbarer Möglichkeiten ausgesprochen werden. Es ist in Erinnerung zu rufen, dass diese Massnahme mit keinem Therapieziel verbunden ist und faktisch in einer Strafanstalt vollzogen wird. Es handelt sich im Grunde um eine zeitlich unbefristete Freiheitsstrafe. Der Bedarf an gesicherten Therapieplätzen ist in der Schweiz lange nicht gedeckt.[24] Eine Verwahrung solcher Straftäter wäre aber letztlich nicht zwingend, sondern stellt eine Kapitulation vor der Vollzugssituation dar. Formal setzen sich Gerichte zwar mit der Frage der Gefährlichkeit eines Täters auseinander. Diese steht im Zentrum der Diskussion um diese Massnahme. In Tat und Wahrheit geht es aber um etwas ganz Anderes. Es geht einzig um die Frage, ob eine Klinik zur Verfügung steht, die einen ausreichenden Sicherheitsstandard aufweist.

Das Bundesgericht hat die eigentliche Problematik im Massnahmenrecht, insbesondere im Zusammenhang mit Verwahrungen, unlängst auf den Punkt gebracht. Hauptproblem ist die Suche nach einer geeigneten Anstalt, die den erforderlichen Betreuungs- und Therapieaufwand leisten kann, um einem Betroffenen die notwendige Rehabilitation, d.h. medizinische Versorgung, zukommen zu lassen, und in der Lage ist, den konkreten Sicherungsbedürfnissen Rechnung zu tragen. Wie das Bundesgericht richtig feststellt, erscheint unter die-

23 Vgl. dazu etwa V. DITTMANN, *Beurteilung*, 133 ff. (Zitat bei FN 21).
24 V. DITTMANN, *Beurteilung*, 135 ff. (Zitat bei FN 21).

sen Umständen die Frage, ob eine Massnahme nach Art. 43 Ziff. 1 Abs. 1 oder nach Abs. 2 derselben Bestimmung angeordnet wird, im Grunde als sekundär.[25]

5.3 Behandlungsbedürftige Täter, die noch nicht qualifiziert werden können

Noch problematischer ist schliesslich eine dritte Kategorie von Tätern, die verwahrt werden können. Das Bundesgericht hat diese Massnahme auch bestätigt für Straftäter, die nicht eindeutig aus dem Anwendungsbereich von Art. 43 Ziff. 1 Abs. 2 StGB herausfallen, anderseits auch noch nicht klar Art. 43 Ziff. 1 Abs.1 StGB zugeordnet werden können. Trotz *kurz- oder mittelfristig guten Heilungschancen* bleibt hier, so das Bundesgericht, *in bestimmten Situationen ein Risiko* bestehen, zu dessen Vermeidung sichernde Mittel eingesetzt werden müssen.[26] Diese Täter unterscheiden sich nur noch wenig von behandlungsbedürftigen Tätern, bei denen der Sicherungsaspekt deutlich zurücktritt oder die nicht gefährlich sind, und gegenüber denjenigen eine Verwahrung nicht in Frage kommt. Eine solche Rechtsprechung ist ausserordentlich problematisch. Sie läuft dem Grundgedanken des Instruments der Verwahrung, mit welchem – es sei nochmals mit Nachdruck betont – im Sinn einer ultima ratio einer nicht anders abwendbaren Gefahr für die Allgemeinheit begegnet werden soll, zuwider. Letztlich mutiert diese Sanktion, die von ihrem Konzept her in besonders qualifizierten Fällen, bei praktisch unveränderlichen Verhältnissen, als letztes Mittel eingesetzt werden soll, zu einem Instrument, das der Überbrückung einer vorläufigen, ungewissen Situation dient. Bei unklaren Verhältnissen zum Urteilszeitpunkt kann es aber nicht angehen, dem Bedürfnis nach einer vorläufigen Lösung auf diese Weise zu entsprechen. Dies jedenfalls nicht, so lange die Entlassung aus einer Verwahrung nur

25 BGer, Kassationshof, 2. 11. 2000, E. 4.
26 BGer, Kassationshof, 12. 12. 2001, E. 4 a und 29. 1. 2000, E. 1c.

unter derart restriktiven Bedingungen zugelassen wird, wie dies heute der Fall ist und wie die Praxis auch nach erfolgter Revision des Sanktionenrechts aller Wahrscheinlichkeit nach aussehen wird. Auf künftige Perspektiven ist nachfolgend noch näher einzugehen.[27] Zwar wird nicht verkannt, dass gemäss ständiger Rechtsprechung bei der Anordnung der Verwahrung der Grundsatz «in dubio pro reo» nicht gilt und dass es keinen Grundsatz «in dubio pro libertate» gibt (BGE 127 IV 1, 8; 118 IV 108, 114; vgl. auch BGer, Kassationshof, 6. 8. 2001, E. 1 a). Die Gefährlichkeit eines Täters ist aber unabdingbare Voraussetzung einer Verwahrung. Ist dieses Erfordernis nicht abschliessend geklärt, sind die Voraussetzungen dieser Massnahme nicht rechtsgenüglich nachgewiesen. In solchen Fällen müssen weitere Abklärungen getroffen werden. In diesem Zusammenhang liesse sich in Erwägung ziehen, im Rahmen einer vorsorglichen Massnahme über das kantonale Strafprozessrecht vorläufig eine Verwahrung anzuordnen. Ein Betroffener sollte in einem geschützten Rahmen über einen längeren Zeitraum beobachtet und damit zuverlässiger eingeschätzt werden können. In der forensisch-psychiatrischen Fachliteratur wird empfohlen, eine Begutachtung der Gefährlichkeit eines Täters sollte sich über einen längeren Zeitraum erstrecken. Dieser sollte sechs bis zwölf Monate betragen.[28] Interessant wäre in diesem Zusammenhang die neue Möglichkeit, einen Exploranden während sechs Monaten in der Straf- und Massnahmevollzugsanstalt St. Johannsen in einer geschlossenen Abteilung zur Beobachtung unterbringen zu lassen, bevor über eine Aufnahme entschieden wird. Diese Institution kann aber eigentliche Begutachtungen nicht selbst vornehmen und ist von ihrer Kapazität her auch sehr eingeschränkt. Diese Idee sollte aber weiterverfolgt, das Konzept ausgebaut werden.

27 Vgl. unten Ziff. 9 dieses Beitrags.

28 R. Müller-Isberner et al., *Die Vorhersage von Gewalttaten mit dem HCR 20,* Haina 1998, 15; Ders., et al., *Die Vorhhersage sexueller Gewalttaten mit dem SVR 20,* Haina 2000, 45.

5.4 Zum nachträglichen Wechsel von einer Strafe oder Massnahme zur Verwahrung

Auf eine Verwahrung von an sich therapierbaren Straftätern könnte verzichtet werden, wenn im Rahmen von Art. 43 StGB eine grössere Flexibilität bestehen würde und Gerichte nicht bereits zum Urteilszeitpunkt abschliessend Weichen zu stellen hätten. Es ist allerdings nach geltendem Recht grundsätzlich nicht möglich, im Sachurteil eine Strafe anzuordnen und später im Verlauf des Vollzugs zu einer therapeutischen Massnahme oder Verwahrung nach Art. 43 StGB zu wechseln. Eine so genannte «nachträgliche Sicherungsverwahrung» ist aber insbesondere in Deutschland in Diskussion. Sie ist derzeit in Baden-Würtemberg, Bayern und Sachsen-Anhalt auf der Grundlage des Landesrechts bereits möglich und soll auch in Hessen und Sachsen demnächst eingeführt werden. Eine solche spätere Änderung des Sachurteils ist rechtsstaatlich höchst problematisch. Sie dürfte ohnehin nur in sehr eingeschränktem Rahmen, bei nicht voraussehbarer späterer Verschlechterung der Verhältnisse während des Strafvollzugs, in Frage kommen. Es fragt sich ernstlich und wird gelegentlich in Deutschland höchstrichterlich zu entscheiden sein, ob eine solche «nachträgliche Sicherungsverwahrung» nicht eine gemäss Verfassung und EMRK unzulässige Doppelbestrafung darstellt. In der Schweiz ist im Rahmen der Revision des Sanktionenrechts eine solche nachträgliche Verwahrung nach dem derzeitige Stand der Diskussion nicht vorgesehen, entsprechende Forderungen stehen aber noch im Raum.

Ein späterer Wechsel von einer Strafe zur Massnahme ist heute dagegen im Rahmen von Art. 44 StGB bei den Massnahmen gegenüber Alkohol- und Drogenabhängigen möglich. Hat das Gericht eine Strafe verhängt, kann dennoch im Laufe des Vollzugs zu einer stationären Massnahme übergegangen werden (Art. 44 Ziff. 6 Abs. 2 StGB).[29] Bei Suchtabhängigen kann der vorausgehende Strafvoll-

29 BGE 122 IV 292, 295 ff.

zug der Stabilisierung eines Betroffenen dienen und einer späteren Therapie damit den Weg ebnen. Hier stehen beim Motiv für einen Ersatz der Strafe durch eine Massnahme fürsorgerische Aspekte im Vordergrund, das Vorgehen liegt im wohlverstandenen Interesse des Strafgefangenen. Aus den gleichen Gründen wäre auch gegen einen späteren Wechsel von einer ursprünglich angeordneten Strafe zu einer therapeutischen Massnahme nach Art. 43 StGB nichts einzuwenden. Diese Möglichkeit soll in solchen Fällen nach künftigem Recht generell offen stehen (65 Abs. 1 E 1998).[30]

Die gleiche Wirkung, d.h. die Anordnung einer Strafe mit der Option, erst später eventuell zu einer Verwahrung zu wechseln, liesse sich allerdings nach geltendem Recht über das «Vehikel» einer vollzugsbegleitenden Massnahme erreichen. Die ambulante Massnahme verschafft dem Gericht die Möglichkeit, später bei allenfalls umfassenderen Erkenntnissen über die erwartete Legalprognose oder bei veränderten Verhältnissen und bei gegebenen weiteren Voraussetzungen eine Umwandlung dieser Massnahme in eine solche anderer Art, allenfalls auch in eine Verwahrung, anordnen zu können. Ein solches Vorgehen wurde in der Literatur bisher als selten bezeichnet,[31] tritt aber in jüngster Zeit häufiger auf. Es wurde vom Bundesgericht abgesegnet[32] und soll selbst dann zulässig sein, wenn der zeitlich befristete Strafvollzug bereits beendet ist.[33] Der Ungewissheit einer künftigen Entwicklung kann somit auf diese Weise Rechnung getragen werden, ohne dass sogleich, d.h. zum Zeitpunkt des Sachurteils, eine Verwahrung ausgesprochen werden muss. Sofern unter Schuldgesichtspunkten überhaupt eine längere Freiheitsstrafe angeordnet werden kann, verdient diese Variante des Strafvollzugs in Kombination mit einer ambulanten Behandlung gegenüber einer Verwahrung den Vorrang. Diese stellt für den Betroffenen das geringere Übel dar. Ein solches Vorgehen darf aber nur in Ausnahmefäl-

30 So auch § 67 Abs. 1 des deutschen Strafgesetzbuches.
31 St. Trechsel, *Schweizerisches Strafgesetzbuch, Kurzkommentar,* Zürich 1997, Art. 43 N 22.
32 123 IV 100, 106.
33 St. Trechsel, Art. 43 N 22 und 10 b (Zitat bei FN 31).

len gewählt werden und keinesfalls missbräuchlich sein. Sofern eine Unterbringung in einer Klinik unter dem Aspekt der Sicherheit für die Allgemeinheit auch nur irgendwie vertretbar ist, hat eine stationäre therapeutische Massnahme im Sinne von Art. 43 Ziff. 1 Abs. 1 StGB Priorität. Weiter ist strengstens darauf zu achten, dass dannzumal bei einer solchen späteren Abänderung der ambulanten Massnahme die einzelnen Voraussetzungen einer Verwahrung sorgfältig geprüft und gegeben, d.h. gutachterlich abgestützt sein müssen.

Soweit ein Strafvollzug in Verbindung mit einer ambulanten Massnahme *eine stationäre Massnahme* nach Art. 43 Ziff. 1 Abs. 1 StGB ersetzen soll, sind gegen ein solches Vorgehen dagegen grundsätzliche Bedenken anzubringen. Die Möglichkeit, eine ambulante Massnahme mit dem Strafvollzug zu verbinden, darf grundsätzlich nicht zur Umgehung der Einweisung in eine Heil- oder Pflegeanstalt führen.[34] Der Sachrichter hat sich hier in jedem einzelnen Fall Rechenschaft darüber zu geben, ob eine adäquate Behandlung in einer Strafanstalt überhaupt möglich ist, was häufig zu bezweifeln sein wird. In der Literatur wurde entsprechend schon früher auf die Gefahr des Missbrauchs eines solchen Vorgehens hingewiesen. Nachdem der Betroffene bereits den Strafvollzug angetreten oder diesen eventuell sogar beendet hat, werden durch seine nachträgliche Internierung in einer Klinik unter Hinweis auf die Unzweckmässigkeit der ambulanten Massnahme verwahrungsähnliche Zustände geschaffen, ohne dass unter Umständen die entsprechenden Voraussetzungen dieser Massnahme ausdrücklich geprüft und bejaht wurden. Der Betroffene, der auf diese Weise erst nachträglich in eine stationäre Behandlung eingewiesen wird, sieht sich schlechter gestellt als derjenige, der bereits aufgrund des Sachurteils in eine Klinik verbracht wurde.[35]

---

34 BGE 100 IV 12, 15.
35 H. Schultz, Rechtsprechung, *ZBJV* 1975, 235 f.

Die Anordnung des Strafvollzugs mit begleitender ambulanter Therapie, die statt einer Verwahrung erfolgt, ist im oben dargelegten restriktiven Rahmen als stufenweises Vorgehen zu qualifizieren, das sich ohne weiteres mit dem Grundsatz der Verhältnismässigkeit begründen lässt. Auf diejenigen Tätertypen gemäss bundesgerichtlicher Praxis, die zwar therapierbar sind, kurz- oder mittelfristig aber ein Sicherheitsrisiko darstellen,[36] ist es geradezu zugeschnitten. Dasselbe gilt für die dritte Kategorie von Tätern, bei denen regelmässig eine Verwahrung deshalb als notwendig bezeichnet wird, weil die Legalprognose zum Urteilszeitpunkt nicht abschliessend geklärt ist.[37] Aufgrund eines längeren Beobachtungszeitraumes während des Strafvollzugs lassen sich die relevanten Fragen möglicherweise besser beurteilen.[38] Es wurde bereits darauf hingewiesen, dass gerade bei Gewalt- oder Sexualdelikten psychiatrische Sachverständige angehalten werden, die Exploranden während längerer Zeit, bei den letztgenannten Straftaten gar während der Dauer eines Jahres, zu beobachten, um zuverlässige Erkenntnisse über deren künftige Gefährlichkeit zu gewinnen.[39] Diesem Anliegen können gerichtliche Sachverständige im Rahmen ihrer ordentlichen Tätigkeit wohl kaum gerecht werden. Zu beachten ist aber, dass eine direkte Umwandlung einer vollzugsbegleitenden Massnahme in eine Verwahrung nach der Revision des Sanktionenrechts nicht mehr zulässig sein wird. Eine Umwandlung in eine therapeutische Massnahme ist dagegen noch möglich. Und von dort aus liesse sich nach dem Scheitern einer Behandlung später noch eine Verwahrung anordnen (vgl. Art. 63 b Abs. 1 und 5 E 1998).

Die Variante «vollzugsbegleitende ambulante Massnahme mit Option einer nachträglichen Umwandlung der Massnahme in eine Verwahrung» ist nicht gleichzusetzen mit der Lösung, die im neuen Recht zur Reihenfolge des Vollzugs vorgesehen ist. Nach dem Entwurf

36 BGE 123 IV 1, 6, 118 IV 108, 113.
37 Zu diesen Kategorien vgl. oben Ziff. 5.1 bis 5.3 dieses Beitrags.
38 So etwa die Argumentation für eine Verwahrung in BGer, Kassationshof, 1. 9. 2000, E. 3 d.
39 Vgl. oben Ziff. 9 dieses Beitrags; R. Müller-Isberner et al., 24 (Zitat bei FN 28).

zum Sanktionenrecht, dem in diesem Punkt von beiden Räten zugestimmt wurde, soll neu vorerst die Strafe und im Anschluss daran die Verwahrung vollzogen werden. Dieser Vollzug der Verwahrung wird überdies von einem weiteren richterlichen Entscheid abhängig gemacht, der bei der Entlassung aus dem Strafvollzug auf Grund einer Begutachtung und nach Anhörung einer Fachkommission ergeht (Art. 64 Abs. 2 E 1998 und 64 b Abs. 2 E 1998). Im Rahmen des geltenden Rechts entscheidet sich hier das Gericht bei Abschluss des Hauptverfahrens vorerst für die Strafe mit vollzugsbegleitender Massnahme. Es kommt dann nur in besonderen Fällen nachträglich zu einer Verwahrung. Nach der erwähnten Neuregelung dagegen heisst der Grundsatz zum Zeitpunkt des Sachurteils Verwahrung. Die Massnahme ist allerdings später nochmals daraufhin zu überprüfen, ob veränderte Verhältnisse diesen schwerwiegenden Eingriff unter Umständen nicht mehr als erforderlich erscheinen lassen.[40]

An dieser Stelle sei noch auf einen Vorschlag hingewiesen, der in Deutschland derzeit in Diskussion ist. Der Deutsche Bundestag wird sich demnächst mit einem Gesetzesentwurf der Fraktionen der SPD und der Grünen auseinanderzusetzen haben, mit dem auf Bundesebene eine «vorbehaltene Sicherungsverwahrung» eingeführt werden soll. Kann zum Zeitpunkt des Sachurteils ein Hang zu erheblichen Straftaten, die für die Allgemeinheit gefährlich sind, nicht abschliessend festgestellt werden, kann das erkennende Gericht die Entscheidung über die Anordnung der Sicherungsverwahrung bei Verurteilung eines Täters im Urteil vorbehalten. Ergibt sich bei einem Täter nach Teilverbüssung der Strafe eine im Sinne von § 66 Abs. 3 D-StGB relevante Gefährlichkeit, kann die Strafvollstreckungskammer nachträglich eine Sicherungsverwahrung anordnen.[41] Dieser Kompromissvorschlag entspricht von der Grundidee her der Lösung, die auf der Grundlage des Schweizer Rechts in einer vorsorglichen Verwahrung gesucht wurde. Gemäss dem deutschen Vor-

40 Zur Problematik solcher Prognosen im Verlaufe des Vollzugs vgl. unten Ziff. 7.2 dieses Beitrags.
41 Deutscher Bundestag, 14. Wahperiode, Drucksache 14/8586 vom 19. 3. 2002.

schlag wird allerdings das Hauptverfahren abgeschlossen, während bei vorsorglichen Massnahmen der Abschluss des Verfahrens hinausgeschoben wird, was grundsätzlich in Widerspruch zum Beschleunigungsgebot stehen könnte. Anliegen eines solchen Vorgehens ist in beiden Fällen, dass ein Entscheid über eine Verwahrung auf eine möglichst breite Grundlage abgestützt werden kann. Damit soll die Genauigkeit von Gefährlichkeitsprognosen erhöht und gleichzeitig dem Grundsatz der Verhältnismässigkeit besser Rechnung getragen werden. Dieser Weg kann nur beschritten werden, wenn die Prognose zum Zeitpunkt des Urteils unklar ist. Ein solcher Vorbehalt einer Verwahrung im Sachurteil gemäss dem deutschen Gesetzesentwurf soll nach Auffassung der Initianten der Gesetzesvorlage auch nicht im Widerspruch zum Verbot einer Doppelbestrafung stehen.

Wie auch immer das Vorgehen konkret ausgestaltet ist, es sind in jedem Fall die gleichen kritischen Bemerkungen zu solchen nachträglichen Entscheiden über eine Verwahrung anzubringen. Zwar wird dem Grundanliegen Verständnis entgegenzubringen sein. Stellt sich die tatsächliche Persönlichkeitsstruktur eines Täters erst während des Freiheitsentzugs heraus und wurde diese zum Urteilszeitpunkt im Hauptverfahren zu positiv beurteilt, besteht im Interesse der Allgemeinheit nach Sicherheit ein Bedürfnis, dieser Tatsache Rechnung zu tragen. Auf der anderen Seite ist fraglich, ob und wie weit sich unter den künstlichen Bedingungen des Strafvollzugs, der stark kontrolliert und reglementiert ist, tatsächlich weitere schlüssige Anhaltspunkte für eine Gefährlichkeit eines Straftäters ergeben können.[42]

5.5 Kritik an der bundesgerichtlichen Praxis

Die Verwahrung als vorläufiges Sicherungsmittel, wie das Bundesgericht diese Massnahme in mehreren jüngsten Entscheiden durchaus zulässt, wird den tatsächlichen Verhältnissen in der Praxis kaum

42 Vgl. dazu auch unten Ziff. 7.2 dieses Beitrags.

gerecht. Mehrfach schützte das Bundesgericht eine Verwahrung durch kantonale Gerichte unter Hinweis auf die spätere Abänderbarkeit dieser Massnahme bei Verbesserung der Situation,[43] was höchst bedenklich ist. Das Bundesgericht ruft den Betroffenen geradezu eindringlich in Erinnerung, eine Verwahrung stelle nur eine vorläufige Reaktion auf eine behebbare Gefährlichkeit dar. Angeknüpft wird dabei an Erkenntnissen in Fachkreisen der Psychiatrie. Demnach soll nur ein sehr kleiner Teil von gefährlichen Straftätern mit psychiatrischen-psychotherapeutischen Methoden überhaupt nicht zu erreichen sein. Selbst bei ausgesprochen problematischen Patienten sind mittels einer intensiven Therapie innerhalb eines Zeitraumes von fünf bis sieben Jahren die vorhandenen Defizite mindestens insoweit ausgeglichen, als die Gefährlichkeit behoben werden kann.[44] Allerdings läuft eine solche Praxis des Bundesgerichts dem Grundgedanken, der einer Verwahrung zugrunde liegt, zuwider. Sie findet einzig vor dem Hintergrund der Realität des Vollzugs eine allerdings fragwürdige Rechtfertigung. Sie steht nicht im Einklang mit dem Grundsatz, eine Verwahrung sei stets als *ultima ratio* zu verstehen, und stellt eine Kapitulation vor der Vollzugssituation dar.

6 Zur Beurteilung der Gefährlichkeit eines Straftäters im Sinn von Art. 43 Ziff. 1 Abs. 2 StGB

Es wurde bereits darauf hingewiesen, dass die Frage nach der Notwendigkeit einer Verwahrung primär nach dem Kriterium der Gefährlichkeit eines Täters zu beantworten ist. Eine entsprechende Prognose steht im Zentrum der Beurteilung und stellt in der Praxis faktisch das einzige Abgrenzungskriterium gegenüber therapeutischen Massnahmen dar. Die Legal- bzw. Gefährlichkeitsprognose gehört zu den schwierigsten, verantwortungsvollsten und umstritten-

43 BGer, Kassationshof, 17. 8. 2000, E. 2 c; 1. 9. 2000, E. 3 d.

44 Vgl. etwa V. DITTMANN, *Beurteilung*, 133 ff. (Zitat bei FN 21).

sten Aufgaben der forensischen Psychiatrie. Dies liegt einmal an der schicksalsträchtigen Bedeutung der entsprechenden Stellungnahmen für Täter und Opfer. Zum andern ist die Verlässlichkeit der Methode der Kriminalprognose keineswegs gesichert, moderne Konzepte sind noch zu wenig auf ihre Tauglichkeit überprüft.[45]

6.1 Probleme im Zusammenhang mit Gefährlichkeitsprognosen

Die Problematik, die Gefährlichkeitsprognosen anhaftet, ist vielschichtig. Es ist grundsätzlich fraglich, ob menschliches Verhalten überhaupt je abschliessend vorausgesagt werden kann. Es ist abhängig einerseits von Eigenschaften der Persönlichkeit, die sich allerdings im Laufe der Zeit ändern können, sowie von momentanen Zuständen (zum Beispiel Stimmungen als Reaktion auf vorausgegangene Einflüsse). All dies ist selbst bei besten Prognosemethoden nicht immer voraussehbar.[46] Eine Risikobeurteilung ist sehr komplex. Wie bereits erwähnt, lassen nicht nur persönlichkeitsgebundene Aspekte kriminelles Verhalten entstehen. Umgebungsfaktoren sowie situative Einflüssen spielen eine wesentliche Rolle.[47] Delinquenz ist meist auf das Zusammentreffen mehrerer Faktoren zurückzuführen, bei denen die Situation, in welcher ein Täter künftig agiert oder reagiert, sehr wesentlich ist.[48] Welche situativen Konstellationen der Täter in Zukunft antreffen wird, hängt nur begrenzt mit der Persönlichkeit zusammen und ist nur mit grossen Einschränkungen zu anti-

---

45 N. LEYGRAF, Die Begutachtung der Prognose im Massregelvollzug, in: U. VENZLAFF/K. FOERSTER, *Psychiatrische Begutachtung,* München-Jena 2000, 350; G. STRATENWERTH, Allgemeiner Teil II, Bern 1989, § 11 N 25, 131; R. FURGER, Hinweise zum kritischen Umgang mit psychiatrischen Gutachten, ZStrR 1988, 385 ff., 403; N. NEDOPIL, 241 ff. (Zitat bei FN 10); neuestens N. NEDOPIL, Prognosebegutachtung bei zeitlich begrenzten Freiheitsstrafen – Eine sinnvolle Lösung für problematische Fragestellungen?, in: *NStZ* 2002 Heft 7, 346 (in der Folge zitiert N. NEDOPIL, *Prognosebegutachtung*).

46 F. URBANIOK, Der Therapie-Risiko-Evaluationstest (TRET) – Ansatzpunkt eines neuen Prognoseinstruments, in: *Zeitschrift für Psychiatrie und Psychotherapie,* Vol. 1, 2002, 101–136; U. REHDER, Sexualstraftäter, Klassifizierung und Prognose, in: G. REHN ET AL. (Hrsg.), *Behandlung «gefährlicher Straftäter»,* Herbolzheim 2001, 96.

47 O. P. DE HAAS, Das 4-Faktorenmodell als Basis für die Betreuung und Behandlung in der Dr. S. van Mesdagkliniek (Groningen-Niederlande), in: R. MÜLLER-ISBERNER/S. GONZALEZ CABEZA (Hrsg.), *Forensische Psychiatrie,* Mönchengladbach 1998, 139 ff.

48 O. P. DE HAAS, 141 ff. (Zitat bei FN 47); N. NEDOPIL, *Prognosebegutachtung,* 346 (Zitat bei FN 45).

zipieren.[49] Nicht selten erweisen sich Gewaltdelikte als «soziale Unfälle», die auch im Nachhinein kaum vermeidbar erscheinen.[50] Oft besteht ein sehr komplexer Zusammenhang von dissozialer Entwicklung und Krankheit. Ein günstiger Krankheitsverlauf bedeutet nicht zwingend eine ebenso günstige Legalprognose. Vor allem aber rechtfertigt umgekehrt ein ungünstiger Krankheitsverlauf allein nicht die Annahme einer ebenfalls weiterbestehenden Gefährlichkeit.[51] Schliesslich handelt es sich bei einem gefährlichen Verhalten um ein seltenes Ereignis. Die Vorhersage seltener Ereignisse ist zwangsläufig unsicher.[52]

Es lassen sich aber auch noch weitere Gründe für die Unzulänglichkeit von Gefährlichkeitsprognosen anführen. Trotz Verbesserung der Situation ist immer noch in vielen Fällen auf die mangelnde Kompetenz von Sachverständigen hinzuweisen.[53] In der Schweiz fehlt es an genügend ausgebildeten forensischen Psychiatern. Daneben wird nicht nur von kritischen Juristen, sondern auch in der forensisch-psychiatrischen Fachliteratur auf methodische Unzulänglichkeiten bei der Begutachtung hingewiesen. Es wird festgestellt, dass die Gefährlichkeit bei einem grossen Teil der Betroffenen überschätzt wird. Eine Überprüfung der Diagnose auf ihre Richtigkeit ist schwierig. Die Sachverständigen bekommen über das weitere Schicksal eines Exploranden oft ein unvollständiges und damit verzerrtes Bild vermittelt. Diagnostiker erfahren in der Regel nur von Pannen, d.h. Zwischenfällen im Urlaub, bei Vollzugslockerungen oder nach einer Entlassung. Über die Fälle, bei welchen fälschlicherweise ein Rückfall vorausgesagt wurde und Täter daher irrtümlich verwahrt wurden, erfolgt keine Rückmeldung. Auch psychologische Aspekte sind hier nicht zu unterschätzen. Sachverständige und Entscheidungsträ-

49 N. NEDOPIL, 242 (Zitat bei FN 10).

50 W. RASCH, *Die Prognose im Massregelvollzug als kalkuliertes Risiko,* FS für Günther Blau, Berlin, New York 1985, 310.

51 N. LEYGRAF, 350 f. (Zitat bei FN 45).

52 W. RASCH, *Forensische Psychiatrie,* Stuttgart 1999, 372; N. NEDOPIL, *Prognosebegutachtung,* 346 (Zitat bei FN 45).

53 Vgl. etwa die Anmerkungen von N. NEDOPIL, in: *NStZ* 2001 Heft 9, Rechtsprechung, 474.

ger haben mit weit weniger folgenschwerer Kritik zu rechnen bei Bejahung einer Gefährlichkeit als im umgekehrten Fall, wo sich nicht zuletzt auch Politiker einmischen. Im Zusammenhang mit Vollzugslockerungen und Entlassungen mögen verantwortliche Therapeuten überdies zu einer Verlängerung der Internierung neigen, um die als notwendig erachteten Therapien, soweit sie denn überhaupt möglich sind und auch in Angriff genommen werden, durchzuführen, obwohl die weitere Verwahrung unter rechtlichen Gesichtspunkten, d.h. zur Sicherung der Allgemeinheit, nicht mehr notwendig ist.[54]

6.2 Unzulänglichkeit der Gefährlichkeitsprognosen

In Kreisen der forensischen Psychiater wird darauf hingewiesen, dass die Fehlerquoten bei der Beurteilung der Prognose reduziert werden konnten. Während früher solche von 60% in Kauf genommen werden mussten,[55] sind heute Fachleute der Meinung, die Treffsicherheit habe sich deutlich verbessert.[56] Dies wird auf die Verbesserung der gutachterlichen Methoden bei der Gefährlichkeitsbeurteilung zurückgeführt, die nunmehr moderner als «Risikoanalyse» bezeichnet wird. Als fachlich anerkannter Standard gilt heute eine kriterienorientierte strukturierte Mehrschritt-Risikokalkulation, wo für einen überschaubaren Abschnitt aufgrund klinischer empirischer Erfahrungen und dynamischer Aspekte ein Gesamturteil gebildet wird.[57] Es wird behauptet, entsprechende Prognosen seien zu 90% richtig.[58] Ob der hier geäusserte Optimismus gerechtfertigt ist, wird sich erst noch zeigen müssen. Selbst namhafte forensische Psychiater

54 W. RASCH, 372 f. (Zitat bei FN 52).

55 W. RASCH, 372 (Zitat bei FN 52); G. STRATENWERTH, AT II, § 11 N 25.

56 V. DITTMANN, *Beurteilung* 126 (Zitat bei FN 21); DERS., Was kann die Kriminalprognose heute leisten? in: BAUHOFER/BOLLE/DITTMANN (Hrsg.) *«Gemeingefährliche» Straftäter,* Reihe Kriminologie Band 18, Chur/Zürich 2000, 78 ff. (in der Folge zit. DITTMANN, Kriminalprognose); derselbe in *Plädoyer* 1998, Heft 1, 9).

57 Sehr anschaulich dazu R. MÜLLER-ISBERNER ET AL., *Vorhersage von Gewalttaten,* 21 ff. (Zitat bei FN 28).

58 V. DITTMANN, *Kriminalprognose*, 78 ff. (Zitat bei FN 55); DERS., in: *Plädoyer* 1998, Heft 1, 9.

gestehen ein, dass Fehlprognosen nicht zu vermeiden sind.[59] Jedenfalls sind zuverlässige Untersuchungen darüber, ob und welche Insassen fälschlicherweise verwahrt wurden, angesichts der derzeitigen Vollzugssituation (fehlende Lockerungen und sehr restriktive Entlassungspraxis) für einen gewichtigen Teil der Straftäter kaum durchführbar. Es wird auch etwa kritisiert, entsprechende Aussagen zur Treffsicherheit würden sich nur auf die Fälle mit einer günstigen Prognose beziehen.[60] Eine Zurückhaltung bei der Anordnung einer Verwahrung ist somit nach wie vor nicht zuletzt deshalb geboten, weil Gefährlichkeitsprognosen trotz Verbesserung der Methoden immer noch nicht absolut zuverlässig sind und es wohl nie sein können.

Diese Erkenntnis ist wichtig. Es dürfen nicht allzu grosse Erwartungen an die psychiatrischen Sachverständigen gestellt werden. Welche Unsicherheiten man in Kauf zu nehmen bereit ist, hängt von einer Güterabwägung ab. Die Entscheidungsträger haben jeweils im konkreten Fall das Risiko, das der Allgemeinheit zugemutet werden darf oder muss, dem Sicherheitsanliegen der Öffentlichkeit gegenüberzustellen. Es ist zu entscheiden, inwieweit es zulässig ist, zum Schutz der Allgemeinheit vor Gefährdung durch schwere Straftaten einige Individuen möglicherweise ungerechtfertigt lange zu internieren.[61] Eine moderne Risikoanalyse kann entsprechend nicht auf einer einzigen Fachdisziplin basieren. Ideal wäre eine interdisziplinäre Zusammenarbeit zwischen Psychiatern und Juristen, wie sie im Zusammenhang mit Vollzugsentscheiden und Entlassungsentscheiden bei den Fachkommissionen vorgesehen ist.[62] Im Stadium der Anordnung der Massnahme wird immer noch auf die Erkenntnisse eines einzigen Sachverständigen abgestellt, allenfalls auf solche eines Zweitgutachters. Diese Gutachter verfügen regelmässig über eine Ausbil-

---

59 Eingehend dazu N. NEDOPIL, 242 f. (Zitat bei FN 10); DERS., *Prognosebegutachtung*, 347 ff. (Zitat bei FN 45).

60 G. STRATENWERTH, Zur Rolle der sog. «Fachkommissionen», in: *FS Trechsel*, 891 (in der Folge zitiert Stratenwerth, Fachkommissionen).

61 W. RASCH, 372 (Zitat bei FN 52).

62 V. DITTMANN, *Kriminalprognose* 77 f. (Zitat bei FN 56); vgl. auch DERS., Die Fachkommission zur Beurteilung «gemeingefährlicher» Straftäter, in: R. MÜLLER-ISBERNER/S. GONZALES CABEZA (Hrsg.), *Forensische Psychiatrie*, Mönchengladbach 1998, 181.

dung als Psychiater, sind also in erster Linie Mediziner. Dessen müssen sich Angehörige der Justiz bewusst sein. Forensisch tätige Psychiater sollten aber einen weiteren Erfahrungshorizont einbringen können. Sie haben sich entsprechend einerseits über ausreichende juristische Kenntnisse auszuweisen, und anderseits neben rein medizinischen auch kriminologische und soziologische Überlegungen in ihre Beurteilung einzubeziehen.[63]

7 Zur Praxis bei der Entlassung aus einer Verwahrung

7.1 Gründe für eine Beendigung der Verwahrung

Wie bereits erwähnt, hat sich die Zahl der Verwahrten in der Schweiz – übrigens auch etwa im benachbarten Deutschland – nicht zuletzt deshalb so stark erhöht, weil die Internierten nicht mehr entlassen werden.[64] Die Problematik, die der heutigen Praxis zur Verwahrung anhaftet, ist somit nicht nur im Stadium der Anordnung dieser Massnahme zu erkennen. Zum Teil fragwürdig präsentiert sich die Situation auch im Zusammenhang mit dem Vollzug und der Beendigung dieser Massnahme.

Die Entlassung aus einer Verwahrung ist dann zu verfügen, wenn deren Grund weggefallen ist. Dies kann einmal dann der Fall sein, wenn die Gefährlichkeit gar nicht mehr besteht. Denkbar ist aber auch ein Weiterbestehen einer gewissen Gefährlichkeit, die allerdings nicht mehr derart ist, dass sich diese Massnahme weiterhin rechtfertigt.[65] Die Entlassung aus einer Verwahrung wird regelmässig an eine günstige Legalprognose für die Zukunft geknüpft. Die Beurteilung dieser Frage dürfte hier nicht einfacher sein als im Stadium der Anordnung dieser Massnahme.

---

63 V. DITTMANN, Fachkommision, 174 (Zitat bei FN 62).
64 Dazu oben Ziff. 4 dieses Beitrags.
65 G. STRATENWERTH, AT II, § 11 N 142.

7.2 Probleme im Zusammenhang mit der Legalprognose

Der Beweis der Bewährung, mithin der Ungefährlichkeit, dürfte einem Betroffenen im geschützten Umfeld des Strafvollzugs zumeist sehr schwer fallen.[66] Die Etikettierung eines Straftäters als «gemeingefährlich» hat, wie gesagt, einschneidende Konsequenzen zur Folge. Urlaube, Lockerungen sind an sich notwendiger Bestandteil eines menschlichen Vollzugs und nicht zuletzt auch einer Vorbereitung des Insassen auf eine spätere Freiheit. Sie sind als Teil eines Resozialisierungsprogrammes unentbehrlich. Bei therapeutischen Massnahmen stellen Vollzugslockerungen ein unabdingbares Element eines modernen Behandlungskonzepts dar. Ein soziales Training in grösserer Freiheit oder eine Konfrontation mit verschiedenen realitätsnahen Situationen bieten die Möglichkeit, im letzten Stadium des Vollzugs oder etwa auch während einer probeweisen Entlassung eine Bewährung des Betroffenen zu prüfen.[67] Bei Verwahrten werden sie nicht oder nur noch mit grösster Zurückhaltung zugestanden. Mangels solcher «Probeläufe» kann ausgerechnet bei der Verwahrung, wo angesichts einer möglichen grossen Gefährlichkeit des Betroffenen noch gewichtigere Sicherheitsinteressen auf dem Spiel stehen als bei therapeutischen Massnahmen und eine umfassende Prüfung der Legalprognose somit noch wichtiger wäre, angesichts der Realität in der Praxis nicht auf solche Fakten zurückgegriffen werden.

Im Gegensatz zum Zeitpunkt des Sachurteils wird die Gefährlichkeit des Täters hier im Entlassungsstadium regelmässig vermutet. Es wird sich kaum wegdiskutieren lassen und Sachverständige wie auch Entscheidungsträger beeinflussen, dass ein Internierter im Hauptverfahren bereits gutachterlich, eventuell sogar durch mehrere Sachverständige, als «gefährlich» qualifiziert worden ist. Es ist somit der negative Beweis der Ungefährlichkeit zu erbringen. Dass dies sehr schwierig ist, wurde bereits dargelegt und braucht nicht mehr näher

66 H.-L. Kröber, Gang und Gesichtspunkte der kriminalprognostischen Begutachtung, *NStZ* 1999, 599; W. Rasch, 372, (Zitat bei FN 52).

67 W. Rasch, *FS Blau*, 313 ff., (Zitat bei FN 50).

begründet zu werden. Dabei gestaltet sich die Entscheidung oft noch heikler als zum Zeitpunkt der Anordnung der Massnahme. Entscheidungsträger haben sich auf aktuelle Gutachten abzustützen. Es kann nicht angehen, unbesehen auf ursprüngliche gutachterliche Feststellungen zurückzugreifen.[68]

Auf welche Grundlagen denn Entlassungsprognosen zuverlässig gestellt werden können, wenn Therapie nicht oder nur halbherzig zum Vollzug gehört und entsprechend eine ernstzunemende Behandlung in der Strafanstalt nicht vorgenommen wurde bzw. nicht auf entsprechende Therapieberichte zurückgegriffen werden kann, ist fraglich. Der Betroffene hat unter den Bedingungen des Anstaltslebens kaum Gelegenheit, seine Ungefährlichkeit unter Beweis zu stellen. Kleineren Zwischenfällen während des Vollzugs wird häufig übermässige Bedeutung zugemessen.[69] Dies ist problematisch, nachdem ein grosser Teil der Massnahmenpatienten Persönlichkeitsstörungen aufweist, bei denen disziplinarische Schwierigkeiten zur akuten Symptomatik gehören und somit keine Besonderheit darstellen. Immerhin konnte aber zwischen einem gravierenderen Fehlverhalten während einer Behandlung und der Rückfallsdelinquenz, nicht zuletzt was Gewaltdelikte anbetrifft, ein signifikanter Zusammenhang nachgewiesen werden.[70] Es ist immer auch zu beachten, dass die Internierungssituation ein verzerrtes Bild hervorrufen kann. Zwar stellt sie hohe Anforderungen an die soziale Kompetenz des Betroffenen. Eine Anpassung an die aktuellen sozialen Erfordernisse ist oft nicht leicht, weshalb aus einer positiven Verhaltensweise durchaus zuverlässige Schlüsse zu ziehen sind.[71] Anderseits besteht in gewissen Fällen auch die Gefahr der falschen Einschätzung einer Fassade der Angepasstheit. Gefährliche Sexualdelinquenten beispielsweise zeigen sich im Vollzug häufig sehr unauffällig, weshalb sich auch erfah-

68 G. KAISER, Befinden sich die kriminalrechtlichen Massregeln in der Krise?, *Schriftenreihe der Juristischen Studiengesellschaf Karlsruhe,* Heft 188, Heidelberg 1990, 19; H. HORSTKOTTE, Strafrechtliche Fragen zur Entlassungspraxis nach § 67 d Abs. 2 StGB, *Msch.Krim* 1986,338.

69 G. KAISER, *Krise,* 20 (Zitat bei FN 58).

70 R. MÜLLER-ISBERNER ET AL., *Vorhersage von Gewalttaten,* 32 (Zitat bei FN 28).

71 W. RASCH, 375 (Zitat bei FN 52).

rene Betreuer und Gutachter gerne dadurch täuschen lassen.[72] Diese Beispiele von Gesichtspunkten sollen aufzeigen, mit welchen Schwierigkeiten sich Sachverständige bei Entlassungsprognosen konfrontiert sehen.

8 Zur Tätigkeit der Fachkommissionen

Die Arbeitsweise der Fachkommissionen zur Beurteilung der Gemeingefährlichkeit von Straftätern wurde anlässlich einer früheren Tagung der Arbeitsgruppe für Kriminologie bereits ausführlich dargelegt und diskutiert.[73] Es sei an dieser Stelle nochmals kurz darauf eingegangen, weil diese Kommissionen nach dem Entwurf zum neuen Sanktionenrecht nunmehr bundesrechtlich vorgeschrieben sind. Diese Fachkommissionen lassen sich als weiteres Beispiel dafür anführen, wie – eben einem Zeitgeist entsprechend – ein gutes Grundkonzept im Sinne einer bestimmten Haltung instrumentalisiert und damit denaturiert wird, worauf nachfolgend noch kurz einzugehen ist.

Wie bereits erwähnt, hat sich mittlerweile die Erkenntnis durchgesetzt, dass die Prognose der als kriminell definierten Verhaltensweisen zwar zum Wissens- und Erfahrungshorizont der Psychiatrie gehört. Psychiatrische Kriminalprognosen erfordern solide psychiatrische Kenntnisse und Erfahrungen. Eine Beschränkung auf rein psychiatrisches Wissen wird aber den Anforderungen an eine moderne forensische Psychiatrie nicht gerecht.[74] Sachverständige müssen über eingehende kriminologische Erkenntnisse verfügen und auf dem neusten Stand der Ergebnisse der aktuellen Prognoseforschung sein.[75] Entsprechend besteht das Bedürfnis nach einer interdisziplinären Beurteilung der relevanten Fragen. Es ist auch politisch sinn-

72 W. Rasch, *FS Blau,* 316, 317 (Zitat bei FN 50); ders., 371 (Zitat bei FN 52); Aebersold, *Von der Kastration zur Incapacitation,* 180 (Zitat bei FN 1).

73 Vgl. dazu Bauhofer/Bolle/Dittmann (Hrsg.), *«Gemeingefährliche» Straftäter,* Reihe Kriminologie Band 18, Chur/Zürich 2000.

74 F. Urbaniok, Das Zürcher PPD-Modell, *Krim 2000,* 562.

75 V. Dittmann, *Fachkommission,* 174 (Zitat bei FN 62).

voll, derart gewichtige Entscheide breiter abzustützen. Insofern entspricht die Schaffung der Fachkommissionen einem guten Grundanliegen. Deren Beizug beschränkt sich faktisch aber darauf, die Verantwortung von Gefängnisvorstehern und Vollzugsbehörden für sehr heikle Platzierungs-, Lockerungs- und Entlassungsentscheide auf andere zu übertragen. Eine Kontrolle von allenfalls zu repressiven Entscheiden in diesen Bereichen wird nicht vorgenommen. Es ist zu bedauern, dass mit dem Entwurf zum neuen Sanktionenrecht die Chance nicht wahrgenommen wurde, dieses Konzept zu ändern. Nach wie vor ist überdies auch auf die rechtsstaatlichen Defizite hinweisen, die im Zusammenhang mit den Entscheiden der Fachkommissionen bestehen, selbst wenn in der Praxis gewisse Verbesserungen des Verfahrens erkennbar sind. Die Verfahrensrechte der Betroffenen im Zusammenhang mit der Tätigkeit der Fachkommissionen sind immer noch ungenügend. Das rechtliche Gehör ist nicht oder nicht ausreichend gewahrt. Entscheide der Fachkommissionen, die faktisch weit über eine Empfehlung an die Vollzugsbehörden hinausgehen, sind nicht anfechtbar.[76]

9 Zu den Revisionsbestrebungen im Zusammenhang mit der Verwahrung

Die Verstärkung des Schutzes der Allgemeinheit vor gefährlichen Gewalttätern wird in der Einleitung der Botschaft zur Änderung des StGB als wichtiges Anliegen des Reformprojekts bezeichnet. Dabei wird das neue Konzept der Sicherungsverwahrung besonders hervorgehoben. Das lässt aufhorchen. Auf den ersten Blick mag man erschrecken, und dem Entwurf ist eine entsprechende Kritik zu Recht nicht erspart geblieben. Bei näherer Betrachtungsweise kann allerdings zumindest der Hoffnung Ausdruck gegeben werden, dass «das Essen nicht so heiss gegessen wird, wie es gekocht wurde». Gewiss

76 M. BRUNNER, Straf- und Massnahmenvollzug, in: *Handbücher für die Anwaltspraxis, Strafverteidigung*, Basel usw. 2002, Rz. 6.160 f. (im Druck); sehr anschaulich und prägnant auch STRATENWERTH, Fachkommissionen, 892 f.

bestehen einige dogmatische Unschönheiten, um es einmal gelinde auszudrücken. Es ist einzigartig und wohl nur sehr schwer zu rechtfertigen, dass eine Verwahrung bereits erstmaligen Straftätern gegenüber verhängt werden kann. Wenn man bedenkt, dass nur ein sehr geringer Teil gewalttätiger Straftäter einschlägig rückfällig wird,[77] ist dies besonders problematisch. Dass eine Verwahrung anderseits auch gegenüber Straftätern ausgesprochen werden kann, die unter keiner seelischen Abnormität leiden, mag unter dogmatischen Gesichtspunkten fragwürdig sein. In der Praxis werden die Fälle, bei welchen dies zum Tragen kommen kann, auf Grund der bisherigen Erfahrungen allerdings eher selten sein. Im Regelfall wird bei einem gefährlichen Straftäter die psychiatrische Diagnose auch eine seelische Störung ergeben.

Neu ist die Regelung der Reihenfolge des Vollzugs. Die Verwahrung wird im Anschluss an den Strafvollzug durchgeführt. Dieser Vollzug wird dannzumal abhängig gemacht von einer weiteren richterlichen Entscheidung über die Notwendigkeit dieser Massnahme, die erneut auf ein Gutachten und die Empfehlung der Fachkommission abzustützen ist (Art. 64 b Abs. 2 E 1998). Das Gericht muss nochmals darüber befinden, wenn zwei Jahre seit der Anordnung der Massnahme vergangen sind. Eine solche weitere umfassende Prüfung mag bestechen. Diese Regelung ist aber bei näherer Betrachtungsweise nicht unproblematisch. Sie birgt die Gefahr in sich, dass die Schwelle für die Anordnung einer Verwahrung im Hauptverfahren tiefer liegt. Im Wissen darum, dass dannzumal eine erneute Prüfung erfolgen wird, lässt sich eine Verwahrung mit weniger Skrupel anordnen. Anderseits wird man sich zu einem späteren Zeitpunkt im Zweifel nur allzu gerne darauf berufen, dass die Massnahme ja schliesslich nach sorgfältiger Prüfung der Akten schon einmal als indiziert erachtet worden ist. Ein *circulus vitiosus,* der bedenklich ist.

77 Bericht des Bundesrates, 118 mit Hinweisen.

Zu Bedenken Anlass gibt schliesslich die Erschwerung der Bedingungen einer Entlassung aus der Verwahrung. Voraussetzung ist eine hohe Wahrscheinlichkeit, dass sich ein Internierter in Freiheit bewähren werde, was überdies gutachterlich und durch eine Fachkommission bestätigt wurde (Art. 64 a und b E).[78] Es wurde bereits aufgezeigt, wie die entsprechende Fragestellung nach heute geltendem Recht lautet.[79] Man mag bedauern, dass hier keine liberalere Lösung gesucht wurde. Auf die Schwierigkeiten einer solchen günstigen Prognose wurde bereits hingewiesen.[80] Es fragt sich, ob es überhaupt möglich ist, ein rechtsgetreues, künftiges menschliches Verhalten mit einer solchen Sicherheit zu garantieren. Es bleibt der Trost, dass diese Regelung der heute geltenden Praxis entspricht, wie bereits dargelegt wurde.[81] Ein kleiner Trost, darf man allerdings sagen!

---

78 Bericht des Bundesrates, 120.

79 Dazu oben Ziff. 7.1 dieses Beitrags.

80 Dazu oben Ziff. 7.2 dieses Beitrags.

81 Dazu oben Ziff. 7 dieses Beitrags.

DORLE VALLENDER

ZWISCHEN TÄTERSCHUTZ UND OPFERSCHUTZ ODER: DAS DILEMMA DES GESETZGEBERS BEI DER REGELUNG DER VERWAHRUNG

Zusammenfassung

Nach dem geltenden Strafrecht können insbesondere diejenigen Täter verwahrt werden, bei denen nach den Grundsätzen der Psychiatrie eine psychische Störung festgestellt wird. Nach den Vorstellungen von Bundesrat, Ständerat und Nationalrat sollen dagegen *de lege ferenda* auch so genannte psychisch gesunde Täter verwahrt werden können, wenn eine «Meta-Analyse» von prognoserelevanten Merkmalen ergibt, dass diese Personen für die Gesellschaft ein zu hohes Sicherheitsrisiko darstellen. Bei der Neuordnung der Verwahrung sieht sich der Gesetzgeber mehreren Dilemmata gegenüber:

1. Er muss die Änderung der Strafpolitik begründen und insbesondere den Konsens dafür suchen, dass sich die besondere Gefährlichkeit von bestimmten Straftätern nicht aufgrund einer Definition durch einen bestimmten Zweig der Medizin, sondern aufgrund einer umfassenden Risikoanalyse ergibt.
2. Er muss die Verwahrung aus rechtsstaatlichen Gründen so ausgestalten, dass der Täter immer wieder den Gegenbeweis zu seiner behaupteten besonderen Gefährlichkeit antreten kann. Dies bedeutet, dass seine Therapiefähigkeit immer wieder zu überprüfen ist.
3. Er sieht sich der Initiative «Lebenslange Verwahrung für nicht therapierbare, extrem gefährliche Sexual- und Gewaltstraftäter» gegenüber, deren Forderungen er in der laufenden Revision aus rechtsstaatlichen und völkerrechtlichen Überlegungen nicht erfüllen kann.
4. Er muss klären, ob für die nach altem Recht verurteilten besonders gefährlichen (ca. 25) Straftäter, die *de lege ferenda* einer lebenslangen Verwahrung zugeführt würden, Lösungen gefunden werden können, welche die Gesellschaft vor Wiederholungstaten nach der Freilassung schützen. Bei der Erfüllung dieser Aufgabe ist zu berücksichtigen, dass rechtsstaatliche und völkerrechtliche Schranken die nachträgliche Einweisung in die Verwahrung verbieten.

Résumé

Selon le droit pénal en vigueur, il est en particulier possible d'interner les délinquants chez lesquels un trouble psychique est constaté selon les principes de la psychiatrie. En revanche, d'après les conceptions du Conseil fédéral, du Conseil des Etats et du Conseil national, il convient également, de lege ferenda, de permettre l'internement des délinquants dits psychiquement sains lorsqu'il résulte d'une «méta-analyse» des caractères relevants pour le pronostic que ces personnes représentent un risque trop élevé pour la sécurité de la société. Par rapport à la nouvelle réglementation de l'internement, le législateur se voit confronté à plusieurs dilemmes:

1. Il doit justifier la modification de la politique pénale et en particulier rechercher un consensus afin que la dangerosité particulière de certains délinquants ne découle pas d'une définition donnée par une branche déterminée de la médecine, mais d'une analyse globale des risques.
2. Au sens du droit national, le législateur doit aménager l'internement de telle sorte que l'interné puisse toujours apporter la preuve qu'il ne représente pas de dangerosité particulière. Cela signifie que sa capacité à bénéficier d'une thérapie doit être constamment réexaminée.
3. Le législateur se voit confronté à l'initiative «internement à vie pour les délinquants sexuels ou violents très dangereux et non curables», qui va à l'encontre du nouveau droit pénal et du droit international public.
4. (Enfin,) le législateur doit veiller à ce que des solutions soient trouvées pour les criminels particulièrement dangereux condamnés sous l'ancien droit (environ 25 personnes) et qui, de lege ferenda, devraient être internés à perpétuité, solutions qui doivent, en outre, protéger la société contre des récidives. Dans l'accomplissement de cette tâche, il doit être tenu compte des limites imposées par le droit national et le droit international public, qui interdisent l'internement rétroactif.

1 Einleitung: Zur Vorgeschichte

Der folgende Beitrag befasst sich mit der Frage, ob die derzeit laufende Revision des Strafgesetzbuches in Art. 64 die lebenslange Verwahrung für bestimmte so genannte psychisch gesunde Straftäter vorsehen soll. Wenn wir kurz zurückblenden, so war die Situation im Juni 2001 die folgende:

- Der Ständerat war dem Bundesrat gefolgt und hatte in Art. 64 StGB der Einführung der lebenslangen Verwahrung auch für so genannte psychisch nicht abnorme Straftäter zugestimmt.

- Die Mehrheit Rechtskommissions-Nationalrat (RK-NR) hatte in der Folge diese Lösung von Bundesrat und Ständerat verworfen und die heutige Regelung, wonach einzig psychisch abnorme Straftäter verwahrt werden dürfen, weiterführen wollen.

- Eine Minderheit der RK-NR wollte demgegenüber mit Ständerat und Bundesrat auch diejenigen Täter einer Verwahrung nach Verbüssung der Freiheitsstrafe zuführen können, die zwar im Sinne der Psychiatrie als «gesund» gelten, die aber aufgrund eines ganz speziellen Persönlichkeitsbildes als höchst gefährliche Täter eingestuft werden müssen, vor denen die Gesellschaft zu schützen ist. Das Plenum NR ist diesem (meinem) Minderheitsantrag gefolgt.

Im Folgenden werde ich nun versuchen aufzuzeigen, warum ich mich für diese Lösung eingesetzt habe und gleichzeitig auch die verschiedenen Dilemmata ausleuchten, denen sich der Gesetzgeber gegenübersieht.

2 Die Dilemmata des Gesetzgebers

Dilemma 1: Die lebenslange Verwahrung von so genannt «psychisch gesunden» Tätern

Im Mittelpunkt steht hier die Frage, ob und gegebenenfalls in welchen Fällen es das Strafrecht verantworten kann, dass so genannte «psychisch gesunde» Täter nach verbüsster Freiheitsstrafe lebenslang verwahrt werden?

Diese Problematik hat uns in der Rechtskommission sehr lange beschäftigt und der Entscheid, mich für die Regelung gemäss Bundesrat und Ständerat einzusetzen, ist mir persönlich nicht leicht gefallen.

Die Psychiatrie unterscheidet bei Straftätern zwischen «psychisch gesunden» und «psychisch kranken» Tätern. Allerdings wird die Definition der so genannten psychischen Störung, wie sie von den Psychiatern aufgrund eines Kriterienkatalogs gegeben wird, von diesen selber mehr oder weniger eng ausgelegt. Diese – bei einer nicht exakten Wissenschaft nie vermeidbare unterschiedliche Gewichtung – bewirkt, dass beispielsweise eine Person, die sieben von zehn Kriterien des Tatbestandes der psychischen Störung erfüllt, vom Psychiater als eine (im Sinne der Psychiatrie) psychisch nicht gestörte Person qualifiziert wird. Besonders deutlich wird dies bei fanatischen Überzeugungstätern.

- Für den Laien verwirrend ist in diesem Zusammenhang, dass u.a. aggressive Sexualstraftäter von der Psychiatrie als psychisch nicht gestört bezeichnet werden: sie folgen ja nur ihren Trieben. So gelten Männer, die Frauen oder Kinder vergewaltigen und umbringen – da sie keine psychiatrisch definierte psychische Störung aufweisen – unter Umständen als im Sinne der Psychiatrie «gesund». Damit drohen derartige Täter in eine strafpolitisch nicht tolerierbare *«Definitions-Lücke»* zu fallen. Die Folge ist, dass derartige Täter nach geltendem Recht – da psychisch gesund – nach Vollzug der Freiheitsstrafe – auch wenn eine solche auf Lebenszeit ausgesprochen wird – nach einer gewissen Zeit wieder freigelassen werden müssen.

- Zu dieser Definitionslücke gesellt sich das in der Begutachtung von derartigen Tätern allgemein zu beobachtende Ausblenden von besonderen prognoserelevanten Persönlichkeitsmerkmalen. Es ist indessen heute auf Grund der speziellen Anstrengungen u.a. der Vertreter des so genannten Züricher PPD-Modells (Psychiatrisch-Psychologischer Dienst des Justizvollzugs im Kanton Zürich) als gesichert anzunehmen, dass es so genannte psychisch gesunde und unbehandelbare Täter gibt, die überaus gefährlich sind. Die Feststellung ergibt sich wie URBANIOK in diversen Aufsätzen und im Hearing unserer Kommission aufgezeigt hat, nicht schon aufgrund einer Beurteilung der Persönlichkeit und Lebensgeschichte des Täters, sondern erst aufgrund einer zusätzlich vorzunehmenden so genannten Tatmusteranalyse.

- Erst die *«Meta-Analyse»* von Verhaltensmuster- und Tatmusteranalyse als Ergebnis einer Konfrontation des Täters mit diesen Mustern kann aufzeigen, ob und wie es um Persönlichkeitsdefizite des Täters steht und wie sie heute und für die nahe Zukunft zu gewichten sind. Wenn z.B. die Tatanalyse Hinweise auf sadistische Handlungsmuster gibt und der Täter selber gerade sadistische Phantasien für sich verneint, sind Rückschlüsse auf «die inneren Muster des Täters» zwingend angezeigt.

- *Sicherere* Aussagen über Täter sind daher einzig bei Gutachten mit *gleichzeitiger* Persönlichkeits- und Tatmusteranalyse möglich. Wenn aber schon die Mehrzahl der Gutachten in der Beurteilung zu kurz greift, wie soll dann das urteilende Gericht, welches ja gerade über die entsprechende psychiatrische Expertise selber nicht verfügt und daher auch keine gutachterlichen Defizite erkennen kann, die adäquate Strafe bzw. notwendige Verwahrung aussprechen können? Das urteilende Gericht ist vielmehr an das Gutachten gebunden.

Beim *geltenden Strafrecht* ist hier ein Defizit zu orten:
- Einerseits kann gegenüber gefährlichen Straftätern, die weder die Voraussetzungen der Verwahrung für *Wiederholungstäter* noch die Voraussetzungen der Verwahrung für *geistig Abnorme* erfüllen, heute nur eine Freiheitsstrafe ausgesprochen werden. Aber selbst in den Fällen, wo heute schon die Ausfällung einer Verwahrung möglich wäre, wird im Interesse des Täterschutzes sehr sparsam davon Gebrauch gemacht. Lassen Sie mich dies an einem Fall verdeutlichen: ein mehrfach rückfälliger schwerster Sexualstraftäter, ein so genannt normal intelligenter Mensch bei dem bloss eine geistig mangelhafte Entwicklung im Sinne einer Persönlichkeitsstörung von dissozialem Typus diagnostiziert wurde, wurde nicht verwahrt. Dies, obwohl der Therapiebericht nach neun Sitzungen feststellte, dass der mehrfache Wiederholungstäter mit seinen Delikten nur «ungern konfrontiert werde», «ausweichend und abwiegelnd reagiere», «keine emotionale Beteiligung» zeige, «keine therapeutische Beziehung habe aufgebaut werden können» und die Gutachterin die Therapierbarkeit als «äusserst gering» einschätzte. Trotz eindrucksvoller und «über-

zeugender» Tätervergangenheit, lehnten sowohl Obergericht wie Bundesgericht die Anordnung der Verwahrung ab. Das Obergericht begründete seinen Verzicht auf die mögliche Anordnung der Verwahrung damit, dass mit 5 Jahren Freiheitsstrafe (zuzüglich evtl. 2 Jahren Zuchthaus für die frühere Tat) dem «Sicherheitsbedürfnis der Gesellschaft Rechnung getragen werden könne» und «positive Anzeichen» für «eine ernsthafte Auseinandersetzung» des Täters mit seiner Lebens- und Verhaltensweise gemäss Führungsbericht der Strafanstalt zu orten seien (vgl. BGE vom 29. Januar 2000, AJP 2/2001).

- Auch als Bürgerin halte ich fest, dass diese auf dem Gutachten basierende Rechtsprechung wonach der Täter «geistig nicht abnorm» sei, weder gegenüber dem aktuellen Opfer der Wiederholungstat noch gegenüber zukünftigen Opfern zu überzeugen vermag. Ich denke, dass dieser Fall nur zu gut aufzeigt, dass nach geltendem Recht auch nach dem Fall Zollikerberg tendenziell die Gefahr besteht, dass der Täterschutz überdehnt und das Risiko einseitig der Gesellschaft aufgebürdet wird.

- Anderseits fehlt im geltenden Strafrecht auch die Anerkennung der Tatsache, dass es so genannte psychisch gesunde Täter gibt, die – ob therapierbar oder nicht – auf Grund einer im Sinne des Zürcher Modells umfassenden Analyse als hoch gemeingefährlich erkannt werden können. Ihre Verwahrung muss daher gemäss Bundesrat, Stände- und Nationalrat möglich sein. Sie soll denn auch neu bei bestimmten Delikten, die mit einer Freiheitsstrafe von mehr als 10 Jahren sanktioniert werden, bereits bei der Ersttat zur Anwendung gelangen. Dabei darf die Tatsache, dass in der Schweiz Gutachter rar sind, die interdisziplinär arbeiten und gleichermassen psychologische wie kriminologische Querbezüge herstellen und gewichten können, nicht dazu führen, dass der Gesellschaft diese «Knappheit aufgebürdet wird», d.h. sie mit den zusätzlichen *vermeidbaren Risiken* belastet wird.

- Auch fällt es schwer, den Kritikern darin zu folgen, dass bei einem Ersttäter «kaum Anhaltspunkte für die Prognose künftiger vergleichbarer Gefährlichkeit» (WIPRÄCHTIGER AJP 2/2001, S. 143) bestehen dürften. Zu Ende gedacht heisst dies, dass die Gesellschaft höchstens und frühestens ab Wiederholungstat geschützt werden könnte. Wenn es möglich ist, mittels einer differenzierenden Analyse den Ersttäter bereits wesentlich genauer, weil umfassender, zu orten, dann muss dies auch bei der Ersttat von derartiger Schwere bereits berücksichtigt werden. In diesem Sinn kann und darf der Öffentlichkeit nie das Erstrisiko wohl aber das Wiederholungsrisiko erspart werden.

Von der Frage der lebenslangen Verwahrung bestimmter so genannter psychisch gesunder Straftäter ist die Überprüfung der Therapiefähigkeit nach vollzogener Freiheitsstrafe zu trennen. Nach dem Willen der RK-NR ist diese Überprüfung vor der Einweisung in die Verwahrung vorzunehmen und in der Folge in periodischen Abständen immer wieder zu überprüfen. Damit würde anerkannt, dass sich ein Mensch im Ablauf der Zeit so ändern kann, dass eine vormalige Diagnose (auf Nicht-Therapiefähigkeit) revidiert werden muss.

Dilemma 2: Die Initiative «lebenslange Verwahrung für nicht therapierbare, extrem gefährliche Sexual- und Gewaltstraftäter»

Diese Initiative stellt im Unterschied zu dem zuvor beschriebenen strafpolitischen ein gesellschaftspolitisches Dilemma dar, in dem sich Bundesrat und Gesetzgeber befinden. Die aus dem Umfeld von Angehörigen von Opfern aus persönlicher Betroffenheit lancierte Initiative wurde von 194'390 Bürgern und Bürgerinnen unterschrieben und löst in der Bevölkerung grosse Zustimmung aus. Die Verwahrungsinitiative verlangt u.a. die lebenslange, endgültige Einsperrung von Straftätern. Hafturlaube sind ebenso ausgeschlossen wie Entlassungen. Einzig so genannte neue wissenschaftliche Erkenntnisse werden zum Beweis zugelassen, dass ein derartiger Täter geheilt werden könnte. In diesem Fall kann er neu begutachtet und evtl. entlassen werden.

- Der Bundesrat hat das Volksbegehren – leider – nicht für EMRK-widrig erklärt, wenngleich er es aus einsichtigen Gründen zur Ablehnung empfiehlt. Dabei ist es müssig daran zu erinnern, dass Straftäter und erst noch schwerstkriminelle Sexualstraftäter keine Lobby in der Bevölkerung haben. Damit ist auch schon die Gefahr aufgezeigt, die von dieser Initiative ausgeht: In einem Abstimmungskampf dürfte es schwierig sein, die rechtsstaatlichen und völkerrechtlichen (EMRK) Bedenken, die gegen diese rigide Initiative sprechen, zu vermitteln. Die besondere Betroffenheit der Initiantinnen ist zwar nachvollziehbar, sie ist indessen nur soweit schützenswert, als die angestrebte Verwahrungspraxis den Opferschutz nicht verabsolutiert und den Tätern jeden Schutz ihres Grundrechts auf eine ihrer Gefährlichkeit entsprechende, d.h. verhältnismässige Freiheitsentziehung abspricht.

- Um einen Abstimmungskampf zu verhindern, hat die RK-NR ausgelotet, ob und gegebenenfalls unter welchen Bedingungen die Initianten bereit wären, mit der laufenden Strafrechtsreform ihre Anliegen als erfüllt anzusehen. Damit wäre der Weg frei für einen Rückzug der Initiative. Der Versuch einer zu diesem Zweck eingesetzten Sub-Kommission – im Gegenzug zum Rückzug der Initiative – noch Verbesserungen der entsprechenden Artikel anzubieten hat interessante Diskussionen gebracht. Dennoch ist der Versuch gescheitert.

- Dies ist auch einsichtig: aus Sicht der Initianten lässt jedes strenge aber doch differenzierte und differenzierende System für psychisch kranke wie so genannte psychisch gesunde Straftäter von Strafverbüssung und/oder Verwahrung mit oder ohne Therapie die Möglichkeit einer Fehlbeurteilung noch offen. Eine hundertprozentige Sicherheit ergibt sich letztlich nicht einmal mit dem Vorschlag der Initianten, auf so genannte neue wissenschaftliche

Erkenntnisse abzustellen, die eine Therapierbarkeit der Täter als machbar erscheinen lassen würden. Hier liegt auch ein wesentlicher Fehlschluss der Initianten: Nicht die mangelnde Therapierbarkeit an sich darf Anlass für eine Verwahrung sein, sondern die besondere und extreme Gefährlichkeit der Täter vor der die Gesellschaft nur durch Verwahrung geschützt werden kann.

- Nach dem Scheitern unserer «Mission» in der Sub-Kommission werden wir im Abstimmungskampf anlässlich der Verwahrungsinitiative Stimmbürger und Stimmbürgerinnen davon überzeugen müssen, dass die vorgeschlagene Revision des allgemeinen Teils des Strafgesetzbuches der Gesellschaft diejenige Sicherheit bringt, die sie nötig hat, ohne aber gleichzeitig den Täterschutz vollends auszublenden.

- Diese Auseinandersetzung im Abstimmungskampf gegen die Initiative wird wohl im Jahr 2003 stattfinden, im Wahljahr also, wo der politische Diskurs noch ruppiger und plakativer geführt werden dürfte als üblich. Auch aus dieser Sicht sind entschieden alle Versuche abzuwehren, die darauf abzielen, die bereits mit dem Bundesrat und Ständerat gefundene Einigung bezüglich der lebenslangen Verwahrung auch von so genannten psychisch gesunden Tätern wieder neu aufzuweichen.

Dilemma 3: Bestehen rechtliche Möglichkeiten, um die als «Zeitbomben» festgestellten noch einsitzenden Straftäter nach Verbüssung ihrer Strafen nachträglich noch zu verwahren?

Auch für diese Frage versuchten wir in der erwähnten Sub-Kommission eine Regelung zu finden. Das Problem besteht darin, dass nach derzeit gültigem Strafrecht in der Vergangenheit fanatische Überzeugungstäter, Sexualverbrecher oder professionelle Killer als Ersttäter bzw. psychisch nicht abnorme Täter zu einer Freiheitsstrafe verurteilt wurden, aber keine Verwahrung ausgesprochen werden konnte. Sie müssen daher nach verbüsster Strafe entlassen werden. *De lege ferenda* wären sie nach verbüsster Haftstrafe in die Verwahrung zu überführen. Erste Abklärungen unter den kantonalen Justiz- und Polizeidirektoren haben ergeben, dass in den nächsten 8 Jahren etwa 20–25 Straftäter, bei denen mit hoher Rückfallwahrscheinlichkeit zu rechnen ist, entlassen werden. Die Sub-Kommission hat versucht Lösungen zu finden, welche die nachträgliche Anordnung der Verwahrung zulassen würde. Sie ist indessen zur Einsicht gelangt, dass sich die nachträgliche Anordnung einer Verwahrung für diese Straftäter sowohl aus rechtsstaatlichen Überlegungen wie auch aus übergeordnetem Recht gemäss der EMRK verbietet. Lassen Sie mich kurz die Gründe dafür auflisten, warum eine nachträgliche Anordnung der Verwahrung abgelehnt werden muss:

- Da die Verwahrung nicht anlässlich des rechtskräftigen Urteils ausgesprochen wurde, bedeutet eine nachträgliche Anordnung eine nachträgliche Korrektur des Urteils. Dies verletzt den Grundsatz «ne bis in idem», der nicht nur eine *zweimalige Verurteilung,* sondern auch eine *zweimalige Beurteilung* für dieselbe Tat verbietet.

- Auch der Versuch, mittels einer Revision zu einer Neubeurteilung des Täters zu kommen, hilft hier nicht weiter. Eine Revision setzt nämlich voraus, dass sich seit dem Zeitpunkt der Verurteilung damals nicht bekannte oder erkennbare neue Tatsachen ergeben hätten. Nun handelt es sich aber bei der Erkennung auf Gefährlichkeit eines Täters nicht um eine Tatsache, sondern vielmehr um eine wertende Zuschreibung: das Gericht stellt die Gefährlichkeit nicht fest, es schreibt sie einem Täter zu. Wenn das urteilende Gericht dem Täter diese besondere Gefährlichkeit nicht zuschreibt, so heisst das nicht, dass diese nicht bestanden hätte. Es heisst aber, dass z.B. ein anders zusammengesetztes Gericht zu einer andern Wertung mit andern (härteren) Straffolgen hätte kommen können. Wollte man indessen eine Revision auch für Nicht-Tatsachen zulassen, wäre aus Sicht des Täters das ihn treffende Urteil der (beliebigen) Neubeurteilung zugänglich – je nach Zeitgeist und Zusammensetzung des Gerichtes. Diese zweite Be- und neue Verurteilung ist denn auch gemäss Art. 4 des 7. Zusatzprotokolls zur EMRK untersagt – sogar in Zeiten des Notstandes.

- Der Straftäter wird auch eine Sicherungsverwahrung als eine (zusätzliche) Strafe empfinden, mit der er nicht rechnen musste und wollte. Ob diese nachträglich angeordnete Verwahrung als Massnahme qualifiziert wird, ist für ihn subjektiv unerheblich, für ihn bedeutet sie jedenfalls einen massiven Eingriff in sein Grundrecht auf persönliche Freiheit.

- Eine extra neu zu schaffende Übergangsregelung im revidierten Strafgesetz – allenfalls als Dringlichkeitsrecht – würde das Verbot der Rückwirkung für strengeres Recht missachten.

- Letztlich verbietet auch die EMRK als übergeordnetes Recht in Art. 5 Ziff. 1 einen Freiheitsentzug zur Verhinderung von zukünftigen Taten im Sinne einer Präventivhaft.

Auch der Ausweg über den fürsorgerischen Freiheitsentzug (FFE) kommt nicht in Frage, da dieser ausdrücklich den Schutz der betroffenen geisteskranken Person selber und nur indirekt den der Gesellschaft bezweckt. Zudem darf das Zivilrecht nicht zu polizeilichen Zwecken missbraucht werden. Weiter geht es bei der gefährlichen Zielgruppe, die in den nächsten 8 Jahren in die Freiheit entlassen wird, gerade um so genannte psychisch gesunde Straftäter, die Art. 43 Ziff. 1 Abs. 2 heute ins Recht fasst. Eine Ausweitung des FFE auf so genannte «Zeitbomben-Täter» ist daher auf jeden Fall abzulehnen. Zu diskutieren bleiben daher aus rechtsstaatlichen Überlegungen einzig die Möglichkeiten z.B. der Beschränkung der Bewegungsfreiheit durch Zuweisung des Wohnsitzes oder technische Mittel der Überwachung. Diese vermögen jedoch nie die gleiche Sicherheit zu geben wie eine zum Zeitpunkt der Verurteilung ausgesprochene Verwahrung, die im Anschluss an die Haftstrafe zu vollziehen wäre.

3 Schluss: Der Stand der Gesetzgebung im Juli 2002

Zum Zeitpunkt als ich für diesen Beitrag angefragt wurde, war ich davon überzeugt, dass heute – also 12 Monate später – die Revision des allgemeinen Teils des Strafgesetzbuches abgeschlossen wäre. Meine persönliche Prognose ist indessen falsch: wir stehen immer noch in der ersten Phase der Differenzbereinigung. Das Plenum des Nationalrates wird in der Herbst-Session darüber zu entscheiden haben, wie sie mit den im Zusammenhang mit der Verwahrung beschlossenen Differenzen zum Ständerat umgehen wird. Dabei sind nicht nur die strafpolitischen, sondern auch die mit der so genannten Verwahrungsinitiative gestellten gesellschaftspolitischen Forderungen zu beachten. Ebenso dürfen wir das besondere Problem der so genannten «tickenden Zeitbomben» nicht ausblenden.

- Mir persönlich ist es ein Anliegen, dass wir uns in dieser Differenz-Diskussion nicht vom Zeitgeist des Wahl- und/oder Abstimmungskampfes beeinflussen lassen, sondern den bisher gefahrenen Kompromiss bei der Neubestimmung des Ausgleichs zwischen Täter- und Opferschutz weiter verfolgen. Die Möglichkeit der Verwahrung auch der so genannten psychisch gesunden Ersttäter nach umfassender «Meta-Analyse» und die Neu-Beurteilung ihrer Therapiefähigkeit nach verbüsster Haftstrafe vor Einweisung in die Verwahrung anerkennt die Wandlungsmöglichkeit und wirkt einer menschenverachtenden «ewigen» Aburteilung des Straftäters entgegen.

- Zudem lässt auch erst ein Behandlungsangebot bzw. eine erfolgte Behandlung Aussagen über den Täter zu. Dank einer in der Verwahrung alle zwei Jahre zu überprüfenden Therapiefähigkeit kann der Täter auch immer den Gegenbeweis antreten, dass er nicht gefährlich ist. Erst diese Möglichkeit eröffnet letztlich dem Verwahrten die Aussicht auf Entlassung und führt damit zur praktischen Konkordanz zwischen Täter- und Opferschutz.

Marianne Heimoz

Umgang mit Perspektivelosigkeit: Die Sicht der Anstaltsleiterin

Zusammenfassung

Wer kann und darf von einer zu «lebenslänglich» oder zur Verwahrung verurteilten Person sagen, sie habe keine Perspektive mehr? Nähme man mit dieser Äusserung nicht einfach eine gesellschaftlich vorgegebene Norm oder gar die eigenen Ansprüche an das Leben zum Mass aller Dinge? Gibt es sie überhaupt, die Perspektivelosigkeit als allgemein gültige Definition eines Zustandes? Kann und soll der Strafvollzug jemandem zu einer Perspektive verhelfen?

Der Verlust der Freiheit auf lange oder unbestimmte Zeit löst Verzweiflung aus, Auflehnung und Trauer, im besten Fall irgendwann dann die Akzeptanz der Situation, die Anpassung an die neuen Lebensumstände. Der Verlustprozess ist von aussen nur bedingt beeinflussbar; möglich ist aber Hilfe zur Selbsthilfe. Sie kann darin bestehen, dass wir im Vollzugsalltag unter Beachtung agogischer Kriterien klare Strukturen schaffen, verbindliche Abmachungen treffen und durchsetzen, eine gute medizinische und psychologische Betreuung gewährleisten, eine regelmässige Beschäftigung sowie Freizeitaktivitäten anbieten, die Aufrechterhaltung des Kontakts zu Angehörigen und Freunden ermöglichen.

Vor allem aber gilt es, Eingewiesene in ihrem Menschsein ernst zu nehmen, ihnen mit Anstand zu begegnen und sie nicht einfach «abzuschreiben», wenn sie «schwierig» sind. So vermögen wir vielleicht jemandem eine Perspektive aufzuzeigen. Geben können wir sie nicht. Das zu akzeptieren heisst letzten Endes aber auch, annehmen zu müssen, dass jemand den Freitod wählt, wenn die Lebensbilanz negativ ausfällt und keine Kraft zum Kämpfen mehr vorhanden ist.

Résumé

Qui peut et a le droit de dire d'une personne condamnée à «perpétuité» ou à l'internement qu'elle n'a plus aucune perspective? Affirmer cela ne revient-il pas à prendre pour référence absolue une simple norme prescrite par la société, voire ses propres exigences face à la vie? Existe-t-elle réellement, l'absence de perspective en tant que définition généralement valable d'un Etat? L'établissement pénitentiaire peut-il et doit-il aider quelqu'un à retrouver une perspective?

La perte de liberté à long terme ou pour une période indéterminée provoque le désespoir, la révolte et la tristesse, dans le meilleur des cas. Par la suite, interviennent l'acceptation de la situation, l'adaptation aux nouvelles conditions de vie. Le proccssus de perte de liberté ne peut être influencé de l'extérieur que de façon conditionnelle; il est par contre possible d'aider l'individu à se prendre lui-même en charge.

Cela peut se faire, compte tenu de critères agogiques, en créant des structures claires dans le quotidien de l'exécution, en trouvant et en appliquant des accords contraignants, en garantissant une prise en charge médicale et psychologique de qualité, en offrant une occupation régulière ainsi que des activités de loisirs, en préservant le contact avec les membres de la famille et les amis.
Mais, avant tout, il importe de prendre les détenus au sérieux dans leur humanité, d'aller à leur rencontre avec décence et de ne pas simplement les «rayer de la liste», lorsqu'ils sont «difficiles». C'est ainsi que nous sommes peut-être capables de montrer une perspective à quelqu'un. Nous ne pouvons en effet pas la lui donner. Mais accepter, cela signifie finalement aussi admettre qu'une personne choisisse le suicide lorsque son bilan de vie se révèle négatif et qu'elle n'a plus la force de se battre.

Erlauben Sie mir, zu Beginn zwei Fragen zu stellen – zum einen die Frage, ob es überhaupt jemandem anderem als dem oder der Direktbetroffenen zustehe festzustellen, er oder sie habe eine Perspektive oder eben keine bzw. keine mehr. Und zum andern – gleichsam folgerichtig – jene, ob «Perspektivelosigkeit» damit als allgemein gültige Definition eines Zustandes überhaupt existiere und ob es sich dabei nicht vielmehr immer um eine subjektive Beurteilung einer aktuellen, persönlichen Situation handle.

Oder anders gefragt: Habe ich als Anstaltsleiterin überhaupt das Recht, von einer unserer Insassinnen zu sagen, sie habe keine Perspektive mehr? Nehme ich mit einer solchen Äusserung nicht einfach eine gesellschaftlich vorgegebene Norm oder allenfalls gar meine eigenen Ansprüche an das Leben zum Mass aller Dinge?

Worüber soll ich mir im Rahmen dieser Tagung also Gedanken machen? Mit wessen Perspektivelosigkeit gilt es sich auseinanderzusetzen? Und: Ist es Aufgabe der für den Vollzug von Strafen verantwortlichen Fachleute, jemandem eine Perspektive zu geben? Können wir das überhaupt?

Ich bin mir durchaus bewusst, dass es wesentlich einfacher ist, Fragen zu stellen als diese zu beantworten. Vor allem dann, wenn es um derart existenzielle Fragen geht. Meine Ausführungen zum Tagungsthema haben entsprechend den Charakter persönlicher Annäherungen an die Frage, welchen Beitrag wir im Vollzug leisten können, wo uns Grenzen gesetzt sind und wie wir lernen können, mit diesen Grenzen umzugehen.

Grundsätzlich müssen wir uns als Vollzugsfachleute immer wieder ins Bewusstsein rufen, dass der Verlust der Freiheit für Betroffene mit dem gleichen Anpassungsprozess einhergeht, der Folge eines jeden Verlustes ist – und zwar unabhängig davon, wie gross im materiellen und im immateriellen Sinn dieser Verlust für Aussenstehende sein mag.

Im Verlauf dieses Prozesses wandelt sich die Verzweiflung über die Veränderung vorerst zur Auflehnung, dann zur Trauer um das Verlorene und – im besten Fall – zur Akzeptanz der neuen Situation und zur Anpassung an die neuen (Lebens-)Umstände. Die einzelnen Phasen dieses Prozesses können dabei unterschiedlich lang ausfallen und sich über wenige Stunden oder über Jahre erstrecken – je nachdem wie schwer ein Verlust subjektiv für eine Person wiegt.

Sich einer neuen, ungewohnten und allenfalls unerwünschten Situation anpassen zu müssen und diese zu akzeptieren, heisst letztlich dann immer, bewusst auf etwas zu verzichten, das bisher zu einem gehört hat: Bei Insassinnen und Insassen einer Vollzugsanstalt ist das demnach der (mehrheitlich temporäre) Verzicht auf die Freiheit mit all ihren Facetten.

Wird diese Verzichtsphase nicht vollständig durchlaufen, hat das fatale Folgen, wie eine Psychologin unlängst in einem Referat zum Titel «Die Kunst des Verzichtens» dargelegt hat: Kann sich jemand, von dem, was er verloren hat, nicht oder nicht ganz verabschieden, führt das zu Unselbständigkeit und Abhängigkeit. Es macht zudem anfällig für Neid gegenüber anderen Menschen, die das haben, worauf man nicht richtig verzichtet hat.

Im Vollzug kennen wir die ganze Palette möglicher Reaktionen: Sie reicht von den extrem fordernden Eingewiesenen, die immer glauben, zu kurz zu kommen und die nie mit etwas zufrieden sind, bis zu jenen praktisch lebensunfähigen Menschen, die mit der Zeit glauben, kaum mehr die kleinste Verrichtung selber bewältigen zu können und sich in die totale Abhängigkeit flüchten.

Was heisst das für den Vollzug?

Dem Umstand, dass langstrafige Gefangene aufgrund des Freiheitsverlustes unter Umständen einen sehr langen Anpassungsprozess vor sich haben, müssen wir im Vollzug Rechnung tragen. Es gilt dabei für alle Involvierten, die verschiedenen Stufen dieses Anpassungsprozesses als solche zu erkennen und adäquat zu handeln.

Der Umgang mit langstrafigen Eingewiesenen bedingt damit einen sehr hohen Grad an Professionalität. Wichtig ist es dabei zum einen, für alle Beteiligten zu klären, worin unser Vollzugsauftrag im konkreten Einzelfall besteht (Stichworte: Wiedereingliederung in die oder Schutz der Gesellschaft) und wo in ihrem inneren Entwicklungsprozess eine Person beim Übertritt in den Vollzug gerade steht.

Damit professionelles Arbeiten möglich bleibt, ist es zum andern unabdingbar, sich auf diesem Hintergrund regelmässig darüber Rechenschaft abzulegen, was in unserem Handeln unserem Auftrag, was unserer persönlichen Betroffenheit über das Schicksal der uns anvertrauten Eingewiesenen und was unseren eigenen Ansprüchen an ein Leben mit Perspektive entspringt. Zu klären gilt es auch, ob wir allenfalls mit unserer Arbeit bewusst oder unbewusst eigene Defizite zu kompensieren versuchen. Dazu ist nebst Selbstreflexion die Hilfe erfahrener Aussenstehender unabdingbar (Stichworte: Coaching, Supervision, fachspezifische Weiterbildung).

Eine Klammerbemerkung:
Ich wage es aufgrund vieler Gespräche mit Kollegen und Supervisoren zu behaupten, dass dieser Reflektionsarbeit in jeder Institution im Sozialbereich ein hoher Stellenwert zukommt – nicht nur im Vollzug an Frauen. Dies, obschon ich vermute, dass die schmale Grenze zwischen professionellem Mitgefühl und unprofessionellem Mitleid möglicherweise im Umgang mit strafgefangenen Frauen unabhängig von der Institution leichter überschritten wird als im Vollzug an Männern. So oder so wird das Überschreiten dieser Grenze Mitarbeitenden zum Fallstrick und verhindert bei den betroffenen Eingewiesenen mögliche Schritte in ihrer Entwicklung.

Was bedeutet das in der Praxis?

Sehr häufig kommen Straftäterinnen bereits in den vorzeitigen Vollzug zu uns, gerade jene mit der Aussicht auf eine sehr lange Strafe. Die Erfahrung zeigt, dass in dieser Situation viele Tatsachen zugunsten der Hoffnung auf ein milderes Urteil beschönigt und damit gleichsam verdrängt werden. Das Bemühen, mit den Betroffenen über mögliche in die Zukunft weisende Vollzugsschritte zu sprechen, scheitert an diesem (in der Regel unbewussten) Verdrängungsmechanismus.

Spätestens mit der letztinstanzlichen Urteilseröffnung endet diese Phase. Sie wird immer dann definitiv durch jene der Verzweiflung abgelöst, wenn die gehegten, oft wenig realitätsnahen Hoffnungen der Eingewiesenen nicht in Erfüllung gegangen sind (Stichwort: Appellationsverfahren als letzter «Strohhalm»).

Es ist dabei nachvollziehbar, dass bereits eine sehr lange Strafe und erst recht das Urteil «lebenslänglich», «Verwahrung» oder gar die Kombination der beiden Varianten rasch einmal mit dem Begriff «Perspektivelosigkeit» gleichgesetzt werden, und zwar sowohl von den betroffenen Eingewiesenen wie auch von den mit dem Vollzug der Strafe beauftragten Fachleuten. Für beide Seiten birgt diese Bilanz Gefahren.

Im Vordergrund steht zunächst die Gefahr eines Suizids der Eingewiesenen als Reaktion auf das Urteil. Dieser Gefahr kann in der Regel mit einer sorgfältigen Überwachung, einer den Schock dämpfenden medikamentösen Behandlung und einer adäquaten psychologischen Betreuung weitgehend entgegen gewirkt werden. Ganz ausschliessen, dass es zu einem Suizidversuch kommt, kann aber niemand, was für Betreuende sehr belastend sein kann.

Je nach der individuellen Befindlichkeit der Betroffenen wandelt sich die Phase der Verzweiflung dann mehr oder weniger rasch zur Auflehnung. Das kann bedeuten, dass Suiziddrohungen gepaart mit dem Versuch einhergehen, Zugeständnisse oder Vergünstigungen irgendwelcher Art zu erhalten. Parallel dazu wächst die Gefahr der Fremdgefährdung, allenfalls mit dem Ziel, die verloren gegangene Freiheit wieder zu erlangen, da Flucht zu diesem Zeitpunkt als einzige Perspektive angesehen werden kann.

Hat das physische und emotionale Anrennen gegen die Vollzugssituation den Höhepunkt erreicht, macht sich langsam die Trauer breit. In dieser Situation erleben wir Eingewiesene als wenig zugänglich und als depressiv.

Obschon das Trauern einem wichtigen Schritt im Verlustprozess gleichkommt, bleibt die Situation für die Betreuenden belastend. Zwar gehört Empathie zu jenen Qualitäten, die Vollzugsangestellten eigen sein müssen, wenn sie gute Arbeit leisten wollen. Aber wenn sie sich in diesen schwierigen Situationen nicht genügend abgrenzen können und wenn sie sich aus einer mehr oder weniger bewussten Art von Mitleid bzw. aus einem Ohnmachtsgefühl oder gar aus Angst heraus zu einem frühen Zeitpunkt verleiten lassen, Zugeständnisse zu machen, Sicherheitsvorschriften zu missachten oder Vollzugslockerungen zu versprechen, kann sich dies bei Eingewiesenen mit langen Strafen verheerend auswirken: Wer vergisst, dass mögliche Vollzugsschritte unter Umständen auf eine Zeitspanne von fünfzehn, zwanzig oder mehr Jahre ausgelegt sein müssen, wird sich innert kurzer Zeit mit sich kumulierenden, praktisch unüberwindbaren Führungsproblemen konfrontiert sehen.

Leidtragende sind dabei letztlich die Eingewiesenen, die angesichts dieser Führungsprobleme mit der Zeit unter Umständen von Institution zu Institution weitergeschoben werden, damit das mit der Situation subjektiv und objektiv überforderte Vollzugspersonal zu einer «Verschnaufpause» kommt.

Wer langstrafige Eingewiesene den Verzichtsprozess nicht durchlaufen lässt, ihm oder ihr zu rasch zu viele (subjektiv nachvollziehbare) Wünsche erfüllt, Vollzugslockerungen in Aussicht stellt oder zu früh mit langfristig angelegten Ausbildungsangeboten die Perspektive eines trotz Freiheitsentzugs lebenswerten Lebens geben will, programmiert demnach gleichsam das Scheitern seiner Bemühungen.

Es ist deshalb gerade auch bei langstrafigen Gefangenen, deren Delikt häufig in einem direkten Zusammenhang mit einer mehr oder weniger akuten psychischen Störung steht, unabdingbar, vom ersten Tag an einen professionellen Umgang mit Nähe und Distanz zu pflegen. Das heisst, geplante Schritte mit allen involvierten Stellen auf ihre Tauglichkeit und allenfalls auf daraus resultierende Konsequenzen hin zu prüfen und – vor allem – die eigenen Erwartungen an ein erfülltes Leben nicht zum Massstab für jenes anderer Menschen zu machen.

Es gilt somit, innerhalb unserer Institutionen nach Wegen zu suchen, um Eingewiesene zuerst einmal so durch diesen Verlustprozess zu begleiten, dass eine Entwicklung hin zur Akzeptanz der neuen Lebensumstände möglich wird. Weil (auch) Eingewiesene erst dann fähig sein werden, mögliche Entwicklungen als echte Perspektiven wahrzunehmen.

Der Zeitraum, den der Verlustprozess als Ganzes einnimmt, ist von Aussenstehenden nur bedingt beeinflussbar. Unsere Aufgabe muss sich deshalb auf die Hilfe zur Selbsthilfe, auf die Stärkung des eigenen Ichs der Eingewiesenen beschränken, beispielsweise

- indem wir vom ersten Tag an den Vollzugsalltag unter Beachtung agogischer Kriterien klar strukturieren und damit einer möglichen psychosozialen Verwahrlosung entgegen wirken;
- indem wir eine gute medizinische und psychologische Betreuung gewährleisten;
- indem wir unter Beachtung des psychischen und physischen Gesundheitszustands der Gefangenen verbindliche Abmachungen treffen und Verstösse nicht einfach hinnehmen;
- indem wir Eingewiesene von Anfang an im Rahmen ihrer Möglichkeiten und Fähigkeiten beschäftigen und ihnen im Freizeitbereich den Zugang zu körperlicher Aktivität, zu Musik, Film und Literatur ermöglichen;
- indem wir Eingewiesene während dieser unstabilen Phase nicht mit Ausbildungsprogrammen überfordern, die zwangsläufig zu einem Misserfolg und damit einmal mehr zum Gefühl der Perspektivelosigkeit führen;
- indem wir zwischenmenschliche Kontakte ermöglichen und darauf hinzuwirken versuchen, dass die Beziehung zur Familie und zu einem allfälligen Freundeskreis nicht abbricht
- und – vor allem – indem wir auch Eingewiesene mit dem Urteil «lebenslänglich» oder mit einer Verwahrung in ihrem Menschsein ernst nehmen, ihnen mit Anstand begegnen und sie nicht einfach «abschreiben», wenn sie ihre Situation nicht akzeptieren können und schwierig sind.

Dass bei all diesen Massnahmen immer die Vorschriften bezüglich der inneren und äusseren Sicherheit einzuhalten sind, gehört im Vollzug zu den unabdingbaren Voraussetzungen – selbst wenn dies für Aussenstehende ab und zu schwer verständlich ist und immer wieder zu Diskussionen Anlass gibt (Beispiel: Besuche hinter der Trennscheibe). Denn: Dass wir subjektiv die Not und die Verzweiflung von Eingewiesenen nachvollziehen können und entsprechend Verständnis für deren Wünsche und für die Anliegen ihrer Angehörigen oder jene der Öffentlichkeit haben, darf uns nicht dazu verleiten, unseren professionellen Standpunkt zu verlassen.

Unsere Erfahrung mit langstrafigen Eingewiesenen zeigt, dass es mehrere Jahre dauern kann, bis es jemand schafft, sich nicht mehr gegen das Urteil aufzulehnen und wieder nach vorne zu blicken. Nur wer wieder nach vorne blicken kann, wer die Phase des Verzichtes richtig abgeschlossen hat, ist fähig, vorhandene Perspektiven wahrzunehmen. Andernfalls obsiegen, wie eingangs dargelegt, Unselbständigkeit und Resignation gegenüber einem neu zu erweckenden Selbstgefühl.

In diesem Zusammenhang vertrete ich übrigens klar die Meinung, dass nie das Vollzugspersonal und auch kein anderer Aussenstehender, sondern einzig und allein die betroffenen Eingewiesenen selber ihrem – je nach Vollzugsregime – unter Umständen auf ein paar wenige Quadratmeter eingegrenzten Leben eine Perspektive geben können. Das Vollzugspersonal und weitere Kontaktpersonen (z.B. Arzt, Psychiater, Pfarrer) können Perspektiven einzig aufzeigen und dazu ermuntern vorhandene Möglichkeiten als Perspektive wahrzunehmen.

Das gelingt auch immer wieder: Es sind mir Beispiele bekannt von Eingewiesenen, die ein Studium in Angriff genommen und abgeschlossen oder erfolgreich eine Lehre absolviert haben, obschon ihnen bewusst war, dass sie nie mehr in die Freiheit entlassen werden können. Der Mangel an äusserlichen Perspektiven (Stichworte: Karriere, Familie) hat in diesen Fällen keine dominante Rolle mehr gespielt.

Solange jemand eine Perspektive hat – und sei es nur jene, dass ihm irgendwann die Flucht gelingt – wird er dem Leben zugewendet bleiben. Zu akzeptieren, dass jemand für sich selber entscheiden muss, ob er oder sie dem Leben einen Sinn und damit eine Perspektive geben kann, heisst im Gegenzug aber auch, akzeptieren zu müssen, dass jemand ganz bewusst den Freitod wählt, wenn die Lebensbilanz negativ ausfällt und wenn keine Kraft zum Kämpfen mehr vorhanden ist.

Ich fasse zusammen und versuche gleichzeitig, die eingangs gestellten Fragen aus der Sicht der Anstaltsdirektorin zu beantworten:

- Der Vollzug einer Strafe impliziert unabhängig von deren Länge den Auftrag, Perspektiven aufzuzeigen und Menschen zu ermuntern, vorhandene Möglichkeiten im Sinne eines persönlichen Prozesses auch wahrzunehmen. Perspektiven geben können wir hingegen nicht.
- Ob zu einer lebenslänglichen Strafe Verurteilte etwas als Perspektive wahrnehmen können oder nicht, hängt zu einem schönen Teil davon ab, ob sie den Verlust der Freiheit und die daraus resultierende Situation akzeptiert haben.
- Wer trotz aller Enttäuschungen und Misserfolge nicht immer wieder daran glaubt, dass Menschen auch aus schwierigsten Situationen herausfinden und ihrem Leben eine Perspektive geben können, sollte nicht im Strafvollzug arbeiten, auch nicht als Direktorin.
- Wo und wann die Perspektivelosigkeit beginnt, entscheidet nie ein Aussenstehender für einen selber.

Das gilt im Vollzug und im Leben ausserhalb der Vollzugsanstalt gleichermassen.

Vera Schumann

Umgang mit Perspektivlosigkeit: Die Sicht der Psychiaterin

Zusammenfassung

Es wird von Erfahrungen berichtet, die aus Prognose-Begutachtungen einer grossen Anzahl von zu lebenslanger Freiheitsstrafe verurteilten Strafgefangenen – ausschliesslich Mördern – zwischen 10 und 40 Jahren nach ihrer Tat gesammelt wurden. Perspektivlosigkeit ist kein einheitliches Phänomen; sie wird individuell wahrgenommen, individuell beantwortet und hat auch objektiv unterschiedliche Facetten. Der Umgang mit der Perspektivlosigkeit ist abhängig von der Täterpersönlichkeit, die mit unterschiedlichen psychischen Ressourcen auf die Katastrophe des Deliktes und auf die Katastrophe der lebenslangen Freiheitsstrafe reagiert.
Die Perspektiven werden aber auch mitbestimmt von den unterschiedlichen Bedingungen und dem Binnenklima der jeweiligen Justizvollzugsanstalten. Drei Fallbeispiele verdeutlichen unterschiedliche Möglichkeiten im Umgang mit Perspektivlosigkeit.

Résumé

L'exposé fait état d'expériences réunies sur la base d'expertises prévisionnelles effectuées auprès d'un grand nombre de détenus condamnés à perpétuité – exclusivement des meurtriers – entre 10 et 40 ans après la commission de leurs actes criminels.
L'absence de perspective n'est pas un phénomène uniforme; elle est perçue de manière individuelle, chacun y réagit à sa manière, et elle présente même des facettes objectivement distinctes. La gestion de l'absence de perspective dépend de la personnalité de l'auteur, qui réagit avec des ressources psychiques différentes face à la problématique posée tant par l'acte commis que par la condamnation à perpétuité.
Mais les perspectives sont également influencées par les conditions différentes et par le climat à l'intérieur de l'établissement pénitentiaire concerné. Trois cas exemplatifs illustrent des manières diverses de gérer l'absence de perspective.

Einleitung

Perspektivlosigkeit – ein Zustand, in dem viele Menschen in vielen Lebensbereichen auch ausserhalb von Mauern und Gittern leben: Kriegsflüchtlinge, Aidskranke, Strassenkinder, langjährig Arbeitslose

– die Reihe lässt sich beliebig fortsetzen. Hier geht es um den Umgang von zu lebenslanger Freiheitsstrafe verurteilten Strafgefangenen, den «Lebenslänglichen», mit deren Perspektivlosigkeit. Mein Bericht hierzu stützt sich auf Erfahrungen, die ich als Gutachterin in den letzten acht Jahren mit dieser speziellen Klientel gesammelt habe. Ich muss dazu erklären, dass nach einer Verwaltungsvorschrift im Bundesland Nordrhein-Westfalen jeder Lebenslängliche vor dem Einstieg in Vollzugslockerungen von einem externen, forensisch erfahrenen Psychiater begutachtet werden muss zu der Frage, ob das Missbrauchs- und Fluchtrisiko für die geplanten Massnahmen – Begleitgang, erster Urlaub, Verlegung in den offenen Vollzug – vertretbar gering ist. 1993 wurde ich vom Justizministerium des Landes mit dieser Aufgabe betraut und ich habe inzwischen einschliesslich der Gutachten für die Strafvollstreckungskammer zur Legalprognose bei Entlassungen etwa 160 Mörderinnen und Mörder gesehen, die mir ihre Lebensgeschichten erzählt und über ihre Entwicklung im Strafvollzug berichtet haben. Sie kamen aus 13 verschiedenen Justizvollzugsanstalten. Für die Begutachtung standen mir neben Gerichtsakten die Gefangenenpersonalakten zur Verfügung, die neben vielem anderen auch die Protokolle der regelmässig stattfindenden Vollzugsplankonferenzen sowie mehr oder weniger ausführliche psychologische Stellungnahmen der jeweils zuständigen Anstaltspsychologen zur Lockerungseignung enthielten. Ich habe die Gefangenen frühestens 10 Jahre nach ihrer Tat gesehen; die meisten jedoch 13 bis 16 Jahre nach dem Delikt und nicht wenige erst viele Jahre später; drei Gefangene befanden sich über 40 Jahre im Gefängnis.

Gesetzliche Vorschriften in Deutschland

Zunächst noch ein Wort zu den gesetzlichen Vorschriften in Deutschland. 1949 wurde in der Bundesrepublik die Todesstrafe abgeschafft; in der früheren DDR erst 1987. Dort waren noch 1979 und 1981 die beiden letzten Todesurteile vollstreckt worden.

Die lebenslange Freiheitsstrafe war bis zum 30.4.1982 in der Bundesrepublik tatsächlich lebenslang; sie konnte nur durch eine Gnadenentscheidung des Ministerpräsidenten des jeweiligen Bundeslandes in eine zeitige Freiheitsstrafe umgewandelt werden. Dies geschah seit 1969 in der Mehrzahl der Fälle.

1977 – nach Anhörung von 12 Sachverständigen – stellte das Bundesverfassungsgericht in seiner Entscheidung vom 21. Juli 1977 fest, dass die für Mord angedrohte lebenslange Freiheitsstrafe nicht gegen das Gebot schuldangemessenen Strafens verstösst; doch sei der Staat verpflichtet, dem Verurteilten die Chance zu geben, die Freiheit wiederzugewinnen. Der Beschluss hatte folgenden Inhalt:

1. Die lebenslange Freiheitsstrafe für Mord ist nach Massgabe der folgenden Leitsätze mit dem Grundgesetz vereinbar.

2. Nach dem gegenwärtigen Stand der Erkenntnis kann nicht festgestellt werden, dass der Vollzug der lebenslangen Freiheitsstrafe *gemäss den Vorschriften des Strafvollzugsgesetzes* und unter Berücksichtigung der gegenwärtigen Gnadenpraxis zwangsläufig zu irreparablen Schäden psychischer und physischer Art führt, welche die Würde des Menschen (Artikel 1 Absatz 1 Grundgesetz) verletzen.

3. Zu den Voraussetzungen eines menschenwürdigen Strafvollzuges gehört, dass dem zu lebenslanger Freiheitsstrafe Verurteilten grundsätzlich eine Chance verbleibt, wieder der Freiheit teilhaftig zu werden. Die Möglichkeit der Begnadigung allein ist nicht ausreichend; vielmehr gebietet es das Rechtsstaatsprinzip, die Voraussetzungen, unter denen die Vollstreckung der lebenslangen Freiheitsstrafe ausgesetzt werden kann und das dabei anzuwendende Verfahren *gesetzlich* zu regeln.

Damit war der Gesetzgeber gefordert und führte zum 1.5.1982 den Paragraphen 57a des Strafgesetzbuches ein, nach dem das Gericht die Vollstreckung des Restes einer lebenslangen Freiheitsstrafe zur Bewährung aussetzt, wenn

1. 15 Jahre der Strafe verbüsst sind,
2. nicht die besondere Schwere der Schuld des Verurteilten die weitere Vollstreckung gebietet,
3. dies unter Berücksichtigung des Sicherheitsinteresses der Allgemeinheit verantwortet werden kann und
4. der Verurteilte einwilligt.

Die besondere Schwere der Schuld kann seit 1992 schon in der Hauptverhandlung vom Schwurgericht festgestellt werden. Die Mindestverbüssungsdauer unter dem Gesichtspunkt der Schuldschwere über die obligatorischen 15 Jahre hinaus setzt aber weiterhin die Strafvollstreckungskammer fest. Sie tut das jedoch in der Regel nicht früher als nach 13 Jahren, sodass die zu lebenslanger Freiheitsstrafe verurteilten Gefangenen bis dahin im Ungewissen bleiben über ihren frühestmöglichen Entlassungszeitpunkt – eine positive Legalprognose natürlich vorausgesetzt. Diese Ungewissheit ist ein Teil der Perspektivlosigkeit vor allem der ersten Jahre.

Nachzutragen ist noch, dass in Deutschland die zeitige Freiheitsstrafe als Höchststrafe 15 Jahre beträgt, danach kommt Lebenslang. Zum anderen ist darauf hinzuweisen, dass das Strafvollzugsgesetz in Deutschland ein Bundesgesetz ist; nur die Ausführungsbestimmungen sind Ländersache.

Aspekte der Perspektivlosigkeit

Perspektivlosigkeit ist kein einheitliches Phänomen. Sie wird individuell wahrgenommen, individuell beantwortet und hat auch objektiv unterschiedliche Facetten – wir kommen noch darauf. Nur eines bleibt gleich: Jedes Gefängnis ist eine totale Institution und es geht um einen langen Freiheitsentzug.

Betrachten wir zunächst unser Thema unter dem Aspekt der Zeit. Strafe und Schuld – übrigens auch Reife – werden von Juristen in Lebensjahre gegossen. Zeit ist Leben, Zeit ist Frist; aber verbrachte Lebenszeit allein als in Jahren gemessenes Mass sagt nichts aus über erworbene oder in Gang gekommene Entwicklungen. Zeit ist letztlich das, was jeder Einzelne daraus macht. Das gilt für jeden von uns, das gilt auch im Gefängnis.

Ich las von Erfahrungen, die zwei bedeutende Politiker im Gefängnis gemacht haben: Der später ermordete ägyptische Staatschef SADAT – 18 Monate in Einzelhaft – sprach von der Konfrontation mit sich selbst, die im Gefängnis unausweichlich ist, weil es kein anderes Gegenüber mehr gibt.

Und NELSON MANDELA – nach 27 Jahren Haft 71jährig entlassen auch ein «Lebenslänglicher» – sprach von der enormen Anpassungsfähigkeit des menschlichen Körpers an unangenehme Zustände und dass man das Unerträgliche ertragen kann, wenn man die Stärke des Geistes bewahren kann. Er sprach aber auch davon, dass es eine einzige Ausnahme von den Schrecken des Gefängnisses gebe: Im Gefängnis gibt es Zeit zum Nachdenken.

Beides – die Konfrontation mit sich selbst und die Zeit zum Nachdenken – spielt eine entscheidende Rolle im Umgang auch der Lebenslänglichen mit ihrer Persepktivlosigkeit. Es hat mich in den vergangenen Jahren immer wieder beeindruckt, dass und wie Menschen sich ändern und entwickeln, neu orientieren können auch unter den Bedingungen des Gefängnisses.

Zwei Fallbeispiele

Schon mein erster Auftrag brachte gleich meine vorgefasste Meinung über die Auswirkungen der lebenslangen Freiheitsstrafe ins Wanken. Es handelte sich um eine damals 43jährige Frau; ich suchte sie in der Justizvollzugsanstalt auf – und sah eine Dame vor mir. Sie hatte 14 Jahre zuvor im Rahmen einer höchst gewalttätig verlaufenden 12jährigen Ehe, in der sie vergewaltigt und geschlagen wurde, ihren Ehemann mit Medikamenten und Äther umgebracht; Einzelheiten sind in diesem Zusammenhang nicht von Bedeutung. Sie wurde nur zu 12 Jahren Haft verurteilt, woraufhin die Staatsanwaltschaft in Revision ging. Der Bundesgerichtshof hob das Urteil tatsächlich auf und verwies die Sache an eine andere Kammer des gleichen Landgerichts; diese verurteilte sie zu einer Freiheitsstrafe von 9 Jahren. Auf die erneute Revision der Staatsanwaltschaft verwies der BGH die Sache dann an das Landgericht einer anderen Stadt und dort erhielt sie das Lebenslänglich, das die Staatsanwaltschaft von Anfang an gefordert hatte.

Ich fragte sie – es war eine mehr rhetorische Frage – wie sie sich nach diesem Urteil gefühlt hat und sie antwortete zu meiner Überraschung: «Sie können sich vorstellen, wie mir zumute war. Aber im Nachhinein muss ich sagen: Ohne das Lebenslänglich hätte ich mich nicht verändert. Manche Menschen brauchen länger, um sich zu ändern; für mich hätten 6 Jahre – sie meinte damit Zweidrittel von 9 Jahren – nicht gereicht.» Diesen Satz: ohne das Lebenslänglich hätte ich mich nicht verändert – habe ich später noch mehrfach gehört.

Nach den drei Prozessen und insgesamt 5jähriger Untersuchungshaft wurde sie in eine andere Justizvollzugsanstalt verlegt, um ihr die Chance eines Neuanfangs zu geben. Sie absolvierte dort eine Ausbildung als Köchin, fand einen Anstaltspsychologen, mit dem sie ihre Tat und Schuld und ihre Persönlichkeitsproblematik aufarbeitete und der ihr später half, wieder Kontakt zu ihren beiden Kindern aufzunehmen. Ihnen hatte sie jahrelang aus dem Gefängnis Briefe geschrieben, die das Jugendamt jedoch nie weitergeleitet hatte, ohne sie darüber zu informieren. Sie schloss schliesslich Frieden mit ihnen, aber auch mit sich selbst und ihrer Tat. Fünf Jahre später wurde sie in ihre Mutteranstalt zurückverlegt, kam schliesslich in den offenen Vollzug, studierte von dort aus Ökotrophologie (Ernährungswissenschaften) und war trotz ihres Alters die Beste aus dem Semester. Sie hatte gute Aussicht, mit dieser Ausbildung eine Stellung im Wirtschaftsbereich eines grösseren Hotels zu finden.

Noch eindrucksvoller ist eine Fallgeschichte, die ich hier nur sehr verkürzt wiedergeben kann. Herr E. hatte 26jährig eine etwa gleichaltrige Frau mit einem Elektrokabel erdrosselt; ich sah ihn 10 Jahre nach seiner Tat. Seine Mutter war bei seiner Geburt 16 Jahre alt, der Vater 20 Jahre. Sie war in allen Belangen überfordert, der Vater liess sich zwei Jahre später scheiden. Das Kind blieb bei der Mutter, die nun ihre Jugend nachholte und das Kind massiv vernachlässigte. Der Vater heiratete erneut und nahm den Sohn nun zu sich; die Stiefmutter misshandelte ihn und er kam zu Pflegeeltern. Der Pflegevater starb zwei Jahre später; Klaus E. kam jetzt zu den Grosseltern. Dort stellte sich eine Tuberkulose heraus, mit der er sich in der Pflegefamilie angesteckt hatte. Es folgten zwei Jahre Sanatoriumsaufenthalt, erneute Aufnahme bei den Grosseltern und wiederum Rückkehr in die Familie des Vaters, der inzwischen zum dritten Mal geheiratet hatte. Auch mit dieser Stiefmutter gab es grosse Schwierigkeiten; Klaus E. war inzwischen 13 Jahre alt. Keine Bezugsperson länger als zwei Jahre, meist kürzer. Nach der Schulentlassung gelang keine berufliche und soziale Integration; er hielt kein Arbeitsverhältnis länger durch, gab bei den geringsten Schwierigkeiten sofort auf, beging Unregelmässigkeiten im Eigentumsbereich und lebte längere Zeit sogar auf der Strasse, landete vorübergehend im Obdachlosenasyl. Einen Hilferuf an den Vater, der ihn stets abgelehnt hatte, ignorierte dieser. Die einzig stabile Periode in seinem Leben waren die 15 Monate Bundeswehr. Kurz darauf heiratete er, es änderte sich aber nichts. Zu dem inzwischen geborenen Sohn hatte er keinerlei Beziehung. Seine Frau trennte sich schliesslich von ihm, nachdem er auch noch massiv spielsüchtig geworden war. Er lernte Karola W. kennen, die ebenfalls gerade von ihrem Ehepartner verlassen war und lebte ein halbes Jahr mit ihr zusammen. Wenige Tage vor der Tat hatte sie ihm erklärt, er solle wieder ausziehen. Nach vier spannungsreichen Tagen kam es dann zur Katastrophe. Sie verhielt sich am Abend des Tattages Herrn E. gegenüber sehr ambivalent und er fühlte sich – nicht ohne Grund – herabgewürdigt und gebraucht. Er erdrosselte sie mit dem Elektrokabel seines Rasierapparates – sonst hatte er Niederlagen und Demütigungen immer eingesteckt. In der Exploration schilderte er mir die Tat: «Ich habe gezogen und gezogen und gezogen. Ich war voll Hass und Wut. Nicht direkt auf sie. Auf mich, auf alle, auf die Welt. Dass ich so viel leiden musste. Es war Hass auf alles im Prinzip.» Er unternahm danach einen Selbstmordversuch und stellte sich dann der Polizei.

Im Gefängnis nahm er alle Möglichkeiten wahr, die ihm die Justizvollzugsanstalt bot: Er schloss das 10. Schuljahr ab, absolvierte eine Ausbildung zum Schriftsetzer, nahm psychologische Hilfe in Anspruch, setzte sich mit seiner Tat und seiner Lebensgeschichte auseinander; er knüpfte Aussenkontakte, engagierte sich später im Rahmen seiner begrenzten Möglichkeiten auch ausserhalb des Vollzuges sozial und sogar politisch – kurz: Er hat im Gefängnis seine Identität gefunden. Sein Kommentar: «Die Justiz ist nicht mein Feind. Für mich war das Lebenslänglich ein Glücksfall. Vor sechs Jahren habe ich angefangen, mein Leben zu ordnen. Nicht einmal die Tat allein hätte ausgereicht, auch nicht vielleicht 8 oder 9 Jahre wegen Totschlag. Mit 6 Jahren hätte ich mich durchgemogelt, hätte mich nicht verändert. Es musste das Endlose, das Lebenslängliche sein. Mir hat der Knast niemals weh getan. Ich habe mich Schritt für Schritt entwickelt und wenn ich mit über 40 Jahren rauskomme, habe ich mich verändert.» Bleibt noch zu sagen, dass er seine Schuld niemals verkleinerte und dass er aufrichtig bedauerte, dass seine geschiedene Frau, der er durch sein Verhalten so viel angetan hatte, nicht die gleiche Hilfe erfuhr wie er.

Ich möchte aber kein Missverständnis aufkommen lassen: Selbstverständlich habe ich auch resignierte Lebenslängliche gesehen, solche die leiden, solche die verhärtet und verbittert sind. Sie waren jedoch in der Minderzahl und nach meinem Eindruck gibt es davon mehr in der Sicherungsverwahrung; dort gibt es mehr Hoffnungslosigkeit und Perspektivlosigkeit, so paradox sich das anhören mag.

Regelhafte Verläufe

Bei der Vielzahl der untersuchten Gefangenen haben sich gewisse Gesetzmässigkeiten oder besser Regelhaftigkeiten im vollzuglichen Verlauf der Lebenslänglichen herausgestellt. So zeigte sich z.B., dass sie mindestens 4 bis 6 oder mehr Jahre brauchen, um das Lebenslänglich zu realisieren. Oft noch sehr viel länger, um es zu akzeptieren. Gleichgültig, wie sie sich vorher verhalten haben: Resigniert, trotzig, aggressiv, in Opferhaltung, an Selbstmord denkend, arbeitswütig, verzweifelt, ganz in sich zurückgezogen in einer Art Totstellreflex oder was auch immer: In dem Moment, in dem sie realisieren, dass ihre Lebenszeit auf dem Spiel steht, dass diese Lebenszeit verrinnt und versickert, in diesem Erlebnis der Unausweichlichkeit kommt es dann zu einem Innehalten. Es wächst die Erkenntnis, dass es ihre persönliche Entscheidung ist, was sie mit ihrer so langen und zunächst nicht absehbaren Haftzeit anfangen und sie entschliessen sich, manche schnell, manche langsam, ihrer Lebenszeit doch noch einen Sinn zu geben, in welcher Form auch immer. Viele der Gefangenen brauchen dazu aber Hilfe und weiteren Anstoss.

Ich habe anfangs darauf hingewiesen, dass die Perspektivlosigkeit eine subjektive und eine objektive Seite hat, oder anders ausgedrückt: Die Perspektiven sind jeweils abhängig sowohl von der Täterpersönlichkeit als auch von den Bedingungen der jeweiligen Justizvollzugsanstalten, in denen der Gefangene untergebracht ist.

Die Lebenslänglichen – in Deutschland fast ausschliesslich Mörder – stellen im Gegensatz zu anderen Tätergruppen sehr heterogene Persönlichkeiten dar. Es macht einen Unterschied hinsichtlich der Persönlichkeit, ob das Tötungsdelikt der Höhe- oder Endpunkt einer ausgeprägten dissozialen Entwicklung darstellt oder etwa im Rahmen eines chronischen Partnerschaftskonfliktes geschah; ob Gewalttätigkeit und Brutalität oder Habgier zum Delikt führte oder ob die Tötungshandlung eine delinquente Konfliktlösung im Impulsdurchbruch darstellte: Jeweils finden sich bei den Gefangenen andere Persönlichkeitsstrukturen, die mit unterschiedlichen psychischen Ressourcen auf die Katastrophe des Deliktes und auf die Katastrophe der lebenslangen Freiheitsstrafe reagieren.

Aber jenseits von diagnostischen Zuordnungen oder Klassifikationen haben sich bei fast allen Delinquenten zwei Kernprobleme herausgestellt: Die Unfähigkeit, über Probleme und innerseelische Befindlichkeiten mit anderen sprechen zu können und die fehlende Selbstachtung.

Sie haben – meist auf dem Boden entsprechender Aufwuchsbedingungen – kein Selbstwertgefühl und keine Selbstachtung entwickelt und achten deshalb auch andere nicht, sie sind sich selbst nichts wert. Viele, vor allem die, die bei der Tat noch relativ jung waren, haben gesagt: «Mir war damals alles egal, es interessierte mich nichts, auch nicht, was mit mir ist oder was aus mir wird.»

Bewältigungsstrategien

Damit ergibt sich, dass die Stärkung bzw. Entwicklung von Selbstachtung und Selbstwertgefühl, die zudem durch die Tat weiter gesunken sind, einen ausserordentlich wichtigen Faktor im Verlauf des Vollzuges und damit im Umgang mit der Perspektivlosigkeit darstellt. So ist häufig das erfolgreiche Nachholen von Schulabschlüssen oder sogar einer Berufsausbildung der Beginn einer Neuorientierung. Das Erlebnis, etwas Positives gestaltet zu haben – oft gegen eigene Erwartung – und etwas zu gelten und Anerkennung zu erfahren, ermutigt sie, sich auf der Basis gestiegener Selbstachtung auch ihrer Persönlichkeitsproblematik zu stellen.

Ein gleichrangiges Problem stellt die Behebung der Unfähigkeit dar, sich anderen mitzuteilen mit all den verheerenden Folgen, die diese Hilflosigkeit impliziert. Wenn ich jeweils danach frage, wie der Gefangene sich *seiner* Meinung nach im Vollzug verändert hat, war die häufigste Antwort: Vor allem habe ich gelernt, mit anderen über meine Probleme zu sprechen, eventuell auch um Hilfe zu bitten und Konflikte nur mit Worten auszutragen. Für diesen wichtigen Lernprozess spielen auch die Beamten des allgemeinen Vollzugsdienstes eine sehr wichtige Rolle – verbringen sie doch die meiste Zeit mit den Gefangenen und haben oft einen leichteren Zugang zu ihnen als zum Beispiel die Fachdienste.

Und damit sind wir bereits bei den *objektiven* Bedingungen, die den Umgang mit Perspektivlosigkeit entscheidend mitbestimmen. Auch die Ausgestaltung des Vollzuges ist trotz einheitlicher gesetzlicher Bestimmungen unterschiedlich. Das Binnenklima der einzelnen Justizvollzugsanstalten hängt sowohl von äusseren Rahmenbedingungen wie etwa der Grösse der Anstalt und auch der Zusammensetzung der Gefangenen ab, aber entscheidend auch immer wieder von Menschen: Vom Anstaltsleiter, von den dort tätigen Fachdiensten, das heisst Psychologen, Sozialarbeitern, Lehrern, Pfarrern etc. und nicht zuletzt von den uninformierten Bediensteten.

Die strukturierten und strukturierenden Bedingungen des Strafvollzuges ermöglichen vielen Gefangenen, erstmals eine gewisse Ordnung in ihr Leben zu bringen. Ein wichtiger stabilisierender Faktor ist die Arbeit. Viele der Lebenslänglichen entwickeln sich im Laufe der Jahre auch zu geschätzten Mitarbeitern in den Betrieben. Gerade Gefangene mit überlangen Haftstrafen oder auch die, deren Chancen auf Entlassung wegen fehlender positiver Legalprognose auf Jahre hinaus äusserst gering sind, finden nicht selten so etwas wie eine soziale Nische. Sie richten sich sozusagen im Mikrokosmos des Vollzuges ein. Etliche entwickeln aber auch eine sehr persönlich ausgestaltete Innenwelt, die ihnen auf ihre Weise das Überleben ermöglicht.

Ein weiterer entscheidender Punkt ist die psychologische Beratung und Begleitung. Ich habe unter den Gefangenen nur einen relativ kleinen Teil gesehen, der ganz ohne psychologische Hilfe zu einer entscheidenden Persönlichkeitsnachreifung gekommen ist. Die meisten haben dieser Hilfe bedurft. Es war gerade mit ein Teil ihrer Entscheidung zur Nutzung der Zeit, dass sie – oft erst nach Jahren – bereit waren, mit dem Psychologen oder der Psychologin zu reden. Es besteht eine enorm hohe Hemmschwelle, sich einem Psychologen anzuvertrauen. Gründe hierfür sind neben allgemeinen Vorurteilen und dem Gruppendruck auch innere Hemmnisse: *Angst,* was den Betreffenden erwartet und nicht zuletzt eine tiefe *Scham.* Aufgrund der gemachten Erfahrungen bin ich der Meinung, dass dem Aspekt der Scham allgemein zu wenig Rechnung getragen wird. Viele der Gefangenen verbergen, dass sie über ihre Tat zutiefst entsetzt, bestürzt und beschämt sind. Sie entwickeln Abwehrmechanismen, verdrängen, verleugnen ihre Tat, wirken abweisend oder gleichgültig; tatsächlich aber sind sie hilflos. Es nimmt jedoch einen Teil der Perspektivlosigkeit, über Scham und Schuld sprechen zu können, sich mit der Tat und deren Entstehungsbedingungen auseinanderzusetzen und nach langen Jahren vielleicht auch Frieden mit sich machen zu können. Aber ohne Hilfe von aussen ist das nur schwer möglich. Weil die Kapazitäten der Anstaltspsychologen sehr begrenzt sind, ist auch der Einsatz externer Therapeuten besonders in schwierigen Fällen ausserordentlich wichtig.

Neben der unabdingbaren psychologischen Betreuung und Beratung sind gleichrangig die Aussenkontakte, die für den Neu- und Umorientierungsprozess gar nicht hoch genug eingeschätzt werden können und die die Perspektivlosigkeit entscheidend mitbestimmen in der einen oder anderen Richtung. Die Kontakte zur eigenen Familie oder zur Herkunftsfamilie sind sehr häufig über viele Jahre oder auch ganz abgerissen. Deshalb kommt Kontaktgruppen und Einzelbetreuung von aussen ein hoher Stellenwert zu. Auch diese Möglichkeiten sind unterschiedlich von Anstalt zu Anstalt.

Eine weitere Erfahrung soll jedoch nicht unerwähnt bleiben: Fast alle Gefangenen, die ich begutachtet habe, wollen eine (neue) Partnerbindung mit einer Frau eingehen; auch wenn sie vor vielen Jahren eine umgebracht haben. Viele haben solche Anstrengungen schon im Vollzug unternommen; sie geben Kontaktanzeigen auf oder antworten auf solche, pflegen Brieffreundschaften mit dem Ziel, daraus mehr entstehen zu lassen. Abgesehen von dem (bekannten) Phänomen, wie viele Frauen sich für Mörder interessieren und verurteilte Lebenslängliche im Gefängnis heiraten, sind die während des Vollzuges geschlossenen Ehen in den meisten Fällen nach wenigen Jahren gescheitert.

Neben dem Motiv, eine («eigene») Frau zu haben, mit der man sich austauschen kann, sind es in manchen Fällen auch durchsichtige Erwägungen, sich durch eine Ehefrau bessere vollzugliche Perspektiven zu verschaffen. Probleme sind meistens vorprogrammiert: Sowohl die meist ausschliessliche Fokussierung auf die Frau wie die später auftretenden zunehmenden Konflikte behindern nicht selten die Auseinandersetzung mit der eigenen Persönlichkeitsproblematik und/oder führen zu mehr oder weniger lang anhaltenden ernsthaften Krisen.

Auch die Gefangenen, die bewusst darauf verzichten, schon während des Gefängnisaufenthaltes engeren Kontakt zu einer Frau aufzunehmen, haben fast durchgängig auf meine Frage, wie sie sich ein Leben in späterer Freiheit vorstellen geantwortet: Auf jeden Fall will ich eine Frau.

Nicht zuletzt beginnt sich die Perspektivlosigkeit nachhaltig zu lichten mit dem Einstieg in Vollzugslockerungen und den weiteren längerfristigen Planungen bis hin zur Verlegung in den offenen Vollzug, die unumgänglich ist für die soziale Wiedereingliederung. Auch hier ist eine möglichst zuverlässig zeitlich strukturierte Vorgabe, an der sich der Gefangene orientieren kann, von grosser Bedeutung.

Ein Dritter Fall

Abschliessend möchte ich – wiederum nur knapp – die dritte Fallgeschichte vorstellen, die das Dargestellte sozusagen in umgekehrter Weise untermauert. Der Fall des Herrn B. macht deutlich, wie ein Leben im Gefängnis versickert, wenn eine schwer gestörte, schwache Täterpersönlichkeit mit nur geringen psychischen Ressourcen auf Bedingungen eines rein kustodialen Strafvollzuges trifft. Insofern spiegelt der Fall auch ein Stück Psychiatrie- und Justizgeschichte wider.

Herr B. wurde 1967 wegen Mordes in drei Fällen zu dreimal lebenslangem Zuchthaus verurteilt. Er hatte im Alter von 20, 25 und 27 Jahren jeweils eine Frau beim Geschlechtsverkehr erwürgt, wenn diese sich widersetzte; Einzelheiten muss ich übergehen. Erst nach dem dritten Mord wurde er gefasst.

1940 geboren, der Vater in Russland vermisst, lebte er mit seiner Mutter in zwei winzigen Räumen eines 200 Jahre alten Fachwerkhauses und schlief bis zu seinem 18. Lebensjahr mit ihr zusammen im Ehebett.

Ich sah den inzwischen 57jährigen, stark untergewichtigen Herrn B. 30 Jahre nach seiner letzten Tat. Als ich mich zu Beginn der Unterredung zunächst nach seinem derzeitigen Befinden erkundigte, erhielt ich die Antwort: «Es geht mir einigermassen. Vor allem habe ich versucht, das umzusetzen, was mir meine Mutter mitgegeben hat: Arbeiten gehen, sparsam sein, durchhalten, nicht streiten. Das habe ich hier im Vollzug verwirklicht, da bin ich auch stolz drauf. Hätte ich das mal früher getan!» Er sprach im Verlauf der mehrstündigen Exploration immer wieder von seiner Mutter mit Tränen in den Augen, einmal fing er sogar an zu weinen. «Sie war mir Mutter und Vater und Bruder und Schwester gewesen, alles vereint. Sie ist mein ein und alles.» Dass der Kontakt zu ihr seit fast 30 Jahren abgebrochen war, sie ihn niemals besucht hatte und er auch nichts von ihr wusste, störte ihn nicht; er würde noch heute für sie bis ans Ende der Welt gehen.

Im Gefängnis zeigte Herr B. von Anfang an «eine hervorragende vollzugliche Führung»: Er passte sich allen Gegebenheiten des geschlossenen Vollzuges – zunächst noch Zuchthaus – an, arbeitete im Gegensatz zu früher zuverlässig und beständig, war fast bedürfnislos, beschwerte sich niemals. Andererseits hatte er alle Aussenkontakte völlig abgebrochen und nur zu wenigen Mitgefangenen einen engeren Kontakt; psychologische Hilfe und sonstige Betreuung lehnte er ab; eine Auseinandersetzung mit seinen Straftaten oder eine Persönlichkeitsweiterentwicklung fand nicht statt. Der Psychologe vermerkte: Es ist, als ob die Zeit stehengeblieben ist.

Herr B. selbst berichtete zum vollzuglichen Verlauf, dass er sich die ersten Jahre durch Sport und Arbeit dauernd abgelenkt und erst im 7. oder 8. Haftjahr nachts wach gelegen und über seine Taten nachgedacht hat, über sein kaputtes Leben und was die Ursache für die Taten war. Und zu der Zeit hat er auch gemerkt nach den vielen Aktivitäten, dass er seine seelischen und physischen Kräfte aufheben muss für die Arbeit, sonst würde er überbeansprucht, seine Kräfte würden nicht ausreichen für die Haft. Da hat er dann alles eingestellt und arbeitet nur noch; seit 20 Jahren ist er in der Schreinerei tätig und glücklich über die Arbeit. Psychologische Hilfe hatte es damals ja noch nicht gegeben; später wollte er sich nicht mehr helfen lassen, er denkt, er ist es nicht wert. Er hat den Frauen das Leben genommen, es gibt keine Wiedergutmachung. Er glaubt nicht, dass die 30 Jahre bisheriger Haft überhaupt ausreichen, so etwas auch nur ansatzweise zu büssen. «Aber wenn ich an meine körperlichen Beschwerden denke, dass ich so instabil bin, dass der Freitag nicht mehr so ist wie der Montag, dass Qualen dadurch entstehen, dann würde ich sagen, dass es genug ist.»

Es gäbe noch vieles zu Berichten, doch will ich nun mit einem Fazit schliessen:

Ein Fazit

Die Erfahrung aus meiner speziellen Gutachtertätigkeit der letzten Jahre möchte ich so zusammenfassen:

> *Die lebenslange Freiheitsstrafe ist sowohl Bedrohung als auch Chance; oder positiver ausgedrückt: Für die Lebenslänglichen ist die lebenslange Freiheitsstrafe nicht nur Bedrohung, sondern auch Chance – wenn Hilfe geleistet und Hilfe angenommen wird.*

Verschiedene Systeme strafrechtlicher Sanktionen

Divers systèmes de sanctions

MARGRIT SPRECHER

ALLTAG IM TODESTRAKT

Zusammenfassung
Immer öfter werden in den Medien zum Tode Verurteilte porträtiert. Kaum jemals aber ist die Rede vom Alltag im amerikanischen Todestrakt. Er besteht aus gezielten Demütigungen, die nur eines bewirken wollen: Den Todeskandidaten den letzten Rest von Würde zu nehmen. Denn je rascher man die Gefangenen zu Tieren macht, desto einfacher wird der Job für das meist ungelernte Personal. Sie haben es nicht mehr mit Menschen wie sie selbst zu tun, sondern mit einer anderen, fremden, unberechenbaren Spezies. Die Demütigungen beginnen frühmorgens unter der Dusche, deren Temperatur der Gefangene nicht selbst regeln kann, führen über gezielte Beschimpfungen und ungeniessbare Mahlzeiten nachts um drei Uhr bis hin zu den Vorbereitungen für die Exekution, wenn, wie in Texas, dem Todeskandidaten eine letzte Zigarette ebenso verweigert wird wie eine Beruhigungstablette.

Résumé
De plus en plus souvent, les médias présentent le cas de condamnés à mort. Mais il n'est pratiquement jamais question du quotidien dans le couloir de la mort américain. Il se compose d'humiliations ciblées qui ne visent qu'à une chose: priver le condamné à mort de ce qui lui reste de dignité. Car plus rapidement on transforme les détenus en animaux, plus facile devient le travail du personnel carcéral, généralement sans qualifications. Il n'a plus affaire à des êtres humains comme lui, mais à une espèce autre, étrangère et imprévisible. Les humiliations commencent tôt le matin, sous la douche, dont les détenus ne peuvent pas régler eux-mêmes la température, se poursuivent avec des insultes ciblées et des repas immangeables servis à trois heures du matin, pour se terminer lors des préparatifs de l'exécution, quand, comme au Texas, on refuse au condamné à mort aussi bien une dernière cigarette qu'un tranquillisant.

Die Tür zum Todestrakt schlägt mit dem endgültigen Ramm eines Panzertores zu, und wie nach einem Filmschnitt ist man von einer Sekunde auf die andere in eine neue Welt, in ein düsteres Science-Fiction-Reich geworfen. Statt Sonnenlicht – fahles Neon, statt Holz und Stein – Zement und Eisen, statt frische Luft – der Gestank nach Urin und Schweiss. Metall schlägt auf Metall, abgehackte Rufe, faustgrosse Schlüsselbunde rasseln an Gürteln. Überall stehen Uniformierte mit Schlagstöcken und warten mit gespannter Tatenlosigkeit auf etwas, das jeden Augenblick eintreffen kann. Aber nur ein Mann in weisser Anstaltskleidung wird vorbei geführt. Sein Blick ist in die Ferne gerichtet, das Gesicht hat er leer gemacht, seine Hände sind auf den Rücken gefesselt. Links und rechts gehen zwei Wärter. Sie rufen:

»Dead man coming!» Toter Mann kommt.

Das ist Vorschrift, wenn ein zum Tod Verurteilter durch den Teil der Anstalt geführt wird, in dem auch gewöhnliche Gefangene zirkulieren.

In der «Death Row», im Todestrakt, sind die Zellen eigentliche Käfige und übereinander gestapelt wie eine Hühnerbatterie. Verbunden werden die Etagen mit einer Art Feuerleiter. Die Käfige sind fensterlos, das Tageslicht kommt vom Korridor. Und statt einer Tür besitzen sie himmelblau gestrichene Stäbe. Die Gefangenen dürfen sich nicht mit einem aufgehängten Tuch vor den Blicken der Wärter und Wärterinnen schützen. Auch die Benützung der Toilette in jeder Zelle geschieht vor aller Augen. Eine Armlänge vor der Zellenfront ist ein blauer Strich auf den Korridorboden gezogen – Überschreiten lebensgefährlich. Der Gefangene könnte eine Krawatte zu fassen kriegen und zuzerren. Oder einer Besucherin die Kleider vom Leib reissen. Oder zubeissen, um seine Aids-Infektion zu übertragen. «Alles schon dagewesen», sagt düster der Pressesprecher, der in- und ausländische Reporter Schritt für Schritt durch den Todestrakt begleitet.

Doch die meisten Männer wirken blass und verletzlich und mit ihren kahlrasierten Schädeln kaum älter als Collegeboys. Manche umklammern mit beiden Händen die Stahlstäbe ihrer Zelle: andere sitzen auf der Bettkante, malen ein Christusbild oder liegen zusammengerollt in Fötusstellung auf ihrer Pritsche. Die einen starren gegen die Wand, die anderen dösen. Alle sind in Unterhosen, die Brust ist nass und die Augen zwinkern, weil der Schweiss durch die Augenbrauen tropft und brennt. Die Temperatur im Backsteinbau beträgt über 40 Grad.

Um drei Uhr nachmittags rollt der Wagen mit dem Abendessen über den Korridor. Mittagessen ist morgens um zehn, Frühstück um drei Uhr nachts. So wird der Tag recht lang. «Chowtime!» hallt es durch die Zellen. Futterzeit. Die Stimmung steigt. Die Mahlzeiten sind die einzige Abwechslung für alle, die 23 von 24 Stunden eingesperrt und mit sich allein sind. Häftlinge schaufeln Pizza aufs Plastiktablett. Die Pizza besteht aus einem dicken Teigboden mit rot verstrichenen Tomatenschlieren. Erwartungsvoll strecken sich die Hände durch die Durchreiche, genannt «Delikatessenschleuder». Vielleicht geschieht heute ein Wunder. Doch das Wunder geschieht nie. Das Fleisch ist stets so geschmacklos wie gesottener Karton, das Huhn halbroh und nicht ganz gerupft. Die Kartoffeln wurden absichtlich zum Wasserbrei, Karotten und Mais zu Mus verkocht, um ihnen jeden Geschmack zu nehmen.

Nach dem ersten Bissen bricht in allen Zellen Protestgeheul aus. Nach dem letzten Bissen erscheinen die Ratten, um vom Tablett zu fressen, was übrig geblieben ist.

Roger McGowen, der auf seine Linie achtet, gibt sein Essen häufig in die Nachbarzelle weiter. Besonders, wenn eine mysteriöse Kreation namens «Harmony» darauf liegt. Das tut sie oft. Hinter die Zusammensetzung ist noch keiner gekommen. Ebenso verdächtig ist ein Gericht namens «Stir Fry».

«Es schmeckt», sagt Roger, «als hätten sie sämtliche zurückgegebenen Essenreste der Woche von den Tellern abgekratzt, mit Knoblauch gewürzt, damit niemand merkt, was er isst, und anschliessend in der Pfanne verkohlt». Die meisten putzen sich nach jeder Mahlzeit rasch die Zähne, um den Geschmack wieder loszuwerden.

Lesen will kaum einer, vor allem nicht die Bücher, die man in der Gefängnisbibliothek findet. Nicht nur bringen die Wärter gern einen falschen Band, einen den man gar nicht bestellt hat. Auch die Titelauswahl – zum Beispiel Ratgeber wie «Einkauftipps für Senioren» oder «Sich kleiden, um Erfolg zu haben» – trifft Bedürfnisse und Geschmack der Männer im Todestrakt nur bedingt.

Dienstag Morgen ist Wäschewechsel im Todestrakt. Rogers neues Kopfkissen sieht aus, als wäre ein Traktor darüber gefahren, und das Laken hat grosse, gelbe Flecken. Kaum ist der Wäschekarren vorbei, erscheinen zwei Wärter, um Zelle um Zelle nach gehorteten Tüchern abzusuchen. Als wär es Abfall, stochern sie mit ihren Stöcken in den Papieren der Gefangenen. Fotografien werden vom Gestell gefegt, die am Boden für den Anwalt ausgelegten Akten mit einem Fusstritt in die Ecke befördert. Als sie wieder gehen, sieht die Zelle wie nach einem Einbruch aus.

Beim Duschen im Morgengrauen ist Roger McGowen, wie oft, allein gewesen. Die meisten Gefangenen lassen nicht nur das Frühstück nachts um drei Uhr ausfallen, sondern auch das Duschen morgens um sechs. Im Sommer sind die Nächte im Trakt so laut, dass die meisten erst lange nach Mitternacht einschlafen können und morgens lieber möglichst lange weiter dösen wollen. Das verkürzt den Tag in der brütend heissen Zelle. Im Winter ist es so kalt im ungeheizten Trakt, dass niemand die mühsam gesammelte Wärme opfern mag, die der zusammengerollte Körper bis zum Morgen endlich in der Pritschenkühle geschaffen hat. Dazu kommt, dass der Gefangene vor dem Duschgang mit ausgebreiteten Armen und gespreizten Beinen in der eisigen Luft dastehen und warten muss, bis die Wärter zur Leibesvisitation bereit sind.

Am Wasserhahn dreht er meist vergebens. Bald stürzt der Strahl eiskalt aus der Decke, dann wieder siedendheiss. Wer sich nicht verbrühen will, rettet sich mit einem Sprung an den Rand des Duschkäfigs. Dabei hat sich schon manch einer verletzt. Beschwerden nützten nichts. Daraus schlossen die Männer, dass die Temperaturschocks eingeplant sind, um das Duschen nicht in Vergnügen ausarten zu lassen.

Selbstmord gilt als Widerstand und Protest. Um zu verhindern, dass die zum Tod Verurteilten dem Staat das Letzte nehmen, was ihnen noch gehört, nämlich ihr Leben, pumpt man die Gefährdeten mit Medikamenten voll, bis sie zu bewusstlosen Zombies werden. Sie wissen nicht mehr, wo sie sich befinden, wie alt sie sind, ob draussen Sommer oder Winter ist. Manche dämmern jahrzehntelang ihrer Hinrichtung entgegen.

Geisteskranke – sie machen fünf Prozent aller zum Tode Verurteilten aus – werden in den letzten vier Zellen des Stockwerks deponiert. Wer die Nachbarzelle zugewiesen bekommt, den hat es im Todestrakt am schlimmsten getroffen. Manche Kranken benutzten statt der Toilette den Fussboden. Selbst nachts verstummt ihr wütender Rap nicht. Von Wahnvorstellungen gequält, prügeln sie auf die Geister ein, die sie verfolgen. Mitten in der Nacht schlagen sie gegen die schweren Metallplatten, welche die draussen Vorübergehenden vor ihren Körperflüssigkeiten schützen sollen. Jeden, der sich ihrer Zelle nähert, brüllen sie mit Verfluchungen nieder. Ruhe herrscht nur, wenn die Krankenschwester ihre Tagesration an Prosac oder Thorazine verteilt. Dann fallen sie in einen kurzen, todesähnlichen Tiefschlaf, bevor ihr Geräuschterror erneut beginnt.

Der Staat hat es längst aufgegeben, bei der Anstellung seines Gefängnispersonals wählerisch zu sein. 1995 fielen noch zehn Prozent aller Anwärter und Anwärterinnen bei der Eignungsprüfung durch, jetzt ist es ein Prozent. Besonders in den sieben Gefängnissen von Huntsville ist der Personalnotstand so gross, dass man auch Hausfrauen, Rentner und Teenager mit Teilzeitstellen lockt.

So kommt es, dass heute in Texas schier jeder Erwachsene für ein Anfangsgehalt von 18'000 Dollar Menschen bis zu ihrer Hinrichtung befehligen darf. Einzige Bedingung: Er oder sie muss es bis zum Führerschein geschafft und darf keine Vorstrafen haben. Der Rest wird ihm in einem vierwöchigen Crash-Kurs beigebracht: Tränengas versprühen, den Pfefferspray gebrauchen, Handschellen anlegen und alle Körperöffnungen des Gefangenen auch gegen seinen Willen durchsuchen.

Das macht vielen Spass, oft unerwarteten. So mancher entdeckt, wie angenehm es ist, Macht über andere zu haben, eine herrliche, steigende und nach immer Mehr schmeckende Macht. Bald finden sie heraus, dass man Moslems und Schwarze mit der Bezeichnung «Sohn einer Hure» zur Weissglut treiben kann. Oder dass sich zum Islam Bekehrte besonders ärgern, wenn es schon wieder Schweinefleisch zum Essen gibt. Ein Wärter rächte sich an einem Häftling, in dem er sein Frühstück durcheinander quirlte, als wär's bereits der Mageninhalt. Vorschriften wurden damit nicht verletzt. Der Gefangene kam ordnungsgemäss zu seinen vorgeschriebenen Vitaminen und Kalorien.

Dabei sind der eigenen Fantasie keine Grenzen gesetzt. Fortgeschrittene Sadisten stossen den Mann auf dem Weg zur Dusche oder in den Besuchsraum die Treppe hinunter, ohne dass er, die Hände auf dem Rücken gefesselt, den Sturz mit den Armen auffangen kann. Sollte er sich an oberster Stelle beklagen, werden sie behaupten, er sei gestolpert. Zeugen, die ihm helfen, findet er im Todestrakt ohnehin keine.

Am erträglichsten, weil erfahrensten empfinden die Gefangenen die Frühschicht. Die Aufseher der ersten Schicht haben gelernt, Unterschiede zwischen den Gefangenen zu machen und neigen nicht aus Angst zu Überreaktionen. Anders die Mittagsschicht. Hier arbeiten die Frauen, die Männer hassen und deshalb besonders gern Körperdurchsuchungen veranlassen, bei denen der Gefangene in demütigender Stellung dastehen muss. Hier arbeiten auch die Sadisten, welche die Gefangenen in wachem Zustand antreffen möchten, und die

Neuen, die eigentlich zur Polizei wollten, aber durch die Prüfung fielen und dafür jetzt die Häftlinge büssen lassen.

Die Behandlung der Gefangenen bezweckt vor allem eines: Ihnen den letzten Rest von Menschenwürde zu nehmen. Je rascher man die Gefangenen zu Tieren macht, desto einfacher wird der Job fürs Personal. Sie haben es nicht mehr mit Menschen wie sie selbst zu tun, sondern mit einer anderen, fremden, unberechenbaren Spezies, der gegenüber, wie im Crash-Kurs gelernt, nur ein Gefühl erlaubt ist: Misstrauen.

Die Tafel mit den Exekutionsnummern hängt, gut sichtbar für alle, in der Halle des Todestrakts. Man ist bei 789. Roger hat die Nummer 889. Aber an die Zahlen kann man sich nicht halten. Niemand weiss, welcher Logik die Hinrichtungsfolge gehorcht. Manchmal überspringt sie Hunderte von Nummern, dann wieder hält sie sich an die natürliche Reihenfolge. Wurde durch eine Berufung ein Aufschub erreicht, springt der Name, nun mit einem Stern versehen, an den Schluss der Liste und wandert dann, wie in der Hitparade, langsam wieder an die Spitze.

Schon immer haben Exekutionen strikt einen Plan befolgt. Früher nannte man ihn Ritual, heute ist es ein Countdown, der auf die Minute genau abläuft. Ohne diese Etikette des Sterbens, so vermuten Fachleute, würde sich der Verurteilte nicht so willig in sein Schicksal fügen und so kooperativ verhalten, wie das von ihm erwartet wird.

Um 16 Uhr fährt der Wagen vor, um den Gefangenen zur 20 Kilometer entfernten Hinrichtungsstätte «The Walls», mitten in Huntsville, zu transportieren. Von nun an ist er für niemanden mehr zu erreichen. Auf einer schmalen, an der Wand befestigten Metallplatte wird ihm die letzte Mahlzeit serviert. Die meisten ordern ein Kindermenu: Hamburger, Pommes frites und Schokoladekuchen. Scherzt der Strafjustiz-Pressesprecher Larry Fitzgerald: «Auf den Cholesteringehalt müssen sie jetzt ja nicht mehr achten.»

Die letzte Zigarette wird ihnen ebenso verweigert – Rauchen gefährdet Ihre Gesundheit – wie ein letztes Bier. Oder eine Beruhigungspille. In Texas muss der zum Tod Verurteilte bei klarem Bewusstsein sterben. Tragen darf er dabei, was er will. Die meisten bevorzugen etwas Bequemes, einen Trainer und Turnschuhe. Sie werden auch darin beerdigt. Am schlimmsten empfinden viele die Vorbereitungen, die getroffen werden, um ein Austreten der Körperflüssigkeiten zu verhindern und die Arbeit der Putzequipe zu erleichtern: die Windel, die sie sich in die Hosen stopfen müssen. Oder, bei Exekutionen auf dem elektrischen Stuhl, das Verschliessen der Nasenlöcher mit Watte.

Der Hinrichtungsraum ist eine Art türkisblau gestrichene Notfallstation. Die Form des Hinrichtungsschragens hat man vor ein paar Jahren abgeändert. Manche Christen störte, dass der Verurteilte mit ausgebreiteten Armen wie auf ein Kruzifix geschnallt dalag. Jetzt hat man die Winkel der Seitenarme so verstellt, dass die Bahre eher wie ein Pfeil wirkt.

Weitere Modernisierungen stehen in Huntsville bevor. So ist im Zuschauerraum eine Art festverankerter Stadionbestuhlung vorgesehen, die auch auf den hinteren Rängen freie Sicht auf das Geschehen ermöglicht. Besonders Polizisten beobachten gern das Ende eines Mannes, den sie eigenhändig zur Strecke gebracht haben. Dagegen wollen Richter oder Staatsanwälte nur selten – manche sagen gar: nie – eine Exekution miterleben. Die Folgen ihres Urteils sind ihnen zu unappetitlich.

MICHAEL TONRY

THE DEATH PENALTY IN THE UNITED STATES – 2002

Summary
The use of capital punishment in the U.S. has risen steadily since its constitutionality was upheld in 1976 by the U.S. Supreme Court. More than 3000 people are held in prison under sentence of death and approximately 100 are executed each year. Public support for capital punishment, as shown by opinion survey results, remains high though there have been modest declines since the late 1990s. U.S. policies and practices however are not uniform. Thirteen states, mostly in New England and the upper Midwest, do not allow capital punishment, and among states that do allow it nearly all executions occur in southern or south central states. In most years, more than half of all executions occur in Texas and Oklahoma.
Debate over capital punishment is deeply emotional because both sides believe the issues are primarily moral and ideological. To opponents, state taking of individuals' lives as punishment is deeply immoral and a human rights violation. For proponents, persons who have committed heinous murders deserve to die and there is a moral imperative that the state impose that morally deserved punishment. One result is that lesser but related procedural and policy issues--adequacy of counsel to defendants eligible for the death penalty, or racial disparities in its imposition--are argued over as if the real issue were the morality and desirability of capital punishment per se. Proponents see proposals to provide and pay for adequate counsel as indirect efforts to eliminate the death penalty because legislators might refuse to appropriate the necessary but massive funding required. Opponents may well wish to achieve this result.
A number of legal issues remain highly contested, in particular whether capital punishment may constitutionally be used for persons who were under 18 when they committed their crimes and for persons who are severely mentally handicapped. So far, the U.S. Supreme Court has answered both questions affirmatively, but both may be up for reconsideration.

Résumé
Le recours à la peine capitale aux Etats-Unis n'a cessé d'augmenter régulièrement depuis que sa constitutionnalité a été confirmée par la Cour suprême des Etats-Unis en 1976. Plus de 3000 personnes condamnées à mort sont détenues en prison et une centaine est exécutée chaque année. Le soutien public à la peine capitale, tel que révélé par les résultats de sondages d'opinion, reste élevé, bien que des baisses modestes aient été enregistrées depuis la fin des années 1990. Cependant, les politiques et les pratiques ne sont pas uniformes dans tous les Etats-Unis. Treize Etats,

essentiellement de Nouvelle-Angleterre et du nord du Midwest, ne connaissent pas la peine capitale et, parmi ceux qui la prévoient, la quasi-totalité des exécutions sont le fait des Etats du sud ou du centre-sud. La plupart du temps, plus de la moitié des exécutions ont lieu au Texas et dans l'Oklahoma.
Le débat sur la peine capitale est profondément émotionnel, car ses détracteurs comme ses défenseurs estiment que les questions en jeu sont avant tout d'ordre moral et idéologique. Pour les détracteurs, il est profondément immoral et contraire aux droits de l'Homme que l'Etat prenne la vie d'individus à titre de punition. Pour les défenseurs, ceux qui ont commis des meurtres odieux méritent de mourir, et il existe un impératif moral à ce que l'Etat impose ce châtiment moralement mérité. Une des conséquences de cela est que des questions de moindre importance mais liées à la procédure et à la politique générale – l'adéquation des personnes éligibles pour la défense des criminels passibles de la peine de mort ou les disparités raciales liées à son imposition – sont débattues comme si la véritable question était de savoir si la peine capitale est morale et souhaitable en tant que telle. Les tenants de la peine de mort estiment que les propositions visant à désigner et à rémunérer des avocats de la défense qualifiés constituent des efforts indirects visant à éliminer la peine de mort au sens où les législateurs pourraient refuser de débloquer les fonds considérables ainsi rendus nécessaires. Il se peut bien, en effet, que ce soit l'objectif poursuivi par les détracteurs de la peine de mort.
Un certain nombre de problèmes juridiques restent sérieusement controversés, en particulier la question de savoir si l'application de la peine capitale à des personnes qui avaient moins de 18 ans au moment de commettre leurs crimes et à celles qui sont atteintes d'un handicap mental grave est constitutionnelle. Jusqu'ici, la Cour suprême des Etats-Unis a répondu par l'affirmative à ces deux questions, mais elle pourrait être amenée à les reconsidérer l'une comme l'autre.

Zusammenfassung

Seit der oberste Gerichtshof der USA 1976 die Verfassungskonformität der Todesstrafe bestätigt hat, wird diese in Amerika immer häufiger angewandt. Mehr als 3000 Menschen warten in amerikanischen Gefängnissen auf die Vollstreckung ihres Todesurteils; jedes Jahr wird dieses bei etwa 100 Personen vollstreckt. Meinungsumfragen zeigen, dass eine grosse Mehrheit der amerikanischen Bevölkerung nach wie vor hinter der Todesstrafe steht, wobei diese Unterstützung in den späten Neunzigerjahren etwas zurückging. Politik und Praxis sind in den USA diesbezüglich jedoch nicht einheitlich. In dreizehn Staaten, vor allem in New England und den nördlichen Midwest-Staaten, ist die Todesstrafe verboten. Bei denjenigen Staaten, in denen die Todesstrafe existiert, werden fast alle Urteile in Südstaaten oder südlichen Zentralstaaten vollstreckt. Fast jedes Jahr entfällt mehr als die Hälfte aller vollstreckten Urteile auf Texas und Oklahoma.
Die Diskussion über die Todesstrafe ist immer sehr emotional, denn die Verfechter beider Seiten nehmen moralische und ideologische Argumente für sich in An-

spruch. Für die Gegner der Todesstrafe verhält sich ein Staat, der entscheidet, dass jemand ein Verbrechen mit seinem Leben bezahlen muss, zutiefst unmoralisch und verletzt die Menschenrechte. Befürworter sind der Ansicht, dass jemand, der auf grausame Weise Menschen umgebracht hat, den Tod verdient und dass der Staat moralisch verpflichtet ist, diese moralisch verdiente Strafe zu verhängen. Auf Grund dieser Ausgangslage werden bestimmte Aspekte, die weniger bedeutend, aber trotzdem relevant sind (z.B. eine angemessene Verteidigung für Angeklagte, denen die Todesstrafe droht, oder unterschiedlich konsequentes Verhängen der Todesstrafe je nach Hautfarbe), in einer Art und Weise diskutiert, wie wenn es um die Frage der ethischen Vertretbarkeit und Wünschbarkeit der Todesstrafe selbst ginge. Die Befürworter der Todesstrafe sind der Ansicht, dass die Bestrebungen, eine angemessene Verteidigung der Angeklagten zu ermöglichen bzw. zu finanzieren, indirekt darauf abzielen, die Todesstrafe abzuschaffen, weil der Gesetzgeber die nötigen (jedoch hohen) Kosten möglicherweise nicht genehmigen würde. Die Gegner möchten unter Umständen genau dies erreichen.
Zudem sind einige juristische Punkte umstritten, insbesondere die Frage, ob die Todesstrafe gemäss Verfassung auch für Personen, welche zum Zeitpunkt ihres Verbrechen noch nicht 18 Jahre alt waren, sowie für geistig schwerbehinderte Täter angewandt werden darf. In der Vergangenheit hat der Oberste Gerichtshof der USA beide Fragen positiv beantwortet. Es ist jedoch möglich, dass diese Problematik neu diskutiert werden wird.

> *«During my nearly four years in France, no single issue evoked as much passion and as much protest as executions in the United States … Some three hundred million of our closest allies think capital punishment is cruel and unusual and it might be worthwhile to give it some further thought.»*
> (FELIX G. ROHATYN 2001;
> US Ambassador to France 1996–2000)

The United States is out-of-step with other Western democracies concerning capital punishment. None of the countries of the European Union, or the Council of Europe, or the other major Common Law Jurisdictions (England, Ireland, Northern Ireland, Australia, Canada, and New Zealand), retains or uses capital punishment. By contrast, capital punishment is an available criminal penalty in thirty-eight American states and under the criminal and military codes of the United States federal government. Since 1976, 759 people had been executed (as of 31 January 2002). On 1 October 2001, 3,709 were residents of «death rows». In 2001, sixty-six people were executed.

This paper provides an overview of the use of capital punishment in the United States, and the principal legal issues that capital punishment raises and has raised, and traces the evolution of main arguments and issues that have been raised by opponents and proponents of capital punishment since the early nineteen-seventies. Accordingly, Section I provides an overview of data relating to the use of capital punishment. Section II reviews a number of the major arguments that have been proposed for and against the use of capital punishment in the United States. Section III provides an introduction to the principal constitutional litigation. Section IV discusses the prospects for change in the foreseeable future. First, however, a few introductory observations.

Probably most Europeans are less interested in the details of the administration of capital punishment (a fairly ghoulish subject) than in trying to understand why a country like the United States, which in many of its legal traditions celebrates due process, equal protection, and individual liberty, is so out-of-step with the rest of the Western world. This is particularly an interesting question for me in as much as I share the widespread European opinion (at least among elites) that the question of capital punishment is a human rights question and that there are no circumstances in which the state should be given power to deprive people of their lives. Nonetheless, though I now live and work in England, and for a number of years had a part-time appointment at Leiden University, most of my life has been spent in the United States and I do see a context that may be less evident to Europeans.

Capital punishment is, in an obvious and trite sense, a more severe punishment than any available in Europe, but it is important not to overlook that criminal punishments in the United States in general are much more severe than in Europe. While most Scandinavian countries established a maximum lawful sentence for any crime of fourteen years, and the German courts have established fourteen years as the longest period an individual can be held without an opportunity of a genuine review of the need for continued imprisonment, every American state allows terms to life imprisonment and at least two-thirds authorise sentences of «life-without-possibility-of-parole». «Life-without ...» sentences are a relatively recent development and are meant to eliminate the executive branch's powers of commutation or pardon. In other words, they are designed to assure that no individual human being has discretion that might result in the release from prison of an offender while he or she remains alive.

But lesser sentences also typically are much more severe in the United States than elsewhere. In 1997, more than half of offenders admitted to American state prisons were sentenced to terms of ten years or more. By contrast, in most European countries, sentences longer than one year are uncommon, longer than three years are very uncommon, and longer than ten years are exceedingly rare.

Many American states and the federal system have «three-strikes-and-you-are-out» laws that specify sentences of life imprisonment for persons convicted of a third felony, and every state has mandatory minimum sentence laws that require minimum prison sentences for certain offences, and sometimes these are as long as ten, twenty, or thirty year minimums.

I point all of this out not because it justifies the American use of capital punishment but because the contrast between the severity of capital punishment and the severity of other sentences is much less in the United States than it would be in Europe.

Why might this be? That is too complicated a subject to discuss in any detail in this talk, but I want to make three points, to all of which

I return in the conclusion. First, sexually explicit movies and television programmes to the contrary notwithstanding, the US remains a highly moralistic country, and many of those who support the death penalty do so on the moral basis that a person who takes a life under extreme circumstances *deserves* to lose his or her life. Second, setting aside the question of why citizens support the death penalty, the fact is that they do and American political institutions are designed to make elected officials responsive to the beliefs and preferences of their constituents. For many American politicians, that is sufficient justification in itself for retention of capital punishment. Over the past thirty years, in every major poll, percentages varying between 65 and 85 percent of Americans have indicated that they support capital punishment.

The second preliminary point is this. There has in recent years been a slight reduction in the use of capital punishment and support for it. This has taken a number of forms. In 2001, for example, there were 66 executions compared with 85 in 2000 and 98 in 1999. That is the first time since 1973 that the number of executions has dropped for two successive years. *Figure 1* shows the number of executions in the United States since 1976. After capital punishment was resumed on a significant scale in 1984, the numbers executed in each year remained roughly stable for a decade but then began an almost continuous climb until 1998. The number of people on death rows has also declined slightly, from 3'726 on January 1 2001 to 3'709 on October 1 2001. The conservative Republican governor of Illinois created a moratorium on the use of capital punishment in 2000, following evidence of six exculpations of persons convicted of murder on grounds of innocence in 1997–1999, and a number of other states have considered such legislation, though none have passed it. Finally, while it remains true that 60–65 percent of respondents in recent representative national surveys indicate that they support retention of capital punishment, the percentage has been slowly declining since the mid 1990s and is well below its peak of 84–85 percent.

Figure 1 Executions per Year, 1976–2001

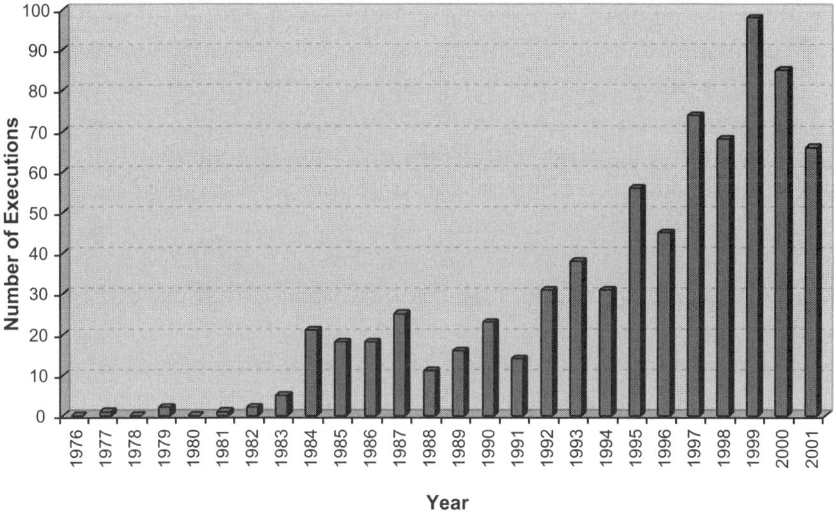

Third, discussions of capital punishment are especially complicated because they raise moral and ideological issues. Often what appear to be disagreements about issues – for example, about racial disparities or adequacy of legal counsel – are really moral or ideological disagreements. For example, opponents of capital punishment may want to set very high standards concerning evidence of non-discrimination not because they care about that issue (though most do) but because they know a high standard cannot be met and the death penalty will thereby in practice, though not in law, be abolished.

Conversely, death penalty proponents may oppose non-discrimination standards not because they want discrimination (most do not), but because on moral or ideological grounds they want capital punishment retained in law *and* practice. Any effort to understand capital punishment in the US must take these subtexts into account.

1 Patterns of Use of Capital Punishment

Until the last year or two, both the numbers of people on death rows in American states and the numbers of people executed have increased steadily since 1976 when capital punishment resumed following a 10-year pause from the mid 1960s through the mid 1970s while the US Supreme Court reconsidered questions of its constitutionality under the «Cruel and Unusual Punishment» provisions of the Eighth Amendment of the US Constitution.

A number of contentions had been raised against capital punishment in the 1960s and a number of Federal Circuit Courts of Appeals (the intermediate federal US court between the trial courts, US District Courts, and the highest court, the US Supreme Court). On a number of separate grounds Courts of Appeals had declared capital punishment unconstitutional in individual states. One ground was that its imposition and administration were arbitrary in as much as only a tiny fraction of people potentially eligible for capital punishment were sentenced to it, and only a tiny fraction of those were eventually executed. A second objection was that capital punishment was much more commonly carried out in relation to black defendants than in relation to whites and hence was, in its operation, racially discriminatory. A third objection was that juries and judges deciding whether to sentence to capital punishment were given no guidance by statutes or regulations concerning the criteria by which such a judgement should be made, and accordingly that the process was arbitrary. There were also, inevitably, many other more finely-grained legal issues raised in various cases.

In 1972, in *Furman v. Georgia,* 468 US 238 (1972), the US Supreme Court declared capital punishment as then carried out in Georgia unconstitutional. The rationale was not entirely clear in as much as various of the Justices offered differing explanations for their conclusions. Justices Brennan and Marshall argued that evolving standards of decency had made capital punishment *per se* unconstitutional and thus that no executions could constitutionally be imposed. Others of the judges, however, focused on questions of fair procedures and seemingly arbitrary patterns of imposition and left open the possibility that states could redesign their capital punishment statutes in ways that would satisfy minimum constitutional requirements.

Most analysts fixed on two aspects of the opinions in *Furman v. Georgia* as providing possible bases for establishing constitutional death penalty systems. The first was a belief that «bifurcated» proceedings in which a jury or judge would consider questions of guilt or innocence at trial and only thereafter, in a separate proceeding, consider whether capital punishment should be imposed, would satisfy the US Supreme Court. The second was that aggravating and mitigating criteria should be specified in legislation that would give guidance to judges and juries in choosing from among cases that were potentially eligible for the death penalty, that smaller number in which the sentence would be ordered.

Many states re-enacted their death penalty statutes to observe one or both of these expected criteria and many cases returned to the US Supreme Court on appeals of death sentences ordered under the revised statutes.

In *Gregg v. Georgia,* 428 US 153 (1976), the court upheld Georgia's revised death penalty statutes which provided both for bifurcated hearings and provision of illustrative aggravating and mitigating circumstances that jurors were to take into account in deciding whether, in a particular case, capital punishment was appropriate. After the decision in *Gregg,* capital punishment resumed. That is why most counts of the number of death penalties ordered and executions carried out date from 1976. *Table 1* shows the number of inmates housed in federal and state «death row» cell blocks from 1968 through 2001. The numbers, not surprisingly, declined in the late 1960s and early 1970s when there was a *de facto* moratorium but from 1976 onwards increased every year.

Table 1 Death Row Inmates, by Year 1968–2001

Year	No of Inmates	Year	No of Inmates
1968	517	1985	1'591
1969	575	1986	1'781
1970	631	1987	1'984
1971	642	1988	2'124
1972	334	1989	2'250
1973	134	1990	2'356
1974	244	1991	2'482
1975	488	1992	2'575
1976	420	1993	2'716
1977	423	1994	2'890
1978	482	1995	3'054
1979	539	1996	3'219
1980	691	1997	3'335
1981	856	1998	3'452
1982	1'050	1999	3'527
1983	1'209	2000	3'593
1984	1'405	2001*	3'709

Sources:
1968–1998 figures reported in Bureau of Justice Statistics, *Sourcebook of Criminal Justice Statistics 1999* (2000).
1999 & 2000 figures reported in Bureau of Justice Statistics *Capital Punishment 1999* (2000, 2001).
* 2001 figure reported in NAACP Legal Defense & Education Fund *Death Row USA* (October 1 2001).

The relative levelling off since 1998 does not necessarily signify reduced enthusiasm for capital punishment because the number of murders in the United States has declined steadily from 1991 through 2001, to a level only about half as high in the later year as in the earlier one, and one might therefore expect the number of new sentences to capital punishment to be decreasing and the death row population to be falling.

Table 2 shows the numbers of people held in death rows in each American jurisdiction, and by US federal government authorities, at year-end 2001 and also shows the numbers executed in each state since capital punishment resumed in 1976, and in 2001. *Table 2* also identifies the twelve states, and the District of Columbia, that have neither authorised nor used capital punishment since 1976.

Table 2 Death Row Inmates by States (1 October 2001), Executions since 1976 and in 2001

State	Inmates	Executions Since 1976	Executions In 2001	State	Inmates	Executions Since 1976	Executions In 2001
California	602	10	1	Oregon	30	2	0
Texas	405	260	17	Virginia	29	83	2
Florida	385	51	1	U.S. Gov't	23	2	2
Penn.	244	3	0	Idaho	20	1	0
N. Carolina	235	21	5	New Jersey	18	0	0
Ohio	203	2	1	Delaware	17	13	2
Alabama	188	23	0	Maryland	15	3	0
Illinois	175	12	0	Washington	15	4	1
Georgia	131	28	4	Utah	11	6	0
Arizona	128	22	0	Connecticut	7	0	0
Oklahoma	120	50	18	U.S. Military	7	0	0
Tennessee	104	1	0	Colorado	6	1	0
Louisiana	93	26	0	Montana	6	2	0
Nevada	88	9	1	Nebraska	6	3	0
Missouri	75	55	7	New York	6	0	0
S. Carolina	73	25	0	New Mexico	5	1	1
Miss.	68	4	0	South Dakota	5	0	0
Kentucky	42	2	0	Kansas	4	0	0
Arkansas	39	24	1	Wyoming	2	0	0
Indiana	39	9	2	New Hamp.	0	0	0

Note: The District of Columbia and 12 states have not had or used capital punishment since 1976: Alaska, Hawaii, Iowa, Maine, Massachusetts, Michigan, Minnesota, North Dakota, Rhode Island, Vermont, West Virginia, and Wisconsin.

Source: NAAP Legal Defense Fund *Death Row USA,* (October 1 2001)

Table 2 lists states in order of their number of death row inmates. From it, it should be apparent that the use of capital punishment is a highly regionalised phenomenon in the United States. Capital punishment, for example, is neither much authorised nor much used in the New England states. Four of these, Maine, Massachusetts, Rhode Island, and Vermont, do not allow capital punishment; one, New Hampshire, allows it but has not used it or imposed it in the last twenty-five years. Contiguous, much more heavily populated states such as Connecticut, New York, and New Jersey, while authorising capital punishment and occasionally imposing it, have not carried out an execution since the *Gregg* case was decided in 1976.

The north-central states, likewise, are abolitionists. A continuous band across the northern-central region of the US including North Dakota, Minnesota, Wisconsin, and Michigan, do not authorise capital punishment, nor does the not-quite-contiguous north-central state of Iowa.

That is, however, all heavily outbalanced by the use of capital punishment in the southeastern states. Texas, by itself, has executed 260 people since 1976, which is more than a third of the total of 749 executed. Of the other states in which more than twenty people have been executed, most, including Florida (51), North Carolina (21), Alabama (23), Georgia (28), Oklahoma (50), South Caroline (25), Louisiana (26) and Arkansas (24) are in the southeast. The only other states that have used capital punishment to any substantial extent are Missouri (55) and Arizona (22).

The capital punishment pattern that New England and north-central states are largely abolitionist and the southern and south-western states are executionist, has not changed much in the last fifty years. FRANKLIN ZIMRING and GORDON HAWKINS in *Capital Punishment and the American Agenda,* (1986) have shown that the 38 states that had and used capital punishment prior to the *Furman* and *Gregg* decisions are the same thirty-eight states that enacted new laws in order to make capital punishment lawful after the *Gregg* decision.

2 Issues and Arguments

Arguments and discussions of the constitutionality of capital punishment and of its wisdom have changed significantly in the past quarter century.

In the 1970s, arguments hinged around claims that capital punishment was a more effective deterrent of homicide than life imprisonment. Opponents, to the contrary, argued that research evidence did not support the belief that capital punishment deterred homicides.

By the 1980s, the principal arguments in favour of capital punishment were moral and retributive: people committing heinous crimes *deserved* to be killed. Opponents disagreed about the morality of capital punishment but continued to insist that the evidence did not support a belief in the deterrent effects of the death penalty, and began to focus on the problems of racial disparities in the use of capital punishment, on the inadequacy of legal representation for many poor defendants, and on mistakes.

In the 1990s, the arguments were beginning to focus on the means (electrocution or lethal injection) by which capital punishment is carried out. Opponents, strengthened by irrefutable DNA evidence of wrongful convictions of some prisoners on death row, and by continuing evidence of racial disparities, continued to focus on those issues.

The following paragraphs set out a brief summary of the current state of knowledge and argument on most of the preceding points.

1 *Morality.* Not a great deal can be said about this. It appears that, on moral grounds, a clear majority of Americans believe there are no moral objections to execution of people who have committed heinous offences. A minority of Americans disagree.

2 *Deterrence.* The deterrence argument, as a justification for capital punishment, is much less often invoked than formerly. Research in the 1970s by University of Chicago econometrician ISAAC EHRLICH had concluded, on the basis of a fifty-state econometric study of the use of capital punishment, that every execution deterred seven murders. A number of individual responses to this were published arguing that on various technical grounds the conclusions were not justified. The United States National Academy of Sciences created a Panel on Deterrent and Incapacitative Effects (BLUMSTEIN, COHEN, and NAGIN 1978) which reviewed the evidence and concluded, in particular, that Ehrlich's conclusions were not justifiable and could not be sustained, and, in general, that the evidence on deterrence was too incomplete and unpersuasive to justify basing policy on it. Though there has been a substantial body of additional research on deterrent effects generally, little of this has focused particularly on capital punishment and it is fair to say that the current weight of the evidence would not justify continuation of capital punishment, were there agreement that its proponents must bear the burden of proof. However, as indicated above, the argument in favour of capital punishment is now typically made on moral rather than deterrent grounds, and the research evidence, to that extent, is not material.

3 *Racial Disparities.* The US Supreme Court, in *McCleskey v. Kemp,* 481 US 279 (1987), squarely held that statistical evidence that demonstrates disparities in the imposition of capital punishment in relation to interactions between the race of the defendant and the race of the victim do not raise a constitutional bar to the use of capital punishment. In the majority opinion, written by Mr JUSTICE POWELL, the Court accepted the reliability of the findings of research by Professor DAVID BALDUS of the University of Iowa showing that the likelihood that a black man who killed a white victim would receive the death penalty was forty times higher than the likelihood of a black man who killed a black victim, with white-on-white, white-on-black probabilities falling in between.

However, noting that similar evidence might apply to decisions throughout the criminal justice process, POWELL, on behalf of the Court, concluded that the only racial disparity evidence that could raise constitutional objections to capital punishment would be evidence that the prosecutor or judge had acted on the basis of racial bias in the particular case. Evidence of this sort is almost impossible to obtain – few bigoted people in modern times will publicly declare that they are making decisions on the basis of race – and there the matter stands. McCleskey himself was eventually executed.
At a policy level, this issue has been raised repeatedly by liberals. Members of the Congressional Black Caucus have repeatedly proposed a «Racial Justice Act», under the terms of which no state in which reliable evidence of racial disparities in the use of capital punishment was available could execute minority defendants. The successive bills introduced into the US congress have seldom had much realistic opportunity of passage, and have not been enacted.

4 *Quality of Counsel.* Although American courts have consistently held that minimum constitutional due process requires adequate representation by counsel to defendants in felony cases, including cases in which capital punishment is a possible penalty, minimum constitutional standards are very low. The United States does not have a national system of Legal Aid and in many states funding for appointed counsel in capital cases is meagre. It is not uncommon, for example, in some states, for state law to establish a maximum fee of $1'000 for representation throughout an entire case or to set hourly rates that are a tiny fraction of those that defence lawyers can obtain in the open market. As a consequence, many offenders receiving capital punishment have suffered from inferior legal representation and, often times, appellate courts overturn convictions on that basis. Because, however, the minimum standards of representation are so low, many opponents of the death

penalty believe that many people now on death row did not receive adequate representation by counsel.
As a consequence, death penalty critics have repeatedly but unsuccessfully introduced legislation into the US Congress requiring, as a condition for use of capital punishment, that states provide adequate systems of appointed counsel in death penalty cases. So far such legislation has not been enacted.

5 *Delays and Uncertainties.* Both opponents and proponents of capital punishment object to the effects of extended delays that are common in death penalty cases. Many executed offenders will have served five to fifteen years in prison awaiting the completion of final appeals. Death penalty proponents object to this on a variety of grounds including that it undermines whatever deterrent effects capital punishment may have, that it is unacceptably expensive, and that it unacceptably delays actualisation of the moral imperative to execute people who have committed heinous crimes. Opponents of capital punishment allege that the delays are largely caused by inadequate representation of counsel, and so cannot be «blamed» on offenders but, moreover, that the delays have corrosive effects both for defendants and for the families of homicide victims. The delays, which death penalty opponents believe are inevitable given the enormous importance of making sure that only guilty people are executed, are said to do great damage to survivors of homicide victims by repeatedly refocusing their attention on their loss and preventing achievement of psychological closure.
Proponents of capital punishment see delays as undesirable and the solution to them in laws (of which a fair number have been passed) requiring expedited, consolidated appeals so that delays do not become lengthy. Opponents, to the contrary, see the delays as inevitable and the uncertainties and renewed grief of victims' survivors as avoidable, and thus on this basis, among others, argue that capital punishment should be stopped.

6 *Conviction of the Innocent.* Adding together many of the problems identified in earlier points, opponents of capital punishment argue that mistakes are inevitable and that so long as capital punishment continues inevitably innocent people will be convicted. Recent research carried out by Professors JAMES LIEBMAN and JEFFREY FAGAN of Columbia University Law School have shown that this problem is more real and more substantial than is commonly recognised. A study of all 5760 cases sentenced to capital punishment in the United States between 1973 and 1995 Liebman found that convictions were overturned in 68 percent of cases on grounds of «serious error» (errors that substantially undermine the reliability of the guilt finding or sentence). (LIEBMAN ET. AL. 2000, p1850).

A second form of evidence, smaller in scale but possibly more riveting in effect, comes from the recent proliferation of complete exonerations of convicted offenders on the basis of DNA evidence. Across the United States, more than one hundred persons convicted of murder and rape have now been completely exonerated on the basis of DNA evidence conclusively demonstrating to the satisfaction of the courts and the relevant prosecutors that the persons convicted of those crimes could not possibly have committed them. In 2001, alone, five inmates were freed from death rows on the basis of conclusions of their complete innocence. They had, respectively, served eighteen, thirty-three, six, four, and four years' imprisonment for their alleged crimes.

Responses to evidence concerning «substantial errors» and the DNA exonerations are diverse. Opponents of the death penalty, inevitably, argue that this evidence creates an almost irrefutable inference that factually innocent people have been executed in the United States in the past 25 years and, inevitably, in future will be. Death penalty proponents typically argue that we should be reassured that so many errors have been found, that there is no reason to think that other errors have been overlooked, and that, somewhat perversely, LIEBMAN

ET. AL.'S evidence should give us confidence rather than scepticism about capital punishment.

The problem with all of these arguments, except for that concerning whether on moral grounds capital punishment can be justified, is that both opponents and proponents of capital punishment make their arguments strategically. That is, opponents of capital punishment whose ultimate goal is its abolition are generally, and rightly, seen by proponents to be raising particular issues not only for their own sake but to undermine capital punishment generally. For example, death penalty opponents who argue about racial disparities in its imposition and execution, and urge adoption of rules forbidding capital punishment except when it is clear that disparities do not exist, are seen by death penalty proponents as making those arguments in order to eliminate capital punishment altogether. If it is true, as it probably is, that for the foreseeable future there will always be evidence of unaccountable disparities in the imposition of capital punishment that correlate with race, then an «Equal Justice Act» will in practice, although not in form, eliminate the use of capital punishment.

Similarly arguments about the need to provide full and adequately compensated legal counsel in every case in which a death sentence is a possibility are put forward by death penalty opponents as a matter of fundamental fairness. Death penalty proponents, recognising the very substantial costs that would be required to provide full and adequate legal counsel in every case in which capital punishment is a possibility, believe that adopting that principle, and accepting the validity of the claims about ineffective legal assistance, would as a practical matter eliminate capital punishment. If individual states were required to spend hundreds of millions of dollars per year on appointed legal counsel, the widely held view is that few legislatures would do so.

3 Legal Issues

A number of important legal issues concerning capital punishment have been decided and others remain up in the air. There is not space here to discuss these in full but I identify the major outstanding questions.

1 *Resolved Questions.* Since the decision in *Gregg,* the US Supreme Court has consistently held that the death penalty is not unconstitutional *per se* and may be imposed so long as essential constitutional safeguards are observed. At a minimum, these include the requirement that proceedings be bifurcated – that the trial stage and the penalty stage be entirely separate – and that decisions be guided by aggravated and mitigating circumstance tests that are set out in relevant legislation. A number of subsidiary points have been settled.

a *Offences for which Capital Punishment May be Imposed.* In *Coker v. Georgia,* 433 US 584 (1977), the US Supreme Court held that the Eighth Amendment of the US Constitution forbade imposition of the death penalty on a person convicted of rape. This has generally been construed to limit the use of capital punishment to more serious crimes, which is generally understood to mean only homicide. Because no capital punishment in relation to treason has come before courts for nearly half a century, it is unknown whether the Supreme Court would hold that acts of treason could justify imposition of the death penalty. Thus, as a practical matter, in relation to criminal courts' everyday jurisdiction, capital punishment in the United States is limited to murder.

b *Age of Defendant.* In *Stanford v Kentucky,* 492 US 361 (1989), the US Supreme Court held that capital punishment could constitutionally be carried out on an offender who was 16 or 17 years old at the time of the offence. International human rights conventions which allow capital punishment at all limit it to persons who are age eighteen or over at the time of their offence and thus, to that extent, US constitutional law is inconsistent with those conventions. However, the United States government has never accepted the applicability of United Nations or other international conventions except to the extent that they are consistent with decisions made from time to time by the US Supreme Court on related questions and thus, as a technical matter, the United States is not in violation of the convention.

c *Execution of the Mentally Ill.* Although the issue is now up for reconsideration, in the case of *Penry v Lynaugh,* 492 US 584 (1989), the United States Supreme Court held that mentally disabled and retarded people can constitutionally be executed. American criminal law, like that of most countries, distinguishes between the «competency to stand trial» standard and the «insanity defence» standard. Generally, so long as the defendant is mentally competent to understand the nature of the proceedings against him, and to assist in his own defence, he or she is deemed competent, even if otherwise affected by mental illness, defect, or retardation. Since Penry was decided, 18 states and the federal government have forbidden the execution of mentally retarded defendants and, combined with the twelve states that do not permit capital punishment at all, that means that a majority of American states no longer authorise capital punishment in such cases. In the case of *Commonwealth v. Atkins,* (pending), the US Supreme Court has agreed to review a case raising the issue of whether it is «cruel and unusual» under the Eighth Amendment to execute mentally retarded inmates.

Because the Court in deciding whether a practice is «cruel and unusual», often looks to see what the standard practice is in American states, many observers predict that the Court will declare execution of mentally retarded offenders unconstitutional because a majority of states now forbid such executions.

d *Racial Disparities.* As previously discussed, the US Supreme Court in *McCleskey v. Kemp,* 481 US 279(1987), held that racial disparities are a bar to execution only in cases in which there is individualised proof of racially biased motive on the part of officials involved in the court proceedings.

2 *Contentious Issues.* There are a number of issues now under litigation as to which it is difficult to predict the results.

a *DNA Evidence.* Federal courts of appeals are reaching diverse decisions on the question whether defendants are entitled, where forensic specimens have been maintained, to have access to them given to DNA laboratories to see whether the evidence would exonerate the offender. The reason this is an issue is that the sensitivity of DNA analyses has become steadily greater with the passage of time meaning that evidence from cases decided in, say 1988 or 1992, in which the then current state-of-the-art of DNA analysis did not conclusively exonerate a defendant, may be cases in which DNA evidence at the current state-of-the-art would be exonerating. Courts in some jurisdictions have held that convicted offenders are as a routine matter, as a matter of due process, entitled to have subsequent DNA analyses undertaken. In a recent decision, in the US Federal Circuit Court of Appeals for the Fourth Circuit forbade such access. Its rationale was that all legal systems must observe a finality principle and that to allow open-ended entitlement to repeated DNA analyses of evidence would prevent finality ever being achieved and, as a result, such access was not constitutionally required.

b *Effectiveness of Counsel.* This point has been raised above, and involves the question of the minimum acceptable level of counsel in capital cases. In general, the federal courts have established a very low minimum standard of effective assistance. In effect, the defendant on appeal must show that the assistance was below minimum acceptable standards in the community and that the defence counsel's failure is likely to have affected the outcome of the trial.

Death penalty critics argue that «death is different» and that defendants vulnerable to death penalty sentences should be entitled to a very high level minimum quality of representation and, accordingly, that the general minimum legal competency required to meet constitutional standards should not be applied. So far, the US Supreme Court has been unsympathetic to such arguments.

4 Conclusion

Capital punishment in the United States is caught up in ideological and partisan politics. Death penalty critics raise issues on their own merits but, oftentimes, with the additional goal of creating an insuperable practical impediment to the use of capital punishment. Death penalty proponents resist most reform proposals, often not on their individual merits but because they see the proposals as a first step towards abolition. Thus motives are commonly distrusted and capital punishment proponents tend to resist every change to laws affecting capital punishment that they believe will in any way undermine the extent of its use.

I have kept for last what seems to me the hardest problem – the extent to which in democratic countries the will of the people should be observed in respect to capital punishment. This is, at the end of the day, the fundamental question in the United States. It is likely that US elites, like elites in many countries, are predominantly opposed to the use of capital punishment. It is clear, however, and has been clear for many years, that a majority of the public, when asked, indicates that it supports capital punishment in principle and practice.

It is possible, when capital punishment opinion research is examined closely, to show that support for capital punishment falls when respondents are aware that life without possibility of parole is an alternative sentence and that dangerous people will not ever be released, and it falls when respondents consider the facts of individual cases and the personal biographies of offenders (CULLEN ET. AL. 2000). Nonetheless, even once refinements like these are made, it appears that a majority of Americans support capital punishment.

Capital punishment proponents vigorously argue that in a democratic society the will of the majority of the electorate should prevail even on a question as important as capital punishment. Responsible adherents to this view do not disagree that procedures should be fair, that all possible reasonable measures should be taken to assure that innocent people are neither convicted nor executed, that adequate legal counsel be provided, and so on, but believe that it is appropriate to respect the people's will. They also believe it is inappropriatc for capital punishment to be forbidden because a minority of the population, often better educated than average and economically better off, who might be referred to as «elites», oppose capital punishment.

I do not know what, in general, public opinion surveys in Europe show about public support for capital punishment. In Britain, surveys in recent years have shown that a majority of British citizens would favour its use. Since its abolition in the 1960s, however, British elites have been steady in their opposition to capital punishment and on the several occasions when it has come to a vote before parliament, the vote in favour of abolition has been strong.

For myself, I do not believe that the use of capital punishment can be justified, as a sub-proposition to the more general claim that the state should never be given authority to take a citizen's life, and so, at the end of the day, I am not troubled by the anti-democratic dimensions of that view. I recognise, however, that many thoughtful people do firmly believe that in democracies the will of the majority should be respected and, accordingly, that whether elites like it or not, if the people want capital punishment subject to constitutional requirements of observance of fair procedures in its use, then they should have it.

References

Full, up-to-date information and much historical material is available at http://www.deathpenaltyinfo.org.

The two best scholarly overviews:

HOOD, ROGER 2002. *The Death Penalty: A World-wide Perspective,* 3rd edition. Oxford, Oxford University Press.

ZIMRING, FRANKLIN, AND G HAWKINS. 1986. *Capital Punishment and the American Agenda.* Cambridge, Cambridge University Press

The following were cited:

LIEBMAN, JAMES S., JEFFREY FAGAN, VALERIE WEST, AND JONATHON LLOYD. 2000. «Capital Attrition: Error Rates in Capital Punishment, 1973-95». *Texan Law Review:* 1839–65.

CULLEN, FRANCIS T., BONNIE S. FISHER AND BRANDON K. APPLEGATE. 2000. «Public Opinion about Punishment and Corrections» in Crime and Justice: *A Review of Research,* Vol. 27, edited by MICHAEL TONRY. Chicago, University of Chicago Press.

ZIMRING, FRANKLIN, AND G HAWKINS. 1986. *Capital Punishment and the American Agenda.* Cambridge, Cambridge University Press.

Koffi Kumelio A. Afande

Les Sanctions Pénales en Afrique: Entre Traditions et Modernité

Résumé

Non seulement les sanctions traditionnelles africaines varient selon les régions dans un seul et même pays, mais aussi certains pays ont connu des influences coloniales diverses dont chacune a marqué le droit des sanctions. Dans ce chassé-croisé de droits des sanctions en Afrique, tous marqués par l'histoire et les différences de cultures, les rapports sont souvent conflictuels entre les sanctions traditionnelles africaines et celles d'origine coloniale. Suite à ce pluralisme juridique sur fond de rapport de forces, les peines de souche coloniale sont souvent rejetées par les justiciables, qui les tiennent pour inadaptées à la culture africaine, neutralisant ainsi leur force préventive générale et spéciale. D'où les pressions de la part de la communauté ont en général plus d'influence sur les comportements sociaux que les sanctions d'origine coloniale, dont l'efficacité est ainsi anéantie. Il existe donc dans les droits africains actuels, des sanctions pénales qui heurtent de front les conceptions traditionnelles africaines encore vivaces aussi bien de la sanction que des droits et devoirs de l'homme et des peuples. Ces sanctions sont vécues comme des traitements inhumains, cruels, dégradants et des tortures par les personnes qui les subissent. Il s'agit par exemple de la peine de mort profanée et géneralisée, de l'emprisonnement, autrefois ignoré des peuples africains, mais introduit par le colonisateur, de la peine d'amende au profit de l'Etat et au mépris de l'indemnisation de la victime, etc. A cela s'ajoute la suppression de nombre des mesures traditionnelles de compensation ou de rachat de la sanction, de médiation, d'individualisation de la sanction etc. Mais le désintérêt du législateur à réformer les sanctions pénales ainsi que les tentatives judiciaires discutables pour les rendre efficaces sont aussi inquiétants que le rejet des sanctions actuelles par les citoyens.

Zusammenfassung

Bei den traditionellen Strafen in Afrika gibt es einerseits Unterschiede zwischen den Regionen innerhalb eines einzigen Landes, andererseits standen viele Länder unter unterschiedlichen Kolonialeinflüssen, welche die Strafgesetze der verschiedenen Länder jeweils entsprechend mitgeprägt haben. In diesem Dschungel des Strafrechts in Afrika, der durch die Geschichte und unterschiedliche Kulturen beeinflusst wurde, finden sich zahlreiche Widersprüche zwischen den traditionellen afrikanischen Strafen und den Strafen kolonialer Herkunft. Auf Grund dieses pluralistischen, auf dem Kräfteverhältnis basierenden Systems werden Strafen kolonialen Ursprungs von den Betroffenen oft nicht akzeptiert, sondern als unpassend für die afrikanische Kultur betrachtet und haben deshalb keinerlei allgemeine oder spezielle präventive Wirkung. Der Gesellschaftsdruck beeinflusst deshalb das soziale Verhalten allgemein stärker als Strafen kolonialer Herkunft, die somit ihre Wirksamkeit verlieren. Solche Strafmassnahmen in den heutigen afrikanischen Rechtssystemen stehen in krassem Widerspruch zu der noch lebenden afrikanischen Tradition der Strafe, den Rechten und Pflichten des Menschen. Die Betroffenen erleben diese Sanktionen als unmenschlich, brutal, erniedrigend und als Folter. Beispiele sind die banalisierte und allgemein angewandte Todesstrafe, die bei afrikanischen Völkern ursprünglich unbekannte, von den Kolonialherren aber eingeführte Gefängnisstrafe, Bussen, die dem Staat zu Gute kamen, anstatt die Opfer zu entschädigen usw. Dazu wurden zahlreiche traditionelle Massnahmen abgeschafft, z.B. die Entschädigung oder der Freikauf von der Strafe, die Vermittlung, die Individualisierung der Strafe, etc. Das fehlende Interesse des Gesetzgebers, die Strafrechtsordnung und die verschiedenen streitbaren Rechtspraktiken im Sinne der Effizienz zu reformieren, ist aber ebenso beunruhigend wie die Tatsache, dass das gegenwärtige System von der Öffentlichkeit nicht akzeptiert wird.

Introduction

La question de savoir comment organiser une politique criminelle avec des sanctions pénales efficaces du point de vue des buts de prévention générale et spéciale est d'une actualité brûlante en Afrique aussi. Or le système des sanctions pénales dans les pays africains est marqué par un farouche conflit opposant les sanctions de souche traditionnelle africaine à celles d'inspirations coloniales allemande, française, britannique etc. En définitive, le système des sanctions en Afrique représente un spécimen si complexe qu'il ne peut être compris qu'à travers l'évocation de son arrière plan colonial, en insistant sur le conflit de normes résultant de la confrontation entre la conception africaine de justice et celle d'origine coloniale. En effet, la justice européenne suppose que les intérêts individuels dans une société doivent être distants l'un de l'autre et qu'un conflit signifie que l'un de ces intérêts s'est trop rapproché ou collé à un autre. Dès lors la justice intervient avec le glaive pour trancher le point de rencontre et replacer chaque intérêt sur la balance pour voir si l'équilibre ou le poids initial est de nouveau obtenu. Le symbole européen de la justice fait de glaive et balance est édifiant. En revanche la justice traditionnelle africaine estime que, comme les fibres d'un tissu, les intérêts des individus dans une société doivent s'imbriquer et qu'un litige correspond à un éloignement entre ces intérêts donc à une déchirure du tissu social. Dans ce cas la justice, comme un couturier muni d'une aiguille et de fil, doit recoudre ensemble les intérêts séparés par la crise. La justice est donc l'occasion pour les parties une fois le litige discuté et réglé en palabre, de se convier à faire un geste symbolique de réconciliation, à savoir se partager une noix de cola, de boire l'un après l'autre dans une même calebasse ou plus simplement de se serrer la main.[1] Vu la magnitude du séisme culturel qu'il a provoqué, ce choc entre la notion africaine et le concept européen de la justice n'aurait pas dû avoir lieu. Pourtant, il s'est produit et la tradition africaine plie mais ne rompt pas. Le seul souhait aurait dû être: pourvu que cela ne dure pas; en espérant le retour de la justice appropriée pour les africains, lorsque leurs pays vont cesser d'être colonisés. Toutefois, les autorités postcoloniales manquent la bonne occasion de la souveraineté retrouvée pour faire les bonnes réformes. Le décolonisateur a plutôt applaudi à l'excellence du colonisateur, car sa vision de la justice et des sanctions est d'autant plus approximative qu'elle est tributaire du schéma de l'oeuvre coloniale qu'elles prolongent, que ce soit dans la conception (1) que dans la personnalisation de la sanction (2).

---

1 Maurice Kamto: Une justice entre tradition et modernité; in *Afrique Contemporaine;* n° 156 (spécial); 4e trimestre 1990; p. 57–64; surtout p. 58. Yves Brillon: *Crime, justice and culture in Africa;* Centre Internationale de Criminologie Comparée; Montréal; 1985; pp. 78–79. François-Xavier Mbouyom: Le droit pénal moderne face aux valeurs traditionnelles au Cameroun; in *Rev. internat. crim. pol. techn.;* avril–juin 1981; pp. 145.

1 La conception de la sanction

A la vérité, la garantie de la prévention aussi bien générale que spéciale est incertaine dans la mesure où les sanctions pénales, telles que conçues par les droits postcoloniaux, souffrent dans leur légitimité faute d'adhésion de la grande majorité des justiciables contre qui elles sont édictées.

1.1 La définition par compréhension de la sanction

Le système des sanctions d'avant, tout comme celui depuis la colonisation repose sur une définition dualiste des sanctions. Sauf que les deux systèmes divergent sur la conception de l'ordre social qui sert de référence abstraite ou réaliste dans la notion de sanction.

1.1.1 La notion abstraite de la sanction

Que ce soit du point de vue de la pénologie précoloniale ou de la coloniale, c'est le prisme de l'ordre social abstrait qui sert à définir la sanction. Mais, alors que l'ordre social africain, bien que dichotomique, n'oppose pas du tout les éléments le composant, l'ordre social hérité de la colonisation, est unitaire mais manichéen et oppose le normal à l'anormal.[2]

Dans l'abstrait négro-africain, les mesures décidées suites à des actes relèvent d'une philosophie de l'ordre cosmogonique social, selon laquelle les sociétés sont nées du chaos,[3] et le désordre permet de s'adapter aux contraintes sociales.[4] Cette acception de l'ordre social,

---

2 JEAN-JACQUES WUNENBURGER: Le procès de la responsabilité et les métaphores de la culpabilité; (Revue) *Droits;* P.U.F.; Paris; 1987; p. 90,

3 NORBERT ROULAND: *Anthropologie juridique;* P.U.F.; Paris; 1988; pp. 183 à 185; n° 115.

4 DIKA AKWA NYA BONAMBELA: *Nyambeisme, pensée et mode d'organisation des négro-africains,* Thèse Université de Paris VII; Paris; 1985, ETIENNE LE ROY: Le justiciable africain à la découverte d'une voie négociée de règlement de conflits; in *Afrique Contemporaine;* n° 156 (spécial); 4e trim.; 1990; p. 115, BALLA TRAORE: *Société initiatique et régulation sociale chez les Malinké et Bambara du Mali;* Thèse Université de Paris I; Paris; 1980.

qui confond la morale, la religion, la politique et le droit,[5] admet des valeurs socio-morales positives et négatives qui se complètent sans se contredire. Et la marginalité et ses conséquences, sont une expression des valeurs socio-morales négatives, qui participent aussi à l'ordre social sans le troubler,[6] au même titre que les valeurs morales positives. Ainsi, telle la marge d'une page de cahier d'écolier, qui ne fait pas moins partie de la page, l'attitude marginale (négative) et la sanction consécutive s'intègrent à l'ordre social, en complément à l'action «normale» (positive). C'est pour cela que, bien que redoutée, la marginalité n'est pas systématiquement réprouvée et les mesures décidées à sa suite ne sont pas toujours perçues comme des sanctions. En vérité, l'acte au temps précolonial peut être dit bénéfique, neutre ou préjudiciable. Bénéfique, il vise à attirer l'attention sur le trouble qui l'a généré. Il ne compense pas le trouble mais laisse le soin aux intéressés de le corriger. Par exemple un enfant qui naît non pas normalement la tête précédant le reste du corps, mais dans la position inverse, rappele par cet acte marginal qu'une irrégularité sociale doit être corrigée. Les mesures décidées à l'endroit du bébé marginal ne sont donc pas des sanctions. Un acte est dit neutre, lorsqu'on estime que ses suites compensent exactement le trouble qui l'a engendré et il vaut déjà sanction en sot. C'est, entre autres, le cas d'un voleur qui devient à son tour victime d'un vol. Et les mesures prises à l'endroit de l'auteur du vol compensateur ne sont nullement des sanctions. En revanche l'acte est dit préjudiciable, lorsque ses suites sont plus lourdes que celles méritées pour le trouble qui l'a engendré et qu'il devrait sanctionner. En l'occurrence des mesures doivent être prises pour compenser le déséquilibre entre l'acte initial de moindre gravité et l'acte consécutif plus grave.

Tout au contraire, l'ordre social d'origine coloniale enseigne que l'ordre préexiste au désordre, et que l'acte marginal est par essence destructeur de l'ordre établi. Les notions d'actes bénéfiques et neut-

5 JEAN CHABAS: Transformation du droit local et évolution économique; in *Annales Africaines*, n° 1; Editions Pedone; Paris; 1963; p. 150.

6 ETIENNE LE ROY: *op. cit.;* pp. 115 à 116.

res sont contestées. Seule l'acception de l'acte préjudiciable est retenue mais simplifiée. Elle est donc réduite à la seule action criminelle, dite infraction, signe d'une morale contraire à un ensemble monolithique de valeurs morales,[7] et différente de l'ordre juridique pur.[8] Mieux, elle se limite aux actions «blessant les états forts de la conscience collective»[9] et de ce fait doit être essentiellement désapprouvée, incriminée et sanctionnée.[10] Toute action ne répondant pas à cette définition ne devra plus susciter un quelconque intérêt social, même si elle constitue un acte marginal dans l'imaginaire populaire. À l'inverse une action y répondant est dite criminelle, même si elle n'est pas marginale pour les autochtones.[11]

La notion abstraite ne rend pas compte de la sanction, aussi suffisamment qu'il se doit. La sanction doit être envisagée dans sa dimension réaliste.

1.1.2 La notion réaliste de la sanction

La conception précoloniale, toujours substantielle[12] et binaire de la sanction, est remplacée depuis l'ère coloniale par une qualification formelle tripartite.

Un premier classement avant la colonisation tient compte des valeurs visées par la sanction. La sanction est mystico-religieuse si elle est consécutive à une marginalité touchant à une valeur cultuelle telle que la vie humaine, animale, végétale et minérale, car les objets inanimés aussi sont censés avoir une âme. En revanche, la sanction

---

7 A. CORRE: *«Platon criminaliste»;* archives d'anthropologie criminelle; 1908; pp. 10 à 54, RAYMOND GASSIN: *op. cit.;* pp. 48 à 51; n° 49 et n° 51, R. VAN DER MADE: Contribution à l'étude de la défense sociale, deux étapes; la philosophie grecque et le positivisme; *Rev. dr. pén. crim.;* 1949–50; pp. 952 et suiv.

8 JEAN CARBONNIER: Morale et droit; *Rev. jur. du Centre Ouest;* 1992; pp. 3 et suiv.

9 ÉMILE DURKHEIM: *De la division du travail social;* 12e éd.; 1910; pp. 35 et suiv.

10 JOSEPH PIC: *Justice répressive indigène au Togo;* Delmas; Bordeaux; 1936; p. 80.

11 YVES BRILLON: Développement, criminalité ... Afrique noire; *op. cit.;* p. 282, YVES BRILLON: *Crime, justice and culture in Black Africa;* Montreal (Canada); 1985; pp. IX à X, EUGÈNE SCHAEFFER: Procédure pénale et développement, libre propos sur la procédure pénales dans les Etats d'Afrique Noire d'expression française; in *Annales Africaines;* n° 1; Edition Pedone; Paris; 1962; p. 249.

12 JOSEPH PIC: *op. cit.;* p. 11.

est naturelle, si ellel n'a aucune suite religieuse. Mais elle peut aussi affecter à la fois l'ordre religieux et naturel. Or la sanction, de souche coloniale nie toute dimension surnaturelle de l'acte, toujours considéré comme un agissement naturel. Un anathème est donc jeté sur les sanctions cultuelles,[13] dites «fétichistes»,[14] et punies mêmes si elles sont mues «… moins par une intention criminelle, mais beaucoup plus par le souci de se conformer aux usages, morale et coutumes ancestraux …».

Un second classement aux temps précoloniaux tenait compte de la contrainte que la mesure est supposée comporter pour la personne sanctionnée. En règle générale, la suite logique de toute infraction est la sanction qu'elle peut appeler pour son auteur. Et puisque à chaque infraction doit suffire sa peine, les droits coloniaux en modifiant les infractions, ont tenu à y associer les sanctions de leur choix, au risque de bouleverser les peines psycho-culturellement admises par le droit précolonial.

D'abord, doit disparaître l'obligation patrimoniale en guise d'amende au profit de la collectivité et de son chef, de compensation[15] au bénéfice de la victime ou de sacrifices aux Puissances Occultes, et exécutable en nature (don de nourriture, de boissons etc.), ou en espèce en cauris, la monnaie d'alors chez certains peuples.[16] Elle est remplacée par une peine pécuniaire, l'amende, distincte de l'indemnisation pour la victime qu'elle néglige.

---

13 MARYSE RAYNAL: Politique criminelle et justice traditionnelle en Centrafrique; in *Archives de politique criminelle;* nº 14; Pedone; Paris; 1992; p. 130, ROGER MERLE: La pénitence et la peine; *Collection Ethique et Sociétés;* Cerf-Cujas; Paris; 1985; p. 20, RAYMOND VERDIER: *Le Pays Kabiyè;* édition Karthala; Paris; 1982; p. 122, EMILE ET ELS VAN ROUVEROY VAN NIEUWAAL: *Ti Anufò, un coup d'oeil sur la société Anufòm au nord-Togo;* Hasselt; Pays-Bas; 1976; p.44.

14 ROBERT CORNEVIN: *Histoire du Togo;* Edition Berger-Levrault; Paris; 1969; p. 175, HANS KARLOWA: *Die Strafgerichtsbarkeit über die Eingeborenen in den Deutschen Kolonien;* Buchdruckerei Robert Noske; Leipzig; 1911; S. 22–24.

15 YVES BRILLON: Crime, justice and culture in Black Africa; *op. cit.;* pp. 85 à 86.

16 AMADOU HAMPATE BÂ: *L'étrange destin de Wangrin;* Union Générale d'Edition; Paris; 1992; p. 17, ALAIN MIGNOT: *La justice traditionnelle, une justice parallèle: l'exemple du Sud-Togo;* Recueil Penant; 1981; p. 16, YVES BRILLON: Crime, justice and culture in Black Africa; *op. cit.;* p. 74.

Ensuite, les peines privatives d'autorité ou de droits sont déréglées. Quant aux privations du droit à son autodétermination, le fautif ne doit plus, comme autrefois, effectuer des services d'utilité privée (S.U.P.) au profit de la victime ou de son groupe social. Toutefois, plus sévèrement qu'avant la colonisation, l'agent réduit en esclave de la collectivité n'est plus astreint aux corvées d'utilité collective (C.U.C.) d'hier. Il est plutôt astreint à des travaux forcés (T.F.) plus rudes, lors desquels il peut être enchaîné aux pieds et poignets. S'agissant de la privation du droit d'appartenir à son groupe social, le fautif va, comme avant, être mis en quarantaine sous la forme d'une interdiction de séjour, banni ou frappé d'ostracisme.[17] Mieux encore, des peines plus dures d'exclusion sociale vont naître, telles que la déportation et l'emprisonnement originellement ignorés de ces peuples, qui ont jusque là toujours exécuté les peines en milieu ouvert.

En outre, les peines précoloniales d'«étiquetage» sont réduites. Dès lors, la présentation en public ou en secret d'excuses à la victime ou à la collectivité, comme alternative à de graves peines,[18] n'est plus vue comme une peine. De même que le «baptême» du fautif selon le nom de l'objet du forfait,[19] ou la composition d'une chanson satirique[20] à l'encontre du fautif est vue comme une plaisanterie. L'effet de publicité sociale recherché à travers ces mesures est remplacé sous les droits coloniaux par celui de la mention des sanctions au casier judiciaire. Mais si la déchéance de l'autorité parentale est admise parmi les peines coloniales, celle des responsabilités publiques est abolie.

Enfin, les peines corporelles de la bastonnade,[21] et de la mort (la suppression physique) vont être réaménagées. La peine de mort est

17 Yves Brillon: Crime, justice and culture in Black Africa; *op. cit.;* pp. 84 à 85.
18 Raymond Verdier: *op. cit.;* p. 121.
19 Norbert Rouland: *op. cit.;* p. 306.
20 Norbert Rouland: *op. cit.;* p. 318.
21 Robert Cornevin: *Les Bassari du Nord-Togo;* Edition Berger-Levrault; Paris; 1962; pp. 117 à 118.

consacrée,[22] étendue aux peuples qui l'ignorent et effectivement appliquée chez ceux qui ne la pratiquent pas du tout ou qui la pratiquent seulement *in extremis.*[23]

Quoi qu'on en dise, la conception de la sanction d'origine africaine et celle de source coloniale sont difficilement conciliables, au point de déséquilibrer la légitimité des sanctions existantes.

1.2 La légitimité par extension de la sanction

Estimant les peines coloniales trop rudes,[24] pour y échapper les peuples colonisés observaient un silence, telle la *Omertà* mafieuse,[25] et ne dénonçaient pas les faits, au détriment de la prévention générale et spéciale. En effet, les peines des droits coloniaux n'ont pas la charge mystico-naturelle des peines précoloniales selon la faute punie et obéissent à une autre échelle.

1.2.1 La nature des sanctions face aux droits de l'homme

Le lien entre sanctions et droits de l'homme est si cardinal en Afrique que les cultures précoloniales, à l'opposé du droit postcolonial, reconnaissent aux personnes et groupes certains droits auxquels nul ne devrait porter atteinte sous prétexte de sanction si certaines conditions strictes n'étaient réunies.[26]

---

22 KOUAMI KLÉDJÉ GUINHOUYA: Les traditions humanitaires en milieux traditionnels ewe; Mémoire de maîtrise es Sciences Juridiques; Université du Benin (Lome-Togo); *Année académique 1989–1990;* p. 79.

23 YVES BRILLON: Crime, justice and culture in Black Africa; *op. cit.;* p. 79, RAYMOND VERDIER: *op. cit.;* pp. 115 à 117, La peine de mort était rare car un proverbe du Sud-Togo enseigne que: «tuer un bélier qui a tué un autre, c'est vider l'étable».

24 YVES BRILLON: Développement, criminalité … Afrique noire; *op. cit.*; p. 282, YVES BRILLON: Crime, justice and culture in Black Africa; *op. cit.;* pp. IX à X, FRÉDÉRIQUE PIE: *Les politiques pénales en Afrique Noire francophone, le cas du Gabon;* C.E.A.N.; 1989; p. 150, NORBERT ROULAND: *op. cit.;* p. 202.

25 GIOVANNI FALCONE: La criminalité organisée, la mafia italienne …; *Rev. internat. crim. pol. techn.;* 4e trim.; 1992; p. 391.

26 HANNUM 1979, S.67.

Avant la colonisation, sanctionner une personne revient avant tout à priver soit partiellement ou totalement la de l'un quelconque ou de plusieurs des droits inhérents à sa dignité humaine. Dans ce contexte, par exemple une interdiction de séjour représente pour le condamné une perte partielle de sa liberté d'aller et de venir, tandis que l'enfermement est pour lui une perte totale de ce droit. De même la peine d'amende et la confiscation emporte pour le condamné une perte de son droit à la propriété. La peine capitale quant à elle signifie pour le condamné la perte absolue de son droit à la vie. C'est ainsi que parmi les droits protégés contre les sanctions, outre le droit à la vie et à la liberté de circulation, il y avait le droit au travail et à une formation, la liberté d'association, d'expression et de religion ainsi que les droits à la justice, à participer à la vie politique de sa communauté et à tirer profit de la propriété personnelle ou commune.[27]

Or les sanctions de souche coloniale omettent de résoudre le dilemme selon lequel sanctions et droits de l'homme sont comme deux serpents qui se mordent par la queue. Les droits de l'homme demeurant curieusement la cible par excellence des sanctions pénales tandis que ces mêmes droits de l'homme et des peuples doivent servir de bouclier contre les abus et l'arbitraire des sanctions. Cette lacune est imputable aux définitions souvent classiquement admises de la sanction pénale, et qui manquent souvent d'intégrer les données des droits de l'homme. Certaines enseignent soit que la sanction est toute mesure justifiée par la violation d'une obligation, soit que la sanction est une mesure répressive infligée au fautif ou que la sanction est la rançon du crime commis. D'autres se voulant plus précises offrent plus de détails. L'une pose que la sanction est une mesure infligée au fautif du fait de sa faute au nom et à la discrétion de la société dont il est membre permanent ou temporaire.[28] Une autre dit

27 Claude E. Jr. Welch: «Human Rights as a Problem in Contemporary Africa»; in *Human Rights and Development in Africa;* New York 1984; p. 16, Keba M'Baye: «Human Rights in Africa»; in *The international dimension of human rights,* Westport 1982; pp. 589 et suiv., Keba M'Baye: *Les Droits de l'homme en Afrique;* Paris 1992; pp. 3 et suiv., B. O. Okere: «The Protection of Human Rights in Africa and the African Charter on Human and Peoples' Rights: A Comparative Analysis with the European and American Systems»; in *Human Rights Quarterly* 6; 1984; p. 146.

que la sanction est la pénalité infligée par l'Etat à une personne reconnue coupable de crime. Elle entraîne pour le condamné une contrainte qui peut être physique, mentale ou patrimoniale.[29] Sur la base de ces définitions on en vient à élaborer une classification hasardeuse et fâcheuse des sanctions pénales. Les ouvrages de droits modernes distinguent encore entre les peines de mort et de prison d'un côté et autres sanctions privatives de droits comme si seules ces dernières grevaient les droits du condamné. Jusqu'alors les débats postcoloniaux sur les relations entre sanctions et droits de l'homme se sont limités d'une part aux sanctions contre le droit à la vie soit la peine capitale et d'autre part à celles contre la liberté d'aller et de venir c'est-à-dire la peine de prison.[30] Que des sanctions autres que la mort ou la prison grèvent aussi les droits de l'homme est sinon ignoré du moins très peu discuté.

Ce n'est pas seulement de par leur nature que des sanctions de souche coloniale s'accommodent mal des droits fondamentaux de l'homme. L'Africain est tout aussi interrogateur sur les buts assignés à ces sanctions.

28 G.L. NDABANDABA: «Punishment in African society, past and present»; in *Southern Africa in need of law reform;* Sun City 1981; p. 152 citant Stearns.

29 G.L. NDABANDABA: *op. cit.;* p. 152; citant CALDWELL.

30 VICTOR RAMITRA VICTOR: «Madagascar, propos sur la peine de mort», in *Recueil Penant* 86; 1976; pp. 327 et suiv., SOJI ADESUGBA: «The Death Penalty: Myth or Reality»; in *Narcotics, Law and Policy in Nigeria;* Lagos 1990; pp. 55 et suiv., EPIPHANY AZINGE: «The Death penalty: An effective Deterrent to drug traffiking and abuse?» in *Narcotics, ...; op. cit.;* pp. 350 et suiv., BETHEL UWERU: «The efficacy of Death Penalty: an analysis of a survey of women hard drug traffickers in Benin and Warri, Nigeria», in *Narcotics, ...; op. cit.;* pp. 366 et suiv., ADEDOKUN A. ADEYEMI: «Death Penalty in Nigeria: criminological perspectives», in *Narcotics, ...; op. cit.;* pp. 280 et suiv., C. O. OKONKWO: «Death Penalty: Myth or Reality», in *Narcotics, ...; op. cit.;* pp. 262 et suiv., JOHN HATCHARD: «Constitutionality of the death penalty and penal policy»; in *Journal of African Law* 39; 1995; pp. 192 et suiv., GEORGE DEVENISH: «The historical and jurisprudential evolution and background to the application of death penalty in South Africa and its relationship with constitutional and political reform»; in *South African Journal of Criminal Justice* 5; 1992; p. 1et suiv., UNAFRI: Report of the training on practical implementation and application of selected United Nations norms and standard guidelines on crime prevention and criminal law; *Publikation Nr. 10;* Kampala 1993; pp. 1 et suiv., MASAMBA N. SITA: *Promotion of research in prisons in Africa;* Kampala 1993; pp. 1 et suiv., NYABIRUNGU MWENE SONGA: *Droit pénal général zaïrois;* Kinshasa 1989; pp. 300 et suiv.

1.2.2 Les buts de la sanction et les droits de l'homme

Partout en Afrique, les sanctions pénales d'origine coloniale sont perçues du fait du dysfonctionnement de leur buts comme des traitements méprisant les droits inhérents à la dignité humaine de la personne. Elles sont à la limite vécues comme des tortures et des traitements inhumains, cruels, dégradants.

D'un côté, tandis que les sanctions aux temps précoloniaux visaient plutôt pour l'essentiel à socialiser le condamné en le maintenant dans son milieu, celles d'origine coloniale tendent plutôt à isoler le condamné de son milieu de vie normal.[31] La prison est tout aussi cruelle pour la communauté qui perd ainsi un de ses membres. La peine de prison prive le condamné de toute chance de socialisation, pourtant reconnue pour être un des principaux buts de la peine dans l'Afrique traditionnelle. Il a été démontré que l'enfermement pendant la période coloniale et même aujourd'hui conduit très souvent à la mort ou à un traumatisme, même si le détenu ne subit pas des mauvais traitements physiques ou autres privations. On comprend d'ailleurs que dans certaines prisons les détenus se plaignent d'être esseulés dans leur cellule et refusent les cellules individuelles. Le rejet psycho-sociologique et culturel de la privation de liberté, considérée non pas comme une peine correctrice mais corruptrice, se manifeste de plusieurs façons: Et il n'est pas surprenant que déjà à l'époque coloniale et aujourd'hui encore la plupart des infractions punies de peine de prison ne sont pas dénoncées. Même la victime ne porte pas plainte, préférant trouver un règlement avec l'auteur et lui épargner la prison. Il est à regretter que la peine de prison soit devenue la reine des peines sur ce continent qui n'a visiblement jamais admis la privation de liberté comme sanction. A noter d'ailleurs que dans certains pays côtiers, un prisonnier libéré doit avant de rentrer à la maison, être conduit par les membres de sa communauté d'ap-

31 Maurice Kamto: «Une justice entre tradition et modernité»; in *Afrique Contemporaine* 156; 1990; p. 58, C. O. Okonkwo: *Criminal law in Nigeria;* London 1980; p. 33 et pp. 35 et suiv., Paul Kofi Twumasi: *Criminal law in Ghana;* Tema/Ghana 1985; pp. 13 et suiv.

partenance à la plage où il doit se baigner dans l'océan pour se purger de la souillure dont la détention l'a couvert. Parfois le prisonnier élargi est conduit devant sa maison, où il doit subir certaines cérémonies de purification avant de passer le seuil de la maison. Dans ces conditions, que l'emprisonnement soit appelé peine correctionnelle, c'est-à-dire la peine qui corrige le condamné, est difficilement admissible dans les cultures africaines.

La peine d'amende comporte également sa dose de violation du droit de la victime à la réparation, droit cardinal avant la colonisation. En effet, il est connu que contrairement à la réparation qui est directement versée à la victime elle-même, la peine d'amende est plutôt payée à la caisse de l'Etat. Or le condamné qui s'emploie à payer l'amende due à l'Etat ne dispose pratiquement plus de ressources financières pour indemniser la victime qui, contre son gré, doit attendre que l'Etat puisse rentrer dans ces fonds.[32] Alors que les recherches montrent que l'un des buts principaux des peines dans les cultures africaines est justement la garantie de la réparation pour la victime. En outre les sanctions perdent beaucoup en efficacité dans la mesure où le statut et les intérêts de la victime ont perdu en importance dans la détermination de la sanction contrairement à l'usage

32 François-Xavier Mbouyom: «Le droit pénal moderne face aux valeurs traditionnelles au Cameroun»; in *Revue international de criminologie et police technique* April–Juni 1981; p. 150, Friedrich Klausberger: Ruoni Murlen, *Recht ohne Gesetz, eine rechtsethnologische Studie der Murle im Süd-Sudan;* Göttingen 1989; pp. 100 et suiv., Yves Brillon: Crime, justice and culture in Black Africa; *op. cit.;* p. 78, Rudolf Asmis: «Die Stammesrechte der Bezirke Misahöhe, Anecho und Lomeland»; in *Zeitschrift für vergleichende Rechtswissenschaft* 26; 1911; pp.;1–133, p. 44 et p. 110 et pp. 119, Josef Kohler: «Das Togorecht»; in *Zeitschrift für vergleichende Rechtswissenschaft* 27; 1912; p. 139, William Clifford: «Zambia»; in *African Penal Systems;* London 1969; p. 241, Rudolf Asmis: «Die Stammesrechte des Bezirkes Sansane-Mangu»; in *Zeitschrift für vergleichende Rechtswissenschaft* 27; 1912; p. 82 et p. S.110 et pp. 122 et suiv., M. A. Rabie: «Decriminalization of the law, ideal and reality»; in *Southern Africa in need of law reform;* Sun City 1981; p. 102.

dans les traditions précoloniales.[33] C'est ainsi que la peine d'amende est vue comme une escroquerie de l'Etat, qui encaisse des dividendes au mépris du droit de la victime à la réparation, surtout que le citoyen ne reconnaît pas que l'Etat ait subi un quelconque dommage du fait de l'acte. Dans ces cas aussi la victime renonce à la plainte et préfère trouver une solution compensatrice avec l'auteur.

La sanction étant *per se* une atteinte aux droits du condamné, elle n'est légitime que si elle n'entraîne pas plus de contrainte qu'il n'en faut, en proportion à l'ampleur de l'acte et à la personnalité du condamné et de la victime. Mais également les mesures d'individualisation de la sanction sont déréglées.

2 La personnalisation de la sanction

La philosophie africaine de la sanction strictement nécessaire et possible, tant au prononcé qu'à l'exécution, est bousculée à commencer par les mesures procédurales et sans épargner celles de fond de la détermination de la sanction.

2.1 Les mesures procédurales de fixation de la sanction

Seule une instance impartiale dotée d'une parfaite connaissance des parties en cause peut fixer une sanction équitable. Or, le droit afri-

33 Yves Brillon: Crime, justice and culture in Africa; op. cit.; p. 78, Joseph Pic: *op. cit.;* p. 101 et suiv. et pp. 151 et suiv., C. O. Okonkwo: Criminal law in Nigeria; *op. cit.;* pp. 37 et suiv., A. S. Diamond: *Primitive law, past and present;* London 1971; p. 265, Rudolf Asmis: «Die Stammesrechte des Bezirkes Sansane-Mangu»; in *Zeitschrift für vergleichende Rechtswissenschaft* 27; 1912; pp.;71–128 et p. 82, Bernard Connen: «Le code pénal togolais», in *Revue Penant,* Juli–September 1981; pp. 6 et suiv., Emmanuel O. Fakayode: *The Nigerian Criminal Code;* Companion, Benin/Nigeria 1977; pp. 32 et suiv., Jacqueline Costa: «Penal Policy and Under-Development in French Africa»; in *African Penal systems;* London 1969; pp. 371, A. C. Myburgh: *Indigenous criminal law in Bophothatswana;* 1980; p. 55, Christine Lazerges-Rothe: «La gamme des peines et des mesures»; in *Encyclopédie Juridique de l'Afrique; Droit pénal et procédure pénale;* Vol. 10; Abidjan 1982; pp. 103 et suiv., Nyabirungu mwene Songa: *op. cit.;* pp. 319 et suiv., Fernando Gouveia da Veiga: «Portuguese Africa»; in *African Penal Systems;* London 1969; pp. 219 et suiv.

cain précolonial et les droits postcoloniaux divergent quant aux instances titulaires de la prérogative de punir et à la confidentialité ou non de la sanction.

2.1.1 Les instances habilitées

Le souci du droit précolonial, de conjuguer les intérêts de la société et ceux des parties s'imbriquant dans toute cause, guide le concept de l'impartialité des instances. Ainsi les instances sont en principe personnalisées et celles qui ne le sont pas ne doivent intervenir que par exception. Et le discrédit des juridictions de souche coloniale, ainsi que le désaveu des sanctions qu'elles prononcent ,sont prévisibles, dès lors que, toujours au nom de l'impartialité, elles désobéissent à la tradition de la spécialisation *ratione personae.*

En effet, dans ces sociétés précoloniales où chacun éduque chacun, tout membre est garant de l'ordre social et doit œuvrer de son mieux aux solutions des causes. Chacun peut donc être «magistrat». Or, de ce que cet ordre social lie étroitement les intérêts généraux du groupe à ceux personnels de ses membres, le «magistrat» ne peut le garantir qu'en défendant à la fois cette double composante, qu'il se doit donc de bien connaître. Mais si les membres de la société, y compris les proches parents des parties, capables eux-aussi d'être «magistrats», sont censés connaître les intérêts sociaux généraux, seuls les proches parents connaissent le mieux les parties pour préconiser la sanction appropriée. C'est ainsi que les mêmes proches parents chargés de défendre les parties statuent en même temps comme «magistrats» en se constituant en «instance juridictionnelle», normalement sous la présidence de l'un de ses membres.[35] Chez ces peuples où le regard de l'autre est craint, ces instances protègent mieux l'intimité des parties en ne portant pas la cause au delà de leurs groupes.

34 Alain Mignot: La justice traditionnelle ...; *op. cit.;* p. 9.

35 Kouami Klédjé Guinhouya: Mémoire de maîtrise; *op. cit.;* p. 17, Raymond Verdier: *op. cit.;* p. 118, Norbert Rouland: *op. cit.;* p. 195.

Mais il peut arriver que le droit des représentants des parties d'être «magistrats» soit affecté, si une faute leur est imputée dans la commission de l'acte à juger, car nul ne peut prétendre garantir un ordre auquel il a lui-même indirectement attenté. Le «magistrat» au statut contesté peut de ce fait être si affaibli dans son rôle de défendre la partie représentée, que la partie non affaiblie peut en profiter pour se rendre justice et décider une sanction excessive. Ainsi par souci d'impartialité de l'instance et en raison du degré d'érosion du statut de «magistrat» de l'une des parties, on a recours à des médiateurs, voire à une instance ne comportant plus de représentants des parties. Ce sont pourtant des instances sans aucun parent de la personne à punir que les droits postcoloniaux consacrent; au nom de l'impartialité. La défense du sujet n'est plus toujours assumée par ses proches parents, en même temps que les droits de la défense sont restreints aux cas dits graves et à quelques phases procédurales seulement.

Ce serait faire un mauvais procès aux droits coloniaux que de nier leur intention théorique de ne pas enfreindre la règle de l'impartialité des juges. Mais, autant ils ont laminé le principe précolonial de la personnalisation des instances d'antan, autant ils ont hypothéqué celui de la sanction en huis clos.

2.1.2 La confidentialité et la publicité de la sanction

D'emblée, il faut noter que les sanctions pénales pourtant légales sont rejetées et donc rendues inefficaces, lorsqu'elles sont perçues comme une contrainte supplémentaire et injustifiée à la personne devant en faire l'objet.

Par exemple dans la mentalité africaine, pour la protection de la dignité des parties, tout procès a lieu en principe à huis clos, le procès public demeurant l'exception. Et le fait même que le procès soit tenu publiquement vaut déjà sanction à cause de l'atteinte que la publicité du débat a pu porter à l'honneur et à l'intimité de la personne faisant l'objet de la procédure. D'où dans la mentalité africaine tout ou partie d'une sanction infligée à une personne à l'issue d'un débat public peut paraître injuste et superflue, si la cause n'est pas assez grave pour justifier cette sanction. Ainsi personne, même pas la victime, n'aime assumer cette responsabilité de faire infliger à un délinquant une peine qui risque d'être perçue comme superflue et considérée comme une torture.

Par ailleurs, le fait même que la prison isole le condamné de sa communauté d'appartenance est cruel, lorsqu'on sait que dans les sociétés africaines, hier comme aujourd'hui, l'individu est très attaché au groupe social. En effet, la prison en ôtant le condamné à son milieu social ordinaire, crée et en même temps rend visible l'absence du condamné. De ce fait, elle est aussi redoutée dans la mesure oû elle ne garantie pas la confidentialité d'une sanction, comme l'amende par exemple, qui peut être payée par le condamné qui reste maintenu dans son milieu social. C'est ainsi que dans la plupart des cas, le groupe social du condamné crée la diversion en annonçant plutôt que la personne dont l'absence est remarquée est partie en voyage. Mais le plus souvent les groupes de l'auteur et de la victime s'arrangent pour une solution amiable qui épargne la prison.

Qu'on le veuille ou non, le lien entre les mesures de forme et de fond quant à la détermination des sanctions, est si étroit que toute retouche effectuée sur les premières affecte aussi les secondes.

2.2 Les mécanismes de fond de détermination de la sanction

Contre la tradition africaine de l'ordre social où l'individu et son goupe social font corps et perçus comme une seule personne, la mentalité coloniale détache l'individu de sa collectivité, réduisant ainsi la règle de la personnalisation de la sanction à sa portion la plus congrue et falsifiant de ce fait les règles de modulation de la sanction.

2.2.1 *La personnalisation et la collectivisation de la sanction*

Selon le principe général de la personnalitation de la peine, la sanction ne peut frapper que la personne responsable du fait qui appelle cette sanction. Or tandis que certains préfèrent la règle de la sanction collective propre aux traditions africaines, d'autres la tiennent pour une violation du principe d'inspiration coloniale de la personnalisation des sanctions.[36]

Les défenseurs du principe colonial de la personnalisation de la sanction pensent qu'il protège le mieux les personnes dont la participation directe à l'acte punissable n'est pas prouvée. Ils pensent que ce principe renforce l'effet dissuasif de la sanction, dans la mesure où chacun sait qu'il sera personnellement puni pour l'acte qu'il commet et non une tierce personne à sa place. Les opposants à cette conception stricte de la personnalité de la sanction évoquent qu'elle anéantit la dissuasion que seule la menace d'une sanction collective peut garantir. Les tenants du principe de la sanction collective, avancent que le fait pour une communauté de savoir que les conséquences d'une faute commise par l'un de ses membres peut frapper la communauté dans son ensemble, doit inciter cette communauté à encourager un bon comportement de ses membres. Il est donc aisé de noter que le principe de la personnalité contredit certaines législations nationales dans certains pays africains subsahariens qui préconisent que la peine encourue par une personne puisse être infligée à une tierce personne. Par exemple les parents peuvent être sanctionnés pour le fait de leur enfant. Des communautés existent d'ailleurs aujourd'hui qui pensent toujours que, c'est non pas leur membre comme personne, mais toute la communauté en tant qu'entité qui doit subir la sanction encourue par un de ses membres. Mieux encore, des communautés déconseillent à leur membre de purger des sanctions et préfèrent se substituer à leur membre fautif pour

36 Nyabirungu mwene Songa: *op. cit.;* pp. 299 et suiv., L.-V. Thomas: «Responsabilité, sanction et organisation judiciaire chez les Diola traditionnels de Basse-Casamance (Senegal)»; in *Etudes de Droits Africains et de Droit Malgache* 1965; p. 299, Koffi K. A. Afande: *Jeune délinquant et jeune marginal au Togo, aperçus de comparaison: Allemagne-France;* Freiburg 1997; pp. 17 et suiv. et pp. 29 et suiv.

exécuter la peine lorsque la nature de la sanction le permet. Par exemple la communauté peut payer une amende à la place du délinquant. Pour garantir le principe de la personnalité stricte de la sanction, les tribunaux empruntent plusieurs voies. D'une part, ils infligent plus souvent des sanctions comme l'emprisonnement qui de par leur nature ne peuvent être purgées par une tierce personne ou par un groupe à la place du condamné. Ce faisant les tribunaux violent plutôt parfois le principe de la personnalité de la sanction qu'ils tiennent à protéger. Par exemple, pour empêcher que des parents payent une peine d'amende encourue par leur enfant, les juges tendent à infliger principalement la peine de prison avec sursis au mineur, alors que législateur n'a prévu cette peine de prison que comme *ultima ratio* contre le mineur, en raison de la fragile personnalité de ce dernier.

Le dérèglement de la personnalisation de la sanction au plan macro, et voulant que l'individu et la collectivité ne soit plus vus comme une et une seule personne, a vicié la micro personnalisation à savoir l'adaptation de la sanction à infliger à l'individu *stricto sensu.*

2.2.2 La modulation de la sanction

A tout prendre, il apparaît que les moyens traditionnels africains de modulation de la sanction généralement prévus pour adultes et jeunes sont bouleversés de même que ceux spécialement mis en place en faveur des jeunes uniquement.

Les techniques générales de modulation de la sanction sont déséquilibrées. Tout d'abord, le renoncement automatique à la sanction du droit précolonial, lorsque les suites de l'acte sont si graves pour le fautif lui-même, que lui infliger une peine peut paraître déplacé ou injuste a disparu du droit postcolonial. Puis, tandis que le pardon par l'abstraction de la sanction précoloniale est également admissible si seulement le trouble social causé par l'acte est en voie de disparition, si le dommage est en cours d'être réparé et si le reclassement du fautif est en cours d'être acquis, la dispense postcoloniale n'est accordée que si ces conditions sont absolument réalisées. Ensuite, l'avertissement par une peine déterminée ou non donné au fautif, avec la menace de la lui infliger à la prochaine faute est remplacé dans certaines législations par la mesure d'ajournement de la sanction absolument déterminée. Par ailleurs, les sursis simple ou assorti d'épreuves sont en général délicats à être organisés, faute d'agents de probation qualifiés en nombre suffisant. Et la crainte de l'échec du sursis contraint le juge à prononcer plutôt des peines fermes d'amende ou de prison. Enfin la remise conditionnelle de peine est conçue dans les droits de souche coloniale, seulement pour les sanctions privatives de liberté, mais plus pour celles sans privation de liberté, comme dans les droits precoloniaux.

De même les mesures spéciales de détermination de la sanction du jeune sont altérées. Par exemple la volonté traditionnelle africaine de ne punir le jeune, ni davantage qu'il n'est utile, ni davantage qu'il n'est juste, est brisée par la sévérité des sanctions de souche coloniale. Il est frappant que la plupart des mesures éducatives coloniales correspondent curieusement à des mesures valant plutôt sanctions dans la culture africaine. Evidemment, les mesures de correction du jeune glissent vers celles prévues à l'encontre des adultes, sans doute à cause du désaveu par les droits coloniaux de l'excuse précoloniale de jeunesse, voulant que le jeune à punir[37] ne le soit jamais aussi rudement qu'un adulte. De plus, certaines peines d'hier, soit l'admonestation (réprimande), la présentation d'excuses en secret ou en public[38] et la surveillance, sont exclues, car les droits coloniaux y voient plutôt des alternatives éducatives. Enfin, contre l'excuse atténuante de génération du droit précolonial, voulant que des jeunes de différentes générations ne soient pas punis avec la même rigueur et qui était d'application large quant aux bénéficiaires et aux peines concernés, les droits d'origine coloniale imposent une excuse atténuante

37 Raymond Verdier: *op. cit.;* p. 121.

38 Daniel Michel Coissy: La politique criminelle des Etats d'Afrique Noire; *Thèse de droit;* n° 617; Genève; 1974; p. 30, Maurice Kamto: *op. cit.;* p. 58, Maryse Raynal: *op. cit.;* p. 131.

de minorité bien restrictive qui ne s'appliquent que pour des jeunes d'un certain âge et pour certaines sanctions seulement.

Conclusion

On peut comprendre que «devant le nombre et l'ampleur des tâches immédiatement nées de l'indépendance, le génie créateur [des dirigeants postcoloniaux] s'accommode ... de son propre reniement et s'installe dans le mimétisme des institutions européennes jusque dans les secteurs ... où la tradition a triomphé des innovations»[39]. Mais tandis que le législateur fournit peu d'effort pour édicter des sanctions efficaces, les tribunaux tentent dans quelques cas de proposer des solutions. C'est ainsi qu'ils prononcent parfois au lieu des sanctions prévues par la loi, plutôt des peines non prévues par la loi, mais qui à leur avis sont connues des parties et acceptées par les elles. Ici la recherche de l'efficacité des sanctions oblige le juge à violer le principe de la légalité des sanctions pour rester en conformité à la volonté des parties. Mais puisque tous les juges ne sont pas d'avis à opter pour des sanctions hors la loi, même si telle est la volonté des parties, il en découle une violation du principe de l'égalité devant la loi, car pour des cas identiques des sanctions opposées sont ordonnées. La différence est parfois si grande qu'elle ne peut même plus être justifiée par le principe de l'individualisation de la sanction selon laquelle la différence de personnalités des parties peut justifier que les sanctions differentes soient prononcées pour des infractions identiques.

39 GUY A. KOUASSIGAN: *Quelle est ma loi;* Edition Pedone; Paris; 1974; p. 29.

Alternative Strafen, Alternativen zu Strafen und Zukunftsperspektiven

Peines alternatives, alternatives à la peine et perspectives d'avenir

André Vallotton

Assignation à domicile sous contrôle électronique
Vers l'implication du condamné dans l'exécution de sa peine

Résumé
Il est trop tôt pour tirer des conclusions sur la mise en œuvre de *l'electronic monitoring* en Suisse. Les deux ans et demi de l'expérience faite dans les six cantons pilotes n'autorisent encore aucune réflexion scientifique, à l'exception d'un constat de faisabilité de la mise en œuvre de cette nouvelle forme d'exécution. Le faible nombre d'échecs et l'absence d'incidents majeurs autorisent en effet sans problèmes particuliers la poursuite d'une exécution des peines sous cette forme.
Il est cependant intéressant, à ce stade, d'examiner la peine en soi et de tenter quelques hypothèses sur ce qu'elle peut apporter de nouveau à la panoplie des sanctions pénales.
Si on compare les objectifs de cette nouvelle forme d'exécution aux peines actuellement utilisées, force est de constater que les arrêts domiciliaires sous surveillance électronique sont plus proches de la vieille peine privative de liberté et de ses contradictions que des formes d'exécution ou des procédures de règlement des conflits qui ont radicalement tourné le dos à la souffrance ou à la contrainte imposées au condamné pour s'orienter vers la réparation.
De plus, en terme d'effet sur la victime ou sur la société, *le taging* n'apporte rien de plus que les autres formes d'exécution.
Les arrêts domiciliaires pourraient pourtant avoir un effet particulier sur l'auteur, en lui permettant dans une large mesure de devenir sujet, et non objet, de l'exécution de sa peine, au cours d'un processus consensuel centré sur le délit.
Leur introduction représente également une excellente occasion de questionnement sur la peine, son sens et son efficacité comme sur les méthodes d'évaluation en cours et leur contenu.

Zusammenfassung
Noch ist es zu früh, um aus der Umsetzung des *Electronic Monitoring* in der Schweiz Schlussfolgerungen zu ziehen. Die Erfahrungen aus den zweieinhalb Jahren mit diesem System in sechs Pilotkantonen lassen noch keine wissenschaftliche Bewertung zu. Allerdings kann bereits jetzt festgestellt werden, dass diese neue Art des Vollzugs praktikabel ist. Gescheitert ist dieser Ansatz nur in ganz wenigen Fällen, zu grösseren Zwischenfällen kam es nicht – damit kann diese Form des Strafvollzugs ohne besondere Probleme weiter angewandt werden.

Trotzdem ist es interessant, die Art der Strafe an sich zu untersuchen und sich zu überlegen, in welcher Form sie sich in die Palette bisheriger Strafarten einfügen könnte.
Ein Vergleich der Ziele dieser neuen Vollzugsform mit den tatsächlich angewandten Strafen zeigt, dass der elektronisch überwachte Hausarrest dem ehemaligen Freiheitsentzug und den damit verbundenen Widersprüchen näher kommt als den Vollzugsformen oder Schlichtungsverfahren, welche im Sinne einer restorativen Justiz dem Leiden und den Einschränkungen der Verurteilten den Rücken gekehrt haben. In Bezug auf die Auswirkungen auf das Opfer oder die Gesellschaft bringt das *Tagging* zudem nicht mehr als die übrigen Formen des Vollzugs.
Einen spezifischen Vorteil könnte der Hausarrest für die Betroffenen allerdings haben: Sie werden bei der Verbüssung ihrer Strafe weitgehend vom Objekt zum Subjekt – der Vollzug wird zu einem vereinbarten Prozesses, bei dem die begangene Tat im Zentrum steht
Die Einführung des *Electronic Monitoring* ist zudem ein guter Anlass, über die Strafe selbst, ihren Sinn, ihre Wirksamkeit sowie über die praktizierten Bewertungsmethoden und deren Inhalt nachzudenken.

La methode

Il n'est plus nécessaire de décrire dans le détail l'assignation à domicile sous surveillance électronique. Le mystérieux bracelet noir ou gris qui a vite remplacé dans l'esprit de la population la chaîne ou le barreau a été montré par toutes les chaînes de télévision et l'engouement technologique du moment en a fait un des symboles du niveau technique des pays qui l'ont mis en oeuvre.

La durée de l'obligation de rester un certain nombre d'heures par jour chez soi au lieu de les passer en prison varie pourtant considérablement d'un pays à l'autre, tout comme la durée quotidienne. Elle peut en outre être contrôlée par divers moyens, qui vont du bracelet émetteur précité au simple téléphone, en passant par la visite à domicile.

On distingue actuellement dans le monde, pour cette forme d'exécution, deux options fondamentales:

Les pays anglo-saxons se contentent le plus souvent de remplacer la privation de liberté par la seule assignation à domicile, confiant le plus souvent le contrôle technique des allées et venues du condamné à des sociétés privées. *Les pays européens*, pour leur part, ajoutent quasi tous à la restriction de liberté un encadrement social et des traitements complémentaires.

Le projet pilote suisse

Toutes les expériences cantonales du projet suisse se rattachent à cette deuxième catégorie. Le condamné se voit, dans tous les cantons pilotes, incité à participer à des programmes qui s'ajoutent à l'assignation à domicile pendant les heures de loisir et de repos et visent à le confronter à son délit et à ses causes. Seul le style change quelque peu d'une ville à l'autre:

Le confort des moyens disponibles dans les deux Bâle donne aux agents d'encadrement un rôle prépondérant, tout comme dans le canton de Vaud où un assistant s'occupe de moins de 10 situations. Le Tessin a choisi pour sa part de favoriser la quête personnelle du condamné, qui doit proposer lui-même des solutions à ses problèmes. Genève compte davantage sur les prestations sociales existantes dans la cité, alors que les structures bernoises font la part belle à une approche de proximité déjà présente dans le travail d'intérêt général à travers le réseau régional de probation.

La particularité vaudoise tient dans le nombre important de condamnés suivis dans le cadre du projet, quasi semblable à celui de tous les autres cantons réunis, aussi important que le groupe test qui a justifié la généralisation des arrêts domiciliaires en France, ainsi que dans le tirage au sort de certains candidats qui sera décrit ultérieurement.

Un des aspects intéressants de ce projet pilote fédéral est la collaboration étroite entre des cantons qui n'ont pas toujours l'habitude de coordonner leurs interventions, ni d'adopter une position commune dans un domaine où les souverainetés cantonales sont encore trop souvent sauvegardées jalousement.

Les limites d'un bilan partiell

Mais parler avec plus de précision d'une expérience aussi récente serait difficile. Deux ans et demi de recul ne permettent en effet de tirer de conclusions ni quant à l'efficacité de cette modalité d'exécution, ni quant à son efficience.

Les quelque trente mois de projet pilote autorisent tout au plus à conclure à la faisabilité de cette forme d'exécution et à constater que le pourcentage d'échecs en cours d'exécution reste à un niveau aussi admissible que celui des formes d'exécution préexistantes.

Toute conclusion plus précise ne serait pas digne d'une approche scientifique.

La majeure partie des expériences faites à l'étranger n'ayant pas dépassé ce niveau de beaucoup, il serait difficile de s'inspirer d'autres recherches qui, elles aussi, ont davantage porté sur la faisabilité de cette forme d'exécution que sur son efficacité ou sur ses conséquences à long terme.

C'est pourquoi les lignes qui suivent se borneront à tenter d'inscrire cette nouvelle forme d'exécution dans une perspective plus large qui est celle de l'exécution des peines et de son sens.

Un nouveau sens à la sanction pénale?

Dans la troisième édition entièrement refondue de son traité de pénologie et de droit des sanctions pénales, GEORGES KELLENS propose une liste exhaustive des conceptions de la peine inspirée de la liste du baron Constant.

Il cite particulièrement:
- la vengeance et les formes possibles de composition avec la victime,
- l'expiation: soit le rachat par la souffrance,
- l'intimidation: le rappel de l'interdit par l'exemple,
- l'amendement: la remise à sa place, le redressement, la normalisation,
- la défense sociale: l'élimination ou le soin,
- le travail social: l'aide et la surveillance,
- la gestion des risques: la canalisation des dangers,
- et enfin la conciliation: soit le règlement du différend.

La contradiction entre eux de ces divers aspects n'est plus à démontrer, pas plus que la bâtardise de la majorité des sanctions qui empruntent sans grande cohérence à l'une comme à l'autre de ces conceptions parfois fort divergentes.

De plus, l'histoire nous amène souvent à faire le constat qu'à travers le jugement éphémère et passionnel du public, un crime spectaculaire peut à tout moment faire ressurgir au premier plan une conception plus archaïque de la peine qui paraît plus ressortir de l'ordre de la barbarie ou de la magie que d'une vision critique.

Malgré les efforts de VICTOR HUGO, particulièrement célébré en ce début d'année, l'envie de se venger d'un acte atroce ou de voir expier sur la place publique un délinquant pervers n'est en effet pas enfouie à une profondeur telle, dans l'inconscient individuel ou collectif, qu'elle ne puisse ressurgir à tout moment. L'initiative pour une vraie perpétuité que les citoyens suisses devront voter prochainement en est, dans toute sa naïveté … apparente, la meilleure démonstration.

La peine privative de liberté, qui mélange allégrement les conceptions expiatoires, dissuasives, éducatives, neutralisatrices, voire plus récemment réparatrices, est la peine bâtarde par excellence. Mais l'assignation à domicile sous surveillance électronique, malgré sa modernité, ne l'est pas moins.

Le barreau symbolique que constitue le bracelet se rapporte, comme la prison, à la vengeance, à l'expiation et à la gestion des risques. Lorsqu'on l'utilise en fin de peine pour accompagner une délinquance plus sérieuse, ou lorsqu'on l'allie à des contrôles de consommation de produits illicites, la défense sociale est particulièrement présente. Le suivi social qui accompagne l'exécution de l'assignation à domicile dans tous les pays, excepté dans les modèles anglo-saxons, nous rapproche singulièrement des modalités d'exécution qui mettent le travail social au premier plan, alors que les témoignages dûment choisis pour valider cette forme d'exécution, mettent également en évidence ce que cette peine peut avoir d'intimidant.

Force est donc de constater que les arrêts domiciliaires ne sont pas plus cohérents que cette peine de prison que l'on cherche depuis longtemps à remplacer par des méthodes moins chargées de contradictions.

Au lieu d'être une peine moderne, comme pourrait le faire penser la technologie employée, elle n'est peut-être que l'ultime survivance quelque peu transformée d'une peine vieille de deux siècles. Alors que le travail d'intérêt général ou la médiation rompent délibérément avec les objectifs classiques de la peine, l'assignation à domicile ne s'en éloigne pas fondamentalement. Elle fait ainsi penser au Concorde, dernier né d'une technologie classique poussée à l'extrême, mais n'apportant aucune solution originale au vol supersonique.

Pour défendre cette nouvelle forme d'exécution, il sera donc indispensable de chercher sa légitimation à travers un autre examen.

A la recherche d'un nouvel équilibre social

Nous sortirons volontairement de la vision classique des préventions générales et spéciales bien connues des juristes pour aborder le problème du traitement du crime sous un angle différent.

Il est en effet également possible de postuler que la peine vise, dans sa mise en œuvre, trois groupes de personnes bien distincts: les auteurs, les victimes et la société.

La société

En ce qui concerne cette dernière, la procédure de règlement d'un conflit devrait être l'occasion de restaurer équilibre et harmonie, en dénonçant le comportement répréhensible, en rappelant la norme, en réinsérant auteur et victime et en contribuant à la prévention de nouveaux délits.

Mais l'assignation à domicile n'a pas pour objectif prioritaire la garantie ou la restauration d'un équilibre social rompu.

De plus, comme le disait très justement le professeur BOLLE dans *Les objectifs de la sanction pénale:* «le droit pénal ne sensibilise que les sensibles, ne convainc que les convaincus et s'adresse d'abord aux honnêtes gens».

Si rien ne permet de penser que les arrêts domiciliaires sont moins exemplaires que les autres peines, et celà en particulier en raison de leur aspect technologique séduisant, il serait pourtant cependant difficile d'accorder à cette forme d'exécution une valeur dissuasive exceptionnelle, alors que chacun sait depuis les études de CUSSON ou de BEYLEVELD que la certitude de l'inculpation et du jugement jouent un rôle dissuasif bien plus important que la sanction en soi pour la majorité des délits commis.

On ne pourra donc pas défendre la légitimité des arrêts domiciliaires en fonction de leur seule efficacité sociale.

La victime

Si on considère l'effet souhaité de la sanction sur la victime, la peine devrait aboutir à la compensation ou à la réparation des dommages causés, à la libération des conséquences aliénantes ou traumatiques de l'acte délictueux et au rétablissement de la victime dans une existence matérielle, physique et psychique satisfaisante.

Contrairement à une médiation pénale qui correspond parfaitement à ces objectifs même si son champ d'action est limité au règlement des délits de proximité, les arrêts domiciliaires n'apporteront aucune plus-value dans ce domaine. Il serait certes possible de prévoir dans le contrat du condamné assigné à domicile une clause de réparation. Mais, si elle était réalisée, à quoi servirait l'assignation en soi?

Là encore, les arrêts domiciliaires ont donc une portée singulièrement limitée.

Il reste heureusement un aspect de la grille d'analyse qui n'a pas encore été évoqué.

L'auteur

Si on considère la peine sous l'angle de son effet sur l'auteur, la sanction devrait inciter ce dernier à assumer la responsabilité de son acte, à en mesurer et à en ressentir les conséquences, à réparer les torts causés et à apprendre, à transformer, à éradiquer ou à maîtriser ce qui l'a incité à les commettre.

Les comparaisons randomisées faites dans le canton de Vaud de 1993 à 1995 entre la courte peine de prison et le travail d'intérêt général ont permis de constater l'importance de l'implication de l'auteur dans l'exécution de sa peine et l'effet positif de cette participation active sur l'attitude du condamné.

Alors que le groupe de contrôle, qui avait subi sa peine privative de liberté, avait face à son délit et face à l'autorité une attitude très majoritairement négative, le «Tigiste», acteur de l'exécution de sa peine, affichait une attitude fondamentalement différente vis-à-vis des autorités comme de la société.

Le simple fait de s'être personnellement impliqué dans l'exécution de sa sanction lui faisait considérer sa condamnation comme équitable, le juge comme juste et la sanction comme utile. Les effectifs des groupes comparés étant trop faibles pour tirer des conclusions statistiquement significatives concernant la récidive, malgré une efficacité de près de 10% plus grande en faveur du TIG, c'est dans ce constat qu'avait résidé l'essentiel des surprises.

Et c'est vraisemblablement également dans cette direction que nous devrons chercher une validation de l'assignation à domicile, telle qu'elle est pratiquée en Europe continentale.

Lorsque le condamné vaudois, bernois ou bâlois reçoit un jugement exécutoire, il se voit offrir diverses possibilités d'exécution. C'est lui qui doit faire un premier choix et s'impliquer dans l'exécution de sa sanction.

Lorsque les arrêts domiciliaires sont retenus comme mode d'exécution, c'est encore lui qui doit négocier son programme, proposer ses présences et ses absences et les gérer dans le quotidien. C'est lui, et non l'agent de probation, qui doit faire le choix de respecter ses horaires de rentrée et de sortie.

La participation active et consensuelle du condamné ne s'arrête pas là. A travers le contrat passé avec l'autorité d'exécution, le condamné prendra l'engagement, en contrepartie des facilités qui lui sont offertes, de ne consommer ni drogue, ni alcool et de s'astreindre au programme qui lui sera assigné. Il se confrontera donc directement, par l'intermédiaire de ces règles de conduite, aux causes de sa délinquance, dans le cadre d'un processus négocié et accepté. Là aussi, l'aspect impliquant et consensuel de la peine se distinguera d'une peine seulement subie.

Enfin, en incitant le condamné à réviser son rythme de vie et son mode de relation avec son entourage, l'assignation à domicile pourra être l'occasion de construire un nouveau cadre existentiel.

Nous pouvons donc supposer, à l'instar de ce qui a été constaté dans d'autres formes d'exécution, que l'assignation à domicile aura sa place dans ce nouvel arsenal de modalités d'exécution qui impliquent le condamné dans un programme non plus imposé, mais consensuel, et lui permettent de devenir sujet, et non plus objet, de l'exécution de sa sanction. Il sera d'autant plus facile d'obtenir la participation active du condamné qu'on lui offre une forme d'éxecution plus intéressante que la prison?

Nous risquerons donc l'hypothèse que les arrêts domiciliaires, en ce qui concerne leur effet sur l'auteur, pourront être comparés aux autres sanctions «actives» telles que la réparation, la médiation, le travail d'intérêt général, le traitement librement consenti ou l'inscription volontaire dans un programme ou dans une section thérapeutique.

Nous nous permettrons ici, par rapport à ces hypothèses, une brève réflexion sur la révision du code pénal. L'avantage principal des sanctions énumérées ci-dessus réside dans le fait qu'elles font l'objet, tout comme leur contenu, de choix volontaires et consensuels.

Les juges de 2004 sauront-ils, ou auront-ils les moyens, de tirer parti de cette spécificité au moment où ils auront la responsabilité de fixer des modalités d'exécution plus larges? Le modèle d'une justice en deux temps proposé par André Kuhn, avec un juge de la sentence et un juge de l'exécution ne serait-il pas plus efficace qu'une fixation de la peine et des modalités d'exécution par le seul tribunal?

Mais revenons à notre bilan. Le manque de recul et le manque de résultats scientifiquement observés nous empêche pour l'instant de dépasser ce que notre intuition semble nous dicter.

Nous nous interdirons donc de tirer des conclusions qui ne seront validées, pour les premières, qu'à la fin de cette année, et pour les suivantes, que dans trois ans, lorsque des comparaisons concernant la récidive commenceront à être possibles.

Cette réserve quant à des conclusions plus larges ne nous empêche pourtant pas de nous poser quelques questions.

Le projet en cours et sa comparaison avec les autres formes d'exécution active nous poussent en effet à l'élaboration d'hypothèses qui mériteraient toutes d'être vérifiées:

Besozzi nous a rendus sensibles ces dernières années à l'importance de la perception subjective de la peine par l'auteur, ainsi qu'à l'élaboration progressive d'un ressenti fortement transformé face au délit et à la peine, qui pouvait découler du temps qui passe ou de la rencontre entre la vision par l'auteur de son acte et le contexte du jugement ou de l'exécution.

- Dans quelle mesure la participation active de l'auteur à l'exécution permet-elle d'infléchir ou de modifier effectivement ce processus d'érosion de la sanction et de restaurer une vision plus objective du délit et de la peine?
- Quelle est l'efficacité réelle d'une implication de l'auteur dans le processus d'exécution?
- Au-delà d'un constat général sur la plus ou moins grande efficacité d'une modalité d'exécution, ne serait-il pas judicieux de s'intéresser également à l'effet d'un type de peine sur un type de condamnés donné?
- Dans quelle mesure et jusqu'à quel point la qualité et la quantité d'encadrement jouent-elles un rôle dans le processus de changement?
- Quel est la valeur de l'apport d'une approche consensuelle par rapport à une peine imposée ou subie?
- Quelles sont les efficacités respectives de la peine et des traitements qui l'accompagnent?

Certaines de ces questions trouveront vraisemblablement une amorce de réponse dès cet automne.

La mise en place d'un tel projet oblige également à se poser des questions de méthode:

- Comment évaluer l'efficacité d'une peine? Par randomisation, par analyse descriptive, ou au moyen d'interview?
- Quels sont les critères d'évaluation de l'efficacité d'une sanction? L'extinction du sentiment de vengeance? le sentiment de sécurité? la récidive? le niveau de restauration ou le niveau de réparation?
- Quels sont les garde-fous éthiques en matière d'expérimentation pénale?
- Comment comparer efficacement des formes d'exécution?

Là aussi, le projet pilote pourrait apporter quelques amorces de réponses intéressantes. A côté d'une analyse plus descriptive touchant à l'ensemble de l'expérience, l'analyse de groupes randomisés entreprise dans le canton de Vaud permettra de comparer les types de résultats et d'avancer non seulement dans le domaine de la connaissance de la sanction et de son efficacité, mais également dans celui de la méthodologie.

Même si nous savons d'avance qu'il ne s'agit que de petits pas vu la faiblesse des effectifs et des moyens déployés, nous pourrons pourtant prétendre avoir fait un pas de plus dans une démarche qui vise à passer d'une exécution des peines fondée sur des croyances, des sentiments, des morales ou des chimères vers une approche de l'exécution des peines mieux étayée et plus efficace.

Julien Knoepfler

Médiation pénale, justice réparatrice, justice de proximité

La notion de «troisième voie» en fait de traitement judiciaire des petite et moyenne délinquances: stratigraphie de ses principaux enjeux

Résumé
Depuis des décennies sinon des siècles, penseurs et praticiens en matière pénale ne connaissent leur discipline que déchirée par un affrontement stérile entre partisans de la punition systématique des fautes légalement incriminées (les «rétributivistes») et tenants d'une action (éducative, thérapeutique ou neutralisante) fondée sur la dangerosité du délinquant (les «réhabilitativistes»). Aujourd'hui, cependant, devant l'incapacité également manifeste de ces deux paradigmes à s'imposer, mais également sous la poussée de mouvements citoyens critiques (mise en cause de la prison, défense des victimes, ...), se dégage avec force une nouvelle «grille de lecture» de la question pénale.
Et si, plus qu'une atteinte portée à l'Etat, l'infraction était d'abord un conflit opposant l'auteur et la victime, mais impliquant également la société, dans ce qu'elle a de plus informel? Théorisée sous l'appellation anglaise de «restorative justice», et généralement traduite en français par les termes de justice réparatrice, cette analyse assigne évidemment une mission radicalement nouvelle à l'appareil judiciaire: désormais dépouillé de ses anciens attributs – également infantilisants pour les protagonistes – de «père Fouettard» ou de «maître d'école» (selon qu'on considère l'un ou l'autre des crédos historiques), le juge ne jouerait plus, dans ce schéma, qu'un rôle (essentiel cependant) de supervision du processus au cours duquel auteur et victime s'entendent sur la réparation du préjudice. Dans cette tâche, il s'appuierait à l'avenir sur un acteur nouveau, à la fois indépendant et en rapport de collaboration étroite avec la magistrature: l'agent de justice réparatrice, le plus souvent un médiateur pénal, du nom de l'institution qui s'impose dans un grand nombre de pays maintenant comme l'instrument privilégié de mise en œuvre de la «restorative justice».
Au stade de développement atteint par le débat sur la justice réparatrice – et tandis que la Suisse elle-même semble en passe de l'intégrer partiellement dans ses réformes pénales en chantier –, il n'y a pas de doutes qu'elle continuera à faire des convaincus au cours des années à venir. Deux questions demeurent cependant indécises. La première concerne la portée que ce paradigme gagnera: se limitera-t-il aux délits véniels ou osera-t-on également le mettre en œuvre en regard d'infractions graves (viols, homicides, ...) comme cela se fait dans certains projets étrangers, quitte à l'appliquer en marge d'une peine privative de liberté? Quant au second enjeu, il

touche lui à l'usage qui sera fait de la «justice de proximité» contenue dans l'idée réparatrice. Le risque existe en effet – certains pays proches du nôtre peuvent en attester – d'un entraînement de la médiation pénale dans la dérive sécuritaire que connaissent aujourd'hui les Etats, en compensation de leur désinvestissement croissant sur le plan social. Une grande attention sera en tous les cas nécessaire pour éviter ce paradoxe voulant qu'une idée fondamentalement libérale puisse être récupérée à des fins d'extension du contrôle social …

Zusammenfassung
Seit Jahrzehnten, wenn nicht Jahrhunderten kennen Theoretiker und Praktiker des Strafwesens ihren Tätigkeitsbereich vor allem als eine sterile Auseinandersetzung zwischen den Befürwortern der systematischen Bestrafung für strafrechtliche Vergehen und den Befürwortern von Massnahmen (erzieherischer, therapeutischer oder neutralisierender Art) in Bezug auf die Gefährdung durch den Täter. Angesichts der Tatsache, dass sich offensichtlich keiner dieser beiden Ansätze durchsetzen kann, und auf Grund verschiedener kritischer Stimmen aus der Bevölkerung (Hinterfragung von Gefängnisstrafen, Opferhilfe etc.) zeichnet sich mit grosser Deutlichkeit ein neuer Ansatz in der Strafrechts-Problematik ab.
Was würde es bedeuten, wenn eine Straftat weniger als Vergehen gegen den Staat, sondern als Konflikt zwischen Täter und Opfer, aber auch als simples Vergehen gegen die Gesellschaft betrachtet würde? Das Konzept der Restorativen Justiz (engl. «restorative justice») weist der Justiz eine völlig neue Aufgabe zu: Heute werden Richter nicht mehr mit den alten – und für die Betroffenen kindischen – Attributen «Knecht Ruprecht» oder «Schulmeister» assoziiert. Vielmehr ist die Rolle des Richters in diesem Konzept beschränkt auf die (jedoch wesentliche) Kontrolle eines Prozesses, in dessen Rahmen sich Täter und Opfer auf eine Wiedergutmachung des Schadens verständigen. Bei dieser Aufgabe kann er sich in Zukunft auf eine neue Figur stützen, die einerseits unabhängig ist, andererseits aber eng mit der Staatsanwaltschaft zusammenarbeitet: auf den Mediator, oft ein Strafvermittler im Namen der Institution der Restorativen Justiz, die heute in zahlreichen Ländern als bevorzugtes Rechtsinstrument umgesetzt wird.Angesichts des heutigen Standes der Debatte zur Restorativen Justiz wird diese in den kommenden Jahren zweifellos weitere Anhänger finden – auch die Schweiz ist auf bestem Weg, dieses Konzept teilweise in die begonnene Strafrechtsreform zu integrieren. Zwei Fragen bleiben allerdings offen: Die erste betrifft den zukünftigen Anwendungsbereich dieses juristischen Konzepts: Wird sich die Restorative Justiz auf leichte Vergehen beschränken – oder wird der Ansatz auch bei schweren Vergehen (Vergewaltigung, Tötungsdelikten, etc.) zur Anwendung kommen, wie dies bei einigen Projekten im Ausland der Fall ist, auf die Gefahr hin, dass anstelle einer Freiheitsstrafe eine Mediation erfolgt? Die zweite offene Frage betrifft den Einsatz der sogenannten «Justiz der Annäherung», welche in der Idee der Restorativen Justiz enthalten ist. Es besteht tatsächlich die Gefahr – und einige Länder in unserer Umgebung können dies bestätigen –, dass die Straf-

mediation Teil des in vielen Ländern fortschreitenden Abbaus der Sicherheit wird, als Kompensation für die immer geringeren Investitionen im Sozialbereich. Deshalb muss unter allen Umständen verhindert werden, dass eine paradoxe Situation entsteht: dass nämlich ein grundsätzlich liberales Konzept dazu dient, die soziale Kontrolle zu verstärken …

«Vaut-il mieux prévenir ou réprimer?». Longtemps ce dilemme a constitué la ligne de fracture de tout débat sur l'attitude à développer par les autorités pénales contre les petite et moyenne délinquances. De fait, celui qui entendait exprimer une position dans ce domaine n'avait d'autre choix que d'épouser l'une des deux vues. Embrassait-il la cause des *préventifs?* Il gagnait instantanément l'image, largement assimilée à une position de gauche, d'un esprit idéaliste et quelque peu naïf, misant sur la seule politique sociale pour combattre la propagation du crime. Se ralliait-il, à l'inverse, au camp des *répressifs?* On voyait alors en lui le partisan – présumé de droite – d'une politique «du gros bâton», méconnaissant tout travail à long terme au profit de châtiments excessivement spectaculaires.

Cette époque est aujourd'hui assez largement révolue. A l'heure qu'il est, nombre des acteurs du champ judiciaire pénal – mais malheureusement pas tous, il faut le reconnaître – ont admis que l'opposition entre prévention et répression était sans issue. Cette évolution ne s'est du reste pas manifestée que dans des stratégies de combinaison des deux objectifs. Laissé jusqu'alors en friche, un nouveau champ de solutions a été progressivement exploité. Nommés *réparation, reconstruction* (de la relation interindividuelle, du lien social, …), *réconciliation, dialogue, médiation* ou encore *proximité,* les fruits issus de cette nouvelle culture expriment tous une même idée: celle que les protagonistes d'une infraction sont – sauf preuve du contraire – des êtres raisonnables, auxquels il convient que l'Etat s'adresse en tenant compte de leur capacité de jugement, pour les inviter à contribuer ensemble à la liquidation de l'infraction en cause tout en se donnant les moyens d'éviter à futur toute nouvelle lésion de l'intérêt d'autrui.

S'il est évident que les motivations de cet enthousiasme ne sont pas les mêmes pour tous, il reste que la réunion, derrière la bannière de cette «justice douce»[1], de juges comme de politiques (de gauche aussi bien que de droite, désormais), de professionnels attachés à la cause des victimes comme à celle des délinquants, de praticiens comme de scientifiques, enfin, a de quoi impressionner. De fait, c'est rien moins qu'un nouveau chemin qui se dégage sous leurs pas, parfois assurés et déterminés, parfois plus hésitants. Un chemin qui, sans renier les acquis de la prévention et de la répression, évidemment, s'en démarque néanmoins, s'affirmant par son autonomie et son innovation. Cette image du *chemin* n'est du reste pas proposée ici par hasard: en dépit d'usages antérieurs de cette expression dans le contexte politique[2], c'est en effet sous le terme de «troisième voie» que quelques auteurs encore trop rares se proposent de désigner ce nouveau courant.

Dans le cadre d'un colloque qui ambitionne de dresser un inventaire – large sinon exhaustif – des *«nouvelles voies dans la lutte contre la criminalité»,* il était inimaginable de ne pas consacrer une partie de l'attention à cette «troisième voie», précisément. C'est dès lors l'objectif de cette contribution que de clarifier un peu cette notion. Pour y parvenir, nous avons pris le parti de distinguer trois strates, trois niveaux superposés, qui ne transparaissent qu'imparfaitement dans l'expression quelque peu générique de «troisième voie».

- De manière peut-être un peu surprenante, mais néanmoins fondée d'un point de vue rhétorique, le premier de ces niveaux à être examiné ne sera ni celui que nous considérons comme le plus éle-

1 BONAFE-SCHMITT J.-P., *La médiation, une justice douce,* Paris: Syros Alternatives, 1992.

2 Non la première chronologiquement, la «Troisième Voie» conceptualisée par les dirigeants socialistes BLAIR et SCHROEDER en juin 1999 aura été en revanche certainement la plus fameuse application politique de ce terme. Elle défendait un vision fondée à la fois sur la libre concurrence et la justice sociale, entre la gauche classique, d'une part, jugée sclérosée par son égalitarisme et sa défense figée des acquis, et la droite néo-libérale, accusée de confondre *économie* de marché et *société* de marché. Pour beaucoup, cette «Troisième Voie» est cependant aujourd'hui en forte perte de vitesse. A ce sujet, voir par exemple MERRIEN F.-X., «Les ‹troisièmes voies› socialistes devant leurs contradictions», *Le Temps* (Genève), 22 septembre 2000.

vé, ni celui qui nous apparaîtrait comme le plus basique. En nous préoccupant avant toute chose de la *justice réparatrice* en tant que telle, nous commencerons en effet par ce qui nous semble être le niveau *intermédiaire* du débat, son étage central («noble», diraient les architectes), en termes de degrés d'abstraction. De fait, les réflexions que suscite ce niveau II ne sont *ni strictement concrètes* – on traite tout de même ici des fondements philosophiques de la peine, *ni complètement générales,* en ce sens qu'on reste préoccupé d'un aspect seulement de la justice étatique, qui est la justice pénale précisément.

- La justice réparatrice ne saurait toutefois se réaliser par elle-même: c'est dire qu'elle pose un enjeu de *mise en œuvre.* Pour assurer cette mise en œuvre, la *médiation pénale* est, de l'avis de tous, l'institution la mieux adaptée. Au-dessous de la justice réparatrice, nous devrons donc aborder – plus brièvement – un niveau I, que l'on pourra qualifier de *«technique».* Cet examen supposera de voir comment un mode de règlement des conflits récemment revenu sur le devant de la scène dans d'autres domaines a été proprement *importé* dans le contexte pénal, créant à cette occasion, il faut bien le reconnaître, une rencontre détonante entre la technique de la *médiation,* réputée informelle et volontaire, d'une part, et le contexte du *droit pénal,* connu pour son caractère légaliste et contraignant, d'autre part.

- Même s'il est fréquent que les présentations liées à notre sujet s'arrêtent là, nous tiendrons toutefois, pour notre part, à nous consacrer aussi à évoquer un *troisième niveau* (niveau III), situé, lui, *au-dessus* de la justice réparatrice, car de nature *«macro-criminologique»,* et consacré à la place de justice pénale dans les grandes politiques étatiques. Force est de le constater, en effet, la médiation pénale a été depuis quelques années maintenant désignée par plus d'un gouvernement comme l'institution phare d'une *nouvelle politique judiciaire:* la *justice de proximité.* Or il y a là à l'évidence un paramètre qui influe largement sur notre sujet.

Même si brièvement, là aussi, nous nous arrêterons donc un temps à ce niveau III.

Pour être un tant soit peu objectif, ce survol ne pouvait cependant se limiter à la seule définition des trois niveaux de la «troisième voie» évoqués à l'instant. Il faut dire que les difficultés posées par les termes de *médiation pénale,* de *justice réparatrice* et de *justice de proximité* ne tiennent pas qu'à un manque de clarté, que quelques précisions ciblées suffiraient à surmonter; de manière plus sournoise, on doit constater que les termes de ce vocabulaire devenu à la mode malgré lui ont parfois été récupérés pour défendre des vues très différentes de celles qu'ils recouvrent en fait. Or ces différents glissements sont capables d'anéantir tous les bienfaits qu'on pensait susciter en se ralliant à cette nouvelle approche. Pour mettre au jour ces risques, l'étude de chacun des trois niveaux cités ici sera conclue par la présentation d'une petite controverse. En plus de cette fonction d'indispensable mise en garde, on attend de ces trois excursus une vertu pédagogique; ainsi débattues et controversées, les notions étudiées devraient gagner en réalité et en épaisseur.

Une ultime précision doit être faite ici quant à la situation de la Suisse en regard de la «troisième voie». N'aurait-il pas été normal de conclure cet exposé d'une appréciation des quelques réalisations que connaît notre pays en fait de justice «douce»? A l'évidence, une telle ouverture aurait eu toute sa pertinence. Le souci de conserver un taille modeste à ce texte nous en a toutefois empêché. Nous nous permettons dès lors de renvoyer sur ce point à un autre article, pratiquement contemporain de lui, et qui s'agence presque naturellement avec celui-ci. L'objet en a été d'analyser expressément les innovations apportées en fait de médiation pénale dans les quatre grands chantiers pénaux en cours du droit fédéral.[3]

---

3 KNOEPFLER J., «La médiation pénale dans les révisions en cours du droit fédéral suisse. Première appréciation à l'aune d'une justice de *troisième voie*», *Revue de droit pénal et de criminologie* (Bruxelles), n° 6 (juin 2002).

1 Le niveau paradigmatique (II): la *justice réparatrice*

Pour bien comprendre ce nouveau paradigme, il faut dire un mot de ses *origines*. Ensuite seulement nous verrons quels sont ses *principaux postulats,* avant d'en arriver à la première *polémique*.

1.1 Les origines de la justice réparatrice

L'avènement, au sein de la discussion pénale moderne, du paradigme de la justice réparatrice, est dû à *deux types de causes.*

Sa première source doit être vue dans les *débats théoriques* qui se mènent depuis longtemps déjà, et plus spécifiquement, depuis l'époque des Lumières, quant aux *fondements théoriques de la peine.* L'on s'accorde en effet généralement pour considérer que deux modèles ont structuré la pénalité depuis deux siècles: le modèle rétributiviste et le modèle réhabilitativiste. Le paradigme *rétributiviste* s'inscrit dans la logique libérale des Etats-nations modernes, où la violation du contrat social, et donc, l'atteinte à l'autorité étatique, appelle une sanction légale. Dans cette conception, la peine apparaît comme la contrepartie inéluctable de tout acte réprimé par la loi, contrepartie fondée sur le libre-arbitre du sujet. L'adage correspondant à ce premier paradigme: *«punitur quia peccatum est»,* punir parce qu'une faute a été commise. Globalement plus tardif, le paradigme *réhabilitatif,* pour sa part, s'inscrit dans la logique de l'Etat social, qui, par ses interventions, tente de réduire les inégalités sociales, y compris dans le champ pénal où une justice plus tutélaire que punitive cherchera, avec des instruments tels que la probation ou la protection de la jeunesse, à permettre la resocialisation des «déviants». Ici, la formule n'est plus *«punitur quia peccatum est»,* mais *«punitur ne peccetur»:* punir pour qu'il ne soit pas commis de faute à nouveau.

Très tôt – en fait, dès le XVIIIe siècle, par la plume de leurs premiers défenseurs – ces deux modèles se sont durement affrontés. Chacune des deux écoles s'est attachée à démontrer les lacunes de l'autre.[4] Après des décennies, sinon des siècles de disputes, on a toutefois bien dû se rendre à l'évidence: aucun des deux modèles n'est pleinement satisfaisant ni à même, par conséquent, de fonder à lui seul le droit de punir de l'Etat. De même, on a dû constater que les tentatives d'articuler ces deux courants de pensée n'étaient guère concluantes. Ce constat est ressorti aussi bien du débat théorique[5] que des réalisations législatives[6] effectuées dans ce sens. Malgré ces efforts, donc, le feu continue à couver sous la cendre, et les deux courants du rétributivisme et du réhabilitativisme demeurent en conflit.[7]

A côté de ce débat dogmatique, un autre facteur ayant conduit à la justice réparatrice réside par ailleurs dans une série de *mouvements sociaux* de vaste ampleur, souvent étayés par des chercheurs mais néanmoins alimentés en première ligne par des groupes de citoyens, qui obligèrent la communauté des pénalistes à une profonde introspection. Trois courants doivent en particulier être cités.[8]

- Le premier est celui dont l'objet fut de *critiquer les institutions répressives,* et particulièrement la *prison*. Depuis la fin du XVIIIe siècle, époque à laquelle elle était apparue comme un grand progrès (Montesquieu, Beccaria, Bentham), la privation de liberté n'a cessé, en effet, de perdre du crédit dans les milieux criminologiques et la population. A partir du tournant du XIXe, la critique positiviste, d'abord, puis dans les années 60, les thèses inter-

4 Pour une relecture magistrale et récente de ces controverses, voir Debuyst C./Digneffe F./Pires A. P., *Histoire des savoirs sur le crime & la peine,* Vol. 2., Paris/Bruxelles: De Boeck Université, 1998.

5 On pense ici au mouvement des «néoclassiques» (auquel devait participer notamment le Genevois d'adoption Pellegrino Rossi) et à son fameux «ni plus qu'il n'est juste, ni plus qu'il n'est utile».

6 Un semblable essai de fusion des deux paradigmes rétributiviste et réhabilitativiste a été tenté dans les principales codifications modernes, dont le code pénal suisse. Voir par exemple son art. 63.

7 Cet antagonisme s'exprime aujourd'hui encore de manière particulièrement forte en matière de *droit pénal des mineurs,* où s'affrontent les modèles *sanctionnel* (de nature rétributive) et *protectionnel* (relevant d'une logique réhabilitative). A ce sujet, voir les deux contributions de Trepanier J. et D'Amours O., in: Institut international des Droits de l'Enfant (éd.), *100 ans de justice juvénile. Bilan et perspectives,* Sion: IUKB, 2000.

8 Pour un tableau plus développé de ces trois courants, voir Faget J, *La médiation. Essai de politique pénale,* Toulouse: 1997.

actionnistes liées à la notion d'étiquetage (LEMERT, BECKER, ...) amèneront à ce constat désabusé du *«nothing works»*.[9]

- Le second mouvement est celui qui a porté, depuis le XIXe, sur la question du statut de la victime face à la justice pénale.[10] L'alliance de mouvements de gauche (féministes, notamment) et de droite (petits commerçants lassés du vandalisme) a constitué un levier important dans la critique du phénomène d'instrumentalisation dont les victimes étaient largement devenues l'objet. La médiatisation depuis une décennie des affaires de pédophilie a achevé de convaincre les Etats qui n'en avaient pas de se doter de loi de protection des victimes.[11]

- Enfin, il faut attribuer leur part de responsabilité dans les changements en cours aux mouvements ayant postulé, dès la fin des années 60, un accroissement de la participation du public à la politique pénale.[12] L'influence qu'a vite exercée cette idée s'explique en partie par la puissance symbolique du mot de «communauté», qui rappelle le paradis perdu d'une société traditionnelle où les relations sociales horizontales seraient riches et denses.[13]

La force des fondateurs de la justice réparatrice a été de mettre de l'ordre dans ces deux «champs de bataille», dogmatique pour le premier, militant pour le second. Cet ordre, les tenants de la justice réparatrice l'ont établi en dégageant de la mêlée trois constats prédominants:

---

9 CUSSON M., *La criminologie,* Paris: Hachette (coll: «Les Fondamentaux»), 1998.

10 Pour une présentation très complète de ces évolutions, voir PETERS T., «Victimisation, médiation et pratiques orientées vers la réparation», *Annales internationales de criminologie,* Année 2000, vol. 38 1-2, 135–175.

11 Comme on le sait, l'adoption par la Suisse en 1991 de sa *loi sur l'aide aux victimes d'infractions (LAVI)* situe notre pays dans le peloton de queue des pays à s'être dotées de telles normes.

12 Voir dans ce sens, notamment, la *Recommandation du Conseil de l'Europe du 23 juin 1983 relative à la participation du public à la mise en œuvre des orientations de la politique criminelle.*

13 Les thèses fondamentales de ce courant ont notamment été développées par LOUK HULSMAN in: HULSMAN L., *Peines perdues. Le système pénal en question,* entretiens avec BERNAT DE CELIS J., Paris: Le Centurion, 1982.

- Le premier porte sur le fait que *le nombre de buts* assignés à la peine est aujourd'hui *pléthorique*. C'est là la grande limite de la solution de compromis à laquelle sont arrivés nos codes: en refusant de trancher entre deux paradigmes également imparfaits, les législateurs ont en fait additionné les objectifs de chacun d'eux, et, par voie de conséquence, soumis la peine à une kyrielle de finalités. Or celles-ci sont souvent incompatibles,[14] particulièrement lorsqu'ils s'agit de les articuler dans le cadre d'une peine privative de liberté.

- Le deuxième constat rend directement justice aux mouvements de défense des victimes cités à l'instant. Il revient à admettre, comme une évidence qui n'aurait jamais dû être occultée, que la victime est un des protagonistes essentiels de l'infraction et de son traitement. Comme le relève ANTOINE GARAPON *«Les philosophies contemporaines de la peine présentent, en dépit de leurs divergences, une même caractéristique: elles envisagent un homme seul (…). (…) le sujet reste sans vis-à-vis».*[15] Pour les pères de la justice réparatrice, l'inclusion urgente, pleine et entière, de la victime dans les principes fondateurs de nos politiques pénales n'obéit donc pas seulement au souci d'éviter des processus de victimisation secondaire engendrés par l'action judiciaire; d'un point de vue plus global, aussi, il s'impose de r*estaurer la «trinité pénale»,* qui ne se conçoit que par l'octroi d'un rôle à part entière à la société et à l'auteur, évidemment, mais aussi à la victime.

- Même si moins présent que les deux précédents dans les controverses antérieures du fait de sa relative nouveauté, un troisième élément a été mis en évidence par les théoriciens de la justice réparatrice pour justifier l'exploration d'un nouveau paradigme. Ils se sont ainsi appuyé sur le fait que le système pénal actuel repose sur un fonctionnement largement *vertical,* au sein duquel

---

14 Sur ce constat, voir par exemple dans ce recueil la contribution du Prof. ROBERT.

15 GARAPON A., «La justice reconstructive», in: GARAPON A./GROS F./PECH TH., *Et ce sera justice. Punir en démocratie,* Paris: Odile Jacob, 2001, 247.

l'Etat joue un rôle omnipotent. Car c'est un fait: que l'on considère la justice *rétributive,* et son discours de conformité à la *loi*, ou la justice *réhabilitatrice* et son discours de conformité à la *norme* (prise dans le sens de normalité), dans les deux cas, l'État impose de manière autoritaire son choix d'intervention. *Criminel* ou *déviant*, l'individu demeure objet de l'exercice, par le juge ou l'expert, d'un pouvoir non négociable. Ce que nombre d'auteurs mettent en évidence aujourd'hui, c'est que cette relation largement infantilisante[16] au justiciable n'est plus possible. L'Etat tout entier (et par conséquent, même l'Etat pénal) n'échappe pas, en effet, à une profonde mutation du rapport à la norme et à l'autorité (que connaissent d'ailleurs avec lui l'ensemble des cellules traditionnelles de structuration sociale: famille, entreprise, église, école,...). S'imposait donc une nouvelle conception de l'intervention étatique, moins substantiellement directive, d'avantage régulatrice, ou, comme la qualifie DE MUNCK reprenant HABERMAS, davantage «procédurale».[17]

1.2 La justice réparatrice *(restorative justice):* vers un nouveau paradigme pénal?

Née de cette riche histoire des idées, dont des théoriciens avisés ont su dégager les lignes force, que postule, en définitive, la justice réparatrice? Une première réponse résulte du nom même que l'on donne à ce nouveau paradigme[18]: *«restorative justice»* en anglais, *«Wiederherstellungsjustiz»* en allemand, *«justice réparatrice»* en français – quand on ne la qualifie pas, dans cette dernière langue, de *«restaurative», «restauratrice»* ou *«reconstructive».* De tous ces termes, il res-

16 Plaçant l'Etat dans le rôle, respectivement, du «père Fouettard» ou du «maître d'école».

17 DE MUNCK J., «Normes et procédure: les coordonnées d'un débat», in: DE MUNCK J./VERHOEVEN M. (éd.), *Les mutations du rapport à la norme. Un changement dans la modernité?,* Paris/Bruxelles: De Boeck Université, 1997, 25–63.

18 WALGRAVE L., «La justice restaurative: à la recherche d'une théorie et d'un programme», *Criminologie* (Montréal), vol. 32, n° 1, 1999, 3. NB: Nous n'avons eu accès qu'à la version Internet de ce texte; les numéros de page indiqués sont donc susceptibles de petites variations en fonction des paramètres d'impression choisis.

sort en effet que la *réparation du dommage* causé par l'infraction est une idée centrale de ce nouveau modèle de pensée.

Est-ce la seule? Attention à ne pas se laisser tromper! Certains ont en effet donné un sens trop restreint à cette notion de justice réparatrice. Se fondant tout à la fois sur la critique des philosophies pénales prédominantes à ce jour, d'une part,[19] et sur la nécessité de réintégrer la victime dans la «trinité pénale», d'autre part, ils proposent aujourd'hui une nouvelle conception du pénal entièrement construite sur la victime.[20] Cette conception (on parle parfois de *«justice réparatrice au sens strict»*) les amène pratiquement à confondre droit pénal et droit de la responsabilité civile.[21] Comme le montrent plusieurs auteurs,[22] cette proposition tient certes compte d'une évolution perceptible, sur le plan de l'importance accrue donnée en pénal également à la notion de *risque;* elle n'est cependant pas réaliste en tant qu'elle fonderait un modèle souhaitable de justice. Il ne serait pas sain de faire ainsi de la souffrance de la victime l'unique critère de détermination de la réaction pénale: on voit d'ici les océans de subjectivité auxquels on s'exposerait.

Mais qu'est-ce alors que la «vraie» justice réparatrice, la justice réparatrice «au sens large»? Comme le montrent les nombreux auteurs qui se rallient à cette seconde acception,[23] le secret de la justice répa-

---

19 Qu'il s'agisse de la philosophie rétributive, centrée sur les besoins de la société, voire de l'Etat, ou de la philosophie réhabilitative, focalisée sur la personne du délinquant.

20 Cette conception fait en particulier une très large place aux solutions assurantielles lorsque l'auteur n'est pas retrouvé.

21 GARAPON, *op. cit.,* 251 ss.

22 Pour une synthèse, voir LLEWELLYN J. J./HOWSE R., *La justice réparatrice – cadre de réflexion,* Mémoire préparé par la Commission du droit du Canada, Toronto, 1999, 10. NB: Nous n'avons eu accès qu'à la version Internet de ce texte (http://www.cdc.gc.ca/fr/themes/sr/rj/howse/index.html); les numéros de page indiqués sont donc susceptibles de petites variations en fonction des paramètres d'impression choisis.

23 Entre autres ouvrages de référence: JOHNSTONE G., Restorative *Justice. Ideas, Values, Debates,* Cullompton: Willian Publishing, 2002; VAN NESS D./HEETDERKS K., *Restoring Justice,* Cincinnati: Andersen Publishing, 1997; UMBREIT M., *Victim Meets Offender. The Impact of Restaurative Justice and Mediation,* New-York: Criminal Justice Press, 1994; ZEHR H, *Changing Lenses: A New Focus for Crime and Justice: Victims, Offenders and Community,* Londres: Sage Publications, 1990; WRIGHT M./GALAWAY B. (éd.), *Mediation and Criminal Justice. Victims Offenders and Community,* Newbury Park; Sage Publications, 1989.

ratrice au sens large réside dans le fait de renoncer définitivement au fait même de se focaliser sur l'un des trois acteurs exclusivement de la «trinité pénale» (fût-ce la victime). Ce qui sera décisif, ce n'est donc ni l'auteur seul, ni la victime seule, ni la société ou l'Etat seuls. Ce sur quoi convergeront toutes les attentions, dans cette conception large de la justice réparatrice, c'est la *relation entre l'auteur et la victime, telle qu'établie* – ou requalifiée, en cas de préexistence de cette relation – *par l'événement de l'infraction, la société en étant le témoin.* Cette compréhension de la justice réparatrice ressort de la définition célèbre qu'en donne TONY MARSHALL:[24]

> *«La justice réparatrice est un processus par le biais duquel toutes les parties intéressées par une infraction donnée se réunissent afin de décider ensemble de la meilleure façon d'aborder les conséquences du délit ainsi que ses répercussions futures».*

L'accent mis sur la relation entre auteur et victime «sur fond» de participation sociétale modifie considérablement l'optique, par rapport à l'idée d'une justice réparatrice strictement axée sur la victime telle que présentée à l'instant. En effet, cette dimension relationnelle introduit au moins *quatre idées essentielles,* que la définition de MARSHALL laisse d'ailleurs diversement transparaître:

- La première est le fait que l'on donnera un rôle important non seulement à la victime, mais *aussi au délinquant.* Tout un travail sera mené avec lui pour lui permettre d'exprimer ses propres besoins, sa perception des revendications de la victime, sa position face aux possibilités de réparer, etc.

- Par ailleurs, l'on ne se contentera pas de restaurer un *statu quo ante.* On imaginera, entre auteur et victime, des *solutions créatrices.* La panoplie est ici très large, qui va des voies classiques (indemnisation, restitution) à des excuses, des prestations en nature,

24 Cité in LLEWELLYN J. J./HOWSE R., *op. cit,* 9.

des engagements de ne pas faire, des engagements au profit de tiers, etc.

- Ce faisant, on travaillera aussi – et c'est essentiel – sur *l'avenir* de la relation. On visera à restaurer le lien social également dans le *futur*. Par exemple, si deux jeunes se sont frappés et blessés à l'occasion d'une bagarre, on pourra convenir avec eux qu'ils soumettront à l'avenir à un tiers neutre (voisin, médiateur, enseignant) leurs conflits avant d'en venir aux mains.

- Enfin, tout ceci se mènera au travers d'un *processus*. C'est-à-dire que le travail qui sera mené par le tiers en charge de mettre en œuvre l'idée de justice réparatrice supposera un découpage en phases, éventuellement même en séances multiples.

En définitive, on peut dire avec Yves Cartuyvels de la justice réparatrice au sens large qu'elle offre à la société *«un espace de marquage intermédiaire, porteur de limites sans être un pur rapport de forces, sanctionnateur sans être stigmatisant, entre le ‹Charybde de l'interdiction› et le ‹Scylla du laisser faire›»*.[25] On le voit, se dégage, à ce niveau déjà, ce que l'on est en droit de qualifier comme une attitude nouvelle et en rupture: une «troisième voie», véritablement …

1.3 Le débat autour de la portée de la justice réparatrice

C'est une fois définie comme nous venons de le faire la justice réparatrice qu'intervient notre première controverse. Celle-ci renvoie à cette question simple, mais essentielle: *quelle place exactement convient-il de ménager à la justice réparatrice dans notre droit pénal?* Nouveau paradigme soit: mais, en *complément* des autres, ou en *remplacement* de ceux-ci?

---

25 Cartuyvels Y., «Le champ pénal, entre une éthique de la communication et une pragmatique de la gestion», in: Cartuyvels Y./Mary Ph. (éd.), *L'Etat face à l'insécurité. Dérives politiques des années 90,* Bruxelles: Labor, 1999.

Les positions exprimées sur ce délicat sujet s'échelonnent sur un continuum, qui va de la vue la plus «minimalistes» à la vue la plus «radicale».

- Pour les «minimalistes» – comme les appelle WALGRAVE[26] –, il conviendrait de ne réserver à la justice réparatrice qu'un champ très limité au sein du système judiciaire, connu pour sa tendance à pervertir les pratiques qui lui sont étrangères. Cette justice «alternative» devrait donc s'exprimer essentiellement hors des tribunaux, dans des cercles informels, et sous forme de processus volontaires.

- A priori, l'analyse n'est pas fondamentalement différente pour les «radicaux», situés à l'autre bout du continuum. Comme les «minimalistes», ce deuxième groupe d'auteurs accuse le système pénal d'assurer sa propre survie avant tout, et de n'utiliser l'idée de médiation pénale, notamment, qu'à cette seule fin. Même prémisses, donc, mais conclusions fort différentes. Car faute de pouvoir insérer la justice réparatrice *dans* le système pénal, les radicaux ne se contentent pas, quant à eux, de défendre son développement *à côté* de ce système. Sans guère donner de détails quant au modus de ce renversement, d'ailleurs, ils proposent carrément de l'instaurer *à sa place.*[27] On ne sera pas surpris de ce que ces positions radicales se recoupent avec celles qu'il est convenu de qualifier d'*abolitionnistes*.

- On s'en sera douté, d'autres positions plus nuancées occupent la portion intermédiaire du continuum. Ces conceptions, que nous nous proposons ici de qualifier de partisanes d'une justice réparatrice «cadrée», se caractérisent par le fait qu'elles intègrent assez largement l'idée réparatrice au sein du système judiciaire, mais en soumettant sa mise en oeuvre à un certain nombre de conditions.

---

26 WALGRAVE L., *op. cit.*, 6, qui renvoie à DUNKEL et MARSHALL comme illustrations de ce courant.
27 ZEHR, *op. cit.*, 233–235; WRIGHT M./GALAWAY B., *op. cit.*, 55–56.

Deux exigences se dégagent en particulier, qui se retrouvent dans nombre de dispositifs légaux. Le première concerne la *gravité des faits,* dont il sera attendu qu'elle demeure suffisamment faible. Quant à la seconde, elle renvoie au *consentement exprès de toutes les parties à l'infraction.*

Dans ce contexte, une école tout à fait originale se dégage aujourd'hui, dont les représentants les plus connus dépendent de la *Katholieke Universiteit Leuven,* en Belgique.[28] Cette école, que l'on qualifiera de «pragmatique», est sensible à la crainte – formulée par les minimalistes comme par les radicaux – d'un confinement par le système judiciaire traditionnel de la justice réparatrice aux seules causes vénielles. Mais ses membres n'envisagent pas une seconde, cependant, la suppression du système pénal! Comment sortent-ils du dilemme propre à cette vue intermédiaire? Eh bien, en surmontant les deux conditions posées par les tenants d'une justice réparatrice «cadrée».

- Dans cet esprit, ces auteurs belges commencent par établir qu'il serait bien dommage de limiter la justice réparatrice aux seuls cas *véniels*. Elle doit aussi être appliquée à des cas *graves*. La différence, face à ces infractions graves, tiendra simplement dans le fait que l'enjeu ne sera pas un choix entre *classement* et *poursuite*, mais entre *peine lourde* et *peine légère,* voire *peine très lourde* et *peine lourde.* L'importance de l'enjeu lié à un telle ouverture du champ de la justice réparatrice a incité ces auteurs à lancer un projet de médiation après ouverture des poursuites, connu sous le nom de *«mediation for redress».* En vertu de cette expérience, qui a connu un vif succès et est sur le point d'être étendue à toute la Belgique,[29] lorsqu'une infraction mettant en scène un enjeu relationnel présente un intérêt incontournable à la répression, la mé-

28 Lode Walgrave, Tony Peters, ou encore, Ivo Aertsen.

29 Pour une description de ce dispositif, voir Aertsen I., «Victim-offender mediation in Belgium», in: *Victim-Offender Mediation in Europe. Making restorative justice work,* European Forum for Victim-Offender Mediation and Restorative Justice (éd.), Leuven: Leuven University Press, 2000, 153–192.

diation est simplement déplacée du niveau du parquet à celui du juge de siège.

- Reste l'exigence du *consentement*. Une limite effectivement gênante pour l'avènement de la justice réparatrice. On sait en effet que nombre de dossiers renvoyés en médiation pénale donnent lieu à des échecs, dus au fait que l'une des parties (souvent la victime, parfois l'auteur) a refusé la médiation. Que proposent les pragmatiques pour surmonter ce second obstacle? Eh bien tout simplement, de ne pas se focaliser sur la *médiation,* qui requiert effectivement l'accord des deux parties. Si la médiation est refusée, reste toujours à la justice la possibilité de condamner l'auteur à une peine de *travail d'intérêt général,* ou au versement d'une somme à un *fonds de victimes,* par exemple.[30] La réparation n'aura peut-être plus le caractère bilatéral et personnel que l'on aurait pu espérer. Mais elle demeurera, à un niveau plus abstrait et symbolique, conservant en particulier toute sa fonction pédagogique.[31]

30 De tels fonds ont été constitués avec grand succès dans l'expérience «Oïkoten», à Leuven également, connue pour ses pratiques de réparation impliquant des mineurs. Le fonds est en effet utilisé ensuite pour aider au financement de montants d'indemnisation, aux côtés de jeunes désargentés. Une clé de conversion est arrêtée, qui permet à tout jeune amené à rembourser une somme en réparation de fournir une prestation d'intérêt public à hauteur du montant dû (sorte de «salaire» symbolique). Le recours à ce montage permet à l'évidence un effet de responsabilisation bien plus élevé que si les parents avaient été sollicités.

31 WALGRAVE L., *op. cit.,* 13ss.

2 Le niveau technique (I): la *médiation pénale*

2.1 La médiation pénale, un instrument de mise en oeuvre parmi d'autres

Il existe une tendance à désigner sous la dénomination de «justice réparatrice» toute pratique se déroulant hors du cadre judiciaire et sans l'intervention d'aucun juge ou avocat. Dans ce sens, on assimile parfois la justice réparatrice à une certaine «justice alternative». Cette dilution du terme est évidemment regrettable.

Il n'en demeure pas moins que la médiation pénale, qu'il nous a déjà été donné de mentionner au cours des lignes qui s'achèvent et qui sera présentée dans un instant, n'est pas le seul dispositif à servir la justice réparatrice.[32] Cette dernière peut tout d'abord être mise en œuvre au moyen d'autres modes de gestion des conflits que la médiation.[33] Une deuxième possibilité de mobilisation est constituée par toute une série de pratiques d'origine dite «primitive» (Maoris néo-zélandais, autochtones du Nord canadien, tribus d'Afrique noire), pratiques dont le propre est de travailler avec la collectivité dans son ensemble.[34] Nous l'avons évoqué à l'instant, la justice réparatrice peut également découler de l'astreinte à des *prestations communautaires,* comme le *travail d'intérêt général* (TIG).[35] Enfin, dans un registre assez nettement différent, la justice réparatrice est aussi perceptible dans les vastes *dispositifs de transition* consécutifs à la fin de conflits d'échelle nationale, inspirés de la *Commission «Vérité et*

---

32 Sur la problématique générale de la mise en œuvre de la justice réparatrice, voir l'ouvrage du *European Forum for Victim-Offender Mediation and Restorative Justice* cité à l'instant.

33 On peut penser à la conciliation judiciaire, par exemple.

34 Ces méthodes ne sont pas toujours transposables telles quelles dans nos sociétés très éclatées, mais on constate néanmoins des tentatives (anglaises et néerlandaises notamment), d'adapter ces processus en cas de conflits de groupes.

35 Cette qualification réparatrice du TIG ne pourra être admise, cependant, que pour autant qu'il n'y ait aucune ambiguïté quant à ses fondements. Face à chaque dispositif, de cas en cas, il faudra donc prendre garde à ce que ce le TIG ne soit pas affecté, en fait, à des objectifs *rétributifs* (ce qui en ferait une variante des travaux forcés) ou *réhabilitatifs* (le travail étant alors utilisé comme instrument de correction).

Réconciliation» sud-africaine.[36] Mais revenons-en à la médiation pénale en tant que telle.

2.2 La médiation pénale: notion, origines, espèces et conditions

Selon une définition tellement reprise qu'on en connaît plus vraiment l'auteur, la *médiation* se définit comme un *«processus formel par lequel un tiers impartial, le médiateur, offre à des personnes en conflit l'occasion de se rencontrer pour exprimer leurs émotions et leurs besoins respectifs et collaborer de manière créative et négociée à la recherche d'une solution originale et partagée.»* Cette technique, en réalité ancienne, est aujourd'hui en plein essor, favorisée qu'elle est par la mutation des rapports à l'autorité que nous avons évoqués plus haut. De fait, on la retrouve dans pratiquement tous les champs de la vie sociale: famille, travail, voisinage, école, commerce, consommation, environnement, etc.

Dans une certaine mesure, la notion de «médiation pénale» est simple à appréhender: ce n'est rien d'autre, en effet, que *l'application au champ pénal de la technique de la médiation.* Dans les faits, on sait cependant que ce montage est bien moins aisé qu'il y paraît au premier abord. En effet, le domaine de la justice pénale, on a eu l'occasion de le rappeler, est l'une des activités étatique les plus formelles, légalistes et non-négociables qui soit. Imaginer l'institution de la médiation pénale a donc impliqué la rencontre et l'articulation de deux monde, le *«choc de deux éthiques»,* selon une formule que nous avons utilisée en d'autres lieux. Nous y reviendrons.

Quoiqu'il en soit de ses particularités, la médiation pénale partage avec les applications familiale, commerciale ou institutionnelle de la médiation le *processus* (phasage) et la *déontologie* (principes d'indé-

---

36 On l'ignore souvent, mais cette manière de faire a été bien loin de se limiter au seul cas sud-africain, et a au contraire été envisagée – et souvent mise en œuvre – pour nombre de conflits récents.

pendance, d'impartialité, de réserve, de confidentialité, de vigilance, etc.) propres à ce mode de gestion des conflits.

La médiation pénale a connu ses premiers développements en Amérique du Nord (en Ontario, plus précisément) au début des années 70. L'apparition de la médiation pénale en Europe doit, pour sa part, être située dans les années 80. Quelques projets pionniers sont alors nés (p. ex, en France, à Valence). Ces projets se sont multipliés et ont fait l'objet d'évaluations vers la fin des années 80. Ce mouvement a débouché sur une vague d'institutionnalisation de la médiation par voie législative à la moitié des années 90 (France 1993, Belgique 1994, Allemagne 1994, ...). Malgré ce qu'on attendait, ces bases légales n'ont cependant pas donné lieu à une explosion des cas. Au contraire, on a assisté à une croissance constante, mais lente.[37]

Un autre facteur de développement de la médiation pénale doit être vu dans l'adoption, à compter de la fin des années 80, de différents textes internationaux sur cette institution. On citera ainsi la Recommandation (99) 19 du *Conseil de l'Europe*, qui encourage la médiation pénale en tant que processus volontaire et confidentiel, et ce, à tous les stades du processus pénal. Par ailleurs, il faut mentionner la Déclaration de l'ONU de 2000 posant les *«principes fondamentaux relatifs à l'usage de programmes de justice réparatrice en matière criminelle».*

On peut essentiellement distinguer les espèces de médiations pénales selon trois critères: l'âge de l'auteur; le moment de l'intervention médiatrice; et le degré de tutelle de l'appareil judiciaire sur le processus.

- *L'âge de l'auteur.* Cette distinction renvoie à la question de savoir si l'on se trouve dans le champ du droit pénal des mineurs ou du

37 Voir les éléments chiffrés proposées dans les différentes contributions nationales de l'ouvrage du *European Forum for Victim-Offender Mediation and Restorative Justice* déjà cité.

droit pénal des adultes. Il faut bien avoir à l'esprit, à ce propos, que, dans la majorité des pays d'Europe, la médiation pénale a fait ses premiers pas dans le champ des mineurs, avant d'être étendue aux adultes.

- *Le moment de l'intervention.* Aux termes de la R (99) 19 citée à l'instant, la médiation pénale devrait être possible à toutes les phases de la «chaîne pénale». Il pourra donc s'agir de médiation avant saisine du système pénal («médiation sociale»); d'une médiation correspondant au niveau de l'intervention policière (les Belges parlent ici de «médiation locale»); d'une médiation située à l'ouverture des poursuites (cas typique); d'une médiation au stade de l'instruction; d'une médiation préalable au jugement (la médiation constituant ici l'un des éléments de la peine). Enfin, la médiation pénale pourra intervenir en cours d'exécution de la peine (médiation qualifiée parfois de «carcérale»).

- *Le degré de tutelle de l'appareil judiciaire sur le processus.* La médiation pénale telle que la définit la recommandation du Conseil de l'Europe se conçoit comme une *médiation pénale déléguée.* Dans ce système, les dossiers sujets à médiation sont sélectionnés par l'appareil judiciaire (membre du parquet ou autre magistrat), puis transmis à un ou plusieurs médiateurs indépendants, généralement, via une structure associative regroupant ces derniers. La médiation pénale déléguée fonctionne non seulement sur mandat de l'appareil judiciaire mais également sous son contrôle. Durant le processus, le Parquet est ainsi informé de l'aboutissement ou non des tractations. Au terme de la «parenthèse médiation», il demeure par ailleurs libre de *classer sans suite* ou de *poursuivre* l'auteur présumé de l'infraction. D'une manière générale, si la médiation aboutit à un accord, c'est un classement sans suite qui viendra clore la procédure.
  Sous cet angle du degré de tutelle de l'Etat, cette médiation pénale déléguée se distingue de deux autres formes de «médiation pénale», qui pour leur part, n'en sont en réalité pas vraiment. Du

côté d'une *plus grande indépendance des médiateurs,* elle s'oppose à la médiation *communautaire,* soit aux pratiques de médiation utilisées pour résoudre, à l'échelle du quartier, et sans le recours à la justice, les conflits «du quotidien». Le caractère pénal de ce système tient uniquement au fait que les actes en cause peuvent parfois être matériellement constitutifs d'infractions, mais sans que la justice n'en ait été saisie.
A l'extrême inverse, la médiation pénale est qualifiée de «retenue» lorsque le Parquet *conserve le dossier et fait effectuer la médiation par un de ses membres.* Ce modèle a été pratiqué en France, via les maisons de justice,[38] mais a de moins en moins cours aujourd'hui. Il demeure, d'une certaine manière dans le régime belge posé par l'art. 216ter du *Code d'Instruction Criminelle,* les assistants de médiation, étant, dans ce pays, directement dépendants du parquet.

Par delà leurs spécificités nombreuses, les pratiques de médiation pénale sont soumises à un certain nombre de *conditions,* dont la plupart sont communes (on mettra tout à fait à part, cependant, la médiation en milieu carcéral). Sans malheureusement disposer ici de la phase nécessaire à les commenter, énumérons sommairement ces conditions:

- Existence d'une victime;[39]
- Les faits doivent donner lieu à un large consensus;[40]
- Les deux parties doivent avoir donné leur consentement à la médiation;[41]
- L'infraction en cause ne doit être ni trop grave[42] ni trop bénigne;
- Le dommage doit être déterminé, ou à tout le moins déterminable;
- Le cas ne doit pas être d'une nature à générer pour la victime une «victimisation secondaire»;

38 Voir infra 3.1.
39 Ce qui exclut les infractions en matière de stupéfiants, les mises en dangers abstraites propre au domaine de la circulation routière, etc.
40 Sans toutefois, et c'est essentiel, qu'il soit question d'aveux formels.
41 Elle peuvent par ailleurs révoquer ce consentement en tout temps.
42 Malheureusement, ce plafond reste encore la règle.

- Enfin, certains dispositifs ont érigé en condition le fait que l'auteur soit un délinquant primaire. Cette exigence ne nous paraît cependant pas fondée.

En définitive, la médiation pénale apparaît donc comme une voie médiane entre le fait de poursuivre une infraction selon le cours de la justice traditionnelle, et un simple classement souvent frustrant pour la victime et dénué de toute vertu pédagogique pour l'auteur. En ce sens, elle participe bien, à son tour et à son niveau, à la mise en évidence d'une «troisième voie», ainsi que nous cherchons à l'illustrer ici.[43]

2.3 «Médiation» contre «pénal», le «choc des éthiques»

La controverse que nous aimerions évoquer, en regard de la médiation pénale, ne porte pas, comme c'était le cas en fait de justice réparatrice, sur la réponse à donner à une question précise. Ce qui nous paraît intéressant ici, c'est davantage de revenir une seconde à cette *collision* que nous avons mentionnée et que réalise cette «institution de synthèse» entre deux mondes, la *médiation,* d'une part et le *système pénal,* d'autre part.

Quels sont les principaux points de friction entre ces deux systèmes de valeurs? L'un des plus souvent invoqués est celui de la *présomption d'innocence,* que l'acceptation d'une médiation par l'auteur compromettrait irrémédiablement. Certains s'inquiètent ensuite de la garantie d'un *juge impartial et indépendant,* qui ne serait plus observée. Le *droit à un avocat* semble mis en péril à d'autres, parmi lesquels les membres de ladite corporation, évidemment. On soulève aussi les menaces qui pèseraient sur le *principe d'égalité:* est-il bien normal qu'un même prévenu soit dirigé vers des procédures radi-

43 Sur les origines de l'usage du terme de «troisième voie» en regard de la médiation pénale, voir WYVEKENS A., «Les maisons de justice: sous la médiation, quelle troisième voie?», in: CARIO R. (éd.), *La médiation pénale. Entre répression et réparation,* Paris: L'Harmattan, 1997, 61–82.

calement différentes selon que la victime de ses actes accepte ou non le recours à un médiateur?[44]

Comment continuer à soutenir la médiation pénale face à ce feu nourri de critiques? Deux attitudes nous semblent également possibles, sur lesquels il convient de jouer alternativement selon les circonstances.

- La première consiste à défendre la médiation sur le terrain même de ces grands principes du droit pénal. A condition qu'on y consacre le soin nécessaire, cette défense n'est pas si difficile qu'on cherche parfois à nous le faire croire.[45] Pour ne prendre que deux arguments parmi ceux qui ont été cités à l'instant, il est tout à fait excessif, par exemple, d'affirmer que les avocats seraient exclus du processus de médiation; il leur est simplement demandé d'adopter une attitude différente de celle qu'ils auraient dans des débats contradictoires. De même, le reproche d'inégalité de traitement peut être surmonté assez aisément, par exemple en orientant sur le travail d'intérêt général l'auteur qui s'oppose à un refus de la victime d'aller en médiation.

- Pour indispensable qu'elle puisse être dans une certaine mesure, cette rhétorique de la conformité aux principe pénaux ne doit cependant pas faire naître une perversion. Car il faut garder à l'esprit, quoiqu'il en soit, que la médiation pénale *n'est pas* du droit pénal. C'est une *parenthèse,* une *bulle,* d'une toute autre nature, qui vient s'insérer dans le champ de la justice criminelle. Cette différence de nature constitue précisément la force de la médiation, dans son apport au pénal. Rapprocher de manière trop fu-

44 Pour un inventaire de ces objections, voir CARIO R., «Potentialités et ambiguïtés de la médiation pénale», in CARIO R. (éd.), *op. cit.*, 11–33.

45 Pour un tel exercice, voir BORNOZ N./KNOEPFLER J., «Médiation pénale: le choc des éthiques. Analyse croisée d'une institution de synthèse à la veille de son introduction dans les systèmes procéduraux de Suisse romande», in: KILLIAS M. (éd.), *L'éthique et le droit. Discordances et points de rencontre,* Actes du colloque de 3ème cycle de droit (Château-d'Oex 1998), Fribourg: Editions Universitaires, 2000, 231–270.

sionnelle les deux logiques apparaît donc comme le moyen le plus sûr de se priver de l'heureuse rupture, de la redistribution des rôles que propose la médiation. Voilà, donc, le type de discours qui nous semble devoir être proposé en deuxième rang à ceux qui, de manière trop formelle, stigmatiseraient «l'hérésie» de la médiation.

3 Le niveau politique (III): la *justice de proximité*

3.1 Les origines du phénomène

Depuis une vingtaine d'années, les nations occidentales – la Suisse un peu moins que les autres, il est vrai – connaissent une crise de leurs systèmes judiciaires. Une cause importante de cette crise réside dans le fait que les tribunaux sont débordés comme jamais, notamment en raison de la multiplication des textes légaux. Il faut y voir également, cependant, l'expression d'un phénomène pour ainsi dire culturel: la croissance de la consommation judiciaire. Cette propension des citoyens à saisir la justice s'exprime beaucoup au civil;[46] mais elle se constate aussi au pénal, par suite d'une certaine désagrégation du lien social, ainsi que de l'affaiblissement de toute une série de structures intermédiaires qui, précédemment, jouaient un rôle de régulation naturelle. Le résultat de ces tendances est très concret: il veut que les citoyens soient très vite tentés d'appeler la police, et amenés tout aussi naturellement à déposer plainte.

Pour endiguer cette tendance, les Etats ont entrepris d'injecter un *nouveau dynamisme* et une *nouvelle légitimité* dans la partie de leur justice la plus directement en contact avec le citoyen. En matière pénale, c'est ainsi la *«délinquance du quotidien»* qui a été particulièrement l'objet d'initiatives. C'est de la sorte qu'est née l'idée de «justice de proximité».

46 C'est le fameux «I'll sue you!» des Américains..

La France a joué un rôle pionnier dans la conceptualisation et l'expérimentation de cette politique. Comme l'a abondamment et finement illustré ANNE WYVEKENS,[47] l'histoire de cette consolidation peut être découpée en quelques grandes phases. Elles s'étagent entre l'institution des *conseils communaux de prévention de la délinquance* (CCPD), consécutifs au célèbre rapport BONNEMAISON de 1983, d'une part, et les actuel *contrats locaux de sécurité,* en vigueur depuis 1997, d'autre part, en passant par l'ouverture des *maisons de justices,* au début des années quatre-vingt-dix. Au fil de ces périodes, l'attitude des juges glissera de la posture de méfiance et d'observation des débuts à une franche collaboration avec le volet préventif, collaboration dont quelques dispositifs d'abord limités aux écoles et aux centres commerciaux seront les premières expressions.

Pourquoi la justice de proximité nous intéresse-t-elle tant ici? C'est que, on l'aura déduit de ce qui précède, la technique de la médiation, d'une part, et l'idée de la justice réparatrice, d'autre part, ont été largement utilisées dans cette entreprise de «refondation» de la justice. Mais pour bien comprendre en quoi, détaillons un peu mieux les composantes de cette justice de proximité.

3.2 Les composantes de la justice de proximité

Sans avoir l'ambition de proposer ainsi une définition appelée à faire date, nous pourrions dire de la justice de proximité qu'elle consiste en *un ensemble de pratiques judiciaires, essentiellement relatives au champ pénal, ayant en commun une vocation déclarée à mieux servir le justiciable au travers d'un rapprochement géographique, d'une célérité accrue et d'un accroissement du soin mis à la relation entre lui et les autorités.*

47 WYVEKENS A., *La justice de proximité en France: politique judiciaire de la ville et interrogations sur la fonction de la justice,* in: FAGET J., WYVEKENS A. (éd.), *La justice de proximité en Europe. Pratiques et enjeux,* Erès: Toulouse, 2001; WYVEKENS A., *L'insertion locale de la justice pénale. Aux origines de la justice de proximité,* L'Harmattan: Paris, 1997.

Cette définition permet surtout de mettre en évidence le fait que la proximité dont question s'entend traditionnellement au travers d'une trinité pour ainsi dire «canonique»:[48]

- Le premier terme en est la proximité *spatiale,* soit une justice qui se veut physiquement, géographiquement, plus à la portée des justiciables. Cette dimension a souvent été ramenée à son expression visible, ces fameuses *maisons de justice,* antennes du parquet implantées dans les quartiers que l'on évoquait encore à l'instant. Elle possède toutefois également un aspect que l'on peut qualifier de « substantiel », dans la mesure où le lien au territoire se manifeste dans la définition de politiques judiciaires spécifiques.[49]

- S'ajoute à cela la proximité *temporelle* d'une justice qui, se voyant reprocher ses engorgements et ses lenteurs, cherche à y remédier. Le grand outil de cette proximité-là sera le *traitement en temps réel* (on parle aussi de procédure de *comparution immédiate*), permettant un premier traitement pour ainsi dire instantané par un juge, sitôt un auteur interpellé. *«L'un des objectifs affichés de la politique de proximité* – précisent à ce propos FAGET ET WYVEKENS – *est de raccourcir le temps de latence entre l'expression du malaise et le moment où il est pris en compte. Au pénal, ce raccourcissement est justifié par le souci d'apaiser le courroux de l'opinion publique et d'envisager un travail pédagogique plus efficient auprès de prévenus, surtout jeunes, pour lesquels le temps se conjugue au présent».*[50]

- Enfin, et nous en arrivons au cœur de notre problématique, la proximité se veut *humaine* (ou *relationnelle*). C'est dire qu'il doit s'agir d'une justice plus soucieuse de compréhension, de négociation que de sanction. Ce volet est naturellement celui auprès duquel les idées de médiation pénale et de justice réparatrice ont

---

48 FAGET J./WYVEKENS A., *op. cit.*, 8.
49 WYVEKENS A., *op. cit.* (2001), 18.
50 *Op. cit.*, 12.

> trouvé leur rattachement. En effet, *«ce que l'on a appelé proximité humaine ou relationnelle renvoie d'abord à l'idée de substituer à la froideur administrative une sorte de bureaucratie ‹chaude›, un justice qui doit avoir ‹du coeur›»*. En tant qu'expression d'une «justice douce», la médiation ne pouvait que devenir l'emblème de ce troisième élément de la justice de proximité.

Reste à s'interroger encore sur la question de savoir en quoi la justice de proximité illustre l'idée de «troisième voie» sous laquelle il est question de la ranger ici. Sa connexité évidente avec les notions de médiation et de justice réparatrice pourrait certes suffire à l'expliquer. A son niveau propre, elle exprime cependant elle aussi cette idée de rupture et d'innovation. Se démarquant de l'image longtemps vraie d'une justice distante, ritualisée et froide, la justice de proximité renonce, en même temps, à donner crédit aux positions communautariennes qui, toujours présentes depuis leur lancement dans les années 70, exigent une justice totalement restituée aux particuliers. «Troisième voie» ici aussi, on le constate donc.

3.3 Nouvelle justice de proximité, ou proximité accrue d'une ancienne justice par trop connue?

Par son propos novateur, sa vocation au rassemblement et son élégante présentation en trois volets, le discours sur la justice de proximité a indéniablement séduit. Notre troisième controverse trouve toutefois sa cause dans le fait qu'il s'est également attiré, par delà les frontières, un certain nombre d'ennemis. Reprenant au niveau pénal des analyses sociologiques plus larges (P. BOURDIEU, P. ROSANVALLON, ...), des criminologues aussi bien français que belges, notamment, mettent en garde contre les périls que ce discours fort séduisant en apparence pourrait dissimuler.

Pour ces chercheurs, observateurs de longue date de leurs réalités nationales respectives, la justice de proximité ne serait en réalité que la poudre aux yeux, l'écran de fumée destiné à masquer un phénomène de glissement auquel auraient cédé les Etats depuis une dizaine d'années maintenant, un déplacement de leurs priorités du champ social – traditionnellement de leur compétence – vers le pénal et le sécuritaire – désormais prioritaires.[51] Lancé aux Etats-Unis et se développant maintenant en Europe, s'opérerait ainsi, pour reprendre la jolie formule de WACQUANT, une transformation du traditionnel *Etat-providence* en un nouvel *«Etat-pénitence»*.[52]

Aux yeux de ces analystes, cet abandon du social au profit du pénal ne serait cependant pas une grande surprise: il serait tout simplement la conséquence de la *mondialisation*. Contraints à une «nouvelle alliance» avec les groupes globalisés – qui produisent, on le sait, des bénéfices parfois plus élevés que certains PIB!, les Etats se seraient rabattus sur le pénal et le policier pour assurer leur légitimité. Dans ce contexte, les termes – apparemment humanistes et «euphoniques» – de *«partenariat»*, de *«gestion locale»*, de *«contrat»* ou de *«médiation»* ne seraient pas simplement des «miroirs aux alouettes». Pire: ils constitueraient carrément *les instruments mêmes du «nouveau contrôle social»*.

Pour mettre tout cela en formules choc, le prétendu essor de la «justice de proximité» ne ferait que dissimuler une proximité accrue de la justice traditionnelle, désormais dotée des moyens de se saisir de cas qui antérieurement lui échappaient. Quant à la justice réparatrice, ce qu'on lui demanderait de réparer, ce serait avant tout la légitimité d'Etats en voie de capitulation au profit de l'économie mondialisée.

---

51 MARY PH., «Travail d'intérêt général et médiation pénale face à la crise de l'Etat social: dépolitisation de la question criminelle», in: MARY PH. (éd.)., *Travail d'intérêt général et médiation pénale. Socialisation du pénal ou pénalisation du social?*, Bruxelles: Bruylant, 1997, 325–347; CARTUYVELS Y./MARY PH., «Justice de proximité ou proximité de la justice? Etat des lieux en Belgique», in: FAGET J./WYVEKENS A. (éd.), *op. cit.*, 101–130.

52 WACQUANT L., «L'Etat-pénitence tend à se substituer à l'Etat-providence», entretien donné au *Monde*, 7 décembre 1999.

Ces thèses ont pour elles un point qui a de quoi faire réfléchir, même s'il requerrait une analyse plus détaillée. Dans pratiquement tous les contextes judiciaires où la médiation pénale a été introduite, on constate en effet que cette médiation pénale est appliquée au moins autant à des infractions qui étaient auparavant punies qu'à des infractions qui étaient auparavant classées. Toute crainte d'un *«net-widening»*, d'une extension du filet social, n'est ainsi pas infondée, force est de le constater.[53]

Est-ce forcément à dire qu'il faut accepter telle quelle l'analyse critique que font de la justice de proximité les auteurs évoqués ci-dessus? Nous ne pouvons nous empêcher de rester un peu plus prudent. Certes, une dérive n'est pas exclue, et il est sage de la nommer. Mais d'imagine c'est probablement faire preuve d'un pessimisme excessif que les Etats planifier ainsi un contrôle social accru via la justice de proximité. Connaissant, dans nos démocraties, leur structure extrêmement divisée, d'où émanerait d'ailleurs une telle volonté? D'autre part, faut-il vraiment poser une fois pour toute que le traitement pénal est le pire de tous? N'y a-t-il pas des prises en charge pénales qui, sans stigmatiser leur destinataire, sont au contraire de nature, sous certaines conditions, à les aider à un moment de leur existence?

4 En guise de conclusion

On le voit, en définitive, une approche de type «troisième voie» existe bel et bien, qui caractérise une nouvelle conception du traitement de la délinquance, particulièrement petite et moyenne (même si cette limite est certainement à repousser vers le haut à moyen terme). Certes, chacun de ses trois niveaux connaît ses propres enjeux, soulève ses propres débats. Par-delà ces nuances (et indépendamment, par ailleurs, du fait, que l'idée de tercéité innovante ne prend pas, comme on l'a vu, le même sens à chaque «étage»), il demeure

53 De Vroede N., «La médiation pénale», *Journal des Tribunaux* (Bruxelles) 1999, 263.

qu'un référentiel commun se dégage, qui propose de nombreuses interactions possibles en son sein.

Cette cohérence des évolutions que connaissent tout à la fois *institutions, philosophies* et *politiques* pénales pourrait être saluée d'un point de vue purement intellectuel, comme on s'incline devant une œuvre d'art élégamment taillée, composée ou agencée. En tentant d'esquisser une vue d'ensemble de la «troisième voie», ainsi que nous venons de le faire, nous avons évidemment obéi à une toute autre ambition. Nous espérons surtout que l'articulation sous un même terme de ces trois niveaux d'enjeux puisse avoir une valeur pédagogique, de sorte qu'ils puissent tous trois, simultanément, être davantage présents à l'esprit des décideurs politiques. Ce vœu, évidemment, porte avant tout sur la Suisse, où un tel travail, en regard des multiples projets fédéraux de normes consacrant la médiation pénale, est de la plus grande actualité.[54]

Il est de notre conviction profonde qu'une sensibilité accrue aux potentialités de la «troisième voie» permettrait d'aborder de manière plus sereine certains termes du débat sur l'insécurité qui nous a submergé avec tant de force et de persistance depuis les semaines qui ont précédé les élections présidentielles françaises de ce mois d'avril 2002. Si souvent invoquée avant et après ces scrutins, la notion de *«tolérance zéro»,* en particulier, pourrait enfin regagner des rivages plus réalistes. Car si elle est évidemment absurde dans son expression new-yorkaise hyper-répressive, dont le seul effet aura été de faire exploser le surpeuplement carcéral de cette ville, cette formule peut trouver un sens très respectable dans un esprit de *médiation,* de *réparation* et de *proximité:* celui d'une justice qui, pareille à un bon père de famille, ne laisserait aucun écart de ses enfants sans réaction, mais leur fournirait au contraire une réponse systématique, proportionnée, individualisée, aimante enfin, dont le dialogue et la vertu de responsabilisation seraient les principaux ingrédients.

---

54 Voir à ce propos notre article à paraître indiqué sous note 3.

Stefan Blättler

Bagatellkriminalität – Wie geht die Polizei mit den verfügbaren Ressourcen ökonomisch um?

Zusammenfassung
Die Arbeit der Polizei ist äusserst vielfältig und muss im Alltag verschiedensten Interessen und Anforderungen gerecht werden. Im Rahmen ihrer gerichtspolizeilichen Zuständigkeit ist die Polizei mit der ganzen Palette des Kriminalitätsgeschehens konfrontiert, wobei quantitativ die Bagatelldelikte den Löwenanteil bilden. Auch wenn der Gesetzgeber gewisse Alltagsdelikte als Übertretungen qualifiziert, wie zum Beispiel die sogenannten geringfügigen Vermögensdelikte gemäss Art. 172ter StGB, so darf nicht vergessen werden, dass dies strafprozessual für die Verfolgungsbehörden, insbesondere für die Polizei, keine direkten Auswirkungen hat. Die Polizei ist dem Legalitätsprinzip verpflichtet, und somit ist sie formal verpflichtet, jede ihr zur Kenntnis gebrachte Straftat anzuzeigen.
Andererseits werden in den öffentlichen Verwaltungen immer mehr auch die Grundsätze des «New Public Managements» eingeführt. Diesen Prozessen kann sich auch die Polizei nicht entziehen. Sie muss im Spannungsfeld von gesetzlichen Vorgaben und betriebswirtschaftlichen Erfordernissen ihren Sicherheitsauftrag erfüllen. Dabei geht es letztlich nicht um die Frage, ob sich Strafverfolgung «lohnen» muss, sondern um sinnvolles Setzen von Prioritäten. In diesem Zusammenhang ist zu berücksichtigen, dass auch Bagatelldelikte durchaus zu einem verbreiteten Unsicherheitsgefühl in der Bevölkerung beitragen können. Folglich wird und kann die Polizei sich nicht aus der Verfolgung dieser Kategorie von Straftaten verabschieden. Bewusstes Setzen von Prioritäten heisst aber in letzter Konsequenz, dass der Grundsatz des strikten Legalitätsprinzips durchbrochen wird. Es sollte aber nicht der Polizei allein überlassen sein, Schwerpunkte in der Strafverfolgung zu setzen. Dies sollte partnerschaftlich zwischen Justizbehörden und Polizei in regelmässigen Absprachen gemeinsam festgelegt werden.

Résumé
La police assume des tâches extrêmement diversifiées et doit, au quotidien, tenir compte des intérêts et exigences les plus variés. Dans le cadre de sa compétence de police judiciaire, la police est confrontée à toute la gamme de l'activité criminelle, dont les délits d'importance mineure représentent unc part non négligeable. Même si le législateur qualifie certains des délits susmentionnés de contraventions, comme par exemple les infractions d'importance mineure contre le patrimoine, au sens de l'art. 172ter CP, il ne faut pas oublier que cela n'a pas pour autant d'incidence directe

au niveau de la procédure pénale pour les autorités de poursuite, et plus particulièrement pour la police. Celle-ci est tenue de respecter le principe de la légalité et est par conséquent formellement tenue de dénoncer tous les actes punissables portés à sa connaissance. D'un autre côté, les principes du «New Public Management» sont de plus en plus introduits dans les administrations publiques. La police ne peut pas se soustraire à ces processus. Elle doit remplir son mandat de sécurité en conciliant contraintes légales et exigences de gestion. Finalement, la question essentielle n'est pas de savoir si une poursuite pénale doit en «valoir la peine», mais si les priorités sont fixées de façon adéquate. A ce sujet, il faut garder à l'esprit que même les délits d'importance mineure sont parfaitement susceptibles de contribuer à accroître le sentiment d'insécurité au sein de la population. Par conséquent, la police ne peut et ne doit pas s'abstenir de poursuivre cette catégorie d'actes délictueux. Mais fixer délibérément des priorités implique en fin de compte une atteinte au strict principe de la légalité. Quoi qu'il en soit, il convient de ne pas laisser à la seule police la responsabilité de définir les principes directeurs de la poursuite pénale. De telles décisions doivent être prises de concert entre la police et les autorités de justice.

1 Einleitende Bemerkungen

Die Fragestellung im Titel zu diesem Aufsatz mag in den Augen mancher Leser durchaus seltsam erscheinen und könnte spontan die Gegenfrage provozieren: «Muss denn Polizeiarbeit wirklich rentieren?». Nun geht es aber in den folgenden Ausführungen nicht um eine ökonomische Betrachtungsweise der polizeilichen Arbeit, sondern lediglich um einige Bemerkungen zum Umgang mit dem, was man im Alltag der Polizei und der Gerichtsarbeit generell als Bagatellkriminalität bezeichnet. Dabei darf nicht vergessen werden, dass die Polizei ein sehr weit gestecktes Aufgabenfeld zu bearbeiten hat. Sie trifft zum Beispiel Massnahmen, um konkrete Gefahren für die öffentliche Sicherheit und Ordnung sowie für die Umwelt abzuwehren und eingetretene Störungen zu beseitigen. Von der Polizei wird erwartet, dass sie Menschen, die unmittelbar an Leib und Leben bedroht sind, die notwendige Hilfe angedeihen lässt. Zudem trifft die Polizei Sofortmassnahmen bei Katastrophen und Unfällen, sie leistet den Verwaltungs- und Justizbehörden Amts- und Vollzugshilfe und erfüllt nebst den eigentlichen Aufgaben als gerichtliche Polizei jeweils andere, ihr durch Spezialgesetzgebung übertragene Aufgaben.[1]

Gerichtspolizeiliche Aufgaben stellen somit nur einen Teil der gesamten Aufgaben dar, welche der Polizei übertragen werden. Innerhalb der gerichtspolizeilichen Tätigkeit stellen die Bagatelldelikte wohl numerisch den Löwenanteil der Fälle dar, aber: wie der Begriff es ja schon sagt, qualitativ sind sie von minderem Interesse. Sie finden ihren Niederschlag nur in den jeweiligen Kriminalstatistiken, welche die Polizeiorganisationen jährlich publizieren, um ein Gesamtbild der Kriminalitätslage zeichnen zu können. Der Schluss liegt deshalb nahe, Bagatellfälle gesondert zu behandeln, indem man sie im Rahmen eines besonderen Verfahrens abwickelt und sie möglichst schnell, kostengünstig und rechtlich einwandfrei erledigt.

Nun kann es vorkommen, dass die Realität des Polizeialltages sich nicht immer den vorgegebenen Szenarien und Abläufen unterordnen will. Vor vielen Jahren ereignete sich in einer Landgemeinde im Kanton Bern ein brutales Tötungsdelikt an einem kleinen Mädchen. Es wurde in seinem Zimmer von einem Einbrecher angetroffen. Aus Angst vor Entdeckung erwürgte er das Mädchen und konnte unerkannt entkommen. In der Nähe des Tatortes stahl er ein Motorfahrrad und ergriff damit die Flucht. Kurze Zeit später wurde er in einer angrenzenden Ortschaft in einen Verkehrsunfall verwickelt und musste in ein Spital überführt werden. Einen Tag später reichte der Besitzer des Motorfahrrades bei der Polizei eine Anzeige wegen Diebstahls ein. Da die Entwendung in der Nähe des Tatortes stattgefunden hatte, war es selbstverständlich ein Leichtes, den verunglückten Mofalenker als Täter des Tötungsdeliktes zu überführen. Ein eigentliches Bagatelldelikt, das zur damaligen Zeit nach allen Regeln der polizeilichen Kunst angezeigt, erfasst und abgeklärt wurde, hatte schliesslich zur Ermittlung der Täterschaft eines Kapitalverbrechens geführt.

---

1 Art 1 Polizeigesetz (PolG) des Kantons Bern vom 8. Juni 1997; BSG 551.1.

2 Die Vorgaben des Gesetzgebers

Man würde dem Gesetzgeber unrecht tun, wenn man behauptete, er hätte sich nicht um die rechtliche Behandlung von Bagatelldelikten gekümmert. Im Zuge der Revision des Vermögensstrafrechts hat er im Artikel 172ter StGB die Grundlagen für die Behandlung der so genannten geringfügigen Vermögensdelikte geschaffen. Richtet sich die Tat nur auf einen geringen Vermögenswert oder auf einen geringen Schaden, so wird der Täter nur auf Antrag verfolgt; das Strafmass ist Haft oder Busse. Somit stuft der Gesetzgeber dieses Handeln lediglich als Übertretung ein. Das Bundesgericht hat festgehalten, dass der Grenzwert Fr. 300.– nicht überschreiten sollte. In der Praxis fallen unter den Artikel 172ter StGB die klassischen Fälle von Ladendiebstahl sowie kleine Fälle von Sachbeschädigungen.

Auch auf einem weiteren Gebiet von verbreiteter Massendelinquenz, dem Strassenverkehrsrecht, ist der Gesetzgeber nicht untätig geblieben. Bereits 1970 hat der eidgenössische Gesetzgeber ein Ordnungsbussengesetz erlassen, welches vorsieht, dass Übertretungen der Strassenverkehrsvorschriften des Bundes in einem vereinfachten Verfahren mit Ordnungsbussen geahndet werden können. Dem Bundesrat wurde die Kompetenz erteilt, eine Liste der Übertretungen aufzustellen, die durch Ordnungsbussen zu ahnden sind, und auch den entsprechenden Bussenbetrag festzulegen. Von dieser Kompetenz hat denn auch der Bundesrat ausgiebig Gebrauch gemacht; zählt doch die aktuelle Bussenliste in Anhang 1 zur Ordnungsbussenverordnung nicht weniger als 376 Tatbestände auf, bei denen der «Übeltäter» in den Genuss des Privilegs einer Ordnungsbusse gelangen kann, deren Höhe sich zwischen Fr. 20.– und Fr. 260.– bewegt. Und damit alles seine gute Ordnung hat, regelt Anhang 2 besagter Ordnungsbussenverordnung die Mindestanforderungen, welche an Quittungen für Ordnungsbussen und Bedenkfristformulare zu stellen sind, damit deren Gültigkeit nicht angezweifelt werden kann.[2]

2 Ordnungsbussenverordnung (OBV) vom 4. März 1996 (Stand am 19. Dezember 2000); SR 741.031.

Unter dem zunehmenden Druck der dauernd überlasteten öffentlichen Haushalte sind schliesslich Regierungen und Parlamente von Gemeinden und Kantonen in den letzten Jahren dazu übergegangen, ihren Verwaltungen mehr unternehmerisches Denken und Handeln zu verordnen, mit dem Versuch, die erfolgreich getesteten Führungs- und Strukturmodelle der freien Wirtschaft im Rahmen einer wirkungsorientierten Verwaltung zu übernehmen. Unternehmerisches Denken soll in Zukunft bürokratisches Handeln ablösen und schliesslich dazu führen, dass die öffentliche Verwaltung effizienter, kostengünstiger und zudem noch bürgerfreundlicher wird. Auch die Polizeiorgane als Teil des staatlichen Verwaltungsapparates sind von diesen Veränderungsprozessen betroffen. So gibt es in der Schweiz kaum ein Polizeikorps, das in den letzten Jahren nicht einer gründlichen Reorganisation unterworfen worden wäre. Es ist unzweifelhaft, dass viele der eingeleiteten Restrukturierungsmassnahmen zu einer deutlichen Effizienzsteigerung der Polizei beigetragen haben. Polizeiorganisationen werden denn auch immer mehr als öffentliche Dienstleistungsorganisationen betrachtet, welche ihren Bürgern in erster Linie Sicherheit zu bieten haben. Allerdings sind im Rahmen dieser Reorganisationsbemühungen grundlegende Fragen ausgeklammert geblieben. So ist beispielsweise der Auftrag der Polizei im Rahmen der Strafverfolgung unverändert geblieben. Als gerichtliche Polizei ist sie verpflichtet, in Anwendung des Legalitätsprinzips, sämtliche von ihr festgestellten Straftaten anzuzeigen. Dort wo das jeweilige Strafverfahrensrecht Ausnahmen kennt, sind diese den jeweiligen Untersuchungs- und Anklagebehörden und allenfalls den Gerichten vorbehalten.[3]

Diese strengen, wenn auch rechtsstaatlich nachvollziehbaren Auflagen des Prozessrechts können natürlich den Elan der neuen Bestimmungen über die wirkungsorientierte öffentliche Verwaltung gerade im Polizeialltag empfindlich bremsen.

---

3 Art. 66bis StGB, Art. 3 und 4 des Gesetzes über das Strafverfahren (StrV) des Kantons Bern vom 15. März 1995; BSG 321.1.

3 Wie geht die Polizei mit diesen Vorgaben um?

Es lässt sich nicht von der Hand weisen, dass die erwähnten gesetzgeberischen Vorgaben die Alltagsarbeit der Polizei nicht unbedingt erleichtern. Zum einen verlangt man von der Polizei, dass sie getreu den Vorgaben des Legalitätsprinzips alle von ihr festgestellten Straftaten anzeigt, andererseits sollte die Polizei inskünftig vermehrt nach unternehmerischen Gesichtspunkten geführt werden. Sie muss somit Schwerpunkte im Rahmen ihrer Tätigkeit setzen und die zur Verfügung stehenden personellen und materiellen Mittel optimal einsetzen. Dies sind durchaus kontradiktorische Vorgaben. Zudem ist zu berücksichtigen, dass auch Übertretungen grundsätzlich strafbare Handlungen darstellen, die geahndet werden müssen. Daran ändert auch die Tatsache nichts, dass der Gesetzgeber zum Beispiel geringfügige Vermögensdelikte nur noch als Übertretungen, die auf Antrag zu bestrafen sind, verfolgen will. Den Polizeiorganen bleibt kein Ermessen, ob sie einer gültig eingereichten Strafanzeige Folge leisten wollen oder nicht. Das selbe gilt auch für Übertretungen von Strassenverkehrsvorschriften. Auch wenn das Strassenverkehrsgesetz die Möglichkeit offen lässt, dass in besonders leichten Fällen von Strafe Umgang genommen werden kann, muss davon ausgegangen werden, dass der Gesetzgeber kaum davon ausgegangen ist, diese Kompetenz den Polizeiorganen zuzusprechen.[4]

In diesem Umfeld geht die Polizei täglich ihrer Arbeit nach. Sie ist gefordert, den Sicherheitsauftrag nach unternehmerischem Denken und Handeln zu erfüllen, das Verbrechen effizient zu bekämpfen, vernetzt zu denken und zu handeln. Um den täglichen Herausforderungen begegnen zu können, ist sie gezwungen, in ihrer Arbeit Prioritäten zu setzen. Deren Wirkung sollte allerdings mehr sein als nur eine durchschnittliche mittlere Unzufriedenheit mit der Polizeiarbeit in der Bevölkerung und den Behörden. Wie schwierig es allerdings

4 Art. 100 Ziffer 1 Abs. 2 SVG.

sein kann, in einzelnen Bereichen sinnvoll Prioritäten zu setzen, mögen die folgenden Beispiele aus dem Polizeialltag erläutern:

Tagtäglich wird die Polizei an Verkehrsunfälle gerufen. Nebst einigen schweren Verkehrsunfällen werden täglich unzählige kleinere, sogenannte Bagatellunfälle, registriert. Muss die Polizei nun jeden einzelnen Verkehrsunfall aufnehmen? In Anwendung des bereits erwähnten Legalitätsprinzips ist diese Frage einfach zu beantworten, da ein Verkehrsunfall letztlich immer auf das fehlerhafte Verhalten eines Verkehrsteilnehmers zurückzuführen ist. Dieses fehlerhafte Verhalten ist zu ermitteln und zur Anzeige zu bringen; es bleibt dem Richter anheim gestellt, über Schuld oder Unschuld zu entscheiden. Andererseits verlangt das Strassenverkehrsgesetz von Beteiligten an Verkehrsunfällen die Benachrichtigung der Polizei nur dann, wenn Personen verletzt oder gar getötet worden sind. Ist nur Sachschaden entstanden, lässt der Gesetzgeber direkte Absprachen unter den Beteiligten ohne Beizug von Polizeiorganen durchaus zu.[5]

Wie soll sich die Polizei verhalten, wenn sie von Drittpersonen zu einem Unfall gerufen wird, wo die Beteiligten sich bereits über die Folgen des Unfalls einig sind und den Beizug der Polizei als nicht notwendig erachten, da lediglich Blechschäden entstanden sind? Sinnvollerweise wird sich die Polizei nicht in diesen Handel einlassen, wenn nicht begründete Anzeichen für ein schweres Verkehrsdelikt, zum Beispiel Alkohol am Steuer, bestehen. Die Aufnahme eines Verkehrsunfalles durch die Polizei erfordert im Durchschnitt rund vier Arbeitsstunden. Dies ist wertvolle Zeit, während derer der Polizist im Büro festgehalten wird und der Bevölkerung nicht zur Verfügung steht. Die Arbeit, die er leistet, dient weniger einem Gericht, als vielmehr den beteiligten Versicherungen, die sich ohne grossen zusätzlichen Aufwand, relativ günstig und mit einwandfreien Unterlagen an die Regelung der Gesamtschadenssumme machen können. Prioritäten setzen heisst folglich konkret, Strassenverkehrs-

5 Art 51 SVG.

unfälle nur noch dann polizeilich bearbeiten zu lassen, wenn Tote und Verletzte zu beklagen sind oder wenn Beteiligte grobe Verletzungen der Verkehrsregeln begangen haben.

Auf dem Gebiet der geringen Vermögenskriminalität sticht der Ladendiebstahl besonders heraus. Durch die Tatsache, dass Ladendiebstahl nur noch als Übertretung, die auf Anzeige hin verfolgt werden kann, behandelt wird, hat die Polizei Konsequenzen gezogen, indem sie ihr Augenmerk auf bandenmässiges Vorgehen von organisierten Tätern gerichtet hat. Aus strafprozessualen Gründen ist es zudem nur unter ganz bestimmten Bedingungen möglich, gegen überführte Ladendiebe auch Zwangsmassnahmen, zum Beispiel polizeiliche Festnahmen, durchsetzen zu können.[6]

Viele Grossbetriebe sind schon seit langem dazu übergegangen, mit firmeneigenem Personal und Überwachungskameras gegen den Ladendiebstahl vorzugehen. Gegen dieses Vorgehen ist grundsätzlich auch nichts einzuwenden. Allerdings werden von den ertappten Personen zum Teil sehr hohe Umtriebsentschädigungen verlangt, was diese in der Regel auch bezahlen. Es besteht allerdings die Gefahr, dass auf dem Gebiet des Ladendiebstahls eine Art private Strafjustiz Einzug halten könnte, welche so vom Gesetzgeber nicht gewollt sein konnte. Dass die Polizei ihre Prioritäten jedoch den veränderten gesetzlichen Bestimmungen angepasst hat, ist ihr nicht zu verargen und durchaus nachvollziehbar.

Ganz generell stellt sich für die Polizei die Frage, mit welchem Aufwand und mit welchen Mitteln sie festgestellte strafbare Handlungen aufklären will. Soll sich der Beizug von Spezialisten des Kriminaltechnischen Dienstes zum Beispiel an Kriterien wie Höhe des Sachschadens, Gesamtsumme der gestohlenen Gegenstände oder an der Art und Weise von Verletzungen der Tatopfer orientieren? Solche und ähnliche Vorschläge werden nicht zuletzt von externen Be-

6 Vgl. Art. 172 Abs.2 StrV.

ratungsfirmen gemacht, welche in den letzten Jahren auch bei Polizeiorganisationen ein- und ausgegangen sind. Selbstverständlich sind gerade die Spezialdienste der Polizei zu den kostenintensivsten Bereichen zu zählen. Permanente Aus- und Weiterbildung der Mitarbeiter und die Investitionen in hochtechnisierte Apparaturen verschlingen gewaltige Summen. Soll die Polizei bei der Setzung von Prioritäten folglich vermehrt von materiellen Kriterien ausgehen? Dies kann wohl nicht die Lösung sein.

4 Gibt es Lösungsansätze? Muss sich Strafverfolgung lohnen?

Diese Fragen können sowohl mit ja wie mit nein beantwortet werden. Aus der Sicht der Verbrechensbekämpfung ist Strafverfolgung ein Mittel zum Zweck. Festgestellte Straftaten müssen aufgeklärt und die ermittelten Straftäter dem Richter zur Beurteilung überstellt werden. Bei der Erfüllung dieses Auftrages sollten weder personelle noch materielle Mittel eine Rolle spielen. Andererseits ist der Staat in seinen Mitteln und Möglichkeiten beschränkt. Im Rahmen der vorgegebenen Budgets muss der Staat sämtliche ihm auferlegten Aufgaben wahrnehmen. Der Bürger als Steuerzahler darf erwarten, dass keine öffentlichen Mittel sinnlos verschleudert werden, so dass sich Aufwand und Ertrag in einer gewissen Korrelation halten. Das bedeutet insbesondere, dass für die Ermittlungen von Alltags- und Bagatelldelikten nicht unermesslich viel Personal und Geld eingesetzt werden kann. Der gesunde Menschenverstand gebietet einer solchen Vorgehensweise Einhalt. Das bedeutet aber nichts anderes, als dass durch das Setzen von Prioritäten in der täglichen Polizeiarbeit das strikte Gebot der Legalität bei der Strafverfolgung durchlöchert wird. Dieser Umstand ist in Kauf zu nehmen. Letztlich ist entscheidend, was der Bürger erwartet. Der Bürger erwartet ein hohes Mass an Sicherheit im Alltag. Diese Sicherheit wird ihm nicht zuletzt auch durch die hohe Präsenz und die rasche Verfügbarkeit von Polizeikräften gewährleistet. Dabei ist zu berücksichtigen, dass das subjektive Sicherheitsgefühl des Bürgers nicht immer deckungsgleich mit den objektiv festgestellten und geahndeten Straftaten ist. Subjektives Unsicherheitsgefühl kann durchaus auch durch Bagatelldelikte, wie zum Beispiel Sachbeschädigungen, Diebstähle und kleinere Formen von Brandstiftung erfolgen. Diesen Bedürfnissen des Bürgers muss die Polizei mit hoher Priorität Rechnung tragen.[7]

Das heisst aber nichts anderes, als dass die Polizei sich nicht von den Ermittlungen im Zusammenhang mit sogenannten Bagatelldelikten verabschieden kann. Selbstverständlich können dabei Instrumente wie Ordnungsbussen sehr hilfreich sein. Die gemachten Erfahrungen im Bereich des Strassenverkehrsrechts lassen aber nicht ohne weiteres den Schluss zu, dass dieses Verfahren auch bei weiteren Delikten des allgemeinen Strafrechts anwendbar wäre. Ordnungsbussen im Strassenverkehr werden heute vom Bürger vor allem als günstige Methode des Staates zum Abkassieren verstanden. Es ist in der Tat so, dass Ordnungsbussensünder sich in keiner Kartei wiederfinden und nach erfolgtem Inkasso die ganze Angelegenheit für den Betroffenen als erledigt betrachtet werden kann. Wollte man Ordnungsbussen auch im ordentlichen Strafrecht einführen, so müsste zumindest über die mögliche Vernetzung von erhobenen Daten mit den übrigen Ermittlungsdaten der Polizei diskutiert werden. Ordnungsbussen dürfen nicht als anonymes Lösegeld für begangenes Unrecht verstanden werden.

Letztlich geht es aber darum, dass anerkannt wird, dass das Prioritätensetzen im Rahmen der Polizeiarbeit nichts anderes bedeutet als das Anwenden des Opportunitätsprinzips. Es ist aber grundsätzlich zu überlegen, ob es der Polizei allein überlassen sein soll, Prioritäten in ihrer Alltagsarbeit festzulegen. Gerade die Justizbehörden als Partner wie auch als Auftraggeber der Polizei müssten ein grosses Interesse haben, dass die Prioritätensetzung gemeinsam erfolgt. Dies

---

7 Vgl. Kurt Niederhauser: Sicherheitsmarketing – Sicherheit bedürfnisgerecht erbringen, in: *Kriminalistik* 5/99, Mai 1999, Seite 341 ff.

ist heute nicht der Fall; jeder Untersuchungsrichter und jeder Staatsanwalt kämpft mit seinen Fällen alleine und versucht, soviel Unterstützung wie möglich seitens der Polizei zu erlangen. Es liegt dann im Ermessen der Polizeiführung, für die einzelnen Untersuchungen entsprechend viel oder wenig Personal und Mittel zur Verfügung zu stellen. Wäre es nicht an der Zeit, dass regelmässig Polizei und Justizbehörden sich über die notwendigen Prioritäten in der Strafverfolgung absprechen würden? Dabei könnte ja auch sichergestellt werden, dass die sogenannte Alltags- oder Bagatellkriminalität nicht hinten anstehen müsste. Dabei ginge es nicht zuletzt auch um die Frage, mit wieviel Aufwand welche Bagatellfälle ermittelt und aufgeklärt werden sollen. Denn – wie schon festgestellt: die Strafverfolgungsbehörden dürfen sich nicht generell von der Behandlung dieser Deliktskategorie verabschieden. Solange der Gesetzgeber ein menschliches Verhalten als strafbar bezeichnet, ist dieses auch zu ahnden. Wie wir bereits eingangs festgestellt haben, kann die Erhebung von Bagatelldelikten durchaus auch dazu führen, dass Kapitaldelikte aufgeklärt werden. Es versteht sich dabei von selbst, dass ökonomische Grundsätze, aber auch der gesunde Menschenverstand bei der Abklärung von Straftaten berücksichtigt werden müssen. Ebenso klar ist auch, dass die Ermittlung von Straftaten, schweren wie auch leichten, sich nicht hauptsächlich von ökonomischen Grundsätzen leiten lassen kann.

Frédéric Ocqueteau

Les agents de protection privés, entre sale boulot et reconnaissance d'utilité publique

Résumé

Cette communication fait le point sur les grandes évolutions du marché de la sécurité privée en France. Elle montre comment les pouvoirs publics se sont positionnés depuis vingt ans face à ce phénomène, pour essayer d'en canaliser et d'en réguler les développements. L'enjeu est actuellement d'essayer d'impliquer de plus en plus de «clients» (donneurs d'ordre) dans la responsabilité de la mise en protection de leurs biens et informations, ce qui ne va pas de soi. En effet, la sécurité n'est pas encore admise comme un «bien à péage», et les retours d'expériences sur investissements des grandes organisations ne les conduisent pas à tirer des leçons toujours positives, dans la mesure où la demande de sécurité et les exigences de la preuve de sa performance sont insatiables. Il n'empêche que les pouvoirs publics admettent désormais ne plus être capables à eux seuls de lutter contre les risques et les vulnérabilités de toutes natures. Il leur faut donc instrumentaliser les diverses stratégies de protection et pousser les organisations à recourir aux ressources du commerce, tout en laissant croire que le monopole de la production de la sécurité n'est pas remis en cause.

Zusammenfassung

Der Beitrag befasst sich mit den wichtigsten Entwicklungen im Bereich der privaten Sicherheit in Frankreich. Es wird besprochen, wie die öffentlichen Behörden in den letzten zwanzig Jahren mit dieser Problematik umgegangen sind, um die Entwicklungen in diesem Bereich zu bündeln und zu steuern. Gegenwärtig sind Bestrebungen im Gang, die «Kunden» (Auftraggeber) zunehmend dazu zu bringen, selber die Verantwortung für den Schutz von Gütern und Informationen zu übernehmen – was nicht einfach so von sich aus funktioniert. Sicherheit wird noch nicht als «gebührenpflichtig» betrachtet, und die aus getätigten Investition grosser Unternehmen gewonnen Erfahrungen führen nicht immer zu positiven Ergebnissen, denn der Anspruch auf Sicherheit sowie das Bedürfnis, die Wirksamkeit von Sicherheitsmassnahmen belegen zu können, sind sehr gross. Die Behörden gestehen mittlerweile ein, dass sie allein nicht mehr in der Lage sind, sämtliche Risiken auszuschalten oder Sicherheitslücken jeglicher Art zu schliessen. Deshalb müssen sie die verschiedenen Schutz-Strategien instrumentalisieren und die Unternehmen dazu bringen, auf private Sicherheitsdienste zurückzugreifen. Gleichzeitig gilt es jedoch zu vermitteln, dass das Monopol zur Gewährleistung der Sicherheit nicht in Frage gestellt wird.

En moins d'une génération, la protection des personnes, de leurs biens et de l'information a émergé en Europe comme un enjeu central dans les pratiques sociales de prévention des désordres et de l'insécurité. La sûreté, prérogative monopolisée par l'Etat, incarnée par «une force publique instituée pour l'avantage de tous et non pour l'utilité particulière de ceux à qui elle est confiée» (art. 12 de la Déclaration Universelle des Droits de l'Homme et du Citoyen), est devenue une notion demandant à être remise à plat et reproblématisée. Singulièrement à la lumière de la progression des ressources du marché de la protection à côté des nouvelles politiques publiques de sécurité mises en scène par des pouvoirs publics qui s'efforcent de regagner une «proximité» que leurs polices auraient perdu par rapport aux besoins de protection exponentiels des entreprises et des particuliers.

Or, la nouvelle coexistence des ressources publiques et des ressources du secteur mercantile ne va pas de soi. Les Etats nations européens se sentent peu ou prou tenus de l'organiser selon différentes techniques, compte tenu de l'épaisseur de la structuration historique de leurs pratiques et des stratégies qui varient d'un pays à l'autre selon leurs différentes conceptions du monopole de la paix publique et de l'intérêt général, en essayant de ne pas se laisser déborder par une «privatisation» incontrôlée de la protection.

Je dresserai ici un portrait socio-économique de la croissance du secteur de la sécurité en France avant d'examiner comment les pouvoirs publics français ont cherché à en réguler progressivement les aspects les plus problématiques puis à en légitimer les avancées sans qu'il y ait jamais eu de grands débats publics à ce sujet.

Prévenir des pertes et protéger des biens

Comment définir le champ d'activité de la sécurité privée en tant que prestation marchande de façon à en couvrir tous les aspects? Il revêt (OCQUETEAU, 1997, 41–42) un champ de la régulation de l'ordre tenant en trois traits constitutifs:

1 Une industrie et un commerce de la fabrication, de la distribution et de l'installation d'équipements de protection et des prestations humaines qui s'y rapportent.

2 Un secteur de services fonctionnant selon une mécanique de croissance semi autonome. Principalement caractérisé par une orientation au profit, il est de fait largement mais pas exclusivement externalisé au sein de prestations de services, obéissant aux mécanismes de l'offre et de la demande dans un rapport juridique privé liant le prestataire à un client organisé (une entité collective, publique ou privée le plus souvent, un particulier beaucoup moins fréquemment). Dans la mesure où son champ d'action a une incidence sur la gestion de l'ordre dans la société et notamment au sein d'un «Etat fort», il a en effet besoin pour asseoir sa viabilité économique et sa légitimité légale, de l'aval des autorités publiques, et de démontrer son efficacité autant aux assureurs ou à ses clients qu'aux fonctionnaires de l'Etat devant qui il présente ses agents et ses prestations comme auxiliaires plutôt que concurrents.

3 Un secteur de services guidé par une philosophie d'action de la prévention des pertes ou dommages liés aux atteintes à l'intégrité physique, à la propriété matérielle et immatérielle. Il s'agit moins d'éliminer totalement les risques que de diminuer la fréquence d'apparition des pertes engendrées par les accidents, les erreurs, les négligences, les comportements incivils et criminels, ce qui se fait au moyen de techniques d'enquêtes, de surveillances, de détections d'intrusion, de protection ou de dissuasion. Je précise qu'au départ de la renaissance de ce secteur d'activité, les prestations de protection ne mettent pas au centre de leur action la prévention de la «criminalité de bagatelles». Toutefois, l'emprise d'une philosophie d'action importée d'outre Atlantique dite de «l'espace défendable» et de la «prévention situationnelle» dans les années 1980 a colonisé une bonne part de l'imaginaire et des attentes investies dans cette philosophie d'action par la plupart des clients publics et privés. L'objectif théorico-pratique de cette doctrine consiste avant tout à se focaliser sur des espaces considérés comme des cibles vulnérables et non pas des populations spécifiques, en les protégeant mieux des prédations, ce qui aurait pour vertu de rendre le calcul du bénéfice du passage à l'acte des prédateurs moins intéressant et le coût d'être épinglé plus certain, donc dissuasif. Il est beaucoup moins question d'agir sur les facteurs sociaux de la délinquance en général. Pour de multiples raisons dont la montée du nombre des actes prédateurs violents ou non violents dans les espaces semi-publics et le sentiment d'insécurité induit, le «référentiel» de la prévention situationnelle et son management se sont imposés dans les années 1990 aux élites politiques, d'abord à l'échelon local puis à l'échelon central: à droite comme à gauche, la plupart des politiciens sont convaincus que les deux modèles de prévention (sociale vs situationnelle) naguère présentés comme antinomiques ne le sont plus; ils seraient plutôt combinables et complémentaires. Cela dit, ce mouvement de pensée polarise hélas la «protection privée» dans l'orbite de la seule prévention des délits et autres incivilités plutôt que des pertes liées à des accidents ou autres. Or il me semble que c'est une lecture réductrice des choses car cette prévention basée sur la dissuasion diffère de l'action des services de police et de justice fonctionnant à la recherche, à la poursuite, à l'arrestation et au déférement du délinquant en vue de le punir, ce qui n'est pas le rôle de la sécurité privée.

Les caractéristiques de l'évolution des marchés de la protection

Dans sa nomenclature des professions et catégories socioprofessionnelles, l'INSEE identifie les agents de sécurité privée comme des *«salariés subalternes chargés d'assurer pour le compte de leur employeur la protection des biens déterminés contre les accidents et les actes de malveillance, des agents qui contribuent à la sécurité ou à l'ordre public ou assurant la surveillance des lieux publics mais n'appartenant pas à l'armée, la police, l'administration pénitentiaire ou l'Office national des Forêts»*. Il s'agit d'agents de surveillance, de convoyeurs de fonds, gardiens d'usines, de musées, de nuit, mais également d'enquêteurs privés, de gardes du corps, de maîtres chiens et autres veilleurs de nuit. En 1982, l'INSEE dénombre 94'000 agents, en 1990, 106'000 pour 250'000 agents publics. En comparant la dynamique des emplois du secteur privé à celle des agents de la fonction publique, P. Simula (1999) a parfaitement montré que les agents privés croissaient beaucoup plus rapidement que les effectifs publics. Il a surtout montré qu'au début des années 1980, les écarts quantitatifs entre agents de sécurité publics (policiers et gendarmes) et les agents salariés du privé étaient dans un différentiel de 60'000 au profit des agents publics. Cet écart s'est réduit à 40'000 au milieu des années quatre-vingt-dix. On peut penser qu'il va se réduire encore, peut-être pas tant que cela, à cause de la création depuis 1997 d'un contingent de 20'000 Adjoints de Sécurité plaçant nettement ces derniers dans la catégorie des emplois de sécurité «publics». Calculer des ratios d'agents publics/privés est symboliquement intéressant pour comparer l'état des «forces» en présence dans les différentes Etats de l'union européenne par exemple, mais sans doute moins pertinent que de raisonner dans chaque pays en terme de flux et stocks: dans le monde de la sécurité privée en effet, le *turn-over* des agents atteint des proportions considérables, ce qui rend difficile la constitution d'une identité professionnelle reconnue, mis à part chez les convoyeurs de fonds. Or quand un métier n'arrive pas à se créer une identité spécifique, il n'y pas lieu de considérer ses agents comme une «force». En exploitant d'autres données sociales, Simula a montré un effectif de 76'000 agents en fin de période (31/12/1995). L'ensemble est formé d'un «noyau dur» de 48'000 salariés permanents, les autres postes volatiles atteignant une proportion de 117'000 agents, soit un flux annuel de 69'000 entrées/sorties, dont une partie importante serait constituée de prestations très ponctuelles. En terme de stocks, les 48'000 agents stables concernent 63% des effectifs, et sur le total des embauches de l'année 1995 (97'000), l'auteur a observé que 28'000 postes seulement étaient encore occupés au 31 décembre. Ce qui prouve que le travail s'organise majoritairement sur le base du recrutement et du licenciement d'une main d'oeuvre extérieure au gré des besoins. Ces besoins sont toujours ponctuels et épisodiques; dans les conjonctures de crise et de crispation collective, ils sont énormes. On a affaire à une réservoir d'éléments plutôt jeunes, masculins, peu qualifiés, mobilisés sur une très courte période, ayant des expériences de travail hétérogènes comme anciens ouvriers non qualifiés, anciens employés en rupture de parcours ou de reconversion professionnelle, ou à des étudiants, mais aussi à des agents appartenant massivement aux «minorités visibles». Le dernier état statistique disponible au ministère de l'Intérieur fait état, en janvier 2000, d'un effectif de 100'000 salariés exerçant des activités de sécurité physique des biens et des personnes employés par 4200 sociétés prestataires. Auxquels s'ajoutent 2'000 agences de détectives privés dont 89% exercent artisanalement, tandis que 200 salariés seulement sont répartis dans les 130 sociétés restantes.

Observons la vitalité des entreprises de sécurité à partir de leur identification comme *services rendus aux entreprises.* Des données exploitées sur l'année 1995 font ressortir une très grande hétérogénéité de la taille des prestataires: 5% des sociétés ont plus de 100 salariés pour un chiffre d'affaire dégagé de 66%; 4% ont entre 50 et 100 salariés, elles dégagent un chiffre de 9%. 91% ont des effectifs inférieurs à 50 salariés, et rassemblent 25% du chiffre d'affaire. En deçà de ces seuils, les entreprises artisanales ne sont pas viables: elles vivotent, mais survivent en s'adaptant aux besoins de surveillance de proximité ou en entrant dans la dépendance des grandes sociétés de surveillance par la recherche frénétique de débouchés, ce qui provoque d'ailleurs de la sous-traitance en cascade au point d'induire des pratiques massivement illicites en terme de droit du travail. Une diversification des fonctions sur ces mêmes données a montré une répartition de l'ensemble en trois sous-secteurs: l'essentiel du chiffre d'affaires global (81,6%) est dominé par les «entreprises de gardiennage et surveillance» (conseils en sécurité, surveillance, télésécurité, télésurveillance) regroupant 67% des unités et 89% du personnel. La branche des «enquêtes et protection des personnes» (enquêtes et sécurité, gardes du corps, protection) dispose d'un nombre très important d'entreprises (29%) mais avec des parts de marché infiniment plus réduites (6%); à l'inverse, le sous-secteur des transports de fonds, est constitué d'un très petit nombre d'entreprises (1,5% de l'ensemble), mais de taille beaucoup plus importante, avec un chiffre d'affaire très honorable (12,5% des recettes). Ces entreprises sont les plus affectées par l'effet de concentration. A quoi il faut ajouter, durant les dix dernières années, un spectaculaire «taux de pénétration» étranger dans leur capital (progression de 3 à 75% en dix ans). Un mouvement analogue affecte le créneau de la télésurveillance. En effet, c'est le créneau de la surveillance électronique qui a connu ces dernières années l'une des progressions les plus fortes en chiffres d'affaires (HAAS, 2000, p. 34), des taux annuels quasi constamment supérieurs à 10% sous la dernière décennie. La «télésurveillance» y représente un effectif de 5'320 salariés en 1998, dégageant un CA de 3'000 M.F., pour 1 million de raccordements en 2000. La «vidésosurveillance», quant à elle, représentait en 1998, 2'810 salariés, dégageant un CA de 1'800 M.F. et une progression de 7,5% par rapport à 1997. Les plus gros consommateurs sont actuellement les collectivités territoriales ou locales, les particuliers sont considérés comme un marché porteur, mais sous équipé en France. Les entreprises publiques et privées sont considérées comme saturées.

Eléments d'actualisation des cadrages réglementaires du secteur privé

L'expansion du secteur marchand de la sécurité en France doit être lu au sein d'un processus mettant simultanément en présence trois phénomènes majeurs: une crise d'efficacité relative de la régulation classique de la justice dans le domaine de la lutte contre les atteintes aux biens, quoique maints remèdes soient tentés au sein des administrations traditionnelles pour y faire face; des blocages d'ordre sociohistorique propres aux polices mal à l'aise pour réguler les désordres et violences urbaines par des actions très ciblées sur des espaces peu accessibles, même si des politiques publiques volontaristes de proximité s'affichent par le biais de l'interministériel depuis une dizaine d'années; surtout un *lobbying* efficace du patronat des entreprises de la sécurité visant à convaincre les pouvoirs publics qu'elles sont des partenaires naturels de la police publique dans la prévention des faits générateurs d'insécurité.

Les étapes de la légalisation du secteur marchand de la protection en France peuvent se résumer en quatre moments-clés.

1 Des années 1970 au début des années 1980, la méfiance des pouvoirs publics domine. Le nouveau gouvernement socialiste très critique dans l'opposition avant 1981, se met à l'école du réalisme lors de son arrivée aux affaires. On admet certes que maints convoyeurs de fonds, vigiles, gardes du corps privés constituent un «mal nécessaire» dans la mesure où l'on sait que certains d'entre eux, d'anciens repris de justice, agents largement impliqués dans la répression de mouvements sociaux (briseurs de grèves), des milices patronales, continuent de menacer les libertés individuelles, sinon l'Etat de droit. Le gouvernement décide alors d'assainir et de codifier les prestations de service à défaut de pouvoir entièrement les empêcher. La loi fondatrice de juillet 1983 instaure alors une multitude «d'interdictions de faire» en les sanctionnant pénalement. Les décrets d'application paraissent trois ans plus tard et la mise en oeuvre de l'opération d'assainissement par les préfets qui délivrent les autorisations aux entreprises et aux agents débute en 1987. De trois à huit pour cent d'agents sont éliminés au regard du contrôle de leur casier judiciaire par les préfectures. Au cours de cette période, les pouvoirs publics admettent que le secteur privé doive améliorer les conditions de travail de ses salariés par voie conventionnelle: en 1985, est signée une première convention collective des agents de surveillance et de sécurité; en 1986, un certificat d'aptitude professionnel est créé, et entre 1987 et 1991, divers accords de branche sur la formation et la revalorisation des bas salaires sont négociés. Ce mouvement ira s'amplifiant jusqu'à la promotion à la fin des années 1990 de normes de qualité ISO et AFNOR à partir de 1997 au sein des entreprises de services de sécurité, elles-mêmes inspirées de standards internationaux.

2 L'époque à la charnière des années 1980 et 1990 voit s'opérer un tournant dans la conception des pouvoirs publics à l'égard du secteur privé à la faveur notamment de deux phénomènes: les réflexions de la Délégation interministérielle à la Ville qui vont influer à terme sur les politiques publiques de sécurité promues par le ministère de la Justice et celui de l'Intérieur. La querelle autour de l'obligation de moyen ou de résultat où se joue la responsabilité entre prestataires de services et donneurs d'ordre à propos du contrat de service de «protection» est lancée. On se demande par exemple, dans le cas où un *cambriolage* est commis alors qu'existe un contrat de garde payé pour l'empêcher, à quel titre l'entreprise cliente, voire le particulier, peuvent se retourner contre l'entreprise de protection, et surtout comment le justifier. Il a donc existé un fort besoin de normer judiciairement les parts des responsabilités respectives, par delà la fixation minimale des règles du jeu par l'Etat, lequel affirme toujours sa volonté de ne pas attenter à la liberté d'un tel commerce. Jusqu'à ce qu'en 1991, au terme d'un conflit culminant entre la Préfecture de Police et les télésurveilleurs privés au sujet de la gestion des alarmes sur sites déportés, qui avait pour objet de déterminer qui devait d'abord discriminer la cause de l'alarme, un décret (du 26 novembre 1991) sur les activités de surveillance à distance est venu conforter la thèse de la police. Les services publics étant mobilisés sur des «alarmes intempestives», le décret obligea les télésurveilleurs à lever le doute, leur défaillance à cet égard pouvant être désormais sanctionnée. C'était entrer dans un mécanisme de validation du rôle de premier alertant dévolu aux télésurveilleurs privés, et une fois encore franchir un degré supplémentaire dans la légitimation de leur rôle auprès des pouvoirs publics et des collectivités locales, client particulièrement friand. Un «partenariat» public/privé était en marche sans en avoir encore le nom.

3 La loi d'orientation et de programmation du 21 janvier 1995 (LOPS), institue une nouvelle ère où la *confiance* envers le secteur privé devient ouvertement affichée par des pouvoirs publics qui admettent désormais que certaines prestations de la sécurité privée participent à la *coproduction de la sécurité collective.* A cet égard, les pouvoirs publics consacrent le partenariat des polices publiques et du secteur privé pour maximiser la prévention de l'insécurité dans plusieurs directions: on réglemente les techniques de vidéosurveillance dans les espaces publics et les sites privés ouverts au public (décret de 1996). On prévoit une expertise de sécurité préalable à tout nouveau plan de construction ou d'habitat collectif, ce qui permet au marché de peaufiner son expertise des risques dans le domaine de l'urbanisme et de l'aménagement. En 1997, trois décrets obligent les professions particulièrement exposées à des risques de prédation à se protéger en faisant appel aux ressources du marché (garde statique ou télésurveillance): banquiers, bijoutiers, pharmaciens, commerçants, garagistes et parkings privés. Il en va de même pour les exploitants de manifestations culturelles et sportives drainant des foules supérieures à 1'500 personnes. L'Etat a définitivement pris le relais des assureurs pour «booster» le marché de la protection.

4 La période 1997–2002 voit le coup d'envoi d'une politique à l'origine de la création du dispositif des Adjoints de Sécurité et des conditions d'emploi des Agents Locaux de Médiation Sociale dans une programmation de cinq ans. On assiste également à l'élargissement de l'organisation des dispositifs de sécurité publique, et l'on se penche très sérieusement sur la redéfinition du rôle des polices municipales (loi du 15/4/1999 et décrets du 24/3/2000); on oblige les bailleurs sociaux à faire appel à des gardiens privés pour le contrôle de cent appartements (décret janvier 2002). On reparle enfin de refondre la réglementation au sujet de la «sécurité privée», cet objet toujours préoccupant et toujours traité avec une mauvaise conscience idéologique bien française.

Le nouveau projet de loi annoncé pour la session parlementaire de l'automne 2000 n'a pas vu le jour. Trois dispositions parent au plus pressé en fonction des événements de l'actualité. On légifère dans l'urgence au printemps 2001 pour donner des garanties aux convoyeurs de fonds particulièrement exposés à des risques d'attaques du grand banditisme à la suite d'un mouvement protestataire. La loi du 16 novembre 2001 sur «la sécurité quotidienne» qui intervient deux mois après le 11 septembre franchit un pas supplémentaire, puisqu'elle consacre une extension des pouvoirs des agents privés en matière d'inspection des bagages à main et de palpation de sécurité dans le domaine de la sécurité aéroportuaire (art. 27). Un accord cadre est conclu entre le ministère de l'intérieure et le SNES (syndicat des entreprises de sécurité) sur l'engagement des membres à embaucher en priorité des ADS non intégrés dans la police après leurs cinq ans de service contre exonérations fiscales.

Le texte initial censé refondre la loi de 1983 reste pourtant à l'ordre du jour dont la philosophie nouvelle, une rationalisation supplémentaire des textes antérieurs, obéit à trois objectifs:

- mieux définir les tâches de prévention des atteintes aux biens et aux personnes de la part des entreprises de surveillance-gardiennage, transport de fonds, protection physique des personnes et recherche privée, pour peu qu'elles aient un but commercial;

- redéfinir la mission de sécurité des services internes des entreprises publiques, en réglementant à part le statut des agents de sécurité de la SNCF (1'500 agents de la SUGE) et de la RATP (700 agents du GPSR). Ce sera sans doute la principale innovation du dispositif, tant il est vrai que les «polices privées» des transporteurs publics comment à s'être forgées une identité professionnelle spécifique commandant de leur concéder des pouvoirs spécifiques;

- élargir le contrôle de l'administration sur le professionnalisme et la moralité des dirigeants et sur la moralité des employés de ces sociétés et services, sans aller jusqu'à ouvrir ce contrôle à l'œil des représentants de la société civile. Suspension et retrait de l'autorisation de fonctionnement en cas de poursuites pénales, responsabilité pénale de la personne morale seraient les leviers disponibles. Certains «donneurs d'ordre», sous la pression du lobby des convoyeurs de fonds confrontés à des actes de grand banditisme, devraient en outre être incités à mieux aménager leurs locaux pour assurer la sécurité des convoyeurs lors des phases de transferts sensibles (banquiers et grands surfaces commerciales).

On le voit, tous ces éléments s'inscrivent dans une nouvelle phase de consolidation de l'emprise du secteur privé dans la régulation des désordres urbains, l'Etat jouant dans la structuration du secteur sur un clavier de ressources plus large que par le passé dans le but d'en amener les diverses composantes à participer aux logiques de «coproduction» à son seul profit.

Bibliographie

FAGET J., MAILLARD DE J. (2001), *Les Agents locaux de médiation sociale en quête d'identité,* Paris, IHESI.

HAAS P. (2000), *Atlas européen d'En toute sécurité 2000,* Paris, Technopresse, 8e éd., p. 34.

OCQUETEAU F. (1997), *Les défis de la sécurité privée,* Paris, L'Harmattan.

SIMULA P. (1999), *La dynamique des emplois de sécurité,* Paris, IHESI-CEREQ.

SOUTH N. (1987), *Policing for profit,* London, Sage.

Günter Stratenwerth

Das künftige System der Sanktionen im Erwachsenenstrafrecht – ein kriminalpolitischer Fortschritt?

Zusammenfassung
Wie nicht anders zu erwarten, ist die Frage, ob das künftige System der Sanktionen des Erwachsenenstrafrechts kriminalpolitisch einen Fortschritt darstellt oder nicht, nicht einfach mit Ja oder Nein zu beantworten. Sie kann im Rahmen eines kurzen Referats ohnehin nicht im Detail erörtert werden und fällt nicht nur für verschiedene Teilaspekte der Revision, sondern sicher auch je nach demStandort des Betrachters unterschiedlich aus. Eins nur dürfte als Quintessenz schon eines kursorischen Überblicks nicht zweifelhaft sein: Ob und inwieweit das neue Recht der Sanktionen als Fortschritt empfunden werden kann, das wird in entscheidendem Masse auch von seiner praktischen Handhabung abhängen. Das gilt für die Wahl der angemessenen Sanktion im unteren Deliktsbereich in gleicher Weise wie für die Entscheidung über den bedingten oder teilbedingten Vollzug von Freiheitsstrafen sowie über die Modalitäten ihres Vollzuges und der Entlassung aus ihnen, für die Anordnung und die Form des Vollzuges von freiheitsentziehenden Massnahmen sowie ihre schrittweise Aufhebung und vieles mehr. Hier überall bleiben für die Organe der Strafrechtspflege weiterhin sehr erhebliche Entscheidungsspielräume, zum Teil sogar grössere als bisher. Es wird wesentlich darauf ankommen, dass sie auch in Zukunft, ungeachtet tagespolitischer Strömungen, mit Vernunft und Menschlichkeit genutzt werden.

Résumé
Comme on pouvait s'en douter, il n'est pas possible de trancher simplement par un oui ou par un non la question de savoir si le futur système des sanctions du droit pénal des adultes représente un progrès sur le plan de la politique criminelle/pénale(?). De toute manière, cette question ne peut pas être discutée en détail dans le cadre d'une bref exposé et il est des aspects de la révision pour lesquels il n'existe aucune réponse, d'autant plus que celle-ci dépend du point de vue respectif de chaque observateur. Néanmoins, une seule chose peut sans aucun doute être considérée comme la quintessence d'un aperçu même sommaire: c'est essentiellement l'application pratique qui déterminera si et dans quelle mesure le nouveau droit des sanctions pourra être ressenti comme un progrès. Cela vaut, entre autre, pour le choix de la sanction appropriée dans le domaine des délits mineurs (tout comme), pour les décisions relatives au sursis partiel ou complet à l'exécution des peines privatives de liberté, aussi bien pour les modalités d'exécution que pour celles de libération, ou encore, pour l'imposition et la forme d'exécution des mesures privatives de liberté

ainsi que pour leur levée progressive. Dans tous ces domaines, les organes d'administration de la justice pénale continuent à jouir d'une marge de manœuvre considérable, parfois même plus importante que par le passé. Tout dépendra essentiellement de savoir si, à l'avenir (aussi), indépendamment des courants politiques quotidiens, ces sanctions seront utilisées avec raison et humanité.

Das mir gestellte Thema würde an sich den Referenten verpflichten, sich zunächst darüber zu erklären, was genau er unter Kriminalpolitik versteht und was er für einen kriminalpolitischen Fortschritt hält. Ich möchte mich stattdessen, mangels eines besseren Massstabs, auf den Vorentwurf der Experten von 1993 stützen, an dessen Ausarbeitung ich beteiligt war und den ich schon aus diesem Grunde, im Unterschied zu seinen Kritikern, für einen mustergültigen Entwurf halte. Eine halbe Stunde genügt natürlich nicht, um im Detail zu würdigen, was daraus im Gesetzgebungsprozess geworden ist. Ich kann vielmehr nur an einigen wesentlichen Fragen zu zeigen versuchen, welche Verbesserungen das neue Recht mit sich bringt und welche es vermissen lässt.

1 Alternativen zu kurzen Freiheitsstrafen

Beginnen wir mit dem alten Thema der «Zurückdrängung der kurzen Freiheitsstrafen durch alternative Sanktionen». Sie sei, so lesen wir in der Botschaft zum bundesrätlichen Entwurf in voller Übereinstimmung mit dem Bericht der Expertenkommission[1], «ein zentrales Anliegen der Revision».[2] Der Vorentwurf 1993 hatte dazu im wesentlichen folgende Vorschläge gemacht: Die bisher nach dem notorisch unbefriedigenden Summenprinzip zu bemessende Busse sollte

1 Bericht zur Revision des Allgemeinen Teils und des Dritten Buches des Strafgesetzbuches und zu einem Bundesgesetz über die Jugendstrafrechtspflege, erstellt auf der Grundlage der Schlussberichte der Expertenkommission, o.J. (1993), S. 34 f.

2 Botschaft zur Änderung des Schweizerischen Strafgesetzbuches (Allgemeine Bestimmungen, Einführung und Anwendung des Gesetzes) und des Militärstrafgesetzes sowie zu einem Bundesgesetz über das Jugendstrafrecht vom 21. September 1998, hier zitiert nach der Sonderausgabe, S. 54.

durch eine nach dem Tagessatzsystem ausgestaltete, wesentlich wirksamere Geldstrafe oder, stattdessen, durch die Anordnung gemeinnütziger Arbeit ersetzt werden. Bei Verkehrsdelikten sollte der Strafrichter, allein oder neben einer anderen Strafe, endlich auch ein Fahrverbot aussprechen können. Und an Stelle der bislang viel zu oft verhängten bedingten kurzen Freiheitsstrafen sollte eine bedingte Verurteilung möglich sein, bei der erst im Widerrufsfall hätte entschieden werden müssen, welche *Art* von Strafe nunmehr, als spezialpräventiv sinnvoll, vollzogen werden sollte. Fassen wir kurz zusammen, was aus diesem Programm geworden ist, so lautet das Fazit: Die Regelung der Geldstrafe (und mit ihr der Anordnung gemeinnütziger Arbeit) ist in einem entscheidenden Punkt so verändert worden, dass sie sich kaum noch als Denkzettelstrafe eignet. Ein Fahrverbot soll der Strafrichter auch künftig nicht als Strafe, sondern nur bei Wiederholungsgefahr als blosse Massnahme verhängen können. Und die bedingte Verurteilung wird es nicht geben.

Bisher sprechen die Gerichte in diesem Lande pro Jahr durchschnittlich mehr als 45'000 kurze Freiheitsstrafen aus, davon über 10'000 unbedingt, dies offenbar in der Überzeugung, damit spezial- und generalpräventiv mehr bewirken zu können als mit einer eher als Übertretungsstrafe erscheinenden Busse. Diese kurzen Freiheitsstrafen zu ersetzen, wären vor allem nach dem Tagessatzsystem bemessene Geldstrafen geeignet, deren Maximum nunmehr von 40'000 auf nicht weniger als 1'080'000 Franken, bei Übertretungen von 5'000 auf 10'000 Franken steigen wird. Das hat die Rechtskommission des Ständerats nun freilich, man kann es nicht anders sagen, vereitelt. Sie hat sich, entgegen allen vorhergehenden Entwürfen, für die Möglichkeit entschieden, den Vollzug auch von Geld- und Arbeitsstrafen bedingt und sogar teilbedingt aufzuschieben, und beide Räte sind ihr darin gefolgt. Dabei besteht das eigentliche Unglück freilich darin, dass Geld- und Arbeitsstrafe kurzerhand in die Bestimmung eingefügt worden sind, die den bedingten Aufschub der Freiheitsstrafe betraf, und sie besagt, dass der Aufschub *«in der Re-*

gel» stattzufinden hat (Art. 43 Abs. 1)[3], wenn eine unbedingte Strafe nicht notwendig erscheint, um den Täter von weiteren Delikten abzuhalten. In der Regel bedingt ausgesprochen, verlieren Geldstrafe und gemeinnützige Arbeit aber natürlich die Eindruckskraft, die sie haben müssten, um von der Praxis als Alternative zur kurzen Freiheitsstrafe akzeptiert zu werden. Der Schaden ist nicht mehr zu reparieren. Eine gesetzestreue Lösung ist nicht möglich. Entweder müssten die Gerichte, um zu einer Denkzettelstrafe zu kommen, eben doch, entgegen jener Regel, in grosser Zahl *unbedingte* oder wenigstens nur teilweise aufgeschobene Geld- oder Arbeitsstrafen verhängen. Oder sie müssten, entgegen der anderen Bestimmung, dass die Dauer auch bedingter Freiheitsstrafen «in der Regel» mindestens 6 Monate betragen soll (Art. 40)[4], weiterhin bedingte kurze Freiheitsstrafen aussprechen, die mit einer unbedingten Geldstrafe verbunden werden könnten (Art. 43 Abs. 3), Freiheitsstrafen also, die ja gerade zurückgedrängt werden sollten und nur nötig wären, um eine misslungene Regelung zu umgehen – nicht gerade eine Glanzleistung des Gesetzgebers.

Tröstlich ist immerhin, dass kurze Freiheitsstrafen künftig nur noch ausnahmsweise unbedingt ausgesprochen oder, wenn doch bedingt aufgeschoben, vollstreckt werden können. Es soll das generell nur möglich sein, wenn es «notwendig erscheint, um den Täter von der Begehung weiterer Verbrechen oder Vergehen abzuhalten» *und* «zu erwarten ist, dass eine Geldstrafe oder gemeinnützige Arbeit nicht vollzogen werden kann» (Art. 41 Abs. 1 i. Vbdg. mit Art. 43 Abs. 1). Das ist freilich eine seltsam verquere Regelung. Es mag ja klar sein,

---

3 Artikelangaben ohne Zusatz beziehen sich hier und im Folgenden auf die *revidierte* Fassung des StGB, soweit sie von den eidgenössischen Räten bereits beschlossen ist.

4 Diese Regel stammt schon aus dem Vorentwurf 1993 und ist vom bundesrätlichen Entwurf unverändert übernommen worden. Der Vorentwurf hatte bei der bedingten Verurteilung allerdings ausdrücklich den Fall vorbehalten, dass der *Vollzug* einer Strafe «geboten» ist (Art. 36 Abs. 1), und diesen Vorbehalt hat schon der Bundesrat gestrichen. Als Ausnahme von jener Regel war *nur* die Verhängung einer *vollziehbaren* kurzen Freiheitsstrafe vorgesehen (Art. 41 VE 1993). Der Ständerat wollte demgegenüber die Mindestdauer der – bedingten oder unbedingten – Freiheitsstrafe auf 10 Tage hinuntersetzen, hat sich aber in der Differenzbereinigung dem Nationalrat angeschlossen, der seinerseits der bundesrätlichen Version gefolgt ist. Nach dieser Entstehungsgeschichte darf die 6-Monatsgrenze nur mit einer *vollziehbaren* Freiheitsstrafe unterschritten werden.

was es heisst, wenn eine Geld- oder Arbeitsstrafe etwa bei einem hoffnungslos überschuldeten und arbeitsunfähigen (oder auch nur arbeitsunwilligen) Täter nicht vollzogen werden kann. In höchstem Grade unklar ist jedoch, auf welchem Wege der Richter feststellen soll, ob eine unbedingte Strafe notwendig oder auch nur geeignet wäre, den Täter von weiteren Delikten abzuhalten. Denn dazu bedürfte es einer Wirkungsprognose, die sich in der Regel gar nicht stellen lässt. Unter diesen Umständen hängt die Tragweite jener Formel weitgehend davon ab, wie die künftige Praxis sie handhaben wird. Sicher ist nur, dass der Richter gerade dann keine andere Wahl haben dürfte, als eine vollziehbare Strafe zu verhängen, wenn er nicht im geringsten daran zweifelt, dass der Täter weiter delinquieren wird. Dass er in solchem Falle gezwungen ist, die gegenteilige Überzeugung zu äussern, bildet eine weitere unerfreuliche Fehlleistung des Gesetzgebers.

2 Bedingte Strafen

Alle bisher vorliegenden empirischen Befunde haben, um es zurückhaltend auszudrücken, erhebliche Zweifel an der resozialisierenden Wirkung des traditionellen Freiheitsstrafvollzuges entstehen lassen, während die hohen Prozentsätze der Bewährung bedingt verurteilter Täter ausser Frage stehen. Es musste daher ein zweites Grundanliegen der Revision sein, die Zahl vollziehbarer Freiheitsstrafen insgesamt zu vermindern, und zwar in erster Linie durch eine Erweiterung des Rahmens für den bedingten Aufschub ihres Vollzuges. Sie werden alle den Vorschlag der Expertenkommission kennen, der die Grenze auf 3 Jahre heraufsetzen wollte, und den Entwurf des Bundesrates, der sich dem zwar prinzipiell angeschlossen, zugleich aber für den teilbedingten Vollzug ausgesprochen hat. Der gegenwärtige Stand der Dinge ist der, dass der Ständerat dem Bundesrat gefolgt ist, der Nationalrat jedoch den vollbedingten Vollzug allein bei Strafen bis zu 2 Jahren zulassen möchte, bei Strafen zwischen 2 und 3 Jahren hingegen nur den teilbedingten Vollzug.

Mir scheint nicht sinnvoll, an dieser Stelle die Gründe zu wiederholen, die für die 3-Jahresgrenze und gegen den *sursis partiel* sprechen. Sie finden sich erschöpfend in der bundesrätlichen Botschaft aufgezählt, mit dem einigermassen überraschenden Schluss, dass sich der Bundesrat «trotz dieser Bedenken» entschlossen habe, dessen Einführung vorzuschlagen.[5] Aber die spannende Frage bleibt natürlich die, welchen Gebrauch die Gerichte von dieser Möglichkeit machen sollen oder werden. Nach dem Gesetzeswortlaut kommt es darauf an, ob der Vollzug eines Teils der Strafe «notwendig ist, um dem Verschulden des Täters genügend Rechnung zu tragen» (Art. 43a Abs. 1). Das heisst, dass das Mass des Verschuldens in doppelter Weise ins Spiel kommt: Es muss, sollte der Teilaufschub widerrufen werden, sowohl den Vollzug der ganzen Strafe rechtfertigen wie zugleich den Vollzug eines bestimmten Teils von ihr gebieten, und das etwa nicht nur bei einer Freiheitsstrafe, sondern, dank des schon erwähnten Missgriffs bei der Regelung des bedingten Vollzuges, auch bei Geldstrafen und gemeinnütziger Arbeit. Dabei wäre, bei einer Freiheitsstrafe, dann auch noch zu begründen, weshalb nicht, statt des teilweisen Vollzuges, die Kombination mit einer unbedingten Geldstrafe dieselben Dienste täte. Ich wage nicht zu prophezeien, in welcher Weise sich die Praxis dieser kaum lösbaren Aufgabe entledigen wird. Nur scheint mir sicher, dass sie es kaum überall in diesem Lande in der gleichen Weise tun wird.

Unter dem Aspekt des kriminalpolitischen Fortschritts wichtiger dürfte freilich die Frage sein, wie sich diese neue Gesetzeslage vermutlich auf Zahl und Mass der insgesamt vollzogenen Freiheitsstrafen auswirken wird. Ich wiederhole nur längst Gesagtes, wenn ich festelle, dass es sich hier um ein reines Nullsummenspiel handeln könnte.[6] Ein Teil der rund 700 pro Jahr in der Schweiz verhängten Freiheitsstrafen von 18 bis 36 Monaten wird nach der Ständeratsversion künftig zweifellos bedingt ausgesprochen werden, ein Teil al-

5 A.a.O. (Fn. 2), S. 73 f.

6 STRATENWERTH, Zur Revision des Rechts der Sanktionen im Schweizerischen Strafgesetzbuch, *Anwaltsrevue* 6-7/1998, 4 ff, 6.

lerdings bloss teilbedingt. Dabei dürfte die Möglichkeit des bloss teilweisen Aufschubs verhindern, dass ein Gericht mit der Strafe nur deshalb über die 3-Jahresgrenze hinausgeht, um den bedingten Vollzug von vornherein auszuschliessen. Hier ergäbe sich also wohl ein positiver Saldo. Negativ wird demgegenüber sicherlich zu Buche schlagen, dass in Zukunft, wie schon die bundesrätliche Botschaft nicht verschwiegen hat, von der Möglichkeit des teilbedingten Vollzugs voraussichtlich auch bei Strafen von 12 bis 18 Monaten Gebrauch gemacht werden wird, die unter dem bisherigen Recht vollbedingt ausgesprochen worden wären.[7] Dieser Effekt wiederum könnte dadurch ausgeglichen werden, dass die Gerichte bei einer Strafe eher unter der 18-Monatsgrenze bleiben als bisher, usw. Das alles wird man im Einzelnen freilich nie genau erfahren.

Ein eindeutiger Fortschritt ist dagegen in anderer Hinsicht zu verzeichnen: Aus bisher formellen Gründen für den Ausschluss oder den Widerruf des bedingten Strafaufschubs sind materielle geworden. Nach bisherigem Recht ist der Aufschub nicht zulässig, wenn der Täter innerhalb der letzten 5 Jahre vor der Tat eine Zuchthaus- oder Gefängnisstrafe von mehr als 3 Monaten verbüsst hat. Das neue Recht hat das Mass der Strafe, das dem Aufschub im Wege stehen kann, auf mindestens 6 Monate Freiheitsstrafe oder 180 Tagessätze Geldstrafe angehoben, also praktisch verdoppelt, verzichtet freilich auf deren vorgängige Vollstreckung, und es schliesst den Aufschub in solchem Falle nicht mehr kategorisch aus, sondern beschränkt ihn nur auf «besonders günstige Umstände» (Art. 43 Abs. 2). Ähnlich liegt es bei neuen Straftaten während der Probezeit. Hier befolgt die Praxis heute ja die Regel, dass eine Verurteilung zu 3 oder mehr Monaten Gefängnis prinzipiell nicht mehr als leichter Fall angesehen werden kann, bei dem ein Widerruf unterbleiben könnte, während es künftig nur darauf ankommt, ob der Rückfall erwarten lässt, dass der Täter weitere Straftaten verüben wird (Art. 46 Abs. 1). Das heisst, dass die unwiderlegliche Vermutung negativer

7 A.a.O. (Fn. 2), S. 75.

Bewährungsaussichten, die die genannten Vorverurteilungen oder neuen Delikte des Täters nach bisherigem Recht begründen, nicht aufrechterhalten wird. Sie war auch in der Sache angreifbar, ein Ausfluss des (überholten) Gedankens, dass der Strafaufschub eine Wohltat sei, die der Betroffene verdient haben und weiterhin verdienen müsse. Entsprechendes gilt bei Verstössen gegen flankierende Massnahmen (Bewährungshilfe oder Weisungen). Sie können sogar nur dann zum Widerruf führen, wenn sie «ernsthaft» erwarten lassen, dass der Verurteilte neue Straftaten begehen wird (Art. 95 Abs. 5), also nicht als solche schon mit dem Vollzug der aufgeschobenen Strafe geahndet werden.

Keine Frage ist, dass diese Änderungen das Geschäft der Praxis nicht eben erleichtern werden. Bei formellen Versagungs- und Widerrufsgründen gibt es ja nicht viel zu diskutieren, während die Prognosen, auf die das künftige Recht abstellt, eine Begründung verlangen, die hoffentlich nicht rein schematisch erfolgen wird. Vom Richter kann aber sinnvollerweise nicht mehr gefordert werden, als dass er die symptomatische Bedeutung möglicher Versagungs- und Widerrufsgründe wenigstens *prüft*.

3 Längere Freiheitsstrafen

Bei den längeren Freiheitsstrafen hatte die Expertenkommission keine wesentlichen Änderungen vorgesehen. Die lebenslange Freiheitsstrafe und die Obergrenze der zeitigen Freiheitsstrafe von 20 Jahren sollten beibehalten werden. Die Beseitigung des Unterschiedes von Zuchthaus- und Gefängnisstrafe war eigentlich nur noch eine Formsache, die Möglichkeit, einen Gefangenen «ausnahmsweise» schon nach der Hälfte der Strafzeit bedingt zu entlassen, wenn besondere Umstände dies rechtfertigen, ohne grosse praktische Bedeutung. In allen diesen Punkten sind, bei der vorzeitigen Entlassung mit einigen zusätzlichen Restriktionen, schon der bundesrätliche Entwurf und dann auch der Gesetzgeber dem Vorentwurf 1993 gefolgt.

In einem entscheidenden Punkt aber geht zum Teil schon das geltende, vor allem aber das künftige Recht über die Reformvorschläge des Vorentwurfs und sogar des Bundesrates hinaus. Er betrifft die Mitwirkung der sogenannten Fachkommissionen. Nach dem Mord am Zollikerberg und weiteren schwersten Gewaltdelikten geschaffen, sind sie heute bekanntlich vor allem bei Entscheidungen über Vollzugslockerungen und die bedingte Entlassung aus dem Massnahmenvollzug zu konsultieren. Auf die rechtsstaatlichen Probleme, die sie aufwerfen, wird später noch kurz einzugehen sein. Hier interessiert zunächst ihre kriminalpolitische Bedeutung. Sie ergibt sich vor allem aus der vom Parlament vorgenommenen massiven Erweiterung ihres Aufgabenkreises in den Bereich des Strafvollzuges. Sie haben danach künftig, und zwar «im Hinblick auf die Wahl des Vollzugsortes, die Urlaubsgewährung und die bedingte Entlassung», über die Gemeingefährlichkeit *aller* Täter zu befinden, die ein im Höchstmass mit 10 oder mehr Jahren Freiheitsstrafe bedrohtes Delikt begangen haben (Art. 75a). Damit ist eine Regelung festgeschrieben worden, die im wesentlichen den früheren Richtlinien für die zürcherische Strafvollzugskommission entspricht und dort, bei ihrer Übernahme ins Bundesrecht, bereits überholt war.[8] Sie hatte sich nicht bewährt: Eine Entscheidungslast von zuletzt mehr als 400 Fällen pro Jahr allein im Bereich des Ostschweizerischen Konkordats[9] war praktisch nicht zu bewältigen und musste notwendigerweise zu blosser Routine und auch zu Fehleinschätzungen führen. Dass eine solche Regelung nun gesamtschweizerisch gelten soll, wird vordergründig zunächst zu Lasten der Gefangenen gehen, nicht nur dank der Zusammensetzung der Fachkommissionen, denen Vertreter der Strafverfolgungsbehörden, nicht aber etwa Richter angehören müssen (Art. 62d Abs. 2), sondern auch der schlichten Tatsache, dass natürlich die Vorbehalte überwiegen, wenn auf den Ein-

8 Siehe die neuen «Richtlinien der Ostschweizerischen Strafvollzugskommission über den Vollzug von Freiheitsstrafen an gemeingefährlichen Straftätern und Straftäterinnen» vom 16. April 1999.

9 So 1997: ANDREA BAECHTOLD, Die Fachkommissionen zur Beurteilung der Gemeingefährlichkeit – Cui bono?, in: STEFAN BAUHOFER/PIERRE-H. BOLLE/VOLKER DITTMANN (Hrsg.), *«Gemeingefährliche» Straftäter*, Chur/Zürich 2000, S. 325 ff, 332, 335.

zelfall nicht wirklich eingegangen werden kann. Das wird manchem sicherlich als wünschenswert erscheinen. Es kann jedoch höchst nachteilige Folgen für die Allgemeinheit haben. Die Rede ist von Strafgefangenen, die in der Regel irgendwann entlassen werden müssen. Und schon heute kann man von Anstaltsdirektoren Klagen darüber hören, dass bei ihren Insassen Verbitterung Platz greift, wenn Chancen einer Bewährung ohne einsehbare Gründe verwehrt bleiben, und so der Übergang in die Freiheit auch nicht mehr vorbereitet werden kann – mit der unvermeidlichen Folge gesteigerter Rückfallgefahr. Der im Nationalrat unternommene Versuch, die Frage noch einmal zur Überprüfung an den Ständerat zurückzugeben, ist gleichwohl an seiner Mehrheit gescheitert.

4 Freiheitsentziehende Massnahmen

Es bleibt, einen Blick auf das neue Massnahmenrecht zu werfen. Lassen Sie mich mit einer Vorbemerkung beginnen, die ich mit einer persönlichen Erinnerung einleiten möchte. Als wir vor einem Menschenalter, Anfang der 70er-Jahre des vergangenen Jahrhunderts, mit einer Gruppe Basler Doktoranden begonnen haben, den schweizerischen Strafvollzug empirisch zu untersuchen,[10] hat mir der damalige Polizeidirektor des Kantons Bern, der wahrlich keiner übertriebenen Sentimentalität verdächtige Regierungsrat BAUDER, im Gespräch gesagt, bei psychisch gestörten Straftätern herrsche in diesem Lande das Ping-Pong-System: Man sperre sie zunächst in Strafanstalten ein, bis es dort partout nicht mehr gehe, verlege sie dann für einige Zeit in eine psychiatrische Klinik, um sie mit Hilfe von Psychopharmaka wieder halbwegs ruhigzustellen, worauf sie in die Strafanstalt zurückgeschickt würden und dasselbe Spiel von neuem beginne. Das ist, wenn man sich der Realität stellen will, im wesentlichen der Rechtszustand bis heute. Über seine Ursachen ist hier nicht

10 Zu Durchführung und Ergebnissen siehe PHILIPPE GRAVEN/PETER NOLL/HANS SCHULTZ/GÜNTER STRATENWERTH (Hrsg.), *Der schweizerische Strafvollzug*, 13 Bde., 1976–1983.

zu reden. Klar ist aber, dass sich eine gegenwärtige Reform des Systems der strafrechtlichen Sanktionen auch an dem Ziel messen lassen muss, das CARL STOOSS schon mit seinem Vorentwurf von 1893 erreichen wollte: psychisch gestörte Straftäter ausnahmslos in Institutionen unterzubringen, in denen zumindest ein ernstzunehmender Versuch ihrer Behandlung gemacht werden könnte. Es ist für mich das Grundgebrechen des «neuen» Massnahmenrechts, dass es ein solches Bestreben nicht einmal mehr erkennen lässt.

Das beginnt schon bei der Regelung der stationären Behandlung *psychisch schwer gestörter Täter.* Erfolgen soll sie in der Regel «in einer geeigneten psychiatrischen Einrichtung oder einer Massnahmevollzugseinrichtung» (Art. 59 Abs. 2), über deren Natur das Gesetz schweigt. Dem Vorschlag der Experten, solche Täter in psychiatrische Kliniken einzuweisen (Art. 61 Abs. 2 VE 93), wurde bereits in der Vernehmlassung mit dem Argument widersprochen, er sei mangels geeigneter Anstalten und qualifizierten Personals «mit der heutigen Realität nicht in Übereinstimmung zu bringen»,[11] und das war schon für die bundesrätliche Botschaft offenbar Grund genug, auf den Versuch einer Änderung dieser Realität von vornherein zu verzichten. Um alle Missverständnisse auszuschliessen, fügt das Gesetz hinzu, bei gefährlichen Tätern habe die Behandlung, «solange dies aus Sicherheitsgründen notwendig ist», in einer geschlossenen psychiatrischen Einrichtung, einer geschlossenen Massnahmevollzugseinrichtung oder in einer getrennten Abteilung einer geschlossenen Strafanstalt zu erfolgen (Art. 59 Abs. 3), dies ungeachtet der Tatsache, dass es, wie die Botschaft nicht verschweigt, nach wie vor «kaum Planungen für geschlossene Abteilungen in psychiatrischen Kliniken [gibt]»[12] und vorerst auch keine geschlossene Massnahmevollzugsanstalt, so dass es für die «spezialisierte stationäre Behandlung»[13], die dem psychisch gestörten Täter verheissen wird, weiterhin – man möchte sagen: natürlich – bei der Strafanstalt bleibt.

11 Botschaft (Fn. 2), S. 99.
12 Botschaft (Fn. 2), S. 100.
13 Botschaft (Fn. 2), S. 98.

Dieser Umgang mit psychisch gestörten Rechtsbrechern setzt sich bei der Sicherungsverwahrung fort. Der VE 93 war von der gesicherten Erkenntnis ausgegangen, dass sich ein hinreichend verlässliches Urteil über die Behandelbarkeit eines solchen Täters nur bilden lässt, wenn man ihn – und zwar mit adäquaten Mitteln – tatsächlich zu behandeln versucht hat. Die Anordnung einer stationären Therapie und deren Scheitern sollten deshalb die Vorbedingungen für eine Verwahrung sein. Schon darin lag, angesichts der ausserordentlich beschränkten Möglichkeiten für eine sinnvolle Behandlung, ein erhebliches Zugeständnis an die realen Verhältnisse. Bundesrat und Parlament ging es jedoch nicht weit genug. Das neue Recht setzt insoweit vielmehr nur voraus, dass eine stationäre therapeutische Behandlung «keinen Erfolg verspricht» (Art. 64 Abs. 1 lit. c). Der Antrag einer Minderheit, die eine Verwahrung nur zulassen wollte, wenn eine solche Behandlung zuvor gescheitert ist, hatte im Plenum des Nationalrats keine Chance. Also wird es insoweit nur auf das Urteil eines Sachverständigen ankommen. Wirklich qualifizierte Experten aber gibt es in diesen Fragen hierzulande bekanntermassen viel zu wenige, sie sind heute schon überlastet und werden durch die schon erwähnte Ausweitung des Aufgabenkreises der Fachkommissionen erst recht überfordert sein.

Damit bin ich noch einmal beim Thema der Fachkommissionen. Ich habe mich zu ihnen kürzlich ausführlicher geäussert[14] und möchte mich deshalb hier auf Stichworte beschränken. Unter rechtsstaatlichen Gesichtspunkten spielen sie eine völlig inakzeptable Rolle. Zu konsultieren sind sie künftig, ausser in den Strafvollzugsfragen, bei allen Tätern, die ein «Verwahrungsdelikt»[15] begangen haben, vor der Entscheidung über die Erforderlichkeit der Verwahrung (nach mehr als 2 Jahren seit deren Anordnung), die bedingte Entlassung aus einer freiheitsentziehenden Massnahme und deren Aufhebung (Art.

14 In: ANDREAS DONATSCH/MARC FORSTER/CHRISTIAN SCHWARZENEGGER (Hrsg.), *Strafrecht, Strafprozessrecht und Menschenrechte,* Festschrift für Stefan Trechsel, Zürich/Basel/Genf 2002, S. 887 ff.

15 Das heisst ein Delikt im Sinne von Art. 64 Abs. 1: eine mit einer Höchststrafe von 10 oder mehr Jahren bedrohte Tat, durch die der Täter jemanden schwer geschädigt hat oder schädigen wollte.

62d Abs. 2, 64 Abs. 2). Ihre Stellungnahmen werden in einem Geheimverfahren beschlossen, sie gelten als blosse Empfehlungen und sind deshalb unanfechtbar, werden von den Vollzugsbehörden aber, mit Rücksicht auf mögliche Reaktionen der Öffentlichkeit, praktisch ausnahmslos befolgt, wenn sie zu Lasten des Betroffenen gehen. Seit die Kommissionen tätig sind, hat sich daher die Zahl der Verwahrten dramatisch erhöht. Nimmt man die vorhersehbaren Auswirkungen der schon erörterten künftigen Überlastung vor allem der mitwirkenden Psychiater hinzu, so droht hier eine Entwicklung, die eigentlich niemand gewollt haben kann.

Zu alledem hinzu kommt noch die im Gesetz sogar an erster Stelle genannte Möglichkeit, künftig auch Täter zu verwahren, die erstmals straffällig geworden und psychisch intakt sind (Art. 64 Abs. 1bis lit. a). Was dazu kritisch zu sagen ist, möchte ich an dieser Stelle nicht wiederholen.[16] Ich weise aber gern darauf hin, dass auch HANS WIPRÄCHTIGER diese Variante des neuen Rechts, die es so meines Wissens in keinem anderen Kulturstaat der Erde gibt, als «überflüssig und schädlich» bezeichnet hat.[17] Kriminalpolitisch erscheint sie, zusammen mit den zuvor erörterten Neuerungen, als eine massive Überreaktion des Gesetzgebers auf die heftigen, durch Massenmedien noch geschürten öffentlichen Emotionen, die durch die schon erwähnten Ereignisse in den frühen 90er Jahren ausgelöst worden sind. Zu hoffen bleibt im Blick auf sie allein, dass die Tradition des im ganzen sehr massvollen Umgangs mit dem Strafrecht, die in diesem Lande lange Zeit vorherrschend war, nunmehr nicht endgültig der Vergangenheit angehört.

---

16 Siehe STRATENWERTH, Die freiheitsentziehenden Massnahmen im bundesrätlichen Entwurf für die Revision des allgemeinen Teils des StGB, *ZStrR* 117 (1999) 277 ff, 286 ff; DERS., Neuere Tendenzen im Massnahmerecht: Vereinbarkeit mit rechtsethischen Grundsätzen?, *AJP* 2000, 1345 ff.

17 WIPRÄCHTIGER, Werden Straftäter zu häufig verwahrt?, *Plädoyer* 2/01, 33; siehe auch DERS., Die Revision des Strafgesetzbuches: Freiheitsentziehende Massnahmen – eine Bestandesaufnahme nach den Beratungen des Ständerates, *AJP* 2001, 139 ff, 143 f.

5 Schluss

Damit bin ich auch schon bei meinem Schlusswort. Wie sich gezeigt hat und ja auch nicht anders zu erwarten war, ist die Frage, ob das künftige System der Sanktionen des Erwachsenenstrafrechts kriminalpolitisch einen Fortschritt darstellt oder nicht, nicht einfach mit Ja oder Nein zu beantworten. Sie konnte hier ohnehin nicht im Detail erörtert werden und fällt nicht nur für verschiedene Teilaspekte der Revision, sondern sicher auch je nach dem Standort des Betrachters unterschiedlich aus. Eines nur dürfte als Quintessenz des kursorischen Überblicks, den ich zu geben versucht habe, nicht zweifelhaft sein: Ob und inwieweit das neue Recht der Sanktionen als Fortschritt empfunden werden kann, das wird in entscheidendem Masse auch von seiner praktischen Handhabung abhängen. Das gilt für die Wahl der angemessenen Sanktion im unteren Deliktsbereich in gleicher Weise wie für die Entscheidung über den bedingten oder teilbedingten Vollzug von Freiheitsstrafen sowie über die Modalitäten ihres Vollzuges und der Entlassung aus ihnen, für die Anordnung und die Form des Vollzuges von freiheitsentziehenden Massnahmen sowie ihre schrittweise Aufhebung und vieles mehr. Hier überall bleiben für die Organe der Strafrechtspflege weiterhin sehr erhebliche Entscheidungsspielräume, zum Teil sogar grössere als bisher. Es wird wesentlich darauf ankommen, dass sie auch in Zukunft, ungeachtet tagespolitischer Strömungen, mit Vernunft und Menschlichkeit genutzt werden.

Anschriften der Verfasser
Adresses des auteurs

Afande, Koffi Kumelio A.; Dr. Juris, Co-ordinateur de la Chambre de première instance 3 du Tribunal Pénal International pour le Rwanda, Chef a.i. de l'«Unité de Procédure Judiciaire», UN-ICTR P.0. Box 6016, Arusha, Tanzania

Blättler, Stefan; Dr. iur., Stv. Polizeikommandant des Kt. Bern, Nordring 30, CH-3001 Bern

Bürgin, Christoph; Dr. iur., Leitender Jugendanwalt Basel-Stadt, Innere Margarethenstr. 14, CH-4001 Basel

Fink, Daniel; Dr. Sc. de l'ed., Chef de section, Office fédéral de la statistique, Espace de l'Europe 10, CH-2010 Neuchâtel

Heer, Mariannne; Dr. iur., Oberrichterin, Obergericht des Kantons Luzern, Hirschengraben 16, CH-6003 Luzern

Heimoz, Marianne; Direktorin Anstalten in Hindelbank, Postfach 45, CH-3324 Hindelbank

Killias, Martin; Professeur, Université de Lausanne, Institut de police scientifique et de criminologie, BCH, CH-1015 Lausanne

Knoepfler, Julien; Avocat et consultant en management de la sécurité, doctorant, membre-fondateur de l'Institut de recherche sur la négociation, l'arbitrage et la médiation (INAM) Université de Neuchâtel, Ecole des sciences criminologiques L. Cornil, Université Libre de Bruxelles, Av. F. Roosevelt 50, B-1050 Bruxelles

Lamon, Philippe, Assistant, Université de Lausanne, Institut de police scientifique et de criminologie, BCH, CH-1015 Lausanne

Ocqueteau, Frédéric; Chargé de recherches au C.N.R.S; Directeur du département de la recherche à l'I.H.E.S.I., 19, rue Péclet, F-75015 Paris

Robert, Christian-Nils; Professeur, Faculté de droit, Université de Genève, Uni-Mail, CH-1211 Genève 4

Schumann, Vera; Dr. med., Leitende Regierungsmedizinaldirektorin a.D., ehemalige Chefärztin des Westfälischen Zentrums für Forensische Psychiatrie Eickelborn, Eickelbornstr. 18, D-59556 Lippstadt

Sprecher, Margrit; Journalistin, Bürglistr. 21, CH-8002 Zürich

Stratenwerth, Günter; Prof. Dr. iur., St. Alban-Vorstadt 92, CH-4052 Basel

Tonry, Michael; Professor of law and public policy, Director Institute of Criminology, Cambridge University; 7 West Road, Cambridge CB3 9DT UK

Urbaniok, Frank; Dr. med., Chefarzt des Psychiatrisch-Psychologischen Dienstes, Justizvollzug Kanton Zürich, Feldstr. 42, CH-8090 Zürich

Vallender, Dorle, Nationalrätin, Dr. oec., Oberrichterin, Unterbach 429, CH-9043 Trogen

Vallotton, André; Chef de service, Ch. sous-le-Mont 30, CH-1033 Cheseaux

Verrel, Torsten; Privatdozent Dr., Institut für die gesamten Strafwissenschaften, LMU München, Veterinärstr. 1, D-81479 München

Schweizerische Arbeitsgruppe für Kriminologie

Im Jahre 1974 als Verein entstanden, führt die Arbeitsgruppe seit dem Gründungsjahr Seminare oder Tagungen durch. Eine der wichtigsten Zielsetzung besteht darin, Fachleute verschiedenster Berufe regelmässig miteinander zu aktuellen Themen ins Gespräch zu bringen, wobei der Begriff Kriminologie in einem sehr umfassenden Sinn verstanden wird. Aus der Erkenntnis heraus, dass sich *Wissenschaft und Praxis* gegenseitig durchdringen und stimulieren, werden die Tagungsprogramme entsprechend schwerpunktmässig gestaltet. Die thematische Vielfalt und der interdisziplinäre Ansatz wird aus der Auswahl der Tagungsthemen ersichtlich. Die im Jahresrhythmus seit über 20 Jahren in der ersten Hälfte des Monats März im bernischen Interlaken durchgeführten Anlässe richten sich an Fachleute aus den Bereichen *Strafrecht* und *Kriminologie,* aber auch der *Psychiatrie, Psychologie, Sozialarbeit und Pädagogik* und des *Polizeiwesens.* Vier Umstände dürfen besonders hervorgehoben werden: In zunehmendem Masse ist es gelungen, *Frauen als Referentinnen/ Autorinnen* zu gewinnen. Gleichbleibend hoch ist die Anzahl von Teilnehmerinnen und Teilnehmern aus dem *Ausland.* Sodann haben von Jahr zu Jahr mehr *Studierende* – auch dank der bescheidenen Tagungsbeiträge – den Weg nach Interlaken gefunden. Schliesslich: Trotz erheblicher Kosten ist es der Arbeitsgruppe gelungen, am Prinzip der *Zweisprachigkeit* festzuhalten, indem die Vorträge deutsch/ französisch simultan übersetzt werden. Nebst den Tagungen seien die *Publikationen* der Schweizerischen Arbeitsgruppe für Kriminologie erwähnt. Als *Buchpublikationen* erscheinen wenige Monate nach den Jahrestagungen Sammelbände mit den gehaltenen Referaten in der *«Reihe Kriminologie»,* die vom Verlag Rüegger (Chur/ Zürich) betreut wird. Dieser ediert auch kriminologische Publikationen ausserhalb der Tagungsbände. Sodann gibt die Arbeitsgruppe das *«Kriminologische Bulletin/Bulletin de criminologie»* zweimal jährlich heraus. Diese *Fachzeitschrift* verfolgt die Zielsetzungen der Schweizerischen Arbeitsgruppe als ein repräsentatives Periodikum der Kriminologie.

Groupe Suisse de Travail de Criminologie

Créé en association en 1974, le Groupe de Travail organise, depuis l'année de sa fondation, des séminaires et des congrès. Un de ses buts importants est de faire se rencontrer régulièrement, sur des thèmes d'actualité, des spécialistes de différentes professions; par conséquent, la notion de criminologie est comprise dans un sens très large. Partant de l'idée que *la science et la pratique* s'imprégnent et se stimulent mutuellement, les programmes des congrès ont été définis selon des thèmes prioritaires. La diversité thématique et l'approche interdisciplinaire sont manifestes dans la liste des thèmes des congrès. Tenues annuellement depuis plus de vingt ans à Interlaken (dans le cantòn de Berne) durant la première moitié du mois de mars, ces rencontres s'adressent aux spécialistes des domaines du *droit pénal* et de la *criminologie,* ainsi que de la *psychiatrie,* de la *psychologie,* du *travail social et pédagogique* et de la *police.* Quatre circonstances doivent particulièrement être relevées; les *femmes* sont de plus en plus présentes comme *conférencières/auteurs;* le nombre de participantes et participants de l'*étranger* est invariablement élevé; d'année en année, plus d'*étudiants* – également grâce aux modestes frais de participation au congrès – trouvent le chemin d'lnterlaken. Enfin, malgré des coûts élevés, le Groupe de Travail a réussi à maintenir le principe du *bilinguisme,* en traduisant simultanément les exposés en allemand et en français. Outre les congrès, il faut mentionner les publications du Groupe Suisse de Travail de Criminologie. Quelques mois après le congrès paraissent des recueils des exposés, publiés sous forme de livres, dans la *«Collection Criminologie»;* cette dernière est publiée par la maison d'édition Rüegger (Coire et Zurich). Elle édite aussi des publications criminologiques en dehors des volumes des congrès. Par ailleurs, le Groupe de Travail publie le *«Kriminologisches Bulletin/Bulletin de criminologie»* deux fois par année. S'inscrivant dans la droite ligne des buts poursuivis par le Groupe Suisse de Travail, ce périodique offre un reflet représentatif de la recherche criminologique.

Reihe Kriminologie • Collection Criminologie

Band 19
Hrsg.: *Ursula Cassani / Renie Maag / Marcel Alexander Niggli*
Medien, Krimunalität und Justiz
Médias, criminalité et justice
336 S., Fr. 55.10 / EUR 35.30
(2001) ISBN 3 7253 0709 1

Band 18
Hrsg.: *Stefan Bauhofer / Pierre-H. Bolle Volker Dittmann*
«Gemeingefährliche» Straftäter
Délinquants «dangereux»
352 S., Fr. 55.10 / EUR 35.30
(2000) ISBN 3 7253 0670 2

Band 17
Hrsg.: *Stefan Bauhofer / Nicolas Queloz Eva Wyss*
Wirtschaftskriminalität
Criminalité économique
310 S., Fr. 55.10 / EUR 35.30
(1999) ISBN 3 7253 0635 4

Band 16
Hrsg.: *Stefan Bauhofer / Pierre-H. Bolle Volker Dittmann / Marcel Alex. Niggli*
Jugend und Strafrecht
Jeunesse et droit pénal
329 S., Fr. 55.10 / EUR 35.30
(1998) ISBN 3 7253 0610 9

Band 15
Hrsg.: *Stefan Bauhofer / Pierre-H. Bolle Volker Dittmann*
Drogenpolitik – Beharrung oder Wende
Politique de la drogue – continuation ou alternance
310 S., Fr. 55.10 / EUR 35.30
(1997) ISBN 3 7253 0575 7

Band 14
Hrsg.: *Stefan Bauhofer / Pierre-H. Bolle Volker Dittmann*
Sekten und Okkultismus
Sectes et occultisme
380 S., Fr. 55.10 / EUR 35.30
(1996) ISBN 3 7253 0545 5

Band 13
Hrsg.: *Stefan Bauhofer / Pierre-H. Bolle*
Innere Sicherheit – Innere Unsicherheit?
Sécurité intérieure – Insécurité intérieure
400 S., Fr. 55.10 / EUR 35.30
(1995) ISBN 3 7253 0492 0

Band 12
Hrsg.: *Stefan Bauhofer / Pierre-H. Bolle*
Reform der strafrechtlichen Sanktionen
Réforme des sanctions pénales
400 S., Fr. 55.10 / EUR 35.30
(1994) ISBN 3 7253 0492 0

Verlag Rüegger • Chur / Zürich
www.rueggerverlag.ch • info@rueggerverlag.ch

Reihe Kriminologie • Collection Criminologie

Band 11
Hrsg.: *Stefan Bauhofer / Nicolas Queloz*
Ausländer, Kriminalität und Strafrechtspflege
Etrangers, criminalité et système pénal
428 S., Fr. 55.10 / EUR 35.30
(1993) ISBN 3 7253 0470 X

Band 10
Hrsg.: *Martin Killias*
Rückfall und Bewährung
Récidive et réhabilitation
370 S., Fr. 55.10 / EUR 35.30
(1992) ISBN 3 7253 0446 7

Band 9
Hrsg.: *Jörg Schuh / Martin Killias*
Sexualdelinquenz
Délinquance sexuelle
370 S., Fr. 49.– / EUR 31.40
(1991) ISBN 3 7253 0400 9

Band 8
Hrsg.: *Jörg Schuh*
Gewalt im Alltag
Violence au quotidien
293 S., Fr. 49.– / EUR 31.40
(1990) ISBN 3 7253 0378 9

Band 7
Hrsg.: *Jörg Schuh*
Verkehrsdelinquenz
Délinquance routière
364 S., Fr. 49.– / EUR 31.40
(1989) ISBN 3 7253 0344 4 (vergriffen)

Band 6
Kurt Biener
Die Gesundheitsproblematik im Strafvollzug
122 S., Fr 38.80 / EUR 24.80
(1989) ISBN 3 7253 0345 2

Volume 5
Martin Killias
Les Suisses face au crime
254 pages, Fr. 49.– / EUR 31.40
(1989) ISBN 3 7253 0343 6 (vergriffen)

Volume 4
Gilles Riva
Morphologie de l'espace urbain et délits contre le patrimoine à Lausanne en 1980
242 p., Fr. 38.80 / EUR 24.80
(1988) ISBN 3 7253 0335 5

Band 3
Hrsg.: *Jörg Schuh*
Jugend und Delinquenz
Jeunesse et délinquance
456 S., Fr. 49.– / EUR 31.40
(1988) ISBN 3 7253 0319 3 (vergriffen)

Volume 2
Christian Grandjean
Les effets des mesures de sécurité: l'exemple des attaques à main armée contre les établissements bancaires en Suisse
212 p., Fr. 38.80 / EUR 24.80
(1988) ISBN 3 7253 0312 6

Band 1
Hrsg: *Jörg Schuh*
Aktuelle Probleme des Straf- und Massnahmenvollzugs
402 S., Fr. 49.– / EUR 31.40
(1987) ISBN 3 7253 0302 9

WEITERE PUBLIKATIONEN DER ARBEITSGRUPPE FÜR KRIMINOLOGIE

Probleme des gerichtspsychiatrischen und -psychologischen Gutachtens
92 Seiten, Fr. 15.30 / EUR 9.80
(1976, 2. unveränderte Auflage 1981) ISBN 3 7253 0128 X (vergriffen)

Kriminologische Aufgaben der Polizei
80 Seiten, Fr. 15.30 / EUR 9.80
(1978) ISBN 3 7253 0055 0

Alternativen zu kurzen Freiheitsstrafen
245 Seiten, Fr. 29.60 / EUR 19.–
(1979) ISBN 3 7253 0071 2

Die Beziehungen des infantilen psychoorganischen Syndroms zur Kriminalität
96 Seiten, Fr. 15.30 / EUR 9.80
(1979) ISBN 3 7253 0088 7 (vergriffen)

Stigmatisierung durch Strafverfahren und Strafvollzug
188 Seiten, Fr. 29.60 / EUR 19.–
(1981) ISBN 3 7253 0127 1

Weibliche und männliche Kriminalität
214 Seiten, Fr. 29.60 / EUR 19.–
(1982) ISBN 3 7253 0143 3

Kindesmisshandlung
250 Seiten, Fr. 29.60 / EUR 19.–
(1983, 2. unveränderte Aufl. 1985) ISBN 3 7253 0245 6

Psychisch abnorme und drogenabhängige Rechtsbrecher
465 Seiten, Fr. 49.– / EUR 31.40
(1984) ISBN 3 7253 0210 3 (vergriffen)

Politische Kriminalität und Wirtschaftskriminalität
428 Seiten, Fr. 38.80 / EUR 24.80
(1984) ISBN 3 7253 0232 4

Viktimologie
276 Seiten, Fr. 38.80 / EUR 24.80
(1986) ISBN 3 7253 0257 X (vergriffen)

Der Selbstmord / Le suicide
366 Seiten, Fr. 49.– / EUR 31.40
(1986) ISBN 3 7253 0281 2 (vergriffen)

Christoph Hauser
Eine ökonomische Theorie der Mediation
345 Seiten, br. (2002)
ISBN 3 7253 0729 6
Fr. 58.– / EUR 37.10

Lu Decurtins / Peter C. Meyer (Hrsg.)
Entschieden – Geschieden
Was Trennung und Scheidung für Väter bedeuten
182 Seiten, br. (2001)
ISBN 3 7253 0691 5
Fr. 39.– / EUR 25.–

Regula J. Leemann
Chancenungleichheiten im Wissenschaftssystem
Wie Geschlecht und soziale Herkunft Karrieren beeinflussen
295 Seiten br. (2002)
ISBN 3 7253 0722 9
Fr. 56.– / EUR 35.80

Dieter Ruloff (Hrsg.)
Moral und Moralismus in Politik und Wirtschaft
ca. 180 Seiten, br. (2002)
ISBN 3 7253 0720 2
Fr. 32.70 / EUR 20.90

Erika Schläppi / Walter Kälin
Schweizerische Aussenwirtschaftshilfe und Menschenrechtspolitik
Konflikte und Konvergenzen
288 Seiten, br. (2001)
ISBN 3 7253 0696 6
Fr. 48.– / EUR 30.70

Manuel Eisner
Lebensqualität und Sicherheit im Wohnquartier
100 Seiten, br. (2000)
ISBN 3 7253 0695 8
Fr. 29.70 / EUR 19.–

Marie Boehlen
Frauen im Gefängnis
Ihr Werdegang und ihre Bewährung
320 Seiten, br. (2000)
ISBN 3 7253 0661 3
Fr. 49.– / EUR 31.40

Manuel Eisner/Patrik Manzoni (Hrsg.)
Gewalt in der Schweiz
Studien zu Entwicklung, Wahrnehmung und staatlicher Reaktion
288 Seiten, br. (1998)
ISBN 3 7253 0613 3
Fr. 49.– / EUR 31.40

Claudio Besozzi
Organisierte Kriminalität und empirische Forschung
120 Seiten, br. (1998)
ISBN 3 7253 0583 8
Fr. 36.70 / EUR 23.50

Hildegard Holenstein
Fähig werden zur Selbstevaluation
Erfahrungsberichte und Orientierungshilfen
183 Seiten, br. (1999)
ISBN 3 7253 0652 4
Fr. 45.– / EUR 28.80

Verlag Rüegger • Chur / Zürich
www.rueggerverlag.ch • info@rueggerverlag.ch